碓井光明

有斐閣

行政不服審査機関の研究

はしがき

本書は、筆者が行政不服審査機関の側面から公正・公平な行政不服審査制度の構築を目指して、二〇数年にわたり研究してきた成果を基礎とし、それを補充するための論文及び平成二六年に制定され平成二八年四月より施行されることになった新行政不服審査法も視野に入れた論文各一点を書き下ろして加え、一冊にまとめた論文集である。新行政不服審査法をめぐっては、これから解釈や運用をめぐる議論が展開されるものと予想されるが、ミクロな議論と並んで、行政不服審査制度の大河の流れの中で考察する必要もあるように思われる。本書が、そのような考察の一助になるならば、筆者にとって望外の喜びである。

思えば、行政不服審査機関に関する研究は、平成二年に故雄川一郎先生献呈論文集に寄稿した「オーストラリアの総合的行政不服審判所に関する一考察――行政不服審査制度の変遷の中で――」であった。当時、筆者の主たる研究領域は租税法であったが、東京大学大学院法学政治学研究科に入学以来、暖かくご指導いただいた雄川先生に捧げるには、行政法のテーマを選びたいと思ったことが大きな動機であった。もちろん、オーストラリアに租税法研究のために留学した直後で、連邦所得税に関する不服も広い行政分野の不服を審査する「行政不服審判所（Administrative Appeals Tribunal）」の管轄とされ、日本における国税不服審判所方式との間に違いがあることに興味をもっていたこともある。

とにかく、この論文を起点に、以後、お世話になった先生方に献呈する論文として、行政不服審査機関に関するテーマを取り上げるようになった。山田二郎先生古稀記念論文集に寄稿した「固定資産評価の不服審査制度に関する研究」、塩野宏先生古稀記念論文集に寄稿した「総合的行政不服審判所の構想」、藤田宙靖先生の退職記念論文集に寄稿した「独立行政不服審査機関についての考察」、高橋和之先生古稀記念論文集に寄稿した「行政審判所の統合をめぐる一考察——カナダ　オンタリオ州における集約化（clustering）を素材として——」である。筆者が各論文の執筆意欲を抱くことができたのは、これらの諸先生方のご指導とお人柄に因るものである。本論文集を刊行するに際し、改めて各先生方に御礼を申し上げたいと思う。

そして、八年前より勤務している明治大学における研究費を活用して執筆した論文等を含めた結果、最初から意図したわけではないが、それぞれの論文は、「行政不服審査機関の研究」という連続線上に置かれている。

筆者の研究歴において、行政法は、けっしてメインの領域ではなかった。しかし、本論文集は、少なくとも外観上は、筆者にとって最も本格的な論文集である。いま振り返ると、筆者は、それぞれの時期において、メインの研究対象よりはサブの研究対象に目を向けてきたように思われる。主観的には所得課税をメインの研究対象としていた時期に地方税や地方財政の研究を相当進めたことが、その一例である。本論文集に収録された各論文も、もともとはサブの研究であった。サブの研究は、それなりに気持を躍動させてくれる不思議なところがある。そればかりか、時には、研究の手薄な分野のパイオニア的役割を果たすこともある。それは、メインの研究対象から逃げてきた者の言い訳にすぎないが、密かな喜びでもある。筆者にとって、公共契約に関する研究も、そのようなものであった。

サブの研究には、不思議な躍動感を伴うものの、その反面において危険な面もある。それは何といっても、メインの領域の研究に比べて、サブ領域に充てる研究時間は限られており、そのこともあってサブ領域において最も基本的な事柄についての知識や考察に欠けていることに気づいていない場合があるからである。本人が「大きなホームラン」を打ったと思っても、当該領域を緻密に研究している方々が判定するなら単に「やや大きめのファウルボール」にすぎないこともあろう。もちろん、筆者は、本論文集をもって「大きなホームラン」と思っているわけではなく、二塁打ぐらいになれば上出来であり、単打でもよいと思っている。少なくとも、空振り三振でないことを願っている。

本論文集に収録されている既発表論文には、四半世紀を経たものから最近のものまで、発表時期の大きなズレがある。古い論文を論文集に収録するにあたり、どのようにすべきか迷ったが、原論文をそのまま収録することを原則としつつ、法改正等により現時点において読む場合に誤解を招くような箇所については、※印を付して補うこととした（最も多く扱ったオーストラリアに関しては、原論文自体が法改正をフォローしているので、そのようなことはしていない）。また、わかりにくい表現の箇所若干、及び送り仮名等の統一のため必要最低限の修正を施した箇所がある。さらに、明らかな誤りを訂正した箇所もある。かくて、本論文集は、原論文を忠実に収録したとはいいがたいところがある。読者の皆様には、この点のご了承を願うと同時に、今後、各論文を引用される際には、先ず本論文集を引用されるようお願いしたい。

論文集としての編集に当たり、書き下ろしの序章において本論文集の前提となる論点を摘出し、次いで、他の論文を、第一部「外国法に学ぶ」と第二部「日本の行政不服審査機関」とに分けて収録している。もっとも、第一部も、外国法自体を研究する姿勢ではなく、日本の不服審査機関制度構築への手がかりを求めたものである。第二部には、平成二八年四月より施行された新行政不服審査法について、行政不服審査機関の観点から考察する論文を書き下ろして収録している。それぞれの論文の内容は、各論文のタイトルにより推測できると思われるので、この「はしがき」において、各論文の説明をすることはしない。なお、第一部第四章の論文及び第二部第四章の論文は、直接には訴訟制度について扱う論文であるが、本書収録論文と密接な関係があるので、併せて収録することにしたものである。

本論文集の刊行に当たって、個別論文の執筆に際してお世話になった方々のほか、次の方々に御礼申し上げたい。

第一に、オーストラリアの行政不服審判所の研究が出発点となっていることを思うとき、在外研究助成につき、財団法人・日本税務研究センターに推薦くださった恩師の金子宏先生、それに基づき助成くださった同センター、さらに筆者を受け入れてくださったシドニー大学ロー・スクールに感謝しなければならない。とりわけ、同ロー・スクールの Richard J. Vann 教授、そして、筆者をオーストラリア租税法に目を向けさせる契機となったシドニー大学名誉教授・故 Ross W. Parsons 教授に感謝を申し上げたい。両先生には、本命の租税法分野の研究成果を刊行して学恩に報いなければならないところであるが、当時、必死で執筆した「租税法の継受」の論文は陳腐化しており、現状では、その取りまとめは、未だ「夢」の段階である。いつの日にか、夢を実現したいと思う。

第二に、筆者は、行政法プロパーの研究者でなかったにもかかわらず、常に行政法の諸先生、諸先輩にご指導いただき、さらに、同世代及び後輩の方々にも交流させていただいた。そのような中に身を置くことができたことはこの上もなく幸せなことであり、ここに改めて感謝を申し上げたい。とりわけ、無意識のうちに影響を受けたと思われる故・南博方先生の学恩に感謝し、先生を偲びたいと思う。

第三に、本論文集の刊行を引き受けてくださった株式会社有斐閣の江草貞治社長、高橋均書籍編集第一部長、また、編集をしてくださった同社書籍編集第一部の青山ふみえさん及び細部にわたる作業をしていただいた有斐閣学術センターの田顔繁実さんに御礼申し上げたい。

はしがき

本論文集は、筆者が古稀を迎えるのを期に刊行される。関係者から筆者に対して古稀を祝う論文集を企画したいというお話もいただいた。まことに有難いお話で感謝に堪えない。しかし、租税法、財政法、行政法と研究分野を渡り歩いてきた筆者には、それぞれの分野の研究が未だ不十分で、現段階でそのような論文集をお受けするだけの自信がなく、ご辞退させていただいた。将来、そのような自信をもてるような状況になるかどうか甚だ心許ないのであるが、論文集の企画をお受けできるようになることを目指して、今後も少しでも研究に精進したいと思う。

平成二八年六月

碓井光明

目次

第二部　日本の行政不服審査機関

〔初出一覧等〕

序　章　行政不服審査機関としての行政審判機関研究序説
　　書き下ろし

第一部　外国法から学ぶ

第一章　オーストラリアの総合的行政不服審判所に関する一考察
　　雄川一郎先生献呈論集『行政法の諸問題（中）』（有斐閣、平成二年）八七頁
第二章　総合的行政不服審判所の構想
　　塩野宏先生古稀記念『行政法の発展と変革　下巻』（有斐閣、平成一三年）一頁
第三章　行政審判所の統合をめぐる一考察
　　高橋和之先生古稀記念『現代立憲主義の諸相　上』（有斐閣、平成二五年）一八三頁
第四章　行政事件の専門性に着目した紛争処理の制度設計
　　明治大学社会科学研究所紀要五三巻二号九五頁（平成二七年）

第二部　日本の行政不服審査機関

第一章　独立行政不服審査機関についての考察
　　藤田宙靖博士東北大学退職記念『行政法の思考様式』（青林書院、平成二〇年）三一五頁
第二章　条例による第三者的行政不服審査機関の設置について─解釈論及び立法論
　　地方自治七九三号二頁（平成二五年）

第三章　新行政不服審査法に関する一考察
　書き下ろし
第四章　裁決に対して原処分庁の提起する機関訴訟制度の構想
　明治大学法科大学院論集一七号一頁（平成二八年）
第五章　固定資産評価の不服審査制度に関する考察
　山田二郎先生古稀記念論文集『税法の課題と超克』（信山社、平成一二年）三八九頁
第六章　固定資産評価に係る不服審査の共同処理
　地方税六三巻一二号二頁（平成二四年）

序章　行政不服審査機関としての行政審判機関研究序説

一　は じ め に

日本は、いわゆる行政争訟に関して、行政上の不服申立てと行政事件訴訟との二つの柱の制度をもっている。前者に関しては、行政機関が不服を審査し、後者については裁判所が審査する。そして、それぞれの手続を定める基本的な法律として、行政不服審査法と行政事件訴訟法が存在する。行政不服審査法は、昭和三七年（一九六二年）に制定・施行され五〇年以上にわたり施行されてきたが、平成二六年（二〇一四年）に全部改正がなされ、平成二八年（二〇一六年）四月より施行された。その改正をもって根本的改正と評価するか否かは、何をもって「根本」と考えるかによるであろう。また、行政事件訴訟に関しては、同じく昭和三七年に制定・施行され、平成一六年

（二〇〇四年）の改正を経て現在に至っている。平成一六年改正は、義務付けの訴え及び差止めの訴えを法定抗告訴訟の類型として明示したこと、当事者訴訟の規定に「公法上の法律関係に関する確認の訴え」を明示するなどの改正が含まれている点において大きな改正であった。もっとも、物差し次第とはいえ、必ずしも根本的改正というわけではあるまい。

目を外国に転じた場合に、行政不服審査及び訴訟の両面にわたり、めざましい動きを示してきたのが英国である。しかし、英国については、筆者のエネルギー不足から、研究をひとまず断念して、注目すべき動きのあるカナダ及びオーストラリアの不服審査制度を紹介し、日本における今後の行政不服審査機関制度のあり方について検討するための予備的作業をすることとしたい。両国においては、いずれも、行政審判所（administrative tribunal）によって行政決定に対する不服審査が行なわれている。オーストラリアの連邦の場合には、もっぱら行政決定の不服審査を行なう機関として行政不服審判所（Administrative Appeals Tribunal）という名称の審判所が設置されている。しかし、両国の多くの州の行政審判所は、行政決定の不服審査のみならず、私人間紛争についての裁断も行なっている。そして、オーストラリアの州には、私人間紛争に関する裁断をも行なうことを示すために、Civil and Administrative Tribunal（＝CAT）の名称が付されている審判所が広まっており、最後に残されているタスマニア州においても、目下、導入の検討が進められている。

日本においても「行政審判」と呼ばれる領域があるとされてきた。紛争処理機関が司法権に属する裁判所ではなく行政機関であるにもかかわらず、「準司法的手続」と呼ばれるように、司法権による裁判手続に準じた手続が採用されている点に特色がある。実際の紛争処理機関としては、行政委員会方式が採用されて、規制目的の規則制定権が付与されていることもある。行政審判を経た審決には、訴訟における実質的証拠法則が採用されていることがある。

行政審判は、行政決定に対する不服審査の方式として採用されている場合もあるし、民事紛争処理の方式として採用されている場合もある。前者の面を取り出すならば、行政不服審査機関の研究で足りるであろう。そして、行政不服審査機関制度について見ると、その手続の整備の仕方には、種々のバリエーションがある。高度に手続が整備された方式は、行政審判方式に限りなく近くなるといってよい。平成二六年制定の新行政不服審査法は、審理員制度、諮問機関たる行政不服審査会等の制度の導入によって、昭和三七年法の仕組みから一歩脱却を図ろうとしたものである。この仕組みをどのように評価すべきかは、行政法学の大きなテーマであることはいうまでもないが、不服審査機関自体の第三者性を必須のものとしていないなど、行政審判方式とは離れた水準にあるというのが率直な感想である。

行政審判は、民事紛争の処理の方法としても活用されているので、その限りでは行政審判機関は、行政不服審査機関と一致するものではない。しかし、行政審判方式を採用する不服審査機関の検討に当たり、民事紛争処理の行政審判機関と併せて検討する必要がないとはいえない。このような事情から、本稿においては、行政審判機関一般についても言及せざるを得ない。

二　行政不服審査機関としての行政審判所の合憲性

行政審判所（administrative tribunal）は、カナダ及びオーストラリアにおいて、紛争処理機関の一種として活用されている。憲法上、このような形態の紛争処理機関の存在が認められるのかどうかが問題となる。比較法的に見て、興味深い点がある。

1 日本における行政審判所の合憲性

(1) 内閣及び国会との関係

日本においては、日本国憲法施行後、しばらくの間に、行政委員会制度が導入された。行政委員会の中には、行政審判を行なうものも存在している。行政審判を行なうものを含めて、行政委員会制度は、戦後日本において当初は注目されたものの、その後は、必ずしも増設の方向をたどったわけではない。行政委員会制度に関しては、その独立性を確保しようとすれば、「行政権は、内閣に属する」と定める憲法六五条に適合するかどうかが問題となるために、いきおい消極的になったともいえる。そこで、深入りすることは控えたいが、以下、内閣との関係における合憲性の問題について若干言及しておこう。

有力な合憲説の一つは、「憲法六五条の趣旨が憲法六六条三項とあいまって、行政権を国会を通じて、国民による民主的コントロールに服せしめるということにあることに鑑みると、当該行政作用を創出する国会自身が、内閣に責任を負わせることになじまないと判断した結果、これを内閣の指揮監督の下に置かないとする裁量権を有するものと思われる。このように解したとしても、日本国憲法のとる民主的統治構造に反することにならない(1)」とする塩野宏教授の見解である(2)。国会の判断の結果であることが重視されているのである。芦部信喜教授は、民主的コントロールに関して塩野教授と共通の理解を示しつつも、裁決や審決などの準司法作用は国会のコントロールに親しまない作用であるから、内閣の監督を受けないとしても差し支えないとしている(3)。ここには、準司法作用の性質に鑑みた指摘がなされている。逆に、国会のコントロールを要する作用については、議院内閣制の下において、内閣の監督下に置く必要があるという趣旨であろう。

これに対して、司法権限と並んで事実問題に関する認定権限を特別の機関に委ねることの合理性を主張する見解が見られた。すなわち、小嶋和司教授は、「今日の国家のおこなうべき作用は遥かに広範、積極、複雑化し、立法、司法両権限を政府から分離するのみでは良き政治の確保に充分ではない。かくて、なお特別の国家作用を特別の機関のものとして分離し、当該機関の決定をもって政府を拘束しようとして発明されたのが行政委員会制度である」とし、司法との関係について、「国家作用の広範、複雑化は、事実の認定そのものに政治的、政策的判断を要し、裁判官による認定に適するかどうか疑わしいものを出現せしめることとなった」という認識の下に、そのような場合の「事実問題」の認定は、「公正にして、しかも健全な政策的、政治的判断をなしうるような特別の組織をもった機関を設置し、その認定を尊重することの方が、裁判官による片面的事実認定よりも遥かに合目的であろう」と述べた(4)。

渋谷秀樹教授も、そもそも行政権は複数の機関に「分有」させることこそ望ましいとする積極的合憲論を展開している。すなわち、政治的中立性が強く要請される性質の分野を担当する行政機関を極めて政治性の強い国会のコントロールの下に置こうとする点に矛盾があるとし、憲法六五条が行政権を内閣のみに独占させる規定となっていないことから、行政権を複数の機関に分有させることは憲法の趣旨に反しないとし、行政委員会に委ねられた権限は、内閣と国会という二つの政治部門から独立行使させることがむしろ望ましいとしている(5)。政治的中立性が強く要請される性質の行政機関の存在が憲法上も想定されているとするならば、この積極的合憲論は、最も明快な説明であるように思われる。

他方、この権力分立説に理解を示しつつも、「内閣が政治的に支配すべき『執政』作用を独占し、行政権の行使について責任を負うという趣旨に反することは認められないであろう」として、公正取引委員会の有する強い行政的な規制・処分権限を有している点に関しては、違憲論が完全に克服されていないとする指摘もなされている(6)。

以上のような議論に接して、日本における行政委員会形式の機関のうち、いわゆる規制権限を行使するもの（それは、前記の「執政」に連なる）と、主として行政不服審査を行なう行政審判機関の性質を有するもの、とは区別すべきであると思われる(7)。多くの場合に、前者を想定して「独立行政委員会」として、その合憲性が論じられてきた。後者に関する限りは、権力分立説により、その合憲性を説明するのが合理的であると考えている。要するに、行政不服審査機関としての行政審判機関の合憲性は、説明しやすいのである。その場合に現行の制度に関して問題となるのは、行政審判機関を構成する委員に関して国会同意人事が採用されていることである(8)。国会は、すぐれて政治的な決定を行なう機関であるから、政治的中立性の確保の要請に反するのではないかという疑問である。大臣による任命について何らかのコントロールが必要であるとの趣旨は理解できるものの、国会同意を通じて歪んだコントロールがなされる恐れがあることにも十分警戒する必要がある。

(2) 司法に関する憲法の規定との関係

行政不服審査機関としての行政審判機関については、司法に関する憲法の規定との関係も考察する必要がある。日本国憲法七六条二項は、「特別裁判所は、これを設置することができない。行政機関は、終審として裁判を行ふことができない」と定めている。この後段部分は、逆にいえば、行政機関も「前審」としてならば裁判を行なうことができることを意味すると解されている(9)。

この一見すると単純な規定が黙示に許容していると見られる「前審としての裁判」について、二つの側面からの指摘があることに注目したい。

一つは、簡易迅速な人権の救済の必要性に着目して、積極的に肯定する見解である。すなわち、行政不服審査を、前審としての裁判と位置づけて、積極的に評価する憲法学説があることに注意したい。たとえば、杉原泰雄教授は、「裁判所による人権の救済には、多大の時間と費用がかかる。それ故に、国民がその救済を断念することにもなりかねない。今日のように行政が生活の各分野に介入している状況下においては、行政機関による前審としての裁判は不可欠のものであろう。前審としての裁判であるから、行政機関の裁判については、通常裁判所に出訴することが認められなければならない。行政不服審査法における、処分についての審査請求の裁決や処分についての異議申立の決定は、行政機関による裁判の代表的事例である」と述べている。[10]

筆者も、簡易迅速な人権救済の必要性には同調したいのであるが、念のために行政不服審査法に基づく不服審査をもって「裁判」に該当するといえるのか否かを確認する必要があろう。行政不服審査は、「行政庁の違法又は不当な処分その他公権力の行使に当たる行為」に関して国民が行政庁に対し申し立てる不服の審査である（平成二六年法律第六八号による新法一条参照）。憲法七六条二項後段にいう「裁判」は、事実の認定と法の解釈・適用による紛争の処理であって、それが「確定」した場合には当事者がそれに従わなければならないことを中核としていると解されているといえよう。そうであるとすれば、行政不服審査も「裁判」の一種ではないのかという問いが出される。

しかし、おそらく、「裁判」というからには、「裁判と呼ぶに相応しい水準の手続」を要すると思われる。一定の水準以上の手続による場合に、初めて憲法七六条二項にいう「裁判」と呼ぶことができるというべきである。その水準がどこに引かれるのかについては、確たる答えを示すことができないが、抽象的にいえば、「裁判にふさわしい組織（とくに裁断者の独立性の保障）と手続保障」が必要であるとする見解が妥当すると思われる。[11]「裁判」該当性の有無が憲法学説においてほとんど議論されていないのは、司法権に属する裁判所の裁判を第一義とする学説において、行政権による「裁判」を論ずる必要がなかったからであろう。[12]しかし、司法裁判所における一審を高等裁判所の管轄にするとか実質的証拠法則の制度との関係においては、それらを可能にするに足る「裁判」が先行していることが求められていると解すべきであろう。前審としての裁判を論ずるに当たり、次に述べる行政審判形態のものを取り上げる書物は、[13]このことを前提にしていると推測される。

もう一つは、行政審判形態に着目する見解である。

日本国憲法の制定時において積極的に認識されていたかどうかは別として、「行政の範囲が拡大し、その専門化・技術化がますます進んでいく現代国家においては、専門的な知識や経験を背景とする行政審判にはむしろ一定の積極的な意義を認めることもできる」(14)との説明もなされている。しかしながら、すでに言及したように、日本において、行政審判は、拡大されるよりも、きわめて限定的であることに注意する必要がある。のみならず、独占禁止法に基づく公正取引委員会の排除措置命令について、かつては公正取引委員会による審判制度が用意されていたが、平成二五年法律第一〇〇号により、審判制度が廃止され、東京地方裁判所の専属管轄とされた（八五条）。これは、その理由はともかく、行政審判の活用への消極姿勢の表れであることは否定できない。

ちなみに、英国、カナダ、オーストラリア等の国々においては、行政機関による紛争処理機関は、行政審判所（Administrative Tribunal）又は単に審判所（Tribunal）と呼ばれている。行政審判所と裁判所とを区別する一般的定義はないとされる。それは、一般的に定義する必要がないからであって、同一の機関が、ある目的との関係において裁判所であるとともに、別の目的では審判所とされることがあるという(15)。その場合に、行政審判所による審査と司法審査との決定的区別は、行政審判所の審判を経た事件について、司法審査の対象になるのは、原則として法律問題（question of law）のみであることにある。

これに対して、日本において、憲法解釈上、「司法権の行使は、当然に係争事件に関する事実の認定を含むものであるから、その事実の認定をまったく裁判所の権能の外におくことは、裁判所の有する司法権を制限することになると解される」(16)とする宮沢俊義教授に代表される憲法学説が有力である(17)。この説に従う限り、たとえ行政審判制度を充実させたとしても、司法裁判所の負担を必ずしも軽減させるとは限らないことに注意する必要がある。実質的証拠法則の採用されている行政審判の場合においても、実質的証拠の有無は、裁判所が判断することとされているのである。

もっとも、少数説ながら、事実認定をもって司法の必須の要素と見ない見解もある。小嶋和司教授が最も明確に述べていた。いわく、「事実認定が司法の目的ではない。司法の目的は具体的事件に法の適用を確保して法律上の利益をまもることである。事実認定は、法適用の結果の宣言に強制力をあたえる前提として、それが不当であってはならないからなされるにすぎない。それは『司法』にとって、対象の正確化ではあっても、目的ではなく、本質的要素たる意味をもつものとは考えがたい」と。そこから、「法適用の結果の宣言の強制を不当としないような公正な手続で事実認定がなされれば、行政機関による事実認定を最終的なものとすることもできる」とする結論を導いている(18)。筆者は、この考え方に賛成である（もちろん、刑事事件は別である）。重要なことは、公正な手続による事実認定が行政権によるものであれ、先行していなければならないことである。そして、行政不服審査法による不服審査は、たとえ新法に基づく審査であっても、前記の「公正な手続による事実認定」を客観的に担保できるまでに至っているとは断定できないといわざるを得ない。

「裁判」の意義をめぐっては、筆者のように手続の水準を問題とするのと別に、審級を通じた完結したシステムであることを要求する見解もある。いわば、「縦の関係における裁判」システムである。下級審から終審に至るまでの審級関係の全部を通じて完結するものを「裁判」と呼ぶことを想定した場合には、「行政機関の前審としての裁判は、裁判的な行為であることはもとよりであるが、『裁判』と称することは適当でない」とする佐藤功教授の見解(19)が代表的なものである。しかし、筆者には、行政機関による一定水準の手続を踏んでなされる裁断について司法権に属する裁判所に出訴できる仕組みが採用されている場合には、司法裁判所の間の審級関係と同様に、行政機関による裁断と司法裁判所の裁断とを併せて、佐藤教授のいわれる意味の裁判に該当するといって差し支えないと思われる。適正な手続による行政審判と司法裁判所の裁判との連動システムである。事実認定に即していえば、行政審判機関による適切な補完を認める余地があるというべきである。

「裁判」といえるためには、当該機関の独立性の保障と適正な手続による仕組みでなければならない。別稿において紹介したように、兼子仁教授や南博方教授がこのことを「前審」たる裁判の要件として論じていたことが想起される[20]。

行政審判の制度化に当たっては、司法裁判所における審理を一部代替しようとするのであれば、前述した「裁判」の一環と呼ぶことのできる水準を満たす手続としつつ、かつ、時間と費用のかからない救済システムの構築という目的とをいかに両立させるかが、最大の課題であるといわなければならない。

2　カナダにおける行政審判所の合憲性

カナダにおいては、紛争解決に占める行政審判所の役割は、きわめて大きいとされている。社会的・経済的規制の増大の中で、新規の規制施策に伴う審判の任務は、一般的に裁判所よりも行政審判所に委ねられてきたというのである。なぜ行政審判所に委ねられたのかについて、代表的な憲法の教科書の中で、ホッグ（Peter W. Hogg）は、次の五点を挙げている[21]。

第一に、専門機関への願望である。特別な資格を有する人材が審判所に任命され、また特別に資格を有していない者は規制領域における経験と専門知識を取得することができることである。

第二に、変革への願望である。審判所は、新規の規制施策を遂行するために必要とされる政策及び救済を展開する広範な裁量権を付与され得ることである。

第三に、主導権（initiative）への願望である。審判所は、手続を開始し、調査を行ない、研究をし、裁断の役割のみならず教育的及び政策形成の役割を果たすための権限を有している。

第四に、分量の問題である。裁断がきわめて頻繁に必要とされるならば、審判所は、通常の裁判所の仕組みでは処理しきれないような多量の件数を処理するような手続を展開させることができる。

第五に、経済性の問題である。審判所は、通常の裁判所に比べて、より形式にこだわらず、より迅速に、より費用のかからないように構成され、任務を負託される。

行政審判所の憲法上の許容性をめぐっては、権力分立との関係を問いたくなるのが普通である。この点について、ホッグの述べるところを紹介しよう(22)。

まず、カナダにおいては、Constitution Act 1867（以下、単に「憲法」という）には、権力分立に関する一般的定めはなく、権力の分立が求められるわけではないので、司法権と立法権及び執行権との間においても同様であるとされる。その結果、連邦議会あるいは州議会は、司法的作用を裁判所以外の機関に付与することができることになる。しかし、これに対する例外的な、しかも重要な制限があるという。すなわち、州議会は、上級裁判所、地区裁判所、郡裁判所（superior, district, county court）により遂行される司法作用に類する作用をこれらの裁判所以外の機関に付与することはできないことである。そして、州の行政審判所に関して、憲法九六条に適合するか否かが問題とされた。同条は、「総督（Governor General）は、ノヴァ・スコシア及びニュー・ブランズウィックの検認裁判官を除き、各州の上級裁判所、地区裁判所、及び郡裁判所の裁判官を任命するものとする」と定めている。ここに登場する各裁判所は、いずれも州の裁判所（Provincial Court）である。他方、憲法九二条一四項は、民事及び刑事の管轄を有する州裁判所の設置、維持及び組織並びにそれらの裁判所における民事事案における手続を含めて、州における司法行政（the Administration of Justice in the Province）に関する法を制定することを州の立法府の専権事項として定めている。これらの裁判所に対して、州法に関する事件のみならず、連邦法、さらには憲法に関する事件についても、州法が管轄権を付与できるとされていることに注意する必要がある(23)。ちなみに、連邦の立法府により設置されたカナダ最高裁判所は、連邦の裁判所からの上訴事件を扱うのみならず、州の最上級の裁判所である州控訴院の判決に対する上訴事件をも扱う裁判所であって、"general court of appeal of Canada"であるという。[24] かくて、カナダの裁判所制度は、州と連邦との連携型であるといってよい。[25] このような憲法構造の下において、州法が、上級裁判所、地区裁判所及び郡裁判所の司法作用に類する作用をこれらの裁判所以外の機関に付与する場合には、そのメンバーは、憲法九六条に従い連邦政府により任命され、憲法九七条及び九八条に従い弁護士会より選任され、憲法一〇〇条に従い連邦議会により決定された俸給等を支給されない限り、憲法に適合しないことになる。

この問題をめぐる判例の展開があるが、ホッグによれば、未だ予測可能性のあるような状態には至っていないという。[26]

ホッグは、代表的な判例である Re Residential Tenancies Act (1981)（[1981] 1 S.C.R. 714）事件について、詳細な検討を加えている。オンタリオ州の賃料審判所の、賃借人を立ち退かせる命令をなす権限及び地主及び賃借人に賃料統制立法に従うよう要求する命令をなす権限について、憲法九六条違反と判断された事件である。ホッグは、同事件において Dickson 裁判官の述べた三段階アプローチ（第一段階は歴史的考察、第二段階は司法的権限か否かの考察、第三段階は制度の背景が上級、地区若しくは郡裁判所の管轄権に一致することを否定するほどに変化したかの考察）を紹介している。

第一段階は、歴史的考察（historical inquiry）である。異議の出されている権限が連邦結成時に上級裁判所、地区裁判所、郡裁判所の権限の範囲内にあったかどうかの検討である。もし、それらの範囲内になかったとすれば、第二段階以降に進むことなく憲法九六条違反の問題を生じないことになる。審判所の権限が連邦結成時に九六条の権限内であったというためには、異議の出されている権限が連邦結成時に九六条裁判所の排他的管轄内にあったといえなければならない。もしも、連邦結成時に下級裁判所や審判所の混合管轄であったとすれば、九六条の権限に含まれていなかったという結論になる。

ホッグは、もしも歴史的考察が異議の出されている審判所を設置した州の状況のみに向けられるとすれば、その考察の結果は他の州の同じ問題を解くことにはならないとし、そのことを判例によって論証している。すなわち、Re Residential Tenancies Act 事件においては、オンタリオ州の賃料審判所の、賃借人を立ち退かせる命令をなす権限及び地主及び賃借人に賃料統制立法に従うよう要求する命令をなす権限について、憲法九六条違反とされた。他方、A. G. Que v. Grondin（1983）（[1983］2 S. C. R. 364）判決は、基本的に同様の権限を有するケベック賃料審判所の権限について、歴史的考察により、ケベックにおいてはオンタリオと異なり、賃貸借の遂行若しくは撤回を命ずる権限を含めて、地主・賃借人間の紛争を解決する権限は、連邦結成時において、上級裁判所のみならず下級裁判所も保有していたものとして、合憲とされた。このような州ごとの歴史的考察による方法について、ノヴァ・スコシア州の労働基準審判所による不当解雇の権限を扱った Sobeys Stores v. Yeomans（1989）（[1989］1 S. C. R. 238）事件において、Wilson 裁判官が、連邦結成時の他の州についても検討すべきであるとしたが、ホッグは、このような考え方が確立されているか否かは明確ではないとしている(27)。

次に、第二段階は、異議の出されている権限が、"judicial" なのか、"administrative" 若しくは "legislative" なのかという考察である。Re Residential Tenancies Act 事件判決において、Dickson 裁判官は、①当事者間の私的紛争であること、②確立されている規範の体系の適用により裁断されなければならないこと、③公正性及び公平性に適合した方法で裁断されなければならないこと、の要件を満たす場合に "judicial" であるとした。同裁判官は、当該事件の賃料審判所の場合には、これらの性質のすべてを有しているとした。ホッグは、このことを指摘したうえで、同事件は、行政審判所の案件ではなく下級裁判所の案件であるとしても、行政審判所の案件であること、歴史的考察により、連邦結成時に上級裁判所により行使されていた権限であって、ほとんどの場合に judicial なものと分類されたであろうと述べている。ただし、若干の事案においては、当事者間の私的紛争が存在しないか、統制するまとまりのある規範が存在しないか、それらの両方であるかによって、judicial というには不十分なものとして、九六条違反とされなかったと述べている[28]。

第三段階は、制度的背景（institutional setting）の考察である。ホッグは、次のように説明している。まず、判例を挙げて、労働関係以外の場合は、制度的背景により、行政審判所に付与された多くの裁断的作用が認められてきたという。制度的背景は、第一段階の考察により連邦結成時において九六条の作用をもつとされ（第一段階考察）、司法的なものと性格づけられた（第二段階考察）裁断的作用は、審判所の唯一若しくは中心的作用であることを免れさせるものではない。Re Residential Tenancies Act 事件においては、カナダ最高裁判所は、賃料審判所が、オンタリオ州の居住用借地立法の運営において他の作用を遂行しているけれども、他の作用は、地主と賃借人との間の紛争を裁断するという中心的作用に付随するものであったとした。A.G. Que. v. Farrah（1978）（[1978] 2 S.C.R. 638）事件においても、ケベック交通審判所のもつ、一審の審判所からの申立事件を審理し法律問題をも判断する唯一の役割は、憲法九六条に違反する役割であるとされた。Crevier v. A.G. Que.（1981）（[1981] S.C.R. 220）事件において、職業審判所について、同様に判断された[29]。

ホッグは、カナダ最高裁判所により支持されている三段階アプローチは、疑いなく判例法の健全な総括となっているが、憲法理論としては満足できるものではないとしている。それぞれの段階が不明確なものであり、議論の余地があり、州による小さな違いが、明らかに似通った行政審判所でありながら、有効、無効の違いを招いてしまうと述べている[30]。ホッグは、このような現状から脱却するには憲法改正こそが唯一の解決策であると述べている。その理由が、きわめて興味深い。すなわち、裁判所は、長い間に形成されてきた理論を捨てることはできそうもないし、上級裁判所の管轄が侵害されることへの関心を捨てることもないであろうとし、異なるレベルの裁判所及び行政審判所に管轄を分配するのは、本来政治的問題であり、必然的に裁判所の利己的な見解が不当に影響を与えてはならないというのである。[31] このような改正によって、「われわれの憲法から不明確さの沼地を動かし、行政審判所に職務を分配するに当たり、州に対して、より多くの安心を付与する」ことになるという。[32]

以上紹介したように、憲法九六条との関係において行政審判所にいかなる権限を付与できるのかという点は、カナダ憲法をめぐる判例法の展開のうえで、重要な論争点となっている。日本においては、おそらく「行政機関は、終審として裁判を行ふことができない」とする憲法七六条二項後段によって、「前審」としての「裁判」が認められるので、カナダのような問題を生ずる余地はないといえよう。

3　オーストラリアにおける行政審判所と憲法

(1)　連　邦

オーストラリアのほとんどの州においては、行政決定をめぐる紛争のほか、私人間紛争をも審理裁断する包括的ないし総合的審判所が設置されている。そのような審判所の性格を名称にも反映させて、Civil and Administrative Tribunal（＝CAT）としている州がほとんどである。その例外は、Western Australia 州で、State Appeals Tribunal（SAT）の名称が付されている。

州においてCATの設置が進行するなかで、連邦法の適用に係る私人間紛争も存在するにもかかわらず、連邦においては私人間紛争に関する審判所設置の動きがないことに注目する必要がある。それは、連邦の政策選択の結果なのではなく、連邦憲法の解釈上、連邦CATの設置は許されないとされていることと無関係ではない。すなわち、司法権と行政権との間の権力分立のあり方が、連邦のそれは、州のそれと異なるからであるとされている。連邦憲法における司法権と行政権との分立が厳格であるのに対して、州における両権力の分立はきわめて緩やかなことによっているのである。そこで、連邦憲法をめぐる判例法を紹介することにしたい。[33]

連邦レベルの司法権については、二つの原則が認められている。第一に、連邦憲法は、司法権を連邦憲法のいわゆる「第三章裁判所（Chapter Ⅲ courts）」のみに与えていることである。第二に、連邦は、第三章裁判所に司法以外の権限を付与することができないことである。要するに、第三章裁判所のみが司法権を行使することができ、第三章裁判所は、もっぱら司法権限のみを行使できるというのである。

ＣＡＴ設置の可否に関係するのは、前者の原則である。「小麦事件（Wheat case）」と呼ばれる*NSW v. Commonwealth*,（1915）20 CLR 54が、出発点とされている。連邦憲法七一条は、「連邦の司法権は、高等法院と称される連邦最高裁判所及び議会が創設する他の連邦裁判所並びに連邦司法権を付与するその他の裁判所に付与されるものとする」と定めている。

連邦議会が憲法一〇一条の下において設置された州際委員会に対して、司法権以外の権限と併せて、不服を審理決定する権限、差止命令（injunction）を認める権限、宣言を認める権限及びその命令を遵守しない者を罰する権限という司法的権限（judicial power）を付与していた。New South Wales州（以下、ＮＳＷという）の法律（Wheat Acquisition Act 1914）に基づき、ＮＳＷ政府がとろうとしている行為は憲法違反であるとして同委員会にその差止めを求めたところ、同委員会がその申立てを認めたために、ＮＳＷ政府が、同委員会にはかかる命令を発する権限を有しないとして、高等法院（High Court）に対して訴えを起こした事件である。高等法院の多数意見は、このＮＳＷ政府の主張を容れて、委員会の命令を破棄した。

判決は、憲法七一条の中に、司法権は、同条に明示的に列挙されている種類の裁判所に与えられることが含意されている旨を判示した。立法権は、第一条により議会に付与され、その構成と権限は第一章において定義され、また、執行府については第二章が、司法については第三章が定めており、第三章は、司法権を行使する審判所（tribunals）に関し、及びその管轄事項について、最も豊富で綿密な規定（the most ample and meticulous provisions）を含んでいる（Rich 裁判官）というわけである。Griffith 裁判長の表現によれば、「七一条の規定は、完全で限定であって、連邦裁判所でなく連邦の管轄権を付与された州の裁判所でもない第三の種類の裁判所は存在し得ない」という。州際委員会についていは、高等法院でないことは、もとよりであるが、その他の連邦の裁判所に該当しないと判断するに当たって、憲法七二条が連邦の裁判官の任期と条件を定め、小麦事件当時は、非行により罷免される場合を除いて終身の勤務継続権（life tenure）を保有していたのに対して、州際委員会の委員は七年任期制であるので、憲法七二条の連邦裁判所裁判官ではなく、したがって、委員会は連邦の裁判所ではないとした。委員の任期に着目して連邦の裁判所に該当しないとしている点に特色がある。

Court の名称の付いている機関であっても、同様に任期に着目して、第三章裁判所に該当しないとされる。*Waterside Workers' Federation v. J W Alexander,*（1918）25 CLR 434 は、The Commonwealth Court of Conciliation and Arbitration について、その長の任期が終身でないことを理由に連邦の裁判所ではないとした。

現在は、裁判官は、かつてのように終身ではなく、高等法院を含めて七〇歳定年制である。そして、二〇一五年時点において高等法院以外で連邦の裁判所として設置されているのは、Federal Court、Family Court 及び Federal Circuit Court である。

以上のような憲法原則が採用されている実質的理由は、司法過程の無欠性及び公正な審判を受ける人民の人権を守ることにあると一般に考えられているという(34)。

連邦憲法に関する第一及び第二の原則が確立されたのは、高等法院のいわゆる Boilermakers 事件判決（*R v. Kirby; Ex Parte Boilermakers Society of Australia,*（1956）94 CLR 254）によるものである。Commonwealth Court of Conciliation and Arbitration に仲裁権限と司法権限とを付与している規定が憲法第三章に違反するという趣旨の判決である。「司法権のいかなる部分も七一条によって創設され七二条に従って構成された裁判所又は州により生み出された裁判所以外のいかなる機関若しくは人に付与することも、議会の権限を越えるものである」と述べるとともに、憲法第三章により設置された裁判所を司法権に属しないあるいはそれに付随しない任務の遂行に用いることを憲法は許していない」とも述べた。小麦事件の場合とは異なり、終身任期のメンバーによる権限行使であり、司法的権限も含まれているとしても、仲裁権限にウエイトがあるが故に憲法第三章裁判所とはいえない、とする判断がなされた。

以上の二つの原則を目にするときに、日本法との間に大きな違いがあることがわかる。第一の原則との関係において、日本において、最後に司法判断を受けることが保障されているならば、行政権が前審として裁判的行為を行なうことは禁止されていないと解されている。また、第二の原則との関係において、日本の場合は、法律の定めによるのであれば、相当広い権限を裁判所に付与できると解されている。もっとも、当然のことながら憲法上想定されている裁判所の権限を逸脱する権限を付与することは許されない。憲法自体が、裁判所の権限についていかなる枠を付与しているかが問題である。

この点について、高橋和之教授は、司法とは、「適法な提訴を待って、法律の解釈・適用に関する争いを、適切な手続の下に、終局的に裁定する作用」であるとする[35]。これが枠といえよう。そして、「人権侵害の場合は、司法権は憲法上顕在化しており、その争いを裁判所以外が裁定することは原則として許されない」、また、「法律上の権利についての争いが生じたときも、司法権は顕在化する」、さらに、憲法上も法律上も実体的な権利が与えられておらず、国民・住民全体の利益に関係する法適用の争いに関しては、「憲法上潜在的に司法権に属し、それを顕在化させるかどうかは国会に属する権限を国会が行使するかどうかという、国会の裁量の問題」であるという[36]。

これに対して、オーストラリアの連邦にあっては、二つの原則により、司法権と行政権との間には、強固な壁があることになる。しかし、「司法権（judicial power）」の実質的な意味を確定しなければ、判例法理の実際上の意味を知ることはできない。司法権の意味に関しては、多数の判決が扱ってきた。それらの中には、裁判所に非司法の権限を付与しているとして争われた事件と非裁判所が司法権を行使しているとして争われた事件とがある。

前者に属する事件の中には、法律が裁判所に広範な裁量を与えていることは非司法の権限行使を認めるものであると主張されたものがある。Commonwealth Industrial Court の再販売価格の維持の差止命令に関して、*Mikasa (N. S. W.) Pty Ltd v. Festival Stores,*（1972）127 CLR 617 は、Trade Practice Act は、再販売維持行為の列挙に含まれる行為を明確に禁止し、その禁止の実際の違反について差し止める権限を条件づけているとし、そのような違反が実際に存する旨の決定は、明らかに司法作用（judicial function）であると述べた。

逆に、Trade Practice Act 1965-1968（Cth）の定める独占的行為をしているとのコミッショナーからの申立てに基づき Trade Practices Tribunal が手続を進めることに関して、同審判所は憲法第三章の司法権限を行使していることになるとして、高等法院の判断を求めた事件に関して、*R. v. Trade Practices Tribunal; Ex parte Tasmanian Breweries Pty Ltd,*（1970）123 CLR 361 は、司法権限を行使するものではないとした。司法の場合の手続は、一般に、現状の法、現状の事実の調査、それに基づいて認定された事実に確定された法を適用するものでなければならず、その達成すべき目的は、現状において、事実への法の適用により存在すると示された権利若しくは義務を、それが介入する当事者に与え若しくは義務づける行為でなければならない、と述べた。Trade Practices Tribunal は、このような性質を有していないというのが判決の述べるところであった。現に存在する権利若しくは義務に関する現実若しくは潜在的な紛争を解決する決定若しくは命令に向けられたものではないというのである。民事の争いについて、事実に法を適用して権利義務に関する判断をして、それを当事者に義務づけることは司法権限とされるであろう。

ちなみに、行政上の不服を処理することについてどのように考えられているのであろうか。参考になるのが、

Shell Co. of Australia Ltd v. Federal Commissioner of Taxation,（1930）44 CLR 530である。この判決は、Assessment Act 1922-1925により設けられたBoard of Reviewが身分保障のないメンバーによって司法権限を行使しているとして争われた事件に関するものである。判決は、Board of Reviewの決定は、コミッショナーの決定と同様のものであって、Board of Reviewの査定決定にもかかわらず、事後の修正・追加の権限はコミッショナーに残されていることを挙げて、査定に関して、すべての当事者に対し終局的（final and conclusive）な決定は裁判所のみがなし得ることを強調している。ここには、民事の争いに関する紛争についての裁断行為と異なり、行政機関たるコミッショナーの権限が存続していることが重視されているのである。

最後に、裁判官を本来の司法以外の機関の構成員に任命して権限を行使させることが許されるかどうかが問題となる。州の審判所の仕組みにおいて不可欠になっている裁判官を審判所のメンバーとすることについて、連邦レベルにおいていかに解されているかが問題となる。この点について、裁判官個人の資格において任命されることは司法と執行との分離原則に反しないとされている（*Drake v. Minister for Immigration and Ethnic Affairs,*（1979）24 ALR 577）。これは、persona designata doctrineと呼ばれている。しかし、無制限に認められるわけではなさそうである。*Wilson v. Minister for Aboriginal and Torres Strait Islander Affairs,*（1996）189 CLR 1は、土地についての原住民の遺産に関する異議についての意見の申立てを連邦裁判官が聴き大臣に報告をする職務を遂行することの可否が争点とされた事件の判決である。この報告は、大臣が同土地を保護する永続的決定の前提条件とされていた。この事件において、裁判官は確固として行政のレベルに置かれ、報告がなされるまでは大臣による免職を受ける立場に置かれ、通常の司法的保護を奪われて、大臣の助言者の地位と等しい立場にあるとされ、報告の準備に対する大臣の指示、助言若しくは要望を無視する免責特権や必要条件もなく、その任務は、本質的に政治的なものであったとされる。大臣への報告義務は、第三章裁判官の職と両立しないと判示された。この判例は、「incompatibility

（非両立）」のテストと呼ばれるものである。Margaret Allars は、この判決の趣旨によれば、裁判官が行政不服審査に関わる場合において、現在の連邦のＡＡＴと異なり、行政内部の審査に関与することは禁止されると説いている。(37)

(2) 州

次に、州にあっては、連邦とまったく異なる状況にある。

州においては、州憲法に州の司法権の分離を強制する定めがないとされ、また、連邦憲法も、州の裁判所に州の議会が付与する権限についての制約を課していないと解されてきた。(38) しかし、*Kable v. Director of Public Prosecutions*,（NSW）(1996) 189 CLR 51 は、連邦司法の管轄権を有する州裁判所(39)には、連邦憲法上の制限がかかることを述べた。そこにおいては、連邦司法権の公平な行使に対する人々の信頼（public confidence in the impartial exercise of federal judicial power）が強調された。

では、州レベルにおいて、司法権以外の機関に司法的権限を付与することについて、どのように考えられているのであろうか。

前述の Kable 事件判決によれば、このような場面には制限がないように見えるが、判例（*Attorney-General (Qld) v. Lawrence*,［2013］QCA 364）(40)は、少なくとも、司法権に結合した権限行使に直接影響を与える権限を司法以外の機関に付与することはできないことを示していると解する見解がある。(41) しかし、私人間紛争の処理についていえば、司法裁判所における解決を閉ざさない限りにおいては、憲法上の制約はないものと考えられている。(42) 審判官の身分保障などの要件を満たすならば、「審判所」の名称の機関であっても司法機関と位置づけることができるのである。審判官の身分保障の点を抜きにして、司法機関と司法以外の機関との区別をすることは相当困難なようである。(43)

（1）　塩野宏『行政法Ⅲ［第四版］行政組織法』（有斐閣、平成二四年）七六頁。この説は、宮沢俊義著＝芦部信喜補訂『全訂日本国憲法』（日本評論社、昭和五三年）四九七～四九八頁の見解を引き継ぐものと思われる。ただし、同書（『全訂日本国憲法』）四九八頁は、異議・訴願等の争訟の裁決とか技術上の能力の試験の採点の類は、「ことの性質上、独立に行われるべきものであり、国会のコントロールに服することは、必要でもなく、また妥当でもない」としている。

（2）　佐藤功『国家行政組織法　新版増補』（有斐閣、昭和六二年）二七〇頁は、「行政委員会が内閣のコントロールの下にあるべきであるとされるのは結局のところそれを通して国会のコントロールの下になければならぬということなのであるから、仮りに内閣のコントロールが十分に及ばなくとも、もしも国会が直接にコントロールを及ぼしうるならば、すなわち行政委員会が直接に国会に対して責任を負うための制度が設けられているならば、それは憲法の容認するところであるというべき」であるとしていた。

（3）　芦部信喜著＝高橋和之補訂『憲法　第六版』（岩波書店、平成二七年）三二四頁。

（4）　小嶋和司「権力分立」宮沢俊義先生還暦記念『日本国憲法体系3　統治の原理』（有斐閣、昭和三八年）一二三頁、二二七～二二八頁（同『小嶋和司憲法論集二　憲法と政治機構』（木鐸社、昭和六三年）一四七頁所収二五一～二五二頁）。

（5）　渋谷秀樹『憲法　第二版』（有斐閣、平成二五年）五九八頁。

（6）　大石眞『憲法講義Ⅰ　第三版』（有斐閣、平成二六年）一九六頁。伊藤正己『憲法　第三版』（弘文堂、平成七年）五一七頁は、権力分立説に賛同する旨を述べることなしに、「その性質上、政党的な支配から独立であるべき要請のある作用について、それを担当する機関に、通常の行政分野に比してある程度の内閣からの独立性を与えることも憲法の禁ずるところではないと解してよいであろう」としている。同書は、「内閣が行政権を独占しないからといって、それから独立して行政を行う機関はあくまで例外であるべきであって、その職務の特殊性に十分に裏づけられた領域に限られよう」としているが（五一七頁）、不服審査の領域は、まさに、そのような領域であろう。

（7）　作用の性質による分類として、佐藤功・前掲注（2）二七六頁は、政策立案的な作用や調整的な作用も与えられていることが多い点に注目すべきであるとしている。

（8）　国会のコントロール重視説にあっては、国会同意制が行政委員会合憲説を満たす論拠の一つとされる（佐藤功・前掲注（2）二七〇頁、佐藤幸治『憲法［第三版］』（青林書院、平成七年）二一七頁、浦部法穂『憲法学教室（全訂第三版）』（日本評論社、平成二八年）五九八頁など）。浦部法穂・前掲書五九八頁が、党派的基盤に立つ内閣から独立した行政委員会に担当させることに積極的合理性がある分野の存在を主張しつつ、なぜ国会による同意を重視しているのか、吟味が必要と思われる。国会こそが、党派的な駆引きで同意議案に臨むことが懸念されるからである。なお、辻村みよ子『憲法　第4版』（日本評論社、平成二八年）四一一頁は、「国会のコントロールに親しまない準司法作用を別としても、本来は国会のコントロールになじむ行政委員会の行政作用を内閣の監督から独立させていること自体への疑問は残るといえよう」と指摘している。「国会のコントロールに親しまない準司法作用」を別扱いにすることを示唆している点が重要な指摘である。

(9)　裁判所法三条二項は、同条一項を受けて、「前項の規定は、行政機関が前審として審判をすることを妨げない」と定めている。ここにおいて用いられている「審判」が、アメリカ合衆国流の「行政審判」の実体を有するものに限定されるのか、当時の訴願法による訴願についての裁決をも含むのかなど、その意味を確認する必要があろう。憲法学説は、行政不服審査法による不服審査も、ここにいう「審判」に含まれると解しているようである（佐藤功『憲法（下）〔新版〕』（ポケット註釈全書）（有斐閣、昭和五九年）九六三頁、伊藤正己・前掲注（6）五六八頁、樋口陽一『憲法Ⅰ』（青林書院、平成一〇年）四八四頁、長谷部恭男『憲法第六版』（新世社、平成二六年）四一〇頁）。

(10)　杉原泰雄『憲法Ⅱ　統治の機構』（有斐閣、平成元年）三六三～三六四頁。

(11)　本秀紀編『憲法講義』（日本評論社、平成二七年）二六五頁（執筆＝塚田哲之）。

(12)　そうした中で、宮沢俊義著＝芦部信喜補訂・前掲注（1）六〇四頁は、行政機関が「裁判」を行なうことは司法作用であるとし、行政機関が司法作用を行なう以上は、「その手続がなるべく訴訟手続に類する手続─その結論の公正ができるだけ客観的に担保されるような手続」であることが望ましいとし、憲法七六条二項が「裁判を行ふ」という言葉を使っているのは、「行政機関が司法作用を行う場合は当然にそういう手続で行うことが要請される趣旨を含んでいると見るべきであろう」と述べている。

(13)　たとえば、大石眞・前掲注（6）二一三頁。

(14)　野中俊彦ほか編『憲法Ⅱ　第五版』（有斐閣、平成二四年）二三六～二三七頁（執筆＝野中俊彦）。この文章の直後に「行政争訟一般に関しても、行政不服審査法に基づく行政機関の裁決の制度がある」と付け加えているので、ここにおける「行政審判」は、戦後に導入された行政審判を指し、通常の行政不服審査を指すものではないと推測される。なお、独占禁止法改正法により公正取引委員会の審判制度が廃止されたことに関連して、櫻井敬子『行政救済法のエッセンス〈第一次改訂版〉』（学陽書房、平成二七年）八〇頁は、「裁判的要素の濃厚な行政審判」と「専門部局化された司法裁判所」との相違は決定的なものではなく、「行政による紛争解決」と「司法による紛争解決」の差異は相対的であるとしている。

(15)　Edward Jacobs, *Tribunal Practice and Procedure* (Legal Action Group, 2011) at 6.

(16) 宮沢俊義著＝芦部信喜補訂・前掲注（1）五九九頁。

(17) 高橋和之『立憲主義と日本国憲法　第三版』（有斐閣、平成二五年）五九四～五九五頁は、「裁判は事実の認定と法の解釈・適用の両者を含むものであるが、裁判所の最も得意とするのは後者であり、前者については問題に精通した専門家の判断を尊重することも、裁判所の態度として一概に否定すべきものでもない」としつつも、「事実の認定権を完全に委ねてしまうことは問題であり少なくとも事実認定に実質的な根拠があるのかどうかの判断権は裁判所が留保している必要があろう」として、平成二五年改正前の独占禁止法八〇条二項が、「実質的な証拠の有無は、裁判所がこれを判断するものとする」と定めていることを条件として、同条一項の「公正取引委員会の認定した事実は、これを立証する実質的な証拠があるときは、裁判所を拘束する」との規定を合憲と解することができると述べている。なお、高橋和之教授は、かつては、「事実認定を司法権の専権事項と考える必要はなく、裁判所による事実認定が必要かどうかは、法律の定め方いかんによる」とし、もし、法律が要件事実の認定を裁判所以外の「他の機関に委ねているなら、裁判所はそれに従ってよいのである」と述べていた。もっとも、そこにおいては、「ただし、その事実認定が『適正手続』に従ってなされたかどうかの審査は裁判所が行わなければならない」という留保が付されていた（高橋和之『現代立憲主義の制度構想』（有斐閣、平成一八年）一五〇頁注（16）（原論文は、「司法の観念」樋口陽一編『講座憲法学第6巻　権力の分立（2）』（日本評論社、平成七年）一三頁、三八頁）。

(18) 小嶋和司『憲法概説』（良書普及会、昭和六二年）四八五頁。なお、実質的証拠法則を手掛かりにしつつ、専門的な知見が必要される事件において、「裁判官が『証拠の評価を通して、事実の認定を行う』との建前は、いかに伝統的な鑑定制度の見直しや改革が行われようとも、自ずと判断能力の点で限界が生ずるといえよう」として、専門訴訟における事実認定のあり方としての立法論的検討を唱える納谷廣美「実質的証拠の法則――司法審査における事実認定の意義について――」新堂幸司先生古稀祝賀『民事訴訟法理論の新たな構築　下巻』（有斐閣、平成一三年）二六五頁をも参照。

(19) 佐藤功・前掲注（9）九六三頁。

(20) 碓井光明「独立行政不服審査機関についての考察」藤田宙靖博士東北大学退職記念『行政法の思考様式』（青林書院、平成二〇年）三一五頁、三二〇頁において紹介したように、兼子仁教授は、執行部門に対して制度的に独立第三者性をもつ行政機関による審理・裁決を必須のものと主張した（杉村敏正＝兼子仁『行政手続・行政争訟法』（筑摩書房、昭和四八年）一七一頁）。また、南博方教授は、行政機関によって行使される前審的司法権と裁判所によって行使される終審的司法権とがあってよいとし（司法権の重畳構造）、終審的司法権は、原処分の適否の審査ではなく、原則として前審裁判の適否の審査にとどめられてよいとし、前審的な「司法権」といいうるには、現行の行政不服審査のごときはこれに含まれず、活動行政機関からの独立性と公開対審構造がとられるべきことは当然であると主張した（南博方「司法と行政――前審的司法権と終審的司法権――」公法研究四六号（昭和五九年）一頁、一七頁（同『紛争の行政解決手法』（有斐閣、平成五年）一四頁（第二章「前審的司法権と終審的司法権」として収録）、二九頁）。

（21）Peter W. Hogg, *Constitutional Law of Canada* (Carswell, 2012), 7-43.

（22）Peter W. Hogg, supra note 21, at 7-37 ff.

（23）Valin v. Langlois, (1879) 3 S. C. R. 1, 19 ; Ont. v. Pembina Exploration, (1989) 1 S. C. R. 206, 217.

（24）Peter W. Hogg, supra note 21, at 7-3.

（25）オーストラリアにおいては、交差管轄制度が採用されている。後掲注（39）を参照。

（26）Peter W. Hogg, supra note 21, at 7-38. 1. この問題については、Jones & de Villars, Principles of Adminitrative Law 6th ed.（Carwell, 2014）40ff. も詳しく論じている。

（27）以上、Peter W. Hogg, supra note 21, at 7-45～7-47.

（28）以上、Peter W. Hogg, supra note 21, at 7-47.

（29）以上、Peter W. Hogg, supra note 21, at 7-48～7-49.

（30）Peter W. Hogg, supra note 21, at 7-49. ノヴァスコシア州において、地主と住宅賃借人との間の紛争を調査し、調停し、裁断する権限を州の公務員に付与する同州の法律につき、連邦結成時に、同州においては、賃貸借関係に関する紛争については州の上級裁判所の排他的管轄であったことを理由に違憲とする最高裁判決も登場した（Re Amendment Tenancies Act（N.S.）[1996] 1 S. C. R. 156）。

（31）そこにおいて、司法省が改正案として、州の立法権限内の行政審判所にいかなる職務を付与することも認める（下級裁判所には認めない）ことを提案したこと（*The Constitution of Canada: A Suggested Amendment Relating to Provincial Administrative Tribunals* (Department of Justice, Ottawa, 1983）が紹介されている。

（32）Peter W. Hogg, supra note 21, at 7-50. なお、ホッグは、憲法九六条は、いかなる事情の下においても上級裁判所から奪いえない上級裁判所の中核たる管轄を保障しているとする、最高裁判所の限定的理論を批判している（at 7-51～7-52）。ホッグのような憲法改正により明確化すべきであるとする主張があるものの、現状認識として、行政審判所の見直しの機会に憲法九六条が行政審判所設置の妨げとなるとされたことはなく、また同条改正の動きもないため、同条をめぐる判例法理が州による行政審判所設置の権限行使を妨げていないと述べる者も見られる（Patrick J. Monahan & Byron Shaw, *Constitutional Law 4th ed.* (Irwin Law, 2013), at 155)。

(33) 多数の文献があるが、Cheryl Saunders, "The Separation of Powers" in Brian Opeskin & Fiona Wheeler ed., *The Australian Federal Judicial System* (Melbourne University Press, 2000), 3を挙げておく。

(34) S. Joseph & M. Castan, *Federal Constitutional Law A Contemporary View* (Lawbook Co., 2014), 203.

(35) 高橋和之『現代立憲主義の制度構想』前掲注（17）一五〇頁（原論文は、「司法の観念」樋口陽一編・前掲注（17）一三頁、二三～二四頁）、高橋和之『立憲主義と日本国憲法　第3版』前掲注（17）三八九頁も全く同一の定義である。

(36) 高橋和之『立憲主義と日本国憲法　第三版』前掲注（17）三九〇頁。

(37) Margaret Allars, "Federal Courts and Federal Tribunals: Pluralism and Democratic Values" in Brian Opeskin & Fiona Wheeler ed., *The Australian Federal Judicial System* (Melbourne University Press, 2000), 191, at 203.

(38) この事件は、（刑事事件判決なしに）特定の人（Gregory Wayne Kable）についての予防的拘置（preventive detention）を最高裁判所に申請することにより、コミュニティーを守ることを目的とするCommunity Protection Act 1994 (NSW）の効力が争われた事案である。この事件について解説する文献として、G. Zdenkowski, "Community Protection Through Imprisonment Without Conviction: Pragmatism Versus Justice", 3 Australian Journal of Human Rights 8 (1997); H P Lee, "The Kable Case: A Guard-Dog that Barked But Once?" in George Winterton (ed)., *State Constitutional Landmarks* (Federation Press, 2006), at 390がある。

(39) 連邦憲法七一条の「連邦司法権を有するその他の裁判所」には、州の裁判所も含まれる。なぜなら、議会は、連邦裁判管轄権を州の裁判所に付与する法律を制定できるからである（連邦憲法七七条三項）。なお、一九八八年には、連邦の裁判所と州（及び連邦直轄地）の最高裁判所との間、及び州（及び連邦直轄地）の最高裁判所相互間において、管轄を交差させるCrossvesting of Jurisdiction制度が導入された。参照、碓井光明「オーストラリア裁判所の交差管轄制度について」川上宏二郎先生古稀記念論文集『情報社会の公法学』（信山社、平成一四年）四一七頁。

(40) 性犯罪者の服役後の拘置について定める法律の効力が争われた事件である。

(41) S. Joseph & M. Castan, supra note 34, at 244.

（42）　オーストラリアの各州と同様の状況にあるのがニュージーランドである。

（43）　ニュージーランドの Disputes Tribunal について、Peter Spiller, *The Disputes Tribunals* (Thomson Brookers, 2003), at pp. 7-10を参照。ただし、同審判所をもって司法機関と考える者がある（Philip Joseph, *Constitutional and Administrative Law in New Zealand*, 3rd ed. (Thomson Brookers, 2007), at 7.6 ; Pamela O' Connor, *Tribunal Independence* (The Australian Institute of Judicial Administration Incorporated, 2013), at 2)。

三　行政審判所の審判員等の任命・構成方法、独立性の確保

行政審判所に関しては、常にその独立性の確保が問題となる。それと並んで、行政審判所の構成員である審判員の独立性が問題となる。また、行政審判所の専門性をどの程度重視するかが問題となる。行政審判所の審判員等の構成に関しては、このような点から、任命方法を含めて確認する必要がある。

1　日本の合議制不服審査機関等の委員等の任命・構成方法

日本において、独立の行政審判機関についての通則法が存在しないので、個別に見るほかはない。その際に、塩野宏教授は、実質的な紛争処理のためのものと、紛争がない場合に行政機関の第一次的決定についてとられるものとに大別している。[45] 前者については、さらに、行政決定に対する不服審査機関の性質をもつものと私人間紛争の処理の機関の性質をもつものとを区別する必要があろう。なお、本稿においては、後者の第一次的決定に関するものを独立に考察することはしない。以下、国の合議制不服審査機関等の委員等の任命方法等について概観する。地方公共団体に属するものについては、本書二三二頁以下を参照されたい。

まず、国における代表的な合議制行政不服審査機関として、社会保険審査会及び労働保険審査会を取り上げよう。まず、社会保険審査会を見ておこう。

社会保険審査会は、健康保険法一八九条、厚生年金保険法九〇条、国民年金保険法一〇一条等の規定による再審査請求事件、健康保険法一〇九条、厚生年金保険法九一条等の規定による審査請求事件を扱う機関で、「厚生労働大臣の所轄の下に」設置されている（社会保険審査官及び社会保険審査会法一九条）。審査会は、委員長及び委員五人をもって組織される（同法二一条）。委員長及び委員は、人格が高潔であって、社会保障に関する識見を有し、かつ、法律又は社会保険に関する学識経験を有する者のうちから、両議院の同意を得て、厚生労働大臣が任命する（二二条一項）。委員長及び委員の任期は三年で、再任が可能である（二三条）。委員長と委員との間に資格に関する差異はないことがわかる。

委員長及び委員について、①破産手続開始の決定を受けたとき、②禁錮以上の刑に処せられたとき、③審査会により、心身の故障のため、職務の執行ができないと認められたとき、又は職務上の義務違反その他委員長若しくは委員たるに適しない非行があると認められたとき、を除いては、在任中、その意に反して罷免されることがない、という身分保障がある（二四条）。審査会が③の認定を行なう場合は、出席した委員長及び委員のうちの本人を除く全員の一致がなければならないとされている（二七条の四第四項）。この身分保障規定の場合も、罷免の形式的権限は、厚生労働大臣にあるが、その罷免事由は、同大臣以外の機関である裁判所又は審査会の決定、認定によっているので、大臣の意向によって罷免されるものではない。罷免事由に該当する場合には、厚生労働大臣は、その者を罷免しなければならない（二五条）。委員長は、会務を総理し、審査会を代表する（二六条一項）。

再審査請求又は審査請求の事件は、委員長及び委員のうちから、審査会が指名する者三人をもって構成する合議体で取り扱う原則である（二七条一項）。しかし、審査会が定める場合においては、委員長及び委員の全員をもって構成する合議体で取り扱うこととしている（同条二項）。

次に、労働保険審査会を見よう。

労働保険審査会については、「労働保険審査官及び労働保険審査会法」の規定によっている。同審査会は、労働者災害補償保険法三八条及び雇用保険法六九条の規定による再審査請求事件を取り扱う機関である（二五条一項）。審査会は、委員九人をもって組織し、委員のうち三人は非常勤とすることができる（二六条）。この審査会も、社会保険審査会ときわめて似た構造である。委員は、人格が高潔であって、労働問題に関する識見を有し、かつ、法律又は労働保険に関する学識経験を有する者のうちから、両議院の同意を得て厚生労働大臣が任命する（二七条一項）。意に反して罷免されることがないという身分保障規定（三〇条）、罷免事由に該当するときは、その委員を罷免しなければならないこと（三一条）は、社会保険審査会と全く同趣旨である。社会保険審査会にあっては、委員長は、国会の同意を得て大臣任命になっているのに対して、労働保険審査会に置かれる会長は、委員の互選により常勤の委員のうちから定めることとされている（三二条一項）。同審査会の会長は、会務を総理し、審査会を代表する（三二条二項）。この点において、社会保険審査会の委員長と同じ役割を担っている。

審査会は、委員のうちから審査会が指名する者三人をもって構成する合議体で、再審査請求の事件又は審査の事務を取り扱う点（三三条）においては、社会保険審査会と同様である。しかし、委員の全員をもって構成する合議体で取り扱う場合に関して、法自体が踏み込んで定めている点が異なる。すなわち、①三人をもって構成する合議体が、法令の解釈適用について、その意見が前に審査会のした裁決に反すると認めた場合、②三人をもって構成する合議体を構成する者の意見が三説に分かれた場合、③そのほか審査会が定める場合、である。

以上の二つの合議制機関にあっては、委員等について国会同意人事とすることによって、国会のコントロールの下に置こうとしていることがわかる。国会同意人事方式をいかに評価すべきかについては、積極、消極の両方の側面があると思われる。

積極面は、任命を大臣の専権とすることなく国会の両院が同意の形で関与することにより、大臣による独断的人事を抑制することができるうえ（民主的コントロール）、委員ないし機関を権威づけることもできることにある。消極面は、国会というもののもつ政治的側面を無視できないことである。たとえ公正・公平な審査・判断をなし得る候補者であっても両議院の多数派により政治的に好ましくないと判断されることもあり得るのである。「政治の気まぐれさ」によって、合議制機関の委員等の人事が翻弄されるおそれがないとはいえない。その結果、政治的に中立といえない委員等が任命されることも起こり得る。民主的コントロールの機能の発揮というプラス面と政治的中立性を損なう危険性というマイナス面との両面があることに注意する必要がある。

(2) 次に、公害等調整委員会について見てみよう。

公害紛争処理法において、公害等調整委員会は、公害に係る紛争について、あっせん、調停、仲裁及び裁定[46]を行なうとともに、地方公共団体が行なう公害に関する苦情の処理について指導等を行なう機関とされている（三条）。このように、「裁定」以外にも、多様な権限を有している点に特色がある。さらに、公害等調整委員会は、同法のほか、多数の法律に基づいて職権を行使している。そこで、公害等調整委員会の設置については、別に「公害等調整委員会設置法」が制定されている。

委員会は、委員長及び委員六人をもって組織する（設置法六条一項）。委員のうち三人は非常勤であるので（六条二項）、残りの三人は常勤である。委員長が、会務を処理し、委員会を代表する（六条三項）。

委員長及び委員は、人格が高潔で識見の高い者のうちから、両議院の同意を得て、内閣総理大臣が任命する（七条一項）。委員長及び委員の任期は五年で、再任されることができる（八条）。身分保障及び罷免に関しても、社会保険審査会及び労働保険審査会とまったく同様の定めがある（九条）。国会同意人事である点については、社会保険審査会及び労働保険審査会の場合と同じである。

注目すべきは、委員会は、専門の事項を調査させるため、専門委員三〇人以内を置くことができる点である（一八条一項）。専門委員は、委員会の申出に基づいて総務大臣が任命する（一八条二項）。当該専門の事項に関する調査が終了したときは解任されるのであるから（一八条三項）、個別の専門委員は、専門事項の調査ごとのアドホックな職務遂行となる。委員会の所管事項が、多岐にわたる専門事項に出くわす可能性があって、委員長及び委員のみによっては十分に検討できないおそれがあることに鑑みたものである。複数の案件が同時に進行する場合も予想されるので、専門委員の人数を「三〇人以内」という弾力的な人数としているものと見られる(47)。

公害紛争処理法における公害等調整委員会（同法においては「中央委員会」と呼ぶ）における裁定は、三人又は五人の裁定委員からなる裁定委員会を設けて行なうこととされている（四二条の二第一項）。裁定委員は、中央委員会の委員長及び委員のうちから、事件ごとに、中央委員会の委員長が指名することとされている（四二条の二第二項）。裁定委員のうち少なくとも一人は、弁護士法第二章の規定により弁護士となる資格を有する者でなければならない（四二条の二第三項による三九条三項の準用）。裁定その他の裁定委員会の判断は、合議によらなければならない（四二条の一〇第一項）。この合議は、裁定委員会の過半数の意見による（四二条の一〇第二項）。

公害等調整委員会がなす鉱区禁止地域の指定及びその指定の解除及び鉱業法等の多数の法律に基づく不服の裁定の手続については、「鉱業等に係る土地利用の調整手続等に関する法律」（＝土地利用調整法）が定めている。鉱業法等の個々の法律の定めを列挙することは避けることにして(48)、どのような規定があるかは、土地利用調整法一条二号により知ることができる。それらは、行政処分に対する不服申立ての性質を有するが、各法律は、「裁定の申請」の文言を用いている。

たとえば、砂利採取法四〇条は、同法一六条、二〇条一項又は二二条の規定による処分（河川管理者が行なったものを除く）に不服がある者は、公害等調整委員会に対して裁定の申請をすることができるとし、その場合には、行政不服審査法による不服の申立てをすることができない、と定めている。同法一六条は砂利採取計画の認可、二〇条一項は砂利採取計画の変更認可、そして二二条は砂利採取計画の変更命令である。

また、自然環境保全法三二条は、同法二五条四項、二七条三項又は二八条二項の規定による環境大臣の処分に不服がある者は、その不服の理由が鉱業、採石業又は砂利採取業との調整に関するものであるときは、公害等調整委員会に裁定を申請することができるとし、その場合には、行政不服審査法による不服申立てをすることができない、と定めている。この場合には、「不服の理由」が、公害等調整委員会の管轄に属するか否かを左右することになる。同法二五条四項は、特別地区内における所定行為に係る環境大臣の許可である。二七条三項は、海域特別地区内における所定行為に係る環境大臣の許可である。二八条二項は、普通地区内における所定行為についての届出（同条一項）を受けた環境大臣が「自然環境保全地域における自然環境の保全のために必要があると認めるとき」になす行為の禁止、制限又は必要な措置をとるべきことの命令である。

以上の仕組みにより、公害等調整委員会は、裁定の場面において、私人間紛争の処理権限と行政処分に対する不服の処理の権限とを併有する行政委員会であることがわかる。オーストラリアのＣＡＴと同じような機能を果たしているのである。

では、同一の法律に基づく行政処分のうち、なぜ、特定の行政処分のみを公害等調整委員会への裁定申立制度にしているのであろうか。採石法三九条については、一般的な他の処分と異なり、採石業の実施と一般公益等とを対比のうえなされる処分であり、その結果は私有財産の根源たる土地所有権の制約につながることとなるので、不服申立てについては、「採石業と一般公益又は農業、林業若しくはその他産業との利益の調整のため、特に各省から独立した権限を有する第三者機関たる公害等調整委員会において審理することが適当である」ことによると説明されている。(49)「各省から独立」している点が強調されていることに注目したい。

裁定は、三人の裁定委員からなる裁定委員会を設けて行なうこととされ（二条一項）、裁定委員は、委員会の委員長及び委員のうちから、事件ごとに、委員会の委員長が指名する（同条二項）。合議に関しては、公害紛争処理法四二条の一〇とまったく同じに定められている（四〇条）。

ところで、公害等調整委員会には、審査官と調査官の職が置かれている。

審査官は、委員会事務局に置かれる。審査官の人数は、九人で、そのうち三人は関係のある他の職を占める者を充てることとされている（併任）（公害等調整委員会事務局組織令二条）。審査官は、命を受けて、公害等調整委員会が行なうあっせん、調停、仲裁及び裁定に関することをはじめとする多数の事務を分掌する（同組織令四条）。

調査官は、事務局総務課に二人置かれ（公害等調整委員会の事務局総務課に調査官を置く省令一項）、命を受けて、公害に係る紛争の処理及び鉱業、採石業又は砂利採取業と一般公益又は農業、林業その他の産業との調整に関する専門的事項の調査し、企画し、及び立案する事務に従事することとされている（同省令二項）。

以上の仕組みから、公害等調整委員会は、個別の専門性に応じた事案の処理に対処するため専門委員を置くとともに、委員会を支える審査官・調査官を置くことが明示されている。合議制の機関が、委員のみで事案を処理する建前であっても、実態において審査等に当たって「事務局」に支えられる場面が多いことは一般に認識されていると思われる。その協力する人たちを黒子のままにしておくべきか、それとも合議制機関の構成員である委員のほかに審査官、審査員、調査員等の職を設けて（もちろん、一般の事務職との併任を認めるべき場合もあろう）、正式に位置づけるべきかが、制度論として論じられるべきである。ただし、合議制機関のなす審理は、その構成員たる委員が直接に実施すべきものであって、法の明示的な授権なしに審査員等に委ねるべきではないと思われる。したがって、審査員等は、あくまで準備的作業、補助的作業を行なうことが原則である。

(3)　次に、国税不服審判所をいかに位置づけることができるのか。念のために、その仕組みを見ておこう。

国税不服審判所は、国税に関する法律に基づく処分についての審査請求（国税通則法七五条一項二号及び二項（二号に係る部分に限る）の規定による審査請求を除く）に対する裁決を行なう機関である（同法七八条一項）。国税不服審判所の長として「国税不服審判所長」が置かれる。国税不服審判所長は、国税庁長官が財務大臣の承認を受けて任命することとされている（同条二項）。この任命の仕組みに着目する限りにおいて、国税不服審判所をもって国税組織の内部機関たる性質を有すると見る根拠の一つとされる可能性がある。国税不服審判所には、国税審判官及び国税副審判官が置かれる（同法七九条一項）。審査請求事件の調査審理の権限は、国税審判官にあり、国税副審判官は、国税審判官の命を受けて、その事務を整理することとされている（同条二項）。国税副審判官のうち国税不服審判所長の指名する者は、国税審判官の職務を行なうことができる。ただし、担当審判官の職務とされているものについては、この限りでない（同条三項）。国税審判官の任命資格は、①弁護士、税理士、公認会計士、大学の教授若しくは准教授、裁判官又は検察官の職にあった経歴を有する者で、国税に関する学識経験を有するもの、②職務の級が一般職の職員の給与に関する法律六条一項一号イに掲げる行政職俸給表（一）による六級若しくは同項三号に掲げる税務職俸給表による六級又はこれらに相当すると認められる級以上の国家公務員であって、国税に関する事務に従事した経歴を有する者、③その他国税庁長官が国税に関し前記①及び②に掲げる者と同等以上の知識経験を有すると認める者、とされている（同条四項の委任に基づく同法施行令三一条）。

以上を見ると、国税に関する学識経験又は知識経験を要する点において、専門性を重視していることがわかる。しかし、国税通則法施行令三一条二号が「国税に関する事務に従事した経歴を有する者」を資格の一つとして掲げていることは、公平、公正な審理を貫徹できるか否かについての疑念を生じかねないといわなければならない。国税審判官及び国税副審判官の任命権者について明示する規定はないが、通常の行政組織と同様に、国税不服審判所の長である国税不服審判所長が任命権を行使することになる。

審査請求に対する裁決権は、国税不服審判所長にある（国税通則法九二条、九八条）。審査請求書に対する答弁書が提出されたときは、国税不服審判所長は、当該審査請求に係る事件の調査及び審理を行なわせるため、担当審判官一名及び参加審判官二名以上を指定することとされている（同法九四条）。裁決に当たっては、担当審判官及び参加審判官の議決に基づいてしなければならない（同法九八条四項）[50]。実際上は、担当審判官及び参加審判官の役割が重要になる。裁決権は国税不服審判所長にあるにもかかわらず、担当審判官及び参加審判官の調査・審理及び議決の存在を考えると、国税不服審判所長が、いかにして適切な審判官を任命することができるかによって、国税不服審判所に寄せる国民の信頼が左右されるといわなければならない。

なお、国税庁長官通達等との関係に関して、国税通則法九九条の定めがある。従来は、国税不服審判所長は、国税庁長官が発した通達に示されている法令の解釈と異なる解釈により裁決をするとき、又は他の国税に係る処分を行なう際における法令の解釈の重要な先例となると認められる裁決をするときは、あらかじめその意見を国税庁長官に申し出なければならないとし（平成二六年改正前の同法九九条一項）、この申出があった場合において、国税不服審判所長に対して指示をするときは、審判所長の意見が審査請求人の主張を認容するものであり、かつ、国税庁長官が当該意見を相当と認める場合を除き、国税審議会の議決に基づいてこれをしなければならないとされていた（同条二項）。しかし、平成二六年法律第一〇号による改正で、国税不服審判所長は、あらかじめその意見を国税庁長官に通知するとして（同条一項）、通知制度とされ、かつ、審判所長の意見が審査請求人の主張を認容するものであり、かつ、国税庁長官が当該意見を相当と認める場合を除き、国税不服審判所長と共同して当該意見について国税審議会に諮問しなければならないとして（同条二項）、共同諮問制度が採用された。この共同諮問をした場合には、国税不服審判所長は、国税審議会の議決に基づいて裁決をしなければならないこととされた[51]（同条三項）。

したがって、国税庁長官の指示が介在することなく、裁決につき直接国税審議会の議決に基づくこととなったのである。

2　カナダ連邦の行政審判所のメンバー

カナダの州の行政審判所に関しては、別の論文[52]で触れたことがあるので省略し、本稿においては、連邦の行政審判所について述べることにしたい。カナダの連邦には、複数の行政審判所が設置されている。それらのうち、代表的なものとして二つを取り上げよう。

(1)　退役軍人審査及び不服審査委員会

退役軍人審査及び不服審査委員会法（Veterans Review and Appeal Board Act）について見ておこう。

二五人以下の常勤委員（permanent member）及び Governor in Council（内閣の助言により行動する総督）が委員会の業務量により必要と判断する場合に任命される臨時委員（temporary member）とから成る。いずれも Governor in Council によって任命される（四条）。常勤委員は、良好な行動の間、職を保持し、一〇年を超えない期間で任命され、再任が可能である（五条）。臨時委員も、良好な行動の間、職を保持し、二年を超えない期間で任命され、さらに一期に限り再任が可能である（六条二項・三項）。Governor in Council は、常勤委員のうちから、委員長及び副委員長を任命するものとされている（八条一項）。

この委員会の職務は、その名称に示されているように、審査（review）と不服審査（appeal）との二段階の手続を担うことにある。

審査は、Pension Act 又は Canadian Forces Members and Veterans Re-establishment and Compensation Act に基づき委員会に対してなされる審査申立てを審査するものである。審査の申立てがあったときは、委員長の指名する二人以上の委員（又は中立人の同意がある場合は一人）からなる審査パネルが設置される（一九条一項）。審査パネルは、審査の結果、大臣の決定を確認し、変更し若しくは取り消し、大臣に再度の考慮を求めて差し戻し、又は決定において扱われていない事項についての決定を大臣に照会することができる（二一条）。審査パネルは、職権によりいったん行なったその決定について再検討して、事実の認定若しくは法の解釈に誤りがあったと判断する場合には、その決定を確認し、修正し若しくは取り消すことができる（二三条一項）。日本においては、争訟裁断行為には不可変更力があるといわれるが、このカナダ法は、敢えて決定の再検討を許容していることが注目される。

以上の審査パネルについて不服を有する中立人は、委員会（Board）に対して不服の中立て（appeal）をすることができる（二五条）。この二五条に基づく不服中立て及び War Veterans Allowance Act その他の法律に基づく委員会に対する不服申立てについて、委員会が審理、判断する（二六条）。申立てについては、委員長の指名する三人以上の委員からなるアピール・パネルが審理、判断する（二七条一項）。その案件の審査パネルの委員であった者は、その不服案件のアピール・パネルの委員となることはできない（二七条二項）。アピール・パネルは、審理のうえ、①不服申立てのなされた決定を確認し、変更し若しくは取り消すこと、②その決定をした者若しくは審査パネルに再検討、再審理若しくはさらなる調査をするよう差し戻すこと、又は③当該決定をその者若しくは審査パネルに決定を求めて照会すること、をすることができる（二九条一項）。アピール・パネルの多数決による決定は、「最終的で、かつ、拘束力を有する（final and binding）」とされている（三一条）。ただし、アピール・パネルの決定につき、アピール・パネル自らが職権により再検討することを許容する点（三二条一項）においては、審査パネルと同様である。また、所定事項に限り、カナダ租税裁判所へ不服を提起することができる（三三条）。ここにいう「最終的で、かつ、拘束力を有する」との定めは、日本における場合の「行政機関は、終審として裁判を行ふことができない」とする憲法七六条二項と異なることに注目しておきたい。三五条以下に手続の一般規定が置かれている。それらの中には、開廷の場所及び時間について、申立人及び委員会の都合を考慮して、委員長が決めるカナダ国内の場所及び時間とすること（三六条一項）、審理は、申立人が非公開を申し立て、それに基づき委員会が非公開とすることが公益に反しないと判断する場合を除いて公開されること（三六条二項）、委員会は独立の医学的勧告を得ることができること（三八条一項）などが定められている。特に興味深いのは、証拠に関し、申立人若しくは上訴人に有利な推認（reasonable inference in favour of the applicant or appellant）など、申立て人又は上訴人に有利な扱いを認めている点である（三九条）。

委員の懲戒若しくは改善の手続については、四二条以下に定めがある。委員長が大臣に進言し、大臣が調査の必要を認めるときは、カナダ連邦裁判所の裁判官、補欠裁判官若しくは前裁判官、連邦上訴裁判所又は連邦裁判所がその調査を行なうものとしている（四二条二項）。

(2) カナダ人権審判所

カナダ人権審判所（Canadian Human Rights Tribunal）は、カナダ人権法に基づく審判所である。人権委員会（Human Rights Tribunal）という機関からの調査申立てに基づいて人権侵害の有無を審理、判断する機関である。

委員長及び副委員長を含めて、Governor in Council により任命される最大一五名の委員からなる審判所である（四八の一条一項）。審判所の委員として任命される者は、人権について専門知識と関心を有し、かつ、人権に対する感受性を有していなければならない（四八の一条二項）。任命に関する興味深い規定として、任命は、審判所の構成における地域の代表の必要性を尊重してなされるものとする旨の規定（四八の一条四項）である。Governor in Council の意見において審判所の業務負担から必要とされると判断される場合は、Governor in Council は、三年を超えない期間で臨時委員を任命することができる。

委員長及び副委員長は、七年以下の期間で良好な活動の間、職を保持するものとして任命され、他の委員は、五年以下の期間で良好な活動の間、職を保持するものとして任命される。ただし、委員長は、理由がある場合にはGovernor in Councilによって解任され、また、副委員長及び他の委員は、四八の三条に従い改善若しくは懲戒手続を受けることとされる（四八の二条）。この改善・懲戒の手続は、この手続を執ることについて委員長が司法大臣に申し出て、司法大臣が複数ある選択肢のうちから、相当と認める場合には、Governor in Councilに申し出て、Governor in Councilは、司法大臣の進言に従い調査のために上級裁判所の裁判官を任命することができる（四八の三条一項・二項・三項）。同裁判官の行なう手続についての詳細な定めが用意され、最後に、報告書において、以下の事由があると認めるときは、当該委員が報酬なしに停職にし、若しくは解任し又はその他の懲戒手段若しくは改善手段をとることを勧告することができる。事由は、①病気のためにその職務の適正な遂行の能力がなくなったこと、②非行により有罪となったこと、③その職務の適正な遂行ができなかったこと、④品行若しくはそれ以外により、その職務の適正な遂行と両立しない地位に置かれたこと、である。

委員長及び副委員長はフルタイムで任命され、他の委員はフルタイム若しくはパートタイムで任命される（四八の四条一項）。

以上、二つの審判所を取り上げた。審判所の委員の扱いは、それぞれの審判所により異なっているようで、たとえば、Transportation Appeal Tribunal of Canadaにあっては、委員長が空席で、二〇一五年五月時点においては、常勤の副委員長一名と二九名のパートタイム委員とからなっている。

3　オーストラリアの審判所のメンバー

(1)　連邦の行政不服審判所の場合

オーストラリア連邦の行政不服審判所（Administrative Appeals Tribunal = AAT）は、Administrative Appeals

Tribunal Act 1975により設置されている。それは、行政府と司法府とを厳格に区別する連邦憲法との関係において、「裁判所（court）」ではない[53]。

社会保障審判所等を統合するために、二〇一五年に大きな改正がなされたが、審判所のメンバーに関する仕組みにそれほど大幅な変更はない。同年改正後の新行政不服審判所のメンバーは、所長（President）、所長補佐（Deputy presidents）、上級メンバー（senior members）、その他のメンバーとからなる（五A条）。審判所のメンバーは、総督によって任命される（六条一項）。審判所のメンバーとして任命される裁判官は、所長若しくは所長補佐として任命される（六条二項）。裁判官は、審判所において高い地位（幹部）を占めることが法定されているのである。裁判官以外のメンバーは、所長補佐以下の多様なメンバーとなり得る（六条三項）。具体的には、所長補佐、上級メンバー（一級）、上級メンバー（二級）、メンバー（一級）、メンバー（二級）、メンバー（三級）である。裁判官以外のメンバーは、フルタイム又はパートタイムで任命される（六条四項）。所長として任命される裁判官は、オーストラリア連邦裁判所（Federal Court of Australia）の裁判官でなければならない（七条一項）。また、所長補佐に関しては、オーストラリア連邦裁判所若しくはオーストラリア家庭裁判所（Family Court of Australia）の裁判官、高等法院若しくは州若しくは直轄地（準州）の最高裁判所に法律実務家として最低五年登録された者又は総督の判断において所長補佐の任務に関係する特別の知識若しくは技能を有すると認められる者とされている（七条二項）。総督の判断による特別の知識・技能保有者を含めている点において、相当に幅広い任命資格となっている。上級メンバー及びその他のメンバーに関しては、高等法院若しくは州若しくは直轄地の最高裁判所に法律実務家として最低五年登録された者又は総督の判断において上級メンバー若しくはその他のメンバーの任務に関係する特別の知識若しくは技能を有すると認められる者とされている（七条三項）。メンバーは、任命証書に指定されているところにより最長七年で任命され、再任が可能とされている（八条三項）。このような資格要件の枠内で、裁判官以外のメンバーのバックグラウンドは、会計、航空、障害、工学、法、医学、移民、軍事、行政、科学、社会福祉など多様な分野の専門家であるという[54]。まさに、総合的審判所としての審査を可能にするメンバーを用意する必要によるものである。

何といっても、所長について、連邦裁判所判事の職にあることを求めたことが、この審判所の特色であると同時に、次に述べる州の審判所のモデルとして強い影響を与えたことに注目しておきたい。

審判所の部（Division）の種類、及びそれらへの配属については、すでに触れた（本書第一部第二章）。大臣は、副所長を一又は複数の部の長として配属することができる（一七K条一項）。また、大臣は、副所長若しくは上級メンバーを一若しくは複数の部の副部長として任命することができる（一七L条一項）。

審判所としての業務の管理は所長の責任である（一八A条）。行政的事項の管理も所長の責任である（二四A条）。そして、審判所の行政的管理について所長を補佐するレジストラー（Registrar）（二四B条）が、きわめて重要な職である。

なお、各州とキャンベラには、地区申立登録所（District Registry）があって、申立ての窓口となっている[55]。

(2)　州の特大審判所（super tribunal）の場合

オーストラリアの州は、タスマニアを除き、行政不服審査と民事の紛争の処理とを併せて扱う審判所が設立されている。Civil and Administrative Tribunal を省略してCATと称されている（その例外は、西オーストラリア州で、State Appeals Tribunal の名称を省略して、SATと称されている）。このような審判所は、その管轄の大きなことに鑑みて「特大審判所（super tribunal）」と呼ばれている。

まず、特大審判所の所長（President）等について見ておこう。

ヴィクトリア州のVCATの審判所長は、州最高裁判所判事である（一〇条一項）。また、副所長（Vice President）は、郡裁判所（county court）の裁判官である（一一条二項）。さらに、所長補佐（deputy president）が置かれる。所長補佐については、ヴィクトリア州おける五年以上の法律実務経験を有する者でなければならない（一二条二項）。これらのメンバーには、フルタイムの者、パートタイムの者及びsessionalの者とがある。西オーストラリア州のＳＡＴの審判所長も、州最高裁判所の裁判官である。二名の所長補佐（deputy president）は地方裁判所（district court）の裁判官である。クウィーンズランド州のＱＣＡＴの審判所長も最高裁判所判事でなければならない（一七五条一項）。所長補佐（deputy president）は、地方裁判所（district court）の裁判官でなければならない（一七六条一項）。ＮＳＷのＮＣＡＴの審判所長も、州最高裁判所判事でなければならない（一三条一項）。所長補佐（deputy president）については、少なくとも七年のオーストラリア法律家経験を有するか、同州若しくは他の州（直轄地を含む）において司法職を有するか有してきた者でなければならない（一三条三項）。現状において、五名のうち所長補佐のうちには、下級判事（magistrate）及び二名の臨時裁判官が含まれている。北部直轄地のＮＴＣＡＴの所長は、下級判事又は下級判事任命資格のある者とされ、一名以上任命される所長補佐（deputy president）は、同様に下級判事又は下級判事任命資格のある者とされている。

以上の例から、いずれの州も、州最高裁判所判事の地位にある者をもって、特大審判所の所長に充てることとしていることがわかる。包括審判所は、裁判所ではないといわれるにもかかわらず、そのトップは、州最高裁判所とつながっているのである。しかも、審判所長に就く最高裁判所判事は、日本流の出向ではなく、最高裁判所判事との併任の扱いであるといってよい。ＶＣＡＴの副所長、ＳＡＴ、ＱＣＡＴ及びＮＣＡＴの所長補佐も、裁判官の地位にある者を充てることとしている。これらの裁判官は、フルタイムで審判所の職務に従事する場合もあるし、裁判所における裁判官の職務と審判所における職務を同時に担う場合もある。また、これらの裁判官が、審判所における職に就く期間は、必ずしも一様ではないが、各州においては、一応の慣行ができあがっているようである。人的側面における裁判所との連携が大きな特色である。

このような仕組みは、二つの意味をもっていると解される。

第一に、裁判官のリーダーシップによって、公正な手続による審理等が期待できることに意味がある。

第二に、裁判官を所長とすることが審判所の独立性の確保と無関係ではないと考えられているようである。すなわち、裁判官は、非違行為（misconduct）がない限り、その身分を奪われることはないからである。すなわち、裁判官は、定年年齢まで職に就いていることのできる tenure を有しているので、それが独立性の担保になるというわけである。この点の意味が第一の意味よりも大きいと考えられているといってよい。

所長、副所長、所長補佐以外の構成員の仕組みは、州により違いが見られる。

ＶＣＡＴの場合は、上級メンバー（senior member）、通常メンバー（ordinary member）が置かれる。上級メンバーは、同州において五年以上の法律実務経験を有するか、審判所の権限行使の対象となる種類のいずれかについて幅広い知識若しくは経験を有すると大臣が認める者とされている（一三条二項）。また、通常メンバーは、法律実務家又は審判所の権限行使の対象となる種類のいずれかについて特別の知識若しくは経験を有する者とされている（一四条二項）。資格に微妙な違いが見られる。特に、知識経験について、「幅広い知識若しくは経験（extensive knowledge or experience）」と「特別の知識若しくは経験（special knowledge or experience）」というレベルの差を設けている。“extensive”と“special”の語の使い分けがなされて、上級メンバーには「幅広い知識若しくは経験」が求められ、通常メンバーには「特別の知識若しくは経験」が求められるのである。

ＱＣＡＴの場合は、上級メンバー（senior member）、通常メンバー（ordinary member）、補充メンバー（supplementary member）に分かれている。上級メンバーは、少なくとも八年間オーストラリアの法律家であるか、又は審判所の権限を行使する一種類の事項について幅広い知識、専門能力若しくは経験（extensive knowledge, expertise or experience）を有する者でなければならない（一八三条四項）。通常メンバーは、少なくとも六年間オーストラリア法律家である者又は審判所の権限を行使する一種類の事項について特別の知識、専門能力若しくは経験（special knowledge, expertise or experience）を有する者でなければならない（一八三条五項）。"extensive"と"special"の語の使い分けは、VCATと同様である。補充メンバーは、所長が必要と認める場合に、期間を限定して、州最高裁判所裁判官、地区裁判所裁判官、下級判事のうちから選任するよう大臣に要請して、任命がなされる（一九二条一項）。

NCATの場合は、主任メンバー（principal member）、上級メンバー（senior member）、一般メンバー（general member）に分かれる。主任メンバーは、少なくとも七年以上のオーストラリア法律家の経験を有するか又は審判所の権限事項のうちの一以上についての特別の知識、技能若しくは専門能力を有すると認められる者でなければならない（一三条四項）。上級メンバーは、主任メンバーと同様の資格を有する者でなければならない（一三条五項）。普通メンバーは、審判所の権限事項のうちの一以上についての特別の知識、技能若しくは専門能力を有するか又は審判所の権限事項のうちの一以上に関して、公共若しくは特定の組織、機関若しくは人のグループを代表できる者でなければならない（一三条六項）。この最後の資格の定め方は、きわめて異例のように思われる。

以上の概観から、オーストラリアの法律家の経験を有する者については、法律専門家としての役割を期待し、他方、それ以外に個別分野についての専門知識等を有するメンバーをも確保しようとしていることがわかる。法律専門家は重要であるが、法律専門家のみに頼らないという姿勢が見られ、実際にもそのような運営がなされている。

審判所のメンバーの任期は、裁判官の職にある者とそうでない者との間に違いがある。裁判官は、身分保障があるので、非行がない限り、定年まで務めることができる。裁判官でない審判官には、任期が定められている。もちろん更新の途がある。司法メンバーの審判所勤務は、VCAT及びSATの場合、五年であるという。

以上のオーストラリアの特色は、行政審判所の主要な職に裁判官を充てていることである。行政審判所をもって、限りなく司法に近いものと見ているのである。(56)

4　独立性の確保

独立行政不服審査機関及び行政審判機関については、その独立性をいかに確保するかが問題となる。しかし、独立性に関しては、「誰の誰からの独立性」なのかを明確にしておく必要がある。

行政不服審判所であれ、民事の審判所であれ、審判所の独立性が強く求められている。この点について最も包括的に論じた文献として Pamela O' Connor のものがある。(57)

まず、審判所の独立性は、司法の独立性のアナロギーとして展開してきたとされる。司法の独立性に関して、裁判官の個人の独立性と裁判所若しくは審判所の組織的な独立性とがあるとされる。個人の独立性は、決定の独立性とか裁決の独立性とも呼ばれ、裁判所が公平かつ外部からの影響を受けることなく事柄を決定できる体制を確保することにかかわっているという。組織的な独立性は、集団的独立性であって、部門の独立性（branch independence）であるという。

行政不服審判所にあっては、行政決定を所管する行政部門からの独立性を確保する必要がある。審判を行なう者が、個別の行政不服審判所で当該行政分野を所管する大臣によって任命される場合には、どうしても、その独立性に疑念を禁じ得ないことがある。総合的行政不服審判所や民事・行政不服を包括する特大審判所は、その審判者の任命を当該行政分野の所管大臣から切り離すことができるので、前記のような疑念を払しょくすることができる。もっとも、審判所長が法務総裁によって任命される場合に、法務総裁が閣僚の一員であるとするならば、行政部門の影響をまったく受けないことを意味するものではない。この点は、日本における最高裁判所裁判官の任命が内閣によってなされる場合（日本国憲法七九条一項）と同様のことであろう。

(44) この項目で述べる内容は、本書の「独立行政不服審査機関についての考察」と重複するところがある。
(45) 塩野宏『行政法Ⅱ〔第五版補訂版〕行政救済法』（有斐閣、平成二五年）四四頁。
(46) 中央委員会の裁定には、責任裁定と原因裁定とがある。
(47) 平成二六年度に公害等調整委員会に係属した公害紛争事件の専門委員は、各事件について各一名ないし三名で、単純合計で裁定事件に関しては三二名、調停事件については二名であった（『平成二六年度公害等調整委員会年次報告』一二一～一三頁）。
(48) 鉱業法に基づく処分について、同法一三三条は、一四号にわたり列挙している。その中には、所定の基準に適合していないことを理由とする不許可に対する不服のある場合として、一〇号が挙げられている。
(49) 資源エネルギー庁長官官房鉱業課編集『逐条解説　採石法』（ぎょうせい、平成一四年）二七二頁。
(50) この議決は、担当審判官及び参加審判官の過半数の意見によることとされている（通則法施行令三五条）。「議決に基づいて」という定めは、「議決により」とは異なって、議決が国税不服審判所長を完全に拘束することを意味するものではないが、少なくとも議決に基礎を置かなければならず、議決と全くかけ離れた裁決をすることはできないと解されている（志場喜徳郎ほか編『平成二八年度改訂　国税通則法精解』（大蔵財務協会、平成二八年）一一三二頁）。
(51) この規定は、国税審議会の議決が国税不服審判所長を完全に拘束することを意味しないが、裁決の形式上の責任者が国税不服審判所長であるために、このような表現とされたもので、実際には、議決と同内容の裁決になるであろうとされている（志場喜徳郎ほか編・前掲注(50)一一三八頁）。
(52) 碓井光明「行政審判所の統合をめぐる一考察――カナダのオンタリオ州における集約化（clustering）政策を素材として」高橋和之先生古稀記念『現代立憲主義の諸相　上』（有斐閣、平成二五年）一八三頁。
(53) Peter Cane, *Administrative Tribunals and Adjudication* (Hart Publishing, 2009), at 3.
(54) 以下の叙述は、http://www.aat.gov.au/about-the-aat/who-we-are によった。
(55) 北部直轄地の申立てについては主としてブリスベーンから管理され、ノーフォークアイランドについては主としてシドニーの申立登録所によって管理される申立てに基づいて、ノーフォークアイランド最高裁判所が基礎的な登録業務を行なっている。
(56) 英国においては、「二〇〇七年審判所、裁判所及び執行法」（Tribunals, Courts and Enforcement Act 2007）により、第一段階審判所と上級審判所とが設置され、それぞれの審判所は、裁判官と非裁判官とから構成される。構成メンバーに関して最も注目されるのは、第一段階審判所と上級審判所との両方の裁判官を兼ねる者の存在である。

(57) Pamela O' Connor, supra note 43, at 4-5.

四　おわりに

行政不服審査機関としての行政審判所を構想する場合に、なお念頭におくべき補足的な事項がある。若干の指摘をして本稿を終えることにしたい。

1　審判所の設置場所

第一に、行政不服審査機関としての行政審判所を設置する場合に、単に一か所に置くのか、各地に分散して置くのかが問題となる。日本の国税不服審判所は、「支所」の形式で、各地に支所を配置して、不服申立人及び処分庁の便宜に資するようにしている。オーストラリアにあっては、連邦の行政不服審判所は、各州に申立登録所（registry）(58)を配置し、審理も各州にて実施している。また、オーストラリア各州の審判所は、州都のみならず、各地において審理を開くこととしている。その場合に二つの方法がある。あらかじめ審判官を各地に配しておいて審理を行なう方法と、事件ごとに審判官を派遣する方法との二つである。前者の州として、VCATは、州都及び地方に申立登録所を設けて、審判官も、恒常的に地方のセンターで開廷する。対照的に、後者のSATは、州都のパースにのみ置き、審判官は、事件ごとに出張する方式を採用している。いずれの審判所も、電話、ビデオによる審理を実施し、また、成年後見に関しては、病院における審理（病院内に審理室を置く場合も含む）が行なわれる。

2　審判所の支援体制

第二に、審判所を運営していくには、審判に直接携わるメンバー以外に、物的・人的体制を整えなければならない。審判所を設けても、その物的・人的支援のあり方によっては、審判所の運営が不十分に帰するおそれがある。また、審判所の独立性が損なわれることもあり得る。日本において、裁判所は、独自の裁判所予算によって、自己完結的な物的・人的体制の整備がなされる建前である。制度的には、二重予算制（財政法一八条二項、一九条）及び裁判所予備金制度が裁判所の独立性を担保する趣旨で採用されている。

カナダの連邦及びオーストラリアのヴィクトリア州における審判所の支援体制が注目される。支援機関の設置は、審判所の独立性の確保に寄与するが、以下に述べるように、それのみの趣旨によるのではない。

まず、カナダ行政審判所支援サービス（Administrative Tribunals Support Service of Canada＝ATSSC）を設けている。連邦の一一個の行政審判所[59]のサービス（corporate service, registry service, core mandate service）を行なう機関である。カナダ行政審判所支援サービス法によるもので、同法の施行は、二〇一四年一一月一日であった。この機関の行なうサービスには、共同サービス（たとえば、人的資源、IT、金融サービス、情報伝達の共通の役割）、記録サービス（たとえば、ファイルの管理及び処理）、中核的な義務的サービス（たとえば、調査、分析、法務、ライブラリーのサービス及びその他の事案特有の業務）が含まれるという。[60]

この機関の設置は、審判所の集約化とか統合ではない。しかしながら、集約化とか統合の動きをもたらしている要因と無関係ではない。ATSSCのウェブサイトにおいては、この機関の設置によって得られる利点として、次

の諸点が挙げられている。(61)

第一に、審判所の行政ニーズを賄うキャパシティの改善である。個々の審判所は、資源の乏しい小さな組織であるところ、ATSSCは、スタッフをまとめ資源を統合することによって、審判所のニーズを支援するキャパシティを改善できるというのである。たとえば、各一人のスタッフに依存してきた審判所が、スタッフの統合によって、それぞれの専門性を備えた人材を配置することもできるという。

第二に、審判へのアクセスの改善である。ビデオ、ウエブなどの技術を活用することなどを通じて、人々が利用しやすくなるというのである。ATSSCが審判所の判断形成過程の効率性と実効性を高めることによって、審判へのアクセスを改善できるという。

第三に、規模の経済による効率性である。この点は、まずは当然のことであろう。

移行期も考えると、この組織の前記のような期待される効果が発揮できたと認識できるのは、相当先になると思われる。

行政審判所のあり方として、さらに考えられるメリットはないのであろうか。これまでの個別審判所の人的資源の供給元がどうなっていたのかも検討する必要がある。個別審判所の権限の対象となる法律を所管する大臣の影響の下にあったとするならば、実際にどうであるかはともかく、審判所の独立性に対する十分な信頼を得られていなかったと推測することができる。

次に、オーストラリアのヴィクトリア州は、Court Services Victoria Act 2014によりCourt Services of Victoria（CSV）を設置して、独特の物的・人的体制を整備した（二〇一四年七月一日スタート）。この法律の目的は、ヴィクトリア州の裁判所及びVCATが政府の執行部門（executive branch）の監督から独立して活動するのに必要な行政サービス及び施設を供給するための組織としてCSVを設置することにより、ヴィクトリア州の司法行政における司法の独立（judicial independence in the administration of justice）を支援することにある（四条）。日本に関していえば、裁判所については独自の予算制度があり、内閣を頂点とする行政権からの独立が保障されている。しかし、行政不服審査機関に関する限り、国においても地方公共団体においても、予算執行面の独立性が確保されているとは限らない。日本と比較した場合に、CSVが、裁判所のみならずVCATも支援の対象としている点に特に注目しなければならない。

CSVは、永続的な法人であって、固有の財産を有する。したがって、州政府の機関ではなく、独立の権利義務の主体たる法人なのである。CSVの役割は、大別して二つある。

一つは、所定の裁判所及びVCATの司法、準司法及び管理作用の遂行を支援することである。裁判所として、Supreme Court、County Court、Magistrates' Court、Children's Court 及び Coroners Court が掲げられ、それらと並べてVCATが掲げられている。もう一つの役割は、Judicial College of Victoria の任務遂行の支援である（八条）。

CSVの統治体制は、一般的監督・指導を行なうための組織として、裁判所評議会（Courts Council）を設置することによって達成しようとしている（一〇条以下）。

裁判所評議会は、司法メンバーとその他のメンバー二名以下とから構成される。司法メンバーとして州最高裁判所長官、County Court 所長、Magistrates' Court 所長、Children's Court 所長、State Coroner 及びVCATの所長である。結局、各裁判所及びVCATのトップが、司法メンバーとして構成員となっている。そして、州最高裁判所長官が議長となる（一二条）。これは、司法の独立を図る趣旨をもっているのであろう。司法メンバー以外のメンバーは、司法メンバーの多数決により任命される（一四条一項）。このメンバーには、財務、経営及び管理についての相応の経験若しくは資格を有することが求められる（一四条二項）。これにより、実務面のことがメンバー全体に共有できることが期待されているといえよう。裁判所評議会については、年間最低四回会合をもつことなど、その手続等についても法律に定められている。それらの中には、必要に応じて委員会を組織できること、委員会のメンバーは、会議のメンバーに限られないことを定めて、機動的な処理を可能にする定め（一九条）もある。なお、評議会の下において業務を執行するために、評議会は、ＣＳＶの主任執行職員（Chief Executive Officer）を任命しなければならない（二二条一項）。この主任執行職員は、評議会の監督の下に、業務の管理やスタッフの任命及び管理を行なうこととされている（二五条）。また、評議会は、それぞれの裁判所及び審判所に、裁判所主任執行職員を任命しなければならない（三〇条）。

ＣＳＶの予算についても触れておく必要がある。毎会計年度の終了までに、評議会は、次年度の予算を作成して法務総裁に提出しなければならない（四一条一項）。予算は、各裁判所、審判所及びJudicial College of Victoriaの収入・支出の個別の見込額とともに、ＣＳＶ全体の収入・支出の見込額を定めなければならない（四一条三項ⓑ）。法務総裁は、その提出された予算を、修正し又は修正せずに、承認することができる（四一条四項）。

カナダやオーストラリアの審判所支援体制に学ぶべき事柄は多い。日本における代表的な第三者的行政不服審査機関である建築審査会や開発審査会について、原処分庁からの独立性や行政の効率性の観点から、審査会を支援する事務局体制の検討も必要となろう。事務局体制のあり方は、ひとり行政不服審査機関の場合のみならず、監査委員との関係においても課題とされており、大きな視点からの検討が望まれる。

3　行政不服審査機関の構成のあり方

第三者的行政不服審査機関を設ける場合に、個々の不服申立ての案件に関して、必ずしも複数の構成員からなる合議制で審査しなければならないものではないであろう。裁判に単独制と合議制とがあるように、第三者的行政不服審査機関においても、単独制と合議制の二重構造が認められてよい。案件の性質に応じて、審判員（委員）の単独で審査してもかまわないものと合議制で審査するのが適当なものとを振り分けることが考えられる。

しかし、複数の行政分野の不服を扱う第三者的行政不服審査機関（審判所）について、それ自体を一人のメンバーで構成することは好ましくないと思われる。不服審査は、適正な手続を踏むことが要請されるのであって、そのような運営上の基準やスキルの向上を図るには、複数のメンバーが不服審査機関に属していることが望ましいといわなければならない。この点において、オンブズマン制度との違いがあるというべきである。

(58) これは、ＡＡＴ法六四条の授権規定に基づき、大臣が設置しているものである。

(59) 次の審判所である。Canada Agricultural Review Tribunal, Canada Industrial Relations Board, Canadian Cultural Property Export Review Board, Canadian Human Rights Tribunal, Canadian International Trade Tribunal, Competition Tribunal, Public Servants Disclosure Protection Tribunal, Public Service Labour Relations and Employment Board, Specific Claims Tribunal, Social Security Tribunal, Transportation Appeal Tribunal of Canada.

(60) http://news.gc.ca/web/article-en?nid = 897239.

(61) http://news.gc.ca/web/article-en?nid = 897239.

第一部　外国法から学ぶ

第一章　オーストラリアの総合的行政不服審判所に関する一考察

――租税不服審査制度の変遷の中で――

一　はじめに

1　本稿の課題

一九八八年から一九八九年にかけて、筆者は、オーストラリア租税法の研究を目的として、一〇ヶ月弱の間、オーストラリアに滞在し研修する機会を得た。* その際に、オーストラリア行政法が、自然的正義（natural justice）をはじめとして、イギリスの古典的行政法理論を継承しつつも、一九七〇年代以降、行政法の根幹にかかわる法律を制定して独自性を強めつつあることを知った。オーストラリアの連邦行政法を形成する法律として、行政不服審判所法（Administrative Appeals Tribunal Act 1975）、オンブズマン法（Ombudsman Act 1976）、行政決定（司法審査）法（Administrative Decisions（Judicial Review）Act 1977）、情報自由法（Freedom of Information Act 1982）、プライバシー法（Privacy Act 1988）などを挙げることができる。これらの諸法律及びそれらに基づく制度は、当然のことながら、オーストラリアの租税法とも密接な関係を有している。これらの制度は、それぞれに興味ある内容であるが、なかでも、行政不服審判所制度は、二つの意味において、筆者に格別の興味を覚えさせる。

第一に、行政不服審判所（Administrative Appeals Tribunal）は、多数の法律に基づく連邦行政機関による行政決定について、不服審査をなす一般的ないし総合的な審判所であって、それは、世界においても、きわめてユニークな制度である。

第二に、行政不服審判所の設置後も、連邦租税（関税を除く）に関する不服（日本の審査請求に相当する不服）は、租税の「審査委員会（Board of Review）」によって処理されてきたが、一九八七年九月一日からは、行政不服審判所の権限に移管された。大量性・高度の専門性を特色とする租税不服審査事件の管轄が、租税事件を専門とする不服審査機関から、総合的な「行政不服審判所」へと移されたことの意味を知ることは、日本における租税不服審査制度のあり方を検討するうえにおいても、十分に意義があることと思われる。

もとより、筆者は、オーストラリア、あるいは、その母国イギリスの行政法について、これまで本格的な研究をしたわけではない。本稿も、ごく短期間に集めた乏しい資料に基づいて執筆されたものである。雄川先生は、天にあって、そのような安易な研究態度を強く戒めておられることであろう。しかし、先生の御生前における御研究領域にかかわるテーマであるので、不十分な内容であることを承知しつつも、敢えて献呈論文とする次第である。

2　行政不服審判所の特色

以下、行政不服審査制度及び租税不服審査制度という二重の視点から、オーストラリアの連邦行政不服審判所制度について検討することとする。本論に入る前に、オーストラリア行政不服審判所の特色を要約的に述べておくことが便宜であろう。

行政不服審判所は、執行権に属する不服審査の機関である。その長は、連邦裁判所の裁判官の中から総督（Governor-General）によって任命される。その他のメンバーについても、経験と専門的知識が要求されるが、特別に行政経験を有することが要件とされているわけではない。この機関は、その権限の行使については、完全に独立性を有している。しかも、裁判所と異なり、当・不当の問題（merits）についても判断することができる。そして、行政不服審判所の判断について、さらに不服のある者は、法律問題に限り、連邦裁判所（Federal Court）に出訴することができる。法律問題について、行政不服審判所の判断を最終のものとすることは、権力分立の原則に反するという考え方に立っている。(1) 連邦裁判所の判断について、なお不服のある場合は、高等法院（High Court）の特別許可（special leave）を得たうえ、高等法院に上訴することができる。高等法院は、連邦の最高裁判所である。

以上のような特徴を有する行政不服審判所は、総合的な裁断機関である点において、イギリスを中心とするコモン・ローの国々の中では、きわめてユニークなものであるように思われる。(2)

＊　研修旅行及び資料収集につき御援助賜わった、財団法人・日本税務研究センター及び受入先のシドニー大学法学部当局及び関係者各位に厚く御礼申し上げる。

（1）　以上、J.M. Sharpe, *The Administrative Appeals Tribunal and Policy Review* (Law Book Company, 1986), pp.11 ff. による。

(2) 今日の時点においてどうであるかを確認しているわけではないが、一九八〇年頃まで、イギリス、カナダ、ニュージーランド等の諸国から、この制度の研究に訪れる者が多数みられたという。Kirby, "Administrative Review on the Merits: The Right or Preferable Decision", 6 Monash U. L. Rev. 171 (1980), at 194.

二　行政不服審判所設置前における行政不服審査制度の状況

1　個別法による行政審判所

一九七五年の行政不服審判所法により、その翌年、すなわち一九七六年から、行政不服審判所が活動を開始した。それまでの行政不服審査制度は、どのようなものであったのであろうか。

それ以前においては、行政不服審査に関する一般法は存在せず、個別の法律に基づいて不服の処理がなされていた。所得税に関しては、所得税査定法 (Income Tax Assessment Act 1936) に基づいて、審査裁決機関として審査委員会 (Boards of Review) が設置されていた。遺産税・贈与税（今日では廃止されている）に関しては、租税行政運営法 (Taxation Administration Act 1953) によって、評価委員会 (Valuation Boards) が全州に設置されていた。これらは、いずれも国税庁長官 (Commissioner of Taxation = 以下、単に「長官」ということが多い）の決定に対する不服を処理する機関であった。租税以外の分野においても、戦争年金資格不服審判所 (War Pensions Entitlement Appeal Tribunal) をはじめとする、いくつかの審査機関が設置されていた。(3)

このように、審判所 (tribunals) と総称される機関が存在したが、それには、行政決定に対する不服を審査するものと、原決定自体をなすものとがあった。そのうち、前者の仕組みは、母国イギリスの強い影響下に形成されたものであると推測される。しかしながら、後述のカー委員会の報告書が出された一九七一年時点において、オーストラリアの審判所は、母国イギリス及び隣国ニュージーランドほどには発達していなかったといわれる(4)。なお、原決定自体ないし規制行政をなす行政委員会の中には、アメリカの行政委員会をモデルにして設置されたものもあるといわれており(5)、行政組織の構成が、もっぱらイギリスから輸入されたとみるのは正当でない。

個別法による不服審査目的の行政審判所（administrative tribunal）の一例として、所得税の査定に関する不服審査機関の展開について、次項において概観しておこう。

2　所得税の不服審査委員会及び審査委員会

(1)　一九二二年法及び一九二五年法の合憲性

(a)　問題の所在

一九二二年の所得税査定法五一条は、不服審査委員会（Board of Appeal）を設置し、その機関が、所得税の査定に関する審査請求を審査して、法律問題であると事実問題であるとを問わず、適当と認める命令を下すことができるものとしていた。一九二二年法により設置された不服審査委員会が、オーストラリアにおける連邦所得税に関する正式な不服審査機関の始まりであったといってよい。

不服審査委員会を設けた理由は、裁判所に比較して、簡易で経費のかからない救済を可能にするためであったとされる(6)。所得税不服審査委員会は、オーストラリアにおける行政不服審査機関として最も早い時期に発足したものの一つであり、その後における各種の不服審査機関設置の先がけとなるものであった。

ところが、この制度については、連邦憲法の権力分立原則に違反するのではないかという問題が提起された。日本国憲法についてみると、その七六条二項は、特別裁判所の設置を禁止するとともに、行政機関は終審として裁判を行うことができないと定めて、明治憲法下における行政裁判所のようなものの存在を否定しているが、その反対解釈として、行政機関が前審として紛争裁断の作用をなすことは、禁止されていないと解されている。(7)

これに対して、オーストラリア連邦憲法七一条は、連邦の司法権（the judicial power of the Commonwealth）は、高等法院及び議会の設置する連邦の裁判所にのみ与えられる旨を規定している。そこで、所得税査定法による右の不服審査委員会制度が憲法七一条に違反しないかどうかが、訴訟において争われた。

(b)　英帝国石油会社事件

その代表的事件は、英帝国石油会社事件(8)である。直接には、当時の所得税査定法二八条三項が、長官の決定に不服を有する納税者の請求について、不服審査委員会の意見を徴するものとし、四四条二項及び五一条一項により、増額査定も含めて、不服審査委員会が適当と認める命令を発することができるとされていたことが問題とされた。ノックス裁判長は、所得税査定法が、不服審査委員会に対して法律問題・事実問題のいずれについても不服を審査する権限を与えていること（法律問題については裁判所に訴えを提起できるとされている）は、連邦の司法権をこの委員会に与える趣旨であるとみられるとした。この機関の権限には、「対立当事者間における法的主張、権利及び義務に関して裁断し、その事項についてなされるべき権利を命ずる権限」が含まれていることが理由とされた。そして、この表現自身、Waterside Workers' Federation of Australia v. J. W. Alexander Ltd.（1918）25 C. L. R. 442 におけるグリフス裁判長の判示を引用するものである。同判決において、連邦司法権は、「裁判所」、正確には司法裁判所（Courts of law）にのみ属することができるという原則が確立されており、もし、不服審査委員会が裁判所でないとすると、司法権を与えていることになって違憲であるし、逆に裁判所であるとすると、そのメンバーが身分の保障を与えられていない点で違憲であるとされた。いずれにせよ違憲であるという考え方である。

アイザークス裁判官も、不服審査委員会には、権利・義務が長官により正確に認定されたか否かを確認する権限が与えられており、長官の裁量判断を代置する目的のものではないとして、違憲とした。そこでは、高等法院、州の最高裁判所又は不服審査委員会のいずれかに不服を提起することができるという、併列的な定め方がなされていることが重視されている。リッチ、スタークの各裁判官も違憲の判断を示した。また、パワーズ裁判官は、ultra vires の法理によって処理した。かくて、違憲判決が下された。

(c)　法改正とマンロー事件

一九二五年には、新しい所得税査定法が制定され、その中に、「審査委員会（Board of Review）」を設置する規定が置かれた。同法五一条によれば、審査委員会は、長官（その委任を受けた者を含む）の決定等を審査する権限を有し、その審査のために、長官が決定等をなす際の権限と職務を有するものとし、その決定は、長官による決定等とみなすこととされた。ここには、審査委員会の権限行使を、いかにして長官の権限行使と同視するかという、違憲性を回避するための苦心の工夫の成果が示されているといえよう。

この法律によれば、審査委員会は、審査に基づいて、決定を下すものとし、査定の確認、減額、増額又は変更をなすことができる。長官又は納税者は、高等法院の判断において法律問題を含んでいる決定に関して、高等法院に上訴することができる。

このようにして、違憲性を回避しようという工夫が施されたにもかかわらず、再び裁判の場でその合憲性が争われることになった。一九二六年の高等法院のマンロー判決(9)において、合憲判断が下された。

ノックス裁判長によれば、審査委員会は、納税者と執行府（Executive Government）を代表する長官との間の紛争については「紛争当事者の一方の要請に基づいて、当事者のそれぞれの法的権利と義務を決定する法律問題が含まれていない事件に関しては終局的に、そして、法律問題を含んでいる事件においては、いずれかの当事者の高等法院への上訴の権利を留保して権限」を付与されているものであって、単なる行政機関とか、連邦の執行権力の一部を行使する、執行府の単なる付属物、代理人若しくは手段とみることはできない、とされる。

要するに、審査委員会の権限は、司法権であるという見解である。これに対して、前の事件で違憲論を展開したアイザークス裁判官は、今回の事件においては合憲論の側に加わった。ノックス裁判長と決定的に異なるのは、「事実及びさらに裁量の事項を最終的に決定する権限と職務は、それだけでは、司法活動の表示ではない。それは、行政機関、立法の付属物たる付属機関及び司法機関に共通する属性である」と述べている点である。そして、新法五一条六項が、appeal の管轄に言及していることなどを根処にして、委員会が憲法上の意義における司法権を行使することを議会が意図しなかったものであると断定している。

ヒギンズ裁判官も、法律問題・事実問題の点について、警察官の例をあげて、法律問題を扱うからといって、司法の性格を有することになるわけではないと述べている。同裁判官は、アイザークス裁判官とは異なり、旧法の委員会も、新法の委員会も、ともに行政審判所にすぎず、連邦の裁判所ではないとしている。

こうした意見が多数を占めて、この事件では、違憲説が斥けられた。

(d)　合憲説の確立

さらに、シェル会社事件に関する枢密院（Privy Council）の判決(10)において、合憲説が確認された。この事件も、所得税審査委員会が、連邦憲法七一条の司法権を行使する裁判所であるか否かが争われたものである。枢密院も、旧法下の不服審査委員会と新法による審査委員会との違いを強調し、後者は、長官自身と同一の地位にあるとした。長官の決定を審査する別の行政審判所であるというのである。この見解においては、苦心の立法措置の成果が生かされたといえる。

この判決には、「行政審判所は、司法的に（judicially）行動することがあるかもしれないが、依然として、厳密にいう裁判所とは区別された行政審判所である。単に外観のみで、事実上の審判所による行政官への指示を、司法権の裁判所による行使にするものではない」という表現がみられる。「司法的」に行動することがあるからといって、その権限行使が「司法権（judicial power）」の行使となるものではないという考え方は、連邦憲法七一条に関する確立された解釈論であるといえる。

以上の諸判決によって、所得税審査委員会は、行政審判所であって、司法権を行使する裁判所ではないという解釈が確立された。ただし、その理論構成は、必ずしも明確とはいえない。審査委員会の活動をもって、長官の行為と同視しうるという視点を強調する場合に、その決定に対して、法律問題が含まれている限りにおいて、納税者のみならず長官も、高等法院に訴えを提起することができるという制度を矛盾なく説明することが困難である。長官の側からするならば、審査委員会の決定は、自己の決定と同視されるはずであって、それについて、自ら高等法院に訴えを提起することは、論理矛盾である。

そうであるとするならば、審査委員会の権限行使を長官の権限行使と同視するといっても、それは、審査決定における判断の方法及び範囲に関する同一性であるとみられよう。その際に、長官の権限行使には、裁判所が審査することのできない裁量問題が常に伴うというのであるならば、審査委員会の裁決と司法裁判所の判決との間には、判断の方法・範囲の違いを認識することができる(11)。しかしながら、所得税に関する決定のすべてが裁量を伴うというわけのものではない。

また、作用の性質に着目して司法権を定義づけることを断念してしまうならば、組織的に司法権に属する機関による活動は司法権の活動であるという説明となって、一種の循環論法に陥ってしまう。「行政審判所」であるという説明には、この循環論法的な色彩が含まれているように思われる。

司法権の性質との関係において、各種の行政委員会の作用が司法であるのか行政であるのかという問題は、オーストラリア憲法に関する古くからの論争点であるが、「司法」の定義の難しさもあって、理論的な整理はきわめて困難な状況にある。[12] 判例法を整理・検討する作業を断念して、判例法が、所得税審査委員会をして、それは行政審判所であって、司法権を行使する裁判所ではないという結論を採ったことのみを確認するにとどめたい。

(2) 一九三六年法の構造

(a) 審査委員会の性質

一九三六年所得税査定法も、審査委員会による不服審査という方式を受け継ぎ、[13] これが一九八六年までの五〇年間の永きにわたり継続された（一九三条）。その間にも、審査委員会の性質について判示する判決がみられた。Ada Sutton v. F.C.T.[14] においては、審査委員会が長官に対して課税に関する詳細説明書の提出を求めることができるか否か、所得税規則三五条に従うよう命令できるか否か等が争点とされた。

ディクソン裁判長らは、審査委員会は、「納税者の請求に基づいて、異議申立てを扱う長官の職務を審査する行政審判所である。委員会は、そこに持ち込まれた長官の異議決定を審査し、その目的のために、査定、決定、異議決定をなすにあたり長官が有する権限と職務を有している」と述べ、「その面前の事件について、司法的な精神で処理し、事実を認定し、それがそれと認める法を適用することによって、それらを裁断する」けれども、「司法権を行使しているのではない」と述べた。それを理由にして、明示的な授権がない以上、「長官に対して争訟当事者として、弁論若しくは詳細説明書により彼の主張を形成し、尋問若しくはその他に答えることにより証拠を開示し、又は、その他の何らかの司法の裁判所から借用した手続要件を満たす法的義務を課す権限を含んでいるという根拠は存在しない」と結論づけた。

裁判所は、法的義務を課すことについて、このように述べたが、法的義務としてではなく、長官の決定について審査するのに必要と認める情報の提供を求めることが禁止される理由はないと述べた。

この判決は、当該事件における争点との関係において、司法権か否かの問題を、傍論として扱っているにすぎないが、明らかに審査委員会は司法裁判所ではないという前提の下に判断を進めている。審査委員会を行政機関ないし行政審判所であるとした判例は他にも存在する。(15)

(b)　審査委員会の運営

さて、一九三六年法の下において、審査委員会は、どのように構成され、どのように運営されていたのであろうか。

まず、所得税査定法一七八条一項は、"there shall be a Board or Boards of Review"と定めて、審査委員会は、単数でもよいし、必要に応じて複数でもよいという考え方に立って、その設置を求めていた。実際には、シドニー、メルボルン、ブリスベーンという主要都市に設置されていた。(16)

それぞれの委員会は、その長と他の委員二人から構成され、それらは、総督によって任命される（一七八条二項）。委員の職にある者又はあった者は、その任務の不履行又は権限の不当行使を理由として訴えられることがないという免責による保障規定（一八一条）が置かれていた。罷免は、同一会期に議会の両院の決議による罷免要求に基づいて総督が行うことができる（一八三条）。

以上のような仕組みと日本の国税不服審判所とを比較してみると、次のような点を指摘することができる。

第一に、所得税の審査委員会は、行政機関である点において、日本の国税不服審判所と同様であるが、オーストラリア国税庁とは組織上全く分離されており独立性を有している。長官（査定処分等の原処分庁である）と同一の立場から不服を審査するにもかかわらず、長官の指示を受けることはない。この点で、日本の国税不服審判所が国税庁長官の下に設置され、通達の拘束を受けているのと異なっている。（※　平成二六年法律第一〇号による改正で、この仕組みは修正を受けた。）

第二に、日本の国税不服審判所においては、審理と裁決権とが分離され、後者は国税不服審判所長の権限とされ

（国税通則法九八条一項・二項）、その際には、担当審判官及び参加審判官の議決に基づいてすることとされている（同条三項）。これに対して、オーストラリアの審査委員会の長は、それぞれの委員会に置かれる職であって、審理には加わるが、キャスティング・ボートを有しないとされていた（一九四条(c)）。そして、複数の審査委員会を統轄する長は存在しない点が特色である。それぞれの審査委員会が独立の審査機関として存在していたとみることができる。

第三に、審査委員会の裁決に対しては、法律問題に関して、納税者のみならず、長官側も、司法裁判所に出訴することができるとされていた（一九六条一項）。課税庁側も裁判所に出訴できるという構造は、日本の国税不服審判所の裁決に対する不服の訴訟の方法と決定的に異なる点である。オーストラリアにおいては、実際に、長官側からの出訴も多数みられた。このような構造は、審査委員会における審理手続が、長官と納税者の対立当事者手続の実質を有していることの反映であるとみることができよう。さらに、実質において、審査委員会の裁決に、「一審判決」の地位が与えられているともいえる。

第四に、審査委員会は、審理の途中において、当事者からの要請に基づいて、法律問題に関して、州の最高裁判所（Supreme Court）の判断を求めることができるとされていた（一九六条二項。連邦事件を州最高裁の管轄とするのは、連邦と各州との協定に基づいていた）。司法権ではない行政機関としての審査委員会が、法律問題に関して、予め司法裁判所の判断を求め、それを事実に適用して裁決を下すことができる仕組みが用意されていた。

以上が審査委員会の基本的仕組みである。そして、それは、実質的な独立性に関して後述のように議論があったものの、課税を担当する国税庁との関係においては、外部的な不服審査機関として位置づけられる。これに対して、内部的な不服審査として、異議申立て（objection）の前置が要求されていた。すなわち、租税の査定に関しては、その通知後六〇日以内に異議申立てができるものとされ（一八五条）、異議決定後六〇日以内に、審査委員会への不服申立て又は直接に裁判所への出訴ができるものとされていた（一八六条）。いずれを選ぶかは、納税者の自由である。

異議決定後に、審査委員会を経由することなく直接裁判所に出訴する場合の管轄裁判所は、永らく、高等法院又は州の最高裁判所とされていた。しかし、一九七三年からは、もっぱら州の最高裁判所（その後一九七七年からは、正確には、連邦直轄地を含めた州等の最高裁判所）の管轄とされた。

不服審査委員会の裁決に不服ある場合の訴訟の管轄は、永らく高等法院とされていたが、一九七三年、一九七七年に、それぞれ州等の最高裁判所の管轄とする改正がなされた。これらの場合における最高裁判所の判決に不服のある当事者は、オーストラリア連邦裁判所（上訴許可を要する）又は高等法院（特別上訴許可を要する）に上訴することができるとされていた（一九七六年改正後の一九六条五項）。「連邦裁判所」は、後述するカー委員会の勧告の影響の下に、行政決定（司法審査）法及びオーストラリア連邦裁判所法（Federal Court of Australia Act 1976）によって、行政決定に対する審査権を付与された裁判所である。一九七九年からは、連邦裁判所の判決に不服のある者は、特別許可を得て、さらに高等法院に上告できるとされた（一九七九年改正後の二〇〇A条）。連邦裁判所、高等法院への上訴という制度は、今日においても、基本的に変わっていない(17)。

3　アスプリー委員会の報告書

一九七五年に発表された Taxation Review Committee の報告書、いわゆる Asprey Report(18) は、オーストラリアにおける税制改革報告書として有名であるが、それは、当時の審査委員会の権限と手続についても検討を加えている。その基本的な姿勢は、審査委員会という組織を存続させつつ、審理の適正化と迅速化のために、その権限を強化しようというものである。主要な提案事項は、次の通りであった。

第一に、長官に対して、課税の詳細説明書を委員会及び納税者に提出すべき旨を、委員会の裁量によって命ずることができるよう法改正すべきであると提案している。これは、従来、所得税規則三五条の存在にもかかわらず、長官に対して詳細説明書の提出を法的に義務づけることはできないとされ、納税者が、十分な情報を得られないいまで、争わなければならなかった点を、改善しようというものである。

第二に、手続に要する時間と費用とを節約するために、事前審理手続に似た予備的な審問を単独の審判官の下で行なうことを、審査委員会の裁量によってできるようにすべきであるとしている。

第三に、審理の過程で、法律問題に関する判断を裁判所に求める手続について、これまでは、納税者又は長官という当事者の要求に基づくことが要件とされていたが、職権による方式をも許容すべきであるとしている。

第四に、文書提出命令や証人喚問命令について、正当な理由なくして応じない者には、制裁を加えることができるようにして、審理の適正化を担保すべきであるとしている。

第五に、証人として出頭を求められた者は、裁判所における手続と同様に、委員長の指示に従って、尋問、反対尋問等がなされる旨を明文で規定するとともに、証人の権利保護と責任についても、民事・刑事の訴訟手続と同様に定めるべきであるとしている。

このような重要な提案にもかかわらず、他の租税制度に関する提案と同様に、法改正には至らなかった。ただし、第二点の提案の精神は、今日の行政不服審判所に活かされているとみられる。

（3）*Commonwealth Administrative Review Committee Report*, pp. 6-7.

（4）Ibid., p. 7.

（5）たとえば、ヴィクトリア州の輸送規制委員会は、アメリカ合衆国の州際通商委員会をモデルにしたものであるといわれている。

Benjafield & Whitmore, *Principles of Australian Administrative Law*, 4th ed. (Law Book Company, 1971), p. 353.

（6） Administrative Review Council Report, No. 17, *Review of Taxation Decisions by Boards of Review* (A. G. P. S., 1983), p. 11; Parliamentary Debate (House of Representatives), 10 Oct. 1922, p. 3508 (Mr. Bell M. P.).

（7） 宮沢俊義著＝芦部信喜補訂『全訂日本国憲法』（日本評論社、昭和五三年）六〇四頁。清宮四郎『憲法Ⅰ〔第三版〕』（有斐閣、昭和五四年）三四四頁など通説。裁判所法三条二項も、かかる解釈を前提にして、「行政機関が前審として審判することを妨げない」と定めている。

（8） British Imperial Oil Co. Ltd. v. F. C. T., (1925) 35 C. L. R. 422.

（9） F. C. T. v. Munro, (1926) 38 C. L. R. 153.

（10） Shell Company of Australia Ltd. v. F. C. T., 1 A. T. D. 113がある。

（11） 審査委員会設置の主たる理由が、裁量事項の審査にあることを強調する見解として、Jolly v. F. C. T., 3 A. T. D. 162における、リッチ、ディクソン両裁判官の意見及びそれを引用するRyan & O' Grady, *Manual of the Law of Income Tax* (Law Book Company, 1985), p. 321.

（12） 詳しくは、W. A. Wynes, *Legislative, Executive and Judicial Powers in Australia*, 5th ed. (Law Book Company, 1976), pp. 419 ff. を参照。規制型行政委員会を司法権ではないとした代表的判例として、R. v. Trade Practices Tribunal; Ex parte Tasmanian Breweries Pty Ltd., (1970) 123 C. L. R. 361がある。

（13） 同法制定の際に、旧法下の機関が、とくに少額納税者の軽費で早期の紛争解決のために、裁判所よりもよく機能したことを認める議論がみられた。Parliamentary Debates (Senate), 20 May 1936, p. 1875 (Senator Johnson).

（14） 11 A. T. D. 499.

（15） Watson v. F. C. T., 10 A. T. D. 122; Mobil Oil Australia Property Ltd. v. F. C. T., 13 A. T. D. 135. また、Jolly v. F. C. T., 3 A. T. D. 162において、リッチ及びディクソン両裁判官は、委員会は、行政のヒエラルヒーにおける執行機関の一つにすぎないと述べた。

（16） *Committee on Administrative Discretion Final Report, 1973*—Parliamentary Paper, No. 316 (Commonwealth Government Printing Office, 1975), p. 81.

（17） 租税訴訟に関しては、別稿を執筆する予定である。

(18) *Taxation Review Committee, Full Report* (A. G. P. S., 1975). 審査委員会の権限と手続に関する提案は、この報告書の三八五頁以下に示されている。

三　行政不服審判所の設置

1　行政不服審判所設置の背景

(1)　カー委員会報告書

オーストラリアにおいても、他の先進資本主義諸国と同様に、第二次世界大戦後、行政権の機能の肥大化と、それに伴う行政決定の増大という現象が、次第に顕著となった。その結果、市民が行政決定によって影響を受ける機会も飛躍的に増加してきた。こうした状況において、オーストラリアには、一九六〇年代に至るも、統一的な行政不服審査制度は存在せず、前述のように個別の法律によって、それぞれの事項に関する行政審判所を設置して不服を処理していた。一九六八年に、連邦法務総裁は、「連邦行政審査委員会（the Commonwealth Administrative Review Committee)」を設置し、行政決定の審査のあり方について検討するよう求めた。この委員会は、その委員長の名をとって、カー委員会（Kerr Committee）と呼ばれ、カー委員会の報告書は、一九七一年に議会提出資料の形式で発表された。(19) 同報告書は、諮問の趣旨に従って、行政決定の司法審査のあり方について検討を加えるとともに、(20) 行政不服審査のあり方についても、重要な提言を行なった。この両者は、行政決定の審査をいかなる方法で行なうかという点で密接な関係にある。(21) しかし、ここでは、行政不服審判所の設置につながる後者の点についてのみ述べよう。

行政不服審判所の設置については、イギリスにおいて一九五七年に発表された、フランクス委員会（the Franks Committee）――正式には、「行政審判所及び審問に関する委員会（Committee on Administrative Tribunals and Inquiries）――の報告書における問題提起に答えるかたちで、議論を進めている。

第一に、総合的な審判所（general tribunal）では、審判所の特色として一般に期待されている、特定分野の経験と専門性を有することができない、という批判に対しては、その問題の重要性を認めて、それぞれの事件の類型ごとに、関係省庁若しくは行政当局を代表する適切な専門的メンバーの準備が必要であるとしつつも、それは、流動的メンバー（shifting membership）であって、恒常的に審判所の部に属することまでは必要ではないとしている。

第二に、フランクス委員会は、総合的審判所は上級裁判所の監視を受けないものであるという前提で総合的審判所を批判しているが、オーストラリアにおいては、当然に裁判所の監視を受けるものであるとしている。(22)

カー委員会は、総合的行政不服審判所（a general Administrative Review Tribunal）の設置を提案しているが、その出発点は、行政決定の当・不当について審査を受ける権利を一般的に保障するという点にある。イギリスが、フランクス委員会の報告書に基づいて個別審判所方式を存続させているのに対して、オーストラリアにおいては、総合的審判所を志向した点に、カー委員会の報告書の特色がある。

審判所の審判官の構成としては、審判長は、新たに提案されている行政裁判所（Administrative Court）の裁判官が務め、一人の審判官は、前述のように審査対象の行政に責任を負う省庁等の公務員とすべきであるとした。これは、前述の行政の専門性に対する配慮という考え方によるものである。それぞれの事件ごとにこの審判官が変動することを認めるもので、報告書は、前述のように、shifting membership と呼んでいる。他の一人は、素人から選ばれるべきであるとした。(23)

なお、この審判所の設置が認められても、次に述べる行政審査会議の判断において必要と認められるならば、既存の特別審判所の存続又は新規の特別審判所の設置が認められるべきであるとして、総合的行政不服審判所構想は、特別審判所の存在を完全に排斥するものではないとしている点が注目される[24]。同時に、恒久的な「行政審査会議（Administrative Review Council）」の設置が提案されている点も注目される。これは、イギリスの審判所会議[25]（Council on Tribunals）に範をとったもので、審判所における行政裁量のあり方を検討し、行政不服審査制度全般を運営する機関として位置づけられている[26]。

かくて、カー委員会報告書は、賛否両面において、フランクス委員会報告書の影響を強く受けている。

(2) ブランド委員会報告書

次いで、一九七三年に発表された「行政裁量に関する委員会（Committee on Administrative Discretion）」——その長の名をとって、ブランド委員会（Bland Committee）と呼ばれている——の報告書[27]は、行政不服審判所設置への歩みを一段と強める役割を果たしたものであると評価できる。

まず、これまでのような行政審判所の濫立については、資源の有効利用とはいえないと述べている。また、行政分野によっては、ある特定の審判所に提起される問題が複雑で負担が過重になっているとし、かりに、租税不服審査委員会の発足前に、一般的な行政審判所が存在していたとするならば、租税不服審査委員会は設置されなかったであろうとしている。しかし、不服審査機関の一本化を提案したのではなく、評価及び補償審判所、医療不服審判所及び一般行政不服審判所という三つの審判所の設置を提案した[28]。ただし、この委員会は、行政裁量の問題の検討に焦点を置いていたため、租税に関する決定についても、裁量決定についてのみコメントしているにとどまっている。しかしながら、三つの審判所と別個の既存の審判所を存続させ、新たな審判所の管轄に包括させないことについて十分な理由があるか否かを検証する必要があるとした[29]。この一般論は、所得税をはじめとする連邦租税に関する決定についての行政不服審査の全般に妥当することである。

なお、この報告書は、それぞれの審判所の審判長（Chairman）について、法律的な資格を有する者であるべきだとしながらも、連邦裁判所の裁判官に限って選任対象とする必然性はないとしている。また、行政官と審判官との関係については、カー委員会の報告書において提案されている方式では、たとえば、下級行政官が選任された場合には勇気ある裁決ができないという欠陥があると指摘し、租税審査委員会の方式に学ぶべきであるとしている。租税審査委員会の場合には、国税庁の行政経験者を審判長に選任しているが、退職後に国税庁に復帰した例はないということである。さらに、審判長とは別に、事件の振り分け等の任務を負う所長（President）を置くべきであるとしている。(30)

(3)　立　法　化

以上述べたように、カー委員会の報告書は、行政決定の審査のあり方を、司法審査の観点を中心に検討したものであり、他方、ブランド委員会の報告書は、行政裁量に焦点を置くものであった。したがって、両者とも行政不服審査制度自体を中心的な検討課題とする報告書ではなかったが、統一的な不服審査機関の設置という観点では、結論の一致をみた。そして、これらの報告書を基礎にして、行政不服審判所設置のための立法作業がなされた。法案は、Administrative Appeals Tribunal Bill 1975として、連邦議会に提案された。その提案理由によれば、今日において、事業や人々の生活に大きな影響を与える事項について、各省大臣及び行政官の決定に広範な裁量が与えられていること、それらの裁量決定を独立に審査する包括的な仕組みが存在しないこと、個別法による無数の審判所は統一性を有していないこと、などの認識を前提に、なるべく広い範囲の行政決定に対する不服を処理する「単一の独立の審判所（a single independent tribunal)」を設置することを目的としている。(31)

以上のような背景と立法方法とを、たとえば、日本の行政不服審査法制定時における状況と比較してみよう。

第一に、日本の場合は、何よりも、訴願法下において存在した手続の不統一を解消したいという背景が強かったために、不服審査手続の統一化のための法律の制定に向かったにとどまり、不服審査機関のあり方を改善する方向に進まなかったといえる(32)。これに対して、オーストラリアの場合には、すでに審判所と名のつく機関が無数に存在していたために、それらの合理化を図りたいという発想が先行したものと推測される。当然のことながら、総合的不服審査機関の設置によって、一般には、手続も統一化されることになる（ただし、これは、論理必然的なことではなく、事件の性質に応じて、多様な手続を用意することも可能である）。

第二に、カー委員会の提案した連邦上級裁判所若しくは行政裁判所の設置という裁判レベルの救済との関係を無視することができない。オーストラリアにおいては、日本のように三審制が確立されているわけではないので、もし、訴訟レベルの救済の充実が図れないのであれば、行政不服審査のレベルで、実効的な救済の機会を保障する必要がある。日本に比べて、より一層行政不服審査を拡充させる必要性があったといえる。訴訟代替目的による行政不服審査の充実とでも呼ぶことができよう。ただし、これは、筆者の推測の域を出るものではない。

2　行政不服審判所制度

行政不服審判所は、行政不服審判所法によって、オーストラリアの連邦に設置された機関である。ここでは、その構成と管轄について、やや詳しくみておこう(33)。

(1)　行政不服審判所の構成

審判所は、所長（President）、副所長（Deputy President）、上級審判官（senior member）その他からなる。これらのメンバーは、いずれも総督によって任命される。発足当初は、所長、副所長は、裁判官、裁判官と同様の名称と地位を有する者又は裁判所に法律実務家として五年以上登録された者でなければならないとされていた。この方式は、ブランド委員会の考え方に依拠したものである。しかし、一九八二年の改正により、審判所長は、オーストラリア連邦裁判所の裁判官でなければならないことになった。これは、日本の国税不服審判所長の場合に、裁判官が検事に任官したうえ任命される慣例と、似通っているといえる。同時に、副所長は、五年以上の法律実務経験があれば足りることとされた(34)。

カー委員会の提案した関係省庁等の人材を加えるという方式は採用されず、所長、副所長以外のメンバーは、経験と専門知識を有することが要求されているにすぎない。省庁等との連動方式を採用しなかったのは、専門性の重視よりも、審判所の独立性を重視するためであったといわれる(35)。提案理由の説明によれば、審判所は、各省行政の装置というよりは、裁決のため議会により与えられる装置であるとされた(36)。

メンバー構成の方法は、全体として、ブランド委員会の提案に傾斜したものであるが、調停・仲裁委員会（Conciliation and Arbitration Commission）の方式の影響を強く受けたといわれる(37)。

審判所には、三つの部（Division）、すなわち、一般行政部、医事不服部、評価・補償部が置かれ、さらに他の部を設けることができるとされた（一九条）。三つの部を設けたのは、ブランド委員会の三審判所設置の提案を、部レベルにおいて受け容れたものである。法定の三部以外に設けられた第一号は、退役軍人不服部である。租税に関する事項は、ブランド委員会の考え方では、一般行政部に含めることが可能であるとされていたが、後述するように、当初は、行政不服審判所の管轄とされなかった。そして、一九八六年に租税に関する不服の審査が行政不服審判所の管轄に移管されたことに伴い、「租税不服部」が法定の部に加えられた。

審判所の構成にあたっては、総括審判官（presidential member）と非総括審判官（non-presidential member）とが区別されている。前者には、所長、裁判官である審判官、副所長が含まれている。裁判官が審判官に任命される場合は、総括審判官となるものとされている。非総括審判官は、いずれかの部に配属される。それらの者は、配属された部以外においては権限を行使できないとされている。ただし、これに反してなされた権限行使も、その効力に影響を与えるものではないと規定されている。

それぞれの事件について審判所をどのように構成するかは、所長が、事件の公的重要性又は複雑度、審査対象決定を下した者の属する職の地位を考慮して、指示することとされている。すなわち、所長の裁量による流動的構成が予定されていたといえる。

構成の方法に関しては、制定時の法律状態は若干改正されて、現在は、次の五通りの方法がある。裁判官である所長又は副所長と裁判官でないメンバー二人、副所長一人と非総括審判官二人、総括審判官一人、三人の非総括審判官（最低一人は上級審判官）、非総括審判官一人。これから理解できるのは、それぞれの事案に応じて、きわめて弾力的に構成されるということである。手続開始前に両当事者が合意して書面を提出した場合には、総括審判官の単独手続によることとされている。さらに、所長は、一般的に又は特定の手続若しくは一定種類の手続に含まれる手続について、上級審判官一名をもって権限を行使できるよう定めておくこともできる。

以上のように、行政不服審判所法上は、審判所の構成について、所長が包括的に裁量権を付与されているにもかかわらず、多数の法律が、特定の事件について、特定の方法で審判所が構成されるよう規定しているといわれる。[(38)] それぞれの分野の事件の特性に配慮しているといえる反面、それらの規律が原則なしになされる場合には、複雑で非効率な状態を招く危険性もある。

審判所の開かれる場所は、審判所の申立登録所（不服の申立てをなす場所）が設置された場所とされており（二四条）、キャンベラ、ダーウィン及び各州の州都（シドニー、メルボルン、ブリスベーン、アデレード、パース、ホバート）に設置されている。さらに、それら以外の場所で開くことも可能とされている。法二四条を中心に、審判所の開催が巡回されるという意味において、審判所は、巡回機関（peripatetic body）として構想されていたとみることができる。[(39)] これに対して、日本の国税不服審判所は、本部・支部等で固定されており、巡回機関として位置づけられてはいない。オーストラリアにおいて、審判所を各地に設けることについて、それぞれの審判所間において、異なった法解釈や取扱いのなされる危険性があるという問題点が指摘されたことがある。行政法学者のピアース（Pearce）は、この短所を少しでも補うためには、審判所のメンバーが定期的に会合をもつことが望ましく、また、裁決を一定の方式で公表することが必要であると指摘した(40)。

この問題の発生は、この種の独立的な不服審査機関を各地に設置する場合に避けることができない現象といえよう。審判所長は、手続的な問題について統一性を確保する権限と義務を有しているとしても、個別法の解釈や個別事案の処理について指示する権限を与えられていないからである。かりに政策的に与えようとしても、審判所長が各種の行政決定の分野について、予め通達を発しておくことは、相当程度の組織を有しない限り、能力的にも不可能であるといってよい。

(2) 行政不服審判所の管轄

行政不服審判所は、完全にすべての行政決定に対する不服を審査する権限を有するわけではない。ブランド委員会の報告書が、裁量決定権を規定している個別法律の改正という方法によって、行政不服審判所の審査対象を決めるべきであるという提案をしたのを受けて(41)、行政不服審判所法二五条一項は、まず、同法以外の法律等（法律のほか、北部直轄地以外の直轄地の条例、及びこれらに基づく規則）により審査対象が決められるとした。この方式による場合には、個々の裁量決定について調査して、行政不服審判所の審査対象とすべきか否かが吟味されることが予定されていた。しかし、この方法によると、実際の行政不服審判所への管轄の移行は、きわめて緩慢なテンポで進められることになる。そこで、上院において法案に修正が加えられて、二六条一項によって、同法別表第一に掲げる行政決定については、審判所発足と同時に一括して審判所の管轄とすることとされた(42)。

しかし、二五条一項が存在するので、新しい法律が新たに行政の裁量決定を定める場合には、その行政決定に関する不服について、行政不服審判所による審査に委ねることが期待されているといわれる(43)。そして、管轄外の事項があるとしても、その管轄は、現実には相当に広いものであり、「総合的」行政不服審判所と形容することも許されるであろう。

租税に関しては、所得税の査定をはじめ、主要な決定について、別表第一に掲げられなかったばかりでなく、所得税査定法にも定められなかった。それについて推測される理由として、次の二点を挙げることができる。

第一に、この立法措置がブランド委員会の報告の強い影響を受けているという仮定が成り立つならば、とりあえず行政不服審判所の審査事項とするものは、裁量的決定の顕著な分野に限定するという考え方がありうる。

第二に、ブランド委員会の発想とは必ずしも一致しないが、租税に関する決定は、大量的で、したがって不服も多数発生すること、内容がきわめて専門的・技術的であること、などの特殊性を有しているので、当面は、別個に扱った方がよいという考え方である。

おそらく、この二つの考え方が混合されて、一般の租税に関する決定は、さしあたり行政不服審判所の管轄外とされたものと思われる。

3　行政審査会議

本稿のテーマの展開のためには、行政不服審判所法第五章により設置された行政審査会議（Administrative Review Council）のことに触れないわけにはいかない。この種の機関の設置は、カー委員会が提案したものであり、イギリスの審判所会議を範とするものである。同法五一条は、同会議の任務として、いかなる機関によっても審査されていない行政決定を確認すること、それらの審査のあり方について勧告すること、裁判所による行政決定の審査について勧告すること、行政決定の審査を行なう審判所その他の機関の手続に関する調査と勧告を行なうこと、他の審査機関によりなされている事項を行政不服審判所の審査事項にすべきか否かを検討すること等を求めている。次に述べる租税不服審査に関する勧告は、行政審査会議が、この権限を活用した典型的なものである。

このように、行政審査会議は、行政決定の審査のあり方について検討・勧告する権限を有する一種の行政監督機関である。その構成についてみると、行政不服審判所長、連邦オンブズマン、法律改革委員会（Law Reform Commission）委員長の三名は、その職の資格でメンバーとなり、その他一〇名のメンバーが加えられる。この構成方法によって、きわめて強力な機関にしようとした議会の意図を、十分に知ることができる。

行政審査会議が、実際にどれだけの機能を発揮しうるかに関しては、当初から予測しがたいといわれていた。(44) しかし、それは、実際にも、多数の勧告をなし、十分な実績をあげている。(45) すなわち、年次報告のほか、個別テーマに関する検討結果を公表している。その一つに、租税事件を行政不服審判所に移管する、後述の提案がある。

(19)　*Commonwealth Administrative Review Committee Report, 1971*—Parliamentary Paper, No. 144（Commonwealth Government Printing Office, 1971）. 以下、“Kerr Report”という。

(20)　イギリス、ニュージーランド、アメリカ合衆国及びフランスの現状を分析したうえで、司法審査に関しては、連邦上級裁判所若しくは行政裁判所を新設して、行政決定の審査を行ない、その判決に不服のある者は、高等法院に上訴できることとすべきであるとした。

(21)　最も重要な点は、一般には、裁判所に行政決定の当・不当の判断を委ねることは困難であり、行政裁量の実効的な審査のために行政審判所を設置すべきであるとして、裁判所と行政審判所との機能分担を強調している点である。

(22)　Kerr Report, p. 69.

(23)　Kerr Report, p. 86.

(24)　Kerr Report, pp. 82–83.

（25）審議会と訳されている場合もある。桜井昭平「イギリスにおける行政審判所制度の現状と課題」和田英夫先生古稀記念『裁判と地方自治』（敬文堂、平成元年）一三九頁、一四九頁。

（26）Kerr Report, pp. 83-84.

（27）*Committee on Administrative Discretion Final Report, 1973*—Parliamentany Paper, No. 316（Commonwealth Government Printing Office, 1975). 以下、“Bland Report”という。なお、学界から出ている行政法学者 Whitmore 教授のみが、Kerr 委員会と Bland 委員会の両方に名を連ねている。

（28）Bland Report, p. 25.

（29）Bland Report, p. 37.

（30）以上、Bland Report, pp. 26-28.

（31）Second Reading Speech for the Bill, House of Representatives Parliamentary Debate. 29th Parlt., 1st Sess. p. 1186（1975).

（32）訴願制度調査会にも加わった田中真次氏は、行政不服審査法について、「わが国の現状から、審判機関そのものについては手を触れず、すべての不服申立に通ずる最低限の手続を定めた」ものと理解しつつ、「訴願法を廃止して新しい手続法を定めるという目的からいえば、このことはやむを得ないことではあるが、審判機関そのものを充実しない以上、手続面で改善を加えても、審判の実体がそれほど変わるものとは考えられない」と指摘した。「行政不服審査法制定の意義と疑問点」公法二六号（昭和三九年）一五〇頁、一五八頁。

（33）行政不服審判所について包括的に論ずる代表的文献に、D.C. Pearce, “The Australian Government Administrative Appeals Tribunal”, 1 U.N.S.W. Law Journal 193（1976); D.C. Pearce, *Commonwealth Administrative Law*（Butterworths, 1986), pp. 23ff.; J.M. Sharpe, *The Administrative Appeals Tribunal and Policy Review*（Law Book Company, 1986）等がある。

（34）一九八二年に、実際に、裁判官ではない法律実務家二人が副所長に任命されたという。Sharpe, op. cit., p. 11.

（35）Sharpe, op. cit., p. 11.

（36）前掲注（31）。

（37）Pearce, “The Australian Government Administrative Appeals Tribunal”, op. cit., p. 195.

（38）Pearce, *Commonwealth Administrative Law*, op. cit., p. 24.

（39）Pearce, “The Australian Government Administrative Appeals Tribunal”, op. cit., p. 197.

(40) Pearce, ibid., p. 197. ピアースは、既存の不服審査機関で問題があると認められる例として、Repatriation Act 1920-1975 によるWar Pensions Entitlement Appeal Tribunals を挙げるとともに、一九七五年に設置された Social Security Appeals Tribunal についても、不服処理の結果に著しい相違があると指摘している。
(41) Bland Report, p. 46.
(42) Pearce, "The Australian Government Administrative Appeals Tribunal", op. cit., p. 198. 一九八八年段階において約二七〇の法律に基づく決定があるという。Administrative Review Council, *Twelfth Annual Report 1987-88* (A. G. P. S., 1988), p. 28. なお、二五条二項には、個別法が別表第一に優先する旨規定されている。
(43) Pearce, ibid., p. 199. 提案理由においても、特別の事情により特殊の審判所を設置する必要のある場合のほかは、場当り的な審判所を設置することはしないと述べられていた。前掲注 (31)。
(44) Pearce, "The Australian Government Administrative Appeals Tribunal", op. cit., p. 210.
(45) Pearce, *Commonwealth Administrative Law*, op. cit., pp. 213-214.

四　租税不服審査の行政不服審判所への移管

1　行政審査会議の報告

行政不服審判所の設置後も、租税事件の不服申立て（審査請求）は、租税審査委員会において、審理し裁決された。これに対して、前述の行政審査会議は、行政不服審判所法五一条に基づいて、租税不服申立てのあり方について検討を加え勧告を発表した。これは、一九八三年に、同会議の報告一七号の形式をとって、法務総裁に提出された『審査委員会による租税決定の審査（Review of Taxation Decisions by Boards of Review）』である。これは、同時に、一九八三年の議会資料二一九号として、連邦議会にも提出された。同報告の内容は、租税決定の審査を行政不服審判所の管轄とすることを勧告するものであった。その内容について、やや詳しくみておこう。

報告書は、五章から成り、第一章は、租税審査制度を概観し、第二章は、一般の行政不服審査制度がどのように展開してきたかを示している。勧告の結論につながる議論は、第三章「租税事項における行政的審査——審査委員会」において展開されている。

まず、第一に、租税審査委員会の独立性を問題にしている(46)。

独立性に関して、現実にどうであるかということと同時に、当事者が独立性を信じることができるか否かが重要であるという視点を強調しつつ、審査委員会における一方当事者が常に国税庁長官であるので、審査委員会のメンバーが常に交替するなどの方法がとられないと、納税者からの信頼がゆらぎかねないことを指摘している。また、国税庁の職員経験者が審査委員会の委員長の職に就いていることが、信頼を弱めているとしている。委員長及び他のメンバーが形式的には総督により任命されるものの、国税庁の推薦に基づいていることは望ましくないとしている。審査事項は租税の分野に属するとしても、委員会の職務は、裁決的なものであるから、むしろ、法務総裁により任命されるべきであると述べている。国税庁勤務経験者を委員長に任命している点を、独立性に対する信頼を弱めるものとして、とくに問題視している。

第二に、審査委員会のメンバーの構成について検討を加えている(47)。

委員長のことを別として、一人は法律家、一人は会計畑、一人は租税分野に経験を有する公務員経験者という構成は、一般に適当なものと受けとめられているとしている。ただし、行政不服審判所においては、裁量審査が可能で、かつ連邦裁判所の裁判官の判断を得られることに注目すべきであるとしている。

第三に、それぞれの審判所の構成のあり方について検討を加えている(48)。

租税審査委員会が三つ設置されていることを、事件数が次第に増加してきたという理由によって説明している。

この点について、まず、行政不服審査の一貫性（consistency）の観点から問題があるとしている。行政不服審判所においては、上級審判官及び総括審判官のレベルで定期的な正式の協議がなされて、統一的な処理が可能とされているとみている。しかも、審判官は、弾力的に配属される仕組みとなっている。これに対して租税審査委員会は、互いに独立しており、その結果、地域によって判断方法の違いを生じているとしている。しかも、三人の構成が固定されていることは、コストの点からも問題であるとしている。

第四に、審査委員会においては、審理の開始までに要する待ち期間に、かなりの開きが生じており、かつ審理に長期を要するとしている(49)。これは、審理地による地域差の問題であると同時に、迅速な行政不服審査という制度目的に反するものであることはいうまでもない。

その他の検討事項の中で注目されるのは、租税法の分野で何百にも及ぶ裁量事項がみられるようになり、社会共同の利益と私的利益との適切なバランスが必要であるが、行政不服審判所は、そのような裁量事項の審査について、経験を蓄積してきたとしている点である(50)。

また、審査委員会において、納税者は異議申立段階における主張の根拠とした不服理由を変えることができないとされているが、これは、行政不服審査権の行使の趣旨に適合しないとしている(51)。

報告書は、以上の分析に基づいて、制度改革の選択肢として、審査委員会の裁決について再び行政不服審判所に審査を申し立てることができるという方式、準内部的な審査機関として審査委員会を存続させる方式、さらに、租税裁判所（Tax Court）を設置する方式をも検討したうえ、行政不服審判所への移管を勧告した。租税裁判所設置論に関係して、むしろ、連邦裁判所の裁判官を多数擁する行政不服審判所は、結果的に事実上の租税裁判所となるであろうと述べている点が注目される(52)。

以上紹介したところにより、行政審査会議の勧告の基本的立場を理解することができると思われる。

2　行政不服審判所への移管

行政審査会議の報告書の基本線に沿った制度改革は、一九八六年に多数の法律によって実施された。所得税査定法、租税行政運営法、行政不服審判所法という既存の法律が改正されたほか、租税審査委員会（管轄移管）法（Taxation Boards of Review (Transfer of Jurisdiction) Act 1986）が制定された。そして、所得税のみならず、売上税やフリンジベネネィット・タックス等に関する事件も、行政不服審判所の管轄とされた。

行政不服審判所法についてみると、行政不服審判所に租税不服審査部が設けられ（一九条二項（ｂａ））、審判官の租税不服審査部への配属にあたっては、大臣（法務総裁）が大蔵大臣と協議しなければならないとされた（一九条三Ａ項）。この人事に関する協議により、場合によっては、租税行政系統の意向が組織の構成上ある程度反映されざるをえず、したがって、行政審査会議の報告書が重視していた独立性の確保が、必ずしも十分に貫徹されたとはいえない。

租税不服審査に関する規律事項の多くは、租税行政運営法に新設された第四Ｂ章において定められた[53]。それは、行政不服審判所法の特則を定めるものである（なお、異議申立てについては、従前の制度を基本的に維持している）。

第一に、国税庁長官が、異議決定について、請求人の求めに応じて審判所の判断を求める場合の審判所における当事者とその場合に長官が提出すべき書類等が定められている（一四ＺＥ条、一四ＺＧ条）。

第二に、行政不服審判所法三五条一項は、審理公開原則を採用しているが、租税の異議決定等に対する審査においては、当事者の要求がない限り非公開とされる（一四ＺＦ条）。これとあわせて、審判所における裁決理由においては、当事者を特定しないようにしなければならないとされている（一四ＺＫ条）。これは、裁決例の公表――それは、納税者が租税効果を予測することに資する――を妨げない（同条）こととの関係で、とくに定めたものと思われる。これらは、租税事件は直接に公益にかかわる事件ではない、という理解に基づいているものと思われる。

第三に、行政不服審判所法二八条は租税の異議決定については適用されないので（一四ZD条二項）、納税者は、行政不服審判所に不服を申し立てる場合にも、国税庁長官の異議決定の理由を得ることはできない。法案提出時の説明によれば、租税事件の大量性と行政負担の過重に鑑みたものであるとされている[54]。原処分のみならず異議決定に理由の開示を要しないということには、いささか驚かざるをえない。しかも、納税者の要求があっても理由を開示しないという制度なのである。

こうした特則の存在を別にして、租税に関する事件も、特別の定めがない限り、行政不服審判所法の適用を受けることになった。その際に注目すべき点をいくつか挙げておこう。

第一に、これまでは、日本流にいえば、原処分について審査委員会で審査がなされ、原処分の変更も可能とされていたが、行政不服審判所への移管に伴い、異議決定について審査されることになった。その結果、裁決理由に適合するように国税庁長官が改めて原処分の変更等を行なわなければならないこととなった（所得税査定法二〇〇B条[55]）。

第二に、審理に先立って、当事者を交えた予備的会議が開催され、争点の整理と、ときには和解がなされることになった（行政不服審判所法三四条）。この点は、事件の早期解決に役立つものと思われる。

第三に、審判所の審判官の数は弾力的に定められているので、事件に応じて効率的に処理できることになった。

第四に、これまで審査委員会への不服申立てには二ドルの手数料を要したが（納税者の主張が通った場合は返還）、審判所への申立てには所定の手数料を納付しなければならないこととされた（租税行政運営法一四ZAC条）。当初は、二〇〇ドルであったが、一九八七年に二四〇ドルに引き上げられた（行政不服審判所規則一九条）。これによって、少額事件の不服申立が抑制されるというフィルター効果が発揮されるが、むしろこれを支持する見解が学界から出されていることが注目される[56]。日本の行政不服審査については、無料主義が定着しているので、やや奇異な感がしないでもないが、課税機関から独立した機関による公平な審査を受けるのであるから、有料であっても不思議ではない。しかし、争いの対象となっている税額が少額な場合には、事実上不服審査の申立てを断念する納税者も多いと推測される。

第五に、これまで、納税者は、異議申立てにおいて述べておいた理由に基づいてのみ、行政不服審査や裁判で争えるとされていたが、「審判所又は裁判所が別段の命令をしない限り」という留保の下に、審査機関の裁量によって、不服理由の差替えができることとなった（所得税査定法一九〇条(a)）。オーストラリアにおける理由の差替えに関する制度の展開としては、弾力化ということができる。

第六に、審判所及び裁判所を通じて、査定が過大であることの証明責任は、納税者が負うものとされている（所得税査定法一九〇条(b)）。

以上のような制度的な特色のほかに、運用面における工夫もなされている。行政審査会議の『第一二回年報（一九八七―八八）』によれば、租税不服審査部は、以前は他の部と同様に、各設置地において、統一性なしに事件を処理してきたが、一九八八年五月に、全国ベースでポール・ガーバー博士の下に、統一的な手続に従い、同一の争点を含む問題を効率的に処理し、また審判官の適正な配分を行なうこととされたという[57]。発足時から、このような建前になっていたのであるが、実際の運用面において改善を図ったということである。

また、一九八八年七月一日からは、これまで租税事件に適用されてこなかった行政不服審判所法三七条による資料提出が、長官の異議決定についても、実質的に適用されることとなった（租税行政運営法一四ZG条）。実体的事実問題に関する認定及び異議決定の理由を示す書面並びに、長官の管理下にあって、異議決定の再審査に関係を有すると判断される資料を長官が提出するものとされ、かつ、審判所が提出要求をなすことができることとなった。

かくて、所得税事件が行政不服審判所の管轄とされながら、依然として特則が用意されているということを確認しておく必要がある。

（46）　Administrative Review Council Report, No. 17, *Review of Taxation Decisions by Boards of Review*（A. G. P. S., 1983）, pp. 17–19.

（47）　Administrative Review Council Report, ibid., pp. 19–20.

（48）　Administrative Review Council Report, ibid., pp. 20–22.

（49）　Administrative Review Council Report, ibid., p. 22. 一九八二年六月三〇日現在では、第一委員会は一八ヶ月、第二委員会は二九ヶ月、第三委員会は九ヶ月であったという。

（50）　Administrative Review Council Report, ibid., p. 24. 租税法における裁量事項問題は、重要な研究テーマである。

（51）　Administrative Review Council Report, ibid., p. 24.

（52）　Administrative Review Council Report, ibid., p. 27.

（53）　このように、所得税査定法よりも租税行政運営法で定めるべきであるという意見は、委員会に提出されたパーソンズ教授の意見書に示されていた。

なお、一九八六年には、所得税査定法においても、重要な改正がなされた。その一つは、従来、異議申立期間が六〇日以内と厳格に決められていたのに対して、それ以後に異議申立書を提出して受理を求めることができることとされたことである（一八八条一項）。

（54）　Explanatory Memorandom of the Taxation Boards of Review（Transfer of Jurisdiction）Bill 1986, p. 39. 納税者の情報入手が遅れることを理由に疑問を提起する見解として、Woellner, "An Analysis of the New Taxation Appeal Process", Australian Tax Forum, vol. 4, No. 2, p. 241, at p. 256.

（55）　Woellner, ibid., at p. 260.

（56）　Woellner, ibid., at pp. 279–280.

（57）　Administrative Review Council, *Twelfth Annual Report 1987–88*（A. G. P. S., 1988）, p. 29.

五　若干の総括

1　行政不服審判所の性格と機能

行政不服審判所は、オーストラリア連邦憲法にいう司法権を行使する裁判所ではない。その意味においては、執行府の中に設置された不服審査機関である。しかしながら、それは、行政府の個々の執行部門から独立していることはもとより、総体的な執行権からも、その権限の行使に関しては、完全な独立性を有している。その独立性によって、公平な裁決を得られることに対する国民の信頼を確保せしめることができる。

すでに述べたように、行政不服審判所の審判官の任命権は、総督にあるが（総督の権限は慣行上名目的なもので、実質は法務総裁の権限）、その職からの解職については、厳しい制限がある。

まず、判事の資格を有する審判官については、審判官の職を解かれても、連邦裁判所判事たる地位を引き続き有する。判事の職を解くには、その手続が必要とされる。それ以外の審判官の解職については、同一会期に議会の両院により不品行又は欠格を理由とする解職請求がなされた場合に、総督が解職することとされている（行政不服審判所法一三条一項）。

非総括審判官（non-presidential member）については、不品行又は欠格を理由として、総督が停職の措置をとることができるが、大臣（法務総裁）は、停職後各院の七会期日以内に各院にその理由を提出しなければならない。そして、理由書提出から一五会期日以内に、各院は、当該審判官が解職されるべき旨を決議することができる（同法一三条二項～四項）。

このように、審判官の解職については、執行府（総督の権限は名目的なものであると考えられている）よりも、議会が強く関与している。要するに裁判官なみの身分保障がなされているといってよい。

そして、行政不服審判所は、所定の決定に関する不服申立てについて、訴訟よりも簡易迅速ではあるが、当事者の観念を認めた手続を経て裁決を下すことを任務としており、機能に着目するならば、「裁判所」に準ずる性格を有しているといってよい。あるいは、司法権に属しない特別の裁判所であるといってもよい(58)。その限りにおいて、大陸型の行政裁判所に似た側面を有している。しかし、行政不服審判所の裁決に不服のある場合には、連邦裁判所に出訴することによって、法律問題に関して司法審査の機会が保障されている。また、行政不服審判所を経由することなく、直ちに連邦裁判所に出訴することも許されている。したがって、簡易迅速な救済の機会を確保するという行政救済機能の基本的枠組が維持されており、審査請求前置主義におけるような、司法的行政救済を抑制するという弊害は予想されていない。

行政不服審判所において示された判断、すなわち裁決は、判例ではないが、公表されることによって、国民に対して、ある程度の予測を与えるなどの機能を発揮している。

2　行政不服審判所のメリット及び問題点

総合的行政不服審判所の最大のメリットは、不服申立事件処理の効率化という点にあると思われる。年に僅かな件数の事件が発生するにすぎない分野において、常設的な不服審査機関を準備しておくことは必ずしも効率的ではない。審判官の配置についても弾力性・機動性を認めることによって、効率的に運営することが意図されている。

反対に、原決定をなす行政機関（その監督行政機関を含む）と切断したことにより、独立性が確保されるものの、個々の行政分野に関する専門的判断を適切かつ迅速に下すことに関しては、多分に問題があることを否定できない(59)。そのことの帰結として、行政不服審判所の発足にあたり期待されていた裁量決定に対する判断が適切になされうるのかという問題が出てくる。そして、「政策」判断をめぐる原決定機関（原処分庁）との対立の発生の可能性は、この制度が必然的に内包している問題点である。また逆に、事実上、行政経験者を審判官に登用することを優先するならば、独立性が、ある程度犠牲にされるであろう。

以上のような問題の存在にもかかわらず、行政不服審判所制度は、行政不服審査の一つの形態として、きわめて注目されるものであり、日本における今後の制度改革にあたっても、参考にされるべき面を多々含んでいると考えられる（それは、単に単一の総合的審査機関を設置するという発想に関してのみならず、従来の、たとえば国税不服審判所のような審査機関について、その独立性を高める方向を目指す場合においても参考となろう）。

すでに述べたように、オーストラリアにおいては、連邦憲法七一条により連邦の司法権が高等法院及び議会の設置する連邦の裁判所のみに属せしめられているため、行政不服審判所設置の合憲性について疑義が提起されたが、日本においては、行政機関が前審として裁判をなすことは禁止されていない。そして、最近、南博方教授は、日本公法学会の総会報告において、「活動行政機関からの独立性と公開対審構造」を特色とし、一般的行政事項について「前審的司法権」を行使する単一の機関の設置を提案された[60]。この提案に対して、学界は未だ必ずしも積極的な反応を示しているようにはみえないが、本稿において紹介したオーストラリアの行政不服審判所は、まさに、そのような機関の一例として、注意深く見守られるに値すると思われる。

3　残された検討課題

本稿において、行政不服審判所法施行後に同法の解釈をめぐって争われた問題点についても検討する予定であったが、すでに紙数も尽きてしまった。当・不当の問題について、行政不服審判所という独立の機関が独自に判断するだけに、前述のように、原決定の所管行政機関との間に、「政策」をめぐる対立を生ずることが多い。したがって、行政不服審判所の判断権の範囲ないしは限界という問題を避けて通ることができない。また、審理手続に関する細部の問題についても検討する必要がある。

制度論の展開にあたっては、設置後一〇年以上を経て、行政不服審判所がどのように評価されているかという点も検証しなければならない。軽々に判断するわけにはいかないが、州レベルにおいて、ヴィクトリア州が一九八四年の法律で、連邦と同様の行政不服審判所を設置したこと(61)、及び、租税事件の行政不服審判所への移管の事実によって、ある程度積極的な評価を得ているとみてよいと思われる。ただし、大量的で、かつ専門技術性の高い租税事件が、真に適切に処理されうるのかについては、もう少し永い期間にわたり見守ってから判断する必要があろう。

以上のような側面については、別に機会を得て、改めて検討したい。

(58) イギリスにおける Administrative Tribunal について、「行政裁判所」ないし「行政的裁判所」と訳出している例（利光大一「イギリス裁判機構における行政裁判所の組織とその司法的役割」愛知大学法学研究一五巻二号（昭和四六年）四七頁、山本正太郎『英国行政法の研究』（弘文堂、昭和四四年）九八頁）がある。また、伊藤正己＝田島裕『英米法』（筑摩書房、昭和六〇年）一九六頁以下も、Tribunal を「特別裁判所」として、裁判所制度の中に位置づけている。山田幸男『行政法の展開と市民法』（有斐閣、昭和三六年）八〇頁も、administrative tribunals を「行政特別裁判所」と訳出している。なお、"court" 及び "the court" との関係において、"tribunal" の意味を探究しようとした文献として、下山瑛二「イギリス法における『審判所』制度研究序説」内田力蔵先生古稀記念『現代イギリス法』（成文堂、昭和五四年）一頁がある。

さらに、比較的最近の文献として、桜井昭平・前掲注（25）一三九頁、一四九頁がある。

(59) カナダにおける行政法研究者は、オーストラリアの行政不服審判所について、個別事件に関する専門知識の欠如、過度に司法的な手続による行政過程の阻害、司法審査やオンブズマンの権限との不必要な競合等の欠点があるとして、消極的な評価を下しているようである。D. P. Jones & A. S. de Villars, *Principles of Administrative Law* (Carswell, 1985), p. 344. 同書は、D. J. Mullan, "Alternative to Judicial Review of Administrative Action—The Commonwealth of Australia's Administrative Appeals Tribu-

nal", in *Judicial Review of Administrative Rulings* (Les Editions Yvon Blais, Inc., 1983), p. 441を引用している。しかし、本稿の執筆にあたり、参照することができなかった。

(60) 南博方「司法と行政——前審的司法権と終審的司法権」公法研究四六号（昭和五九年）一頁。（※同『紛争の行政解決手法』（有斐閣、平成五年）一四頁所収。）

(61) Sykes et al., *General Principles of Administrative Law*, 3rd ed. (Butterworths, 1989), p. 372.

第二章　総合的行政不服審判所の構想

一　はじめに

私は、一九九〇年にオーストラリアの連邦に設置されている「行政不服審判所（Administrative Appeals Tribunal）」という総合的行政不服審判所について紹介し、そのメリット及び問題点等について、若干の考察を行なう機会をもった。(1) それから約一〇年を経た現在、オーストラリアを含む若干の国において、総合的行政不服審判所の設置ないし「総合化」の拡充への動きがみられる。(2) また、アメリカ合衆国の州のレベルで、行政法判事（Administrative Law Judge）を、各行政機関ごとに設置するのではなく、集中して設置する「集中審判団（central panel）」方式が、急速に広まっており、その機能は、一種の総合的行政不服審判所と位置づけることも可能と思われる。しかも、日本の行政法学界においても、通常行政から分離された行政不服審判所設置の主張がみられるようになった(3)。これらの動きを踏まえて、日本における総合的行政不服審判所の具体的な構想を提示してみたいというのが、本稿執筆の動機である。私の研究のきっかけがオーストラリアであったので、本稿においても、まず、オーストラリアにおける展開をたどったうえで、アメリカ合衆国の動きにも言及しつつ、「あるべき姿」を提示してみたいと思う。

(1)　碓井光明「オーストラリアの総合的行政不服審判所に関する一考察」雄川一郎先生献呈論集『行政法の諸問題 中』（有斐閣、平成二年）八七頁。

(2)　韓国は、一九八五年施行の行政審判法により議決機関としての行政審判委員会の議決に従って裁決庁が裁決する方式を採用した。一九九六年施行の改正法の下においては、中央行政機関の長及びその下にある行政機関の行なった処分については、国務総理行政審判委員会、市・道所属の行政機関の行なった処分については、各市・道におかれる行政審判委員会の審理・議決を経ることとされている。尹龍澤「韓国の行政審判法―解説と全訳―」創価法学二八巻一号（平成一〇年）一九五頁。同『韓国行政審判制度の研究』（創価大学アジア研究所、平成八年）をも参照。

(3)　南博方「行政上の紛争解決制度――行政審判庁構想の実現を目指して」山田二郎先生古稀記念『税法の課題と超克』（信山社、平成一二年）六七三頁。

二　オーストラリアにおける動き

1　州等における総合的行政不服審判所の設置

オーストラリアの連邦の行政不服審判所は、一九七五年に設置されたが、州等のレベルにおいても、総合的行政不服審判所が設置されてきた。[4] 特に、六州のうち、ヴィクトリア及びニューサウスウェールズという人口集中の二大州において採用されていることの意味は大きいといわなければならない。

(1) ヴィクトリア州

まず、ヴィクトリア州は、他の州に先がけて、Administrative Appeals Tribunal Act 1984を制定した。[5] 連邦と同様に、行政不服審判所という名称が用いられた。

まず、その構成等は、次の通りである。

その所長は、County Courtの判事であることが要件とされ、また、副所長は、同裁判所の判事又はそれに任命される資格を有する者でなければならない。所長、副所長以外のメンバーについては、五年を下回らない期間にわたり法律実務の経験を有する者、又は審判所の権限行使に際してなされる決定について特別の知識と熟練を有する者でなければならない（七条）。ここには、法律実務に通じている者と、個別の分野の専門的知識・経験を有する者という、二つのグループのメンバーが想定されている。

審判所の権限は、部によって行使することとされ、最終的には、一般部、租税部、計画部、土地評価部からなっていた（一九条）。計画部のメンバーは、個別事件ごとに所長により五人以内の審判官が選ばれる（二〇A条）。土地評価部のメンバーは、個別事件ごとに、所長により一ないし三人の審判官が選任される（二〇B条）。それ以外の事件に関しては、所長、副所長若しくは法律家の審判官及び所長の判断により他の審判官を加えることができる（二一条）。

次に、どのような決定について、誰が、どのように、この審判所に申し立てることができるかどうかは、原則として、すべて個別の法律に委ねる方法が採用された（二五条一項）。もっとも、一般的には、審判所は原決定者に付与されているすべての権限と裁量権を行使できることを定め、さらに、決定の確認、変更、取消し（取消しとともに自ら決定を行ない又は審判所の指示若しくは勧告に従って再検討するよう差し戻すこと）が可能であるとしている（二五条二項）。これは、審判所の審査が後に述べる merit review であることを示している(6)。

審判所への請求の適格に関して、「決定によりその利益が影響を受ける者」という限定をしたうえ（二七条一項）、決定により利益を受けるかどうかに関する問題は、審判所により判断され、ある者の利益が決定により影響される旨の審判所の判断は最終的（conclusive）なものとされる（二八条）。

その後、Victorian Civil and Administrative Tribunal Act 1998 の制定によって、審判所の名称が変わるとともに、管轄が拡大された。名称に示されているように、民事部（Civil Division）と行政部（Administrative Division）とに大別される。さらに、それぞれの部は、複数の班（List）に区分されている。

民事部の班は、次の通りである。

反差別班（Anti-Discrimination List）は、機会均等法（Equal Opportunity Act 1995）違反事件を扱う。民事請求班（Civil Claims List）は、少額請求法（Small Claims Act 1973）の事件を中心に、自動車取引業者法（Motor Car Traders Act 1986）、信用法（Credit Act 1984）及び消費者信用法（Consumer Credit Act 1995）の一部の事件を扱う。信用班（Credit List）は、信用法及び消費者信用法の事件を扱う。住宅用家屋班（Domestic Building List）は、家屋所有者、建築業者、保険業者、設計者その他の住宅用家屋に係る利害関係者間の紛争を扱う。後見班（Guardian List）は、自己の置かれている状況や財産に関して合理的な決定をすることのできない成人を保護するための手続を処理する。不動産班（Real Property List）は、流水に関する損害や紛争、不動産代理業者の報酬に関する事件等を扱う。居住用賃借権班（Residential Tenancies List）は、居住用賃借権法（Residential Tenancies Act 1997）による当事者間の紛争等を扱う。小売用賃借権班（Retail Tenancies List）は、小売用賃借権改革法（Retail Tenancies Reform Act 1998）による当事者間の紛争を扱う。

以上のように、民事部は、多様な事件を扱っている。そして、その機能は、日本における簡易裁判所や家庭裁判所における事件処理に似た内容のものが多い。もちろん、日本において建設工事紛争審査会において扱われる事件に相当するものも含まれている。

行政部は、従来の部を引き継ぐ、一般班、土地評価班、計画班、租税班のほか、新たに加えられた、職業・事業規制班（Occupational and Business Regulation List）から構成されている。それは、不動産代理業法、酒類規制改革法、医療法、売春規制法等による規制に関する事件を扱う。

このように、民事部と行政部とからなる新審判所は、単に行政不服審判所の総合化の意味のみならず、裁判所制度の合理化とも関連した、大きな改革であった。すなわち、紛争処理制度の側面からみた場合には、新審判所は、いわゆるＡＤＲのシステムであるとみることもできる。

同法は、本則部分が一六一条にも及ぶ大法典である。

まず、構成についてみよう。

所長は、大臣が、州最高裁判所長官と協議のうえ最高裁判所判事の中から任命する。副所長（複数）は、大臣が、最高裁判所長官と協議のうえCounty Courtの判事の中から任命する。所長代理（Deputy President）（複数）は、ヴィクトリア州において五年以上法律実務の経験を有することが資格とされる。そのほか、上級審判官、通常審判官が任命される（一二条以下）。

審判所の権限は、オリジナル権限と審査権限とに分かれる。前者は、法律が当該権限を付与している場合、法律が審判所に照会することを認めている場合等において認められ、本法のほかは、すべて授権する法律の定めるところによる（四三条、四四条）。法は、主として審査権限について規定している。

審判所は、個別手続ごとに、所長の判断により、一ないし五名の審判官により構成される。規模が弾力的にできている点に特色がある。審理に関して多数の規定が用意されているが、審判所は、当事者の申立て若しくは職権により、所長の同意を得て、法律問題に関して、最高裁判所の審理部若しくは控訴院に判断を求めることができる（いわゆる付託）点が注目される（九六条）。また、審理の方法が、電話等の通信手段を用いること、当事者の同意により書面のみによることもできることなど、きわめて弾力的である（一〇〇条）。審理は公開が原則であるが、職権若しくは当事者の申立てにより、非公開で行なうこともできる（一〇一条）。

審判所の命令に対して、法律問題に関しては、審判に所長若しくは副所長が加わった場合には控訴院に、また、その他の場合には審理部に、それぞれ許可を条件として不服を申し立てることができる（一四八条）。

(2)　ＡＣＴ

次いで、連邦直轄地（したがって州ではない）で首都のＡＣＴ（Australia Capital Territory）についても、Administrative Appeals Tribunal Act 1989を制定して、ほぼ同様の構成からなる審判所が設置された。部は、一般部、土地・計画部のほか、規則により創設することも可能とされている（一七条一項）。次のような点が注目される。

まず第一に、連邦の行政不服審判所長が同意する場合は、同審判所のメンバーをＡＣＴ行政不服審判所の審判官として任命できるとされている（五条四項）。この点について、キャンベラのあるＡＣＴが連邦の直轄地であって州ではないという法律状態が影響しているのか、あるいは、単なる政府間の協力関係とみるかは、見方が分かれるであろうが、前者の理由とみるのが自然であろう。ＡＣＴが小規模であることに配慮する必要性が背景にあることはいうまでもない。

第二に、法律問題に関して、審判所の職権により又は当事者の申立てにより（ただし、主任審判官が主任を務める合議体の場合には主任審判官の同意、その他の場合は所長の同意を要する）、ＡＣＴ最高裁判所（Supreme Court）への付託が認められる（四八条一項）。法律問題に関して、裁判所の判断を仰ぐ趣旨である。

(3) ニューサウスウェールズ州

ニューサウスウェールズ州においては、法改革委員会が一九七二年に「行政における不服申立て」という報告書において総合的行政不服審判所の設置を提案し、一九七三年には「行政審判所及び行政官からの不服申立権に関する報告」において、簡易、安価で迅速に争うことができ、かつ公正・公平で可能な限りオープンな手続とすべきであると勧告したが、永らく放置されてきた。しかし、同州も、一九九七年に、Administrative Decisions Tribunal Act 1997 を制定した。前記の勧告を引き継いで、決定の妥当性に関する行政上の不服申立制度を整えて、不服が自然的正義の原則に則ってオープンで利用しやすい場で審査されることを確保しようとするものであった(7)。

行政決定審判所は、所長（President）、副所長（Deputy Presidents）、所長・副所長以外の非総括司法官（non-presidential judicial members）及び非司法官（non-judicial members）から構成される（一一条）。所長・副所長は、総督により任命される。その他のメンバーは、大臣により任命される。所長は、常勤であるが、その他のメンバーは、常勤でも非常勤でもよい（一三条）。一九九八年改正により、所長は地区裁判所裁判官に限定された（一七条一項）。専門的な知識・経験を有する審判補佐人（assessor）を置くこともできる（二九条以下）。

審判所は、次の五つの部からなる。コミュニティーサービス部、機会均等部、一般部、法的サービス部及び小売賃貸部である（一九条一項・付表一）。それぞれの部の構成と職務は、以下のとおりである（付表二）。

コミュニティーサービス部は、部長及びその他最低四名のメンバーからなる。この部は、Community Services (Complaints, Reviews and Monitoring) Act 1993 及び Youth and Community Services Act 1973 に関する事件を扱う。

機会均等部は、部長及びこの法律により若しくはこの法律に基づき割り当てられるその他のメンバーから成る。この部は、Anti-Discrimination Act 1977 に関する事件を所管する。

法的サービス部は、部長及びその他のメンバーから成ることにおいては、他の部と共通であるが、それぞれ特別の要件が定められている。部長に任命される副所長は、法廷弁護士（barrister）若しくは事務弁護士（solicitor）のうちから任命されるが、その任命に関し Bar Council 及び Law Society Council に協議したことを大臣が通知した後に任命されなければならない。その他のメンバーについては、次のような要件が付されている。

①少なくとも二名の法廷弁護士で、その配属について大臣が Bar Council との協議を経た者、②少なくとも二名の事務弁護士で、その配属について大臣が Law Society Council との協議を経た者、③少なくとも二名の非法律実務家で、必ずその配属について大臣が Legal Aid Commission、Law Foundation その他大臣が適当と認める機関と協議を経た者、④少なくとも一名の非司法職の者（Conveyancers Licensing Act 1995 に基づくライセンスを保有し、かつ Property Services Council と協議の後大臣により任命された者で、そのライセンスが Conveyancers Licensing Act 1995 のいかなる条件も受けないもの）。

法的サービス部の職務は、Conveyancers Licensing Act 1995、Legal Profession Act 1987 及び Public Notaries Act 1997 に関する事件の処理である。

小売賃貸部は、部長のほか、最高裁若しくは連邦裁判所の裁判官の退官者又は同等の経験若しくは資格を有する者少なくとも一名、小売店舗の賃貸人若しくはその代理人としての経験を有する者最低一名、小売店舗の賃借人若しくはその代理人としての経験を有する者最低一名から構成される。賃貸人・賃借人双方の経験者を含めることを要求している点に特色がある。この部は、小売賃貸法の事件を扱う。

一般部は、部長のほか、規則で定めるメンバーで構成される。この部は、Boxing and Wrestling Control Act 1986、Education Reform Act 1990、Freedom of Information Act 1989、Local Government Act 1993、Ombudsman Act 1974、Public Health Act 1991、Veterinary Surgeons Act 1986 の各法律の事件を扱うこととされている。まさに general な事項を扱うことが予定されている。

審判所の決定が出された後の手続は、法律が再審査パネル（Appeal Panel）への審査申立てを許容している裁決に関しては、再審査パネルへの審査申立てがなされ得る（一一二条以下）。再審査パネルは、所長が三名以上のメンバーで組織する。再審査パネルは、職権若しくは申立てにより、法律問題に関して最高裁判所に付託することができる（一一八条）。

再審査パネルの裁決に対して不服のある当事者は、最高裁判所に訴えを提起することができる（一一九条）。

以上の仕組みから、行政決定審判所は、私人間の紛争に係る行政決定の多くをも審査の対象にしていることがわかる。それは、広範な「行政決定」の存在を前提にした審判所である。そして、ここでも、審判所がＡＤＲの役割を果たしている。

2　連邦における「総合化」の動き

(1)　行政審査会議の一九九五年報告書

一九七五年に設立された連邦の「行政不服審判所（Administrative Appeals Tribunal）は、その後一九八六年に、租税不服審査部を設けて、租税に関する不服をも管轄することになり、より一層「総合的」行政不服審判所の実体を備えるようになった。しかし、依然として、社会保障不服審判所等の主要な不服審判所は、個別の組織として存続した。

こうした状況に対して、一九九五年に、行政審査会議（Administrative Review Council）は、行政不服審判所の制度等に関する重要な報告書を政府に提出した。それが「よりよき決定：連邦妥当性審査審判所の見直し（Better Decisions: Review of Commonwealth Merits Review Tribunals）」（報告書三九号）[8]である。総合的行政不服審判所の考察ならびにその制度的基礎の認識のために不可欠の資料である。

調査検討の背景について、連邦の行政法システムは、世界のリーダーとして広く認められてきたが、その理由の一つは、行政決定により影響を受ける人々に、merits review を通じて一般に実効的とみられる広く利用可能な救済方式を提供していることにあるとして、高い評価を与えながら、審判所の制度が首尾一貫したものになっていないという認識にあることを示している。(9) すなわち、審判所ごとに制度がまちまちであることに問題を感じて、検討が開始されたというのである。

まず、merits review の定義をしている。このキーワードを日本語に訳すのが難しいが、「妥当性審査」と訳しておこう。それは、原決定者の立場に立って不服を審査することを指している。すなわち、「妥当性審査とは、政府の行政的決定が『妥当性に関して』審査される手続、すなわち、原決定の事実、法及び政策の側面がすべて新たに（afresh）再検討され、原決定を確認し、変更し若しくは斥ける新たな決定がなされる手続である。妥当性審査は、原決定者の決定に対する審査人若しくは審査機関の決定の代置の可能性によって特色づけられる(10)」。したがって、違法性の審査のみならず、当然のことながら、いわゆる「当・不当」の審査も行なわれるのである。

（※【補記】　妥当性審査は、ＡＡＴ法に登場している用語ではないし、カー報告書に含まれていたわけでもなく、ＡＡＴ自体によってその定義が形成されてきたものであるとされる。そして、法律上の根拠としては、ＡＡＴ法四三条一項が、決定の審査に当たって、「審判所は、決定をした者に法令により付与されているあらゆる権限と裁量を行使することができる」と定めていることが挙げられている。不成立となった Administrative Review Tribunal Bill 2000 の一三三条一項にも、全く同趣旨の規定が置かれている。このような審判所の立場をもって、原決定者の「立場に立っている（stands in the shoe）」と表現することが広まっている。この表現は、Nation v. Repatriation Commission（No. 2）（1994）37ALD 63 at 68 に登場したとされる。*）

次に、この報告書で検討される妥当性審査は、内部審査ではなく、外部審査、すなわち原決定機関に対して外部の機関によりなされる審査であることが確認される。その「外部（external）」たる意味は、審査機関が、できるだけ原決定の機関から「独立して（independently）」裁決し、若しくはそのように見えることを確実にするために、原決定機関との間に、ある程度の独立当事者間の距離をおいて（at some degree of arm's length）審判所が設置されることであるとする。(11)

妥当性審査制度の目的に関して、この報告書は、政府の行政決定のすべてが正しくかつ望ましいもの（correct and preferable）になることを確保することであるとする。さらに、妥当性審査の利益を受ける者は審査を求める権利を知らされ、その権利を行使しうる地位に置かれること、及びすべての機関の決定が改善されることをも意味するとする。(12)

他方、しばしば主張される独立性、首尾一貫性及び効率性に関しては、妥当性審査制度自体の目的ではないとする。(13)しかしながら、すべての不服審査審判所の制定法におくべき目的として、「公平、公正、経済的で、形式にとらわれず、かつ迅速な（fair, just, economical, informal and quick）」審査制度の構築であるとしている（「勧告3」）。(14)審判所と裁判所との関係について、連邦における権力分立原則を確認して、不服審判所は、裁判所制度の延長ではなく、あくまでも執行府の一部であることが強調されている。(15)

本稿との関係における最も重要な勧告は、従来の行政不服審判所と他の個別的審判所とを統合して、「行政審査審判所（Administrative Review Tribunal）」という単一の新たな審判所にすることである。それぞれの不服審査は、それぞれの部（Division）によって実施され、それらの部の決定は、審判所長の承認のもとに、再審査パネル（Review Panel）によって再審査される。統合する理由は、より独立性を高め、機関の意思決定の改善、接近の改善・経済的効率性の達成にあるとしている。(16)複数の部を設ける理由は、従来の専門の審判所の有している事案の類型に応じた適切かつ適合した決定手続という利点を活かしつつ、より統合された制度の利点をも得ようとするものであるとしている[17]。そして、次のような部の設置を提案した。

福祉権部（Welfare Rights Division）は、現在の社会保障不服審判所の管轄する不服を扱う。退役軍人給付部（Veterans' Payments Division）は、現在の退役軍人審判所の管轄をそのまま引き継ぐ部である。移民部（Migration Division）は、現在の移民審査審判所（Immigration Review Tribunal）と難民審査審判所（Refugee Review Tribunal）の管轄を統合するものである。商事・基幹租税部（Commercial and Major Taxation Division）の扱う不服は、複雑な事実問題・法律問題を含んでおり、一般に、より対審的な方法が相応しいと考えられる。他方、少額租税不服部（Small Taxation Claims Division）は、より簡単で少額の租税不服を扱い、より対審的でない仕組みが相応しく、提案中の少額租税不服部と同様の管轄とするものである。安全保障部（Security Division）は、安全問題の微妙さ並びにその決定に要求される特別の安全確保及び秘密保持の手続に基づき独立に設置される部で、提案中の安全保障不服部（Security Appeals Division）と同様の管轄とする。一般部（General Division）は、以上のどれにも含まれていない不服を扱う部である。各部は、一般的な最小限の基準と審判所長のガイドラインに従って、それぞれの部の特性に応じた手続を採用する。

本報告の特色の一つは、審査パネルの設置である。審査パネルは、一般的な原則に係わる事案又は異常に複雑な事案で、部の判断に先だってパネルにおいて扱うのが相当なものを扱うとしている。

ところで、この報告後に、既存の行政不服審判所租税審査部の中に、五千ドル未満の少額租税事件及び租税異議申立て（taxation objection）の期間延長に関する国税庁の決定の審査を扱う「少額租税請求審判所」が設置された（二四ＡＣ条）。報告のうちの一部分が先行して制度化されたわけである。

(2) **法改革委員会の勧告（二〇〇〇年）**

こうした動きに触発されて、連邦の法改革委員会（The Australian Law Reform Commission）も、二〇〇〇年二月に公表した報告書Managing Justice: A Review of the Federal Civil Justice Systemの中において、連邦の妥当性審査審判所についても検討し勧告を行なった。その内容は、必ずしも本稿に関係するわけではないが、運営に係わる重要な提案がなされている。

まず、審判所は、執行府の部門に属し、司法ではなく、行政的な決定及び紛争解決手続を行なうものであることが強調される。それは、全証拠を考慮して正しく望ましい決定をなし、それらの決定が関係法律に適合することを確保しようとするものであるとする。申立人と政府機関との間に必ずしも利害対立が存するわけではなく、合法性、公平性、公開性、参加及び合理性を促進する審査制度を構築しようとするものであるとする見解を紹介して、多元主義及び参加的民主主義（pluralist and participatory democracy）に適合するものであるとする。

委員会は、審判所手続の行政的及び調査的な性格が、立法及び運用において、より強調されるべきであるとする。そして、省庁との間の協力的な研修及び作業に関する取決めは必要であるが、そのことが事案に応じた意思決定を妨げ、または、審判所の独立性を弱めることのないようにすることを特に強調している。

数多くの勧告をしているが、審判所の公正性・公平性を損なうことなく、効率的で迅速な事件処理を行なうことを可能にする仕組みを提案した(18)。

(3)　「**行政審査審判所法案**」

行政審査会議の報告書に基づく立法化は、二〇〇〇年になって漸く進められることになった。Administrative Review Tribunal Bill 2000として、法案が議会に提出された。一九四条に及ぶ大きな法案である。

まず、前記報告書を受けて、新審判所には、商事・一般部、移民・難民部、所得支援部、租税部、退役軍人補償部、勤労者補償部、及びその他規則で定める部を置くとしている（一一条）。本稿の目的からすれば、何よりも、このように多数の領域を管轄する審判所であることに注目しておきたい。従前の行政不服審判所、社会保障不服審判所、移民審査審判所及び難民審判所を統合しようとするものである。この統合は、情報の共有を最大化し、現在の最良の実務の発展を促進すること、より能率的な審査構造と手続が採用されることを可能にすること、資源を合理化し効率性を生み出すことを目的としているという。[19] 従来、社会保障不服審判所の裁決に関しては、行政不服審判所に審査を請求することができたが、この改革によれば、直接に行政審査審判所に事件が持ち出されることになる。

次に、この法案によれば、新審判所における審査には、第一段階審査（first-tier review）と第二段階審査（second-tier review）とが用意される。前者は、従来からの審査で、原決定に対して、利益の影響を受ける者が審判所に審査を請求することにより行なわれる審査である。後者は、第一段階審査の裁決を受けた者（原決定者を含む）の申立てにより、許可（leave）によって審査が開始される。

第一段階審査の裁決若しくは第二段階審査の裁決について、当事者は連邦裁判所に訴えを提起することができる（一六七条）。連邦裁判所は、当事者の申立て又は職権により、事件を Magistrates Court に移送することができる。さらに、一定の場合には、移送が義務づけられる（一七〇条）。これとは別に、審判所は、法律問題に関して、連邦裁判所に付託をなすことができる（一七二条）。

なお、審査申請には、免除されない限り、手数料を必要とする（一四三条）。審査申請手数料は、旧法二九Ａ条を引き継ぐものであり、ヴィクトリア州やニューサウスウェールズ州の審判所にも共通である。

提案理由書によれば、審判所の費用は、最終的には、「審判所から審査サービスを購入するであろう省庁の経常経費によって完全に賄われるであろう」とされている。[20] 省庁による「審査サービスの購入」という捉え方が、いかにもアングロサクソン系の国らしいという印象を受ける。

同法案は、二〇〇〇年七月に議会に提出されたが、二〇〇一年二月時点においては未だ成立していない。成立するとしても、ある程度の修正は避けられないようである。

（※　結局、この法律は成立に至らなかった。）

（4）　州等の動きについては、次の文献を参照。Peter Johnston, "Recent Developments concerning Tribunals in Australia", 24 Fed. Law Rev. 323 (1996) ; Jill Anderson, "Merits Review in the States and Territories: Developments and Dilenmas", John McMillan ed., *The AAT Twenty Years Forward* (Australian Institute of Administrative Law Inc., 1998), p. 262; Rachel Bacon, "Tribunals in Australia—Recent Developments", 7 Australian J. of Administrative Law 69 (2000).

（5）　Adrion Robbins, *Administrative Tribunals in Victoria* (Victoria Law Foundation, 1982) によれば、一九六七―六八年の Victorian Statute Law Revision Committee が Administrative Appeals Tribunal の設置を提案したが、受け容れられなかったという (p. 197)。同書は、裁判官と適切な経験を有する者とを選任することにより裁判所システムの欠陥を是正することを提案した (pp. 203-204)。

（6）　この考え方は、Adrion Robbins, op. cit., 204 に示されていた。

（7）　Second reading speech by Mr. Whelan in NSW Legislative Assembly on 29 May 1997.

（8）　Administrative Review Council, *Better Decisions: Review of Commonwealth Merits Review Tribunals* (Report No. 39 (1995)) (=to be cited hereafter "*Better Decisions*").

（9）　*Better Decisions*, p. 2.

（10）　*Better Decisions*, p. 9. 鈴木庸夫「アカウンタビリティと行政法理論」園部逸夫先生古稀記念『憲法裁判と行政訴訟』（有斐閣、平成一一年）六一九頁、六三五頁は、merits review を「適正審査」と訳している。妥当性審査と司法審査との違いについて、Peter Cane, "Merits Review and Judicial Review—The AAT as Trojan Horse", 28 Fed. Law Rev. 213 (2000) を参照。行政不服審判所が、妥当性審査としてどこまで政策に立ち入ることができるかが一つの争点とされてきた。Jennifer M. Sharpe, *The Administrative Appeals Tribunal and Policy Review* (Law Books Company, 1986) ; Ian Thompson & Moira Paterson, "Federal Administrative Appeals Tribunal and Policy Review", 2 Public Law Rev. 243 (1991) ; Margaret Allars, *Australian Administrative Law* (Butterworths, 1997), pp. 370-373; John McMillan, "Review of Government Policy by Administrative Tribunals", in Center for

International and Public Law, *Commonwealth Tribunals: The Ambit of Review* (Law and Policy Paper No. 9 (1991)), p. 27.

（＊　以上について、Robin Creyke, "Administrative tribunals" in Matthew Groves & H. P. Lee (eds.), *Australian Administrative Law* (Cambridge, 2007) 77 at pp. 83–86 を参照。）

(11)　*Better Decisions*, p. 9.

(12)　*Better Decisions*, p. 11. この報告書が、「正しくかつ望ましい（correct and preferable）」としている点について、事実及び法の誤りに関しては「正しい」という基準が使われ、裁量の行使若しくは政策に関しては「望ましい」の基準が用いられるのであるから、確立された判例（Drake v. Minister for Immigration and Ethnic Affairs, (1979) 2 ALD 60）に従い、correct or preferable とすべきであるという批判がある（Robin Creyke, "The Criteria and Standards for Merit Review by Administrative Tribunals", in Center for International and Public Law, *Commonwealth Tribunals: The Ambit of Review* (Law and Policy Paper No. 9 (1998)), p. 1, at pp. 12–13）。

(13)　*Better Decisions*, p. 11.

(14)　*Better Decisions*, p. 16.

(15)　*Better Decisions*, p. 17. もっとも、そこでは、最近の High Court の判決として、Brandy v. Human Rights and Equal Opportunity Commission, (1995) 127 ALR 1 が引かれている。同判決は、一九七五年の人種差別法が、被上告人委員会の決定が連邦裁判所への登録によって執行される旨を規定していることは同委員会に連邦司法権を行使することを要求するものであるとして、違憲としたものである。その場合に、権力分立は、作用の性質による分立ではなく、組織的分立が強く意識されていたのかもしれない。したがって、報告書も、作用の性質による権力分立観を示しているとはいえないであろう。

(16)　*Better Decisions*, p. 142.

(17)　*Better Decisions*, p. 144.

(18)　主要な内容は、次の通りである。

第一に、連邦の審判所は、限られた期間内に審判所組織全体で効率よく処理する基準を設定し、その見直しをすべきである。ただし、不公正な妥当性審査の結果、司法審査の申立てが増えることのないように配慮しなければならない。完全な口頭審理のみならず、断続的な聴聞、書面など適切な方法が用いられるべきである（勧告一一八）。第二に、新行政審判所は、すべての種類の事件について合議制の審判団を許容することとし、特別に複雑であるとか、専門家を要するとか、審判官の育成に意味があるなどの場合に、所長又は部の上席審判官の裁量により決定すべきである（勧告一一九）。第三に、新行政審判所は、ガイドラインを発し、審判官は、申立人が依拠している事実のうち、決定のために必要な事実に関する認定で、かつ、審判所が当該事実を調査することが実行可能である場合に、関係事実を調査すべきこととすべきである（勧告一二〇）。第四に、連邦法務総裁は、連邦審判所手続の遂行に当たる機関又はその代理人は審判所が決定に至ることに協力する義務を負うことを、Judiciary Act 1903 に基づく命令の中で明確にすべきである（勧告一二一）。第五に、特定の事案に関し、審査を申し立てられている機関が調査に関し審判所に協力するための接触と情報伝達に関する両者の取決めと手続を開発すべきである。ただし、それは、審判所の独立性の要請に合致するものでなければならない（勧告一二二）。第六に、審判所の裁量により、審判官が適切かつ有用と考えるときには、申立人の総代を通じて聴聞に出ることができるよう、立法及び運用指令により定めるべきである（勧告一二三）。第七に、行政不服審判所は、すべての審査事件について事件処理の期間を短縮し指示に従う風土を醸成する運営手続を開発すべきである。第八に、連邦協議書記官（conference registrars）は、手続事項に関し指示を発することのできる制定法上の権限を有するべきである（勧告一二五）。第九に、新行政審判所は、単一の運営要領によるべきではなく、既存の特別審判所において実効があり成功したものを含めて、異なる審査管轄ごとに調整された実務と手続を用いるべきである（勧告一二七）。第一〇に、事件について当事者に一人の専門家（expert）を利用することに合意するよう求めることのできる権限を審判所に認めることを立法により明らかにすべきである。その場合に、追加的な専門家の証拠は例外的にのみ許容すべきである（勧告一三四）。

(19)　Explanatory Memorandum to Administrative Review Tribunal Bill 2000, p. 1.

(20)　Explanatory Memorandum to Administrative Review Tribunal Bill 2000, p. 3. この点については、経費を負担する省庁に気兼ねして公正・公平な判断がなされない虞があるという批判がある（二〇〇〇年一二月六日の下院における Morris 議員の発言）。

三　アメリカ合衆国の州における集中審判団

1　集中審判団

アメリカ合衆国においては、行政機関（administrative agency）の規則制定及び裁定について、聴聞や法的判断を専門的な知識を備えた行政法判事（Administrative Law Judge）に行なわせる方式が広まっている。もともと、行政法判事は、個別の行政機関の中に置かれるのが一般的であったが、一九四五年のカリフォルニア州の California Administrative Practice Act が、はじめて行政法判事の任用と配置を行なう機関を設ける集中方式を採用し、それが、他の州にも次第に広まったとされる。集中方式における審判機関を「集中審判団（central panel）」と呼ぶのが一般的である。この制度について、宇賀克也教授による極めて詳細な紹介と検討がなされており[21]、本稿が付け加えるべきことは、ほとんどない。若干の点を指摘したい。

第一に、集中方式を採用する州は、一九八九年には一〇州であったが[22]、それから一〇年が経過した一九九九年には全米の半分の二五州に達している模様である[23]。その急速な広がりに注目しないわけにはいかない。

第二に、連邦や自治体における動きはどうであろうか。連邦に関し、種々の議論はなされてきたが、集中方式を採用するには至っていない。州において半数が採用しているので多いといえば多いが、逆に半数は採用していないわけであるから、連邦が踏み切らないとしても不思議はない。しかし、それ以上に、集中方式を採用するのに適した事件管轄の規模・性質があるのかもしれない。

他方、自治体のレベルにおいても、ニューヨーク市が一九七九年に設置したのをはじめ、大都市においては設立されている例があるという[24]。同市は、市長の下に、「行政審判・聴聞局（The Office of Administrative Trials and Hearings)」を設置して、行政紛争の処理等に当たっている。

第三に、最も純粋の集中審判団の特色はどこにあるのであろうか。それは、行政機関から分離して設置され、かつ、完全に独立して活動する審判団であるとされる[25]。その主たる狙いは、独立性、公正性・公平性（あるいは公正・公平らしさ）、それによる市民の信頼の確保にあるといってよいが、人的・物的・金銭的な資源の効率的利用、専門的機関性などのメリットも期待されている[26]。この独立性、公正性・公平性に関する限り、オーストラリアと共通の存在意義が見出される。

2　集中審判団の類型

ところで、行政法判事と原決定を行なう行政機関との関係において、さまざまなレベルの形態が存在する。集中方式の考察に不可欠と思われる。バイビー（Jay S. Bybee）は、次の三つの類型を掲げている。(27)

第一は、司法府の調査官（judicial law clerk）にも比せられるべき任務を負うものである。「原決定の行政機関に対して助言はするが、自ら決定することはない」という建前の行政法判事である。この場合は、一種の諮問機関ということになる。

第二は、行政法判事がまず判断し、その判断は、行政機関が取り消し又は変更しない場合には最終性を有するという類型で、「上訴審査型（Appellate Review Model）」とされる。この類型は、行政法判事をして行政機関の意思決定と同等な役割を果たすものとみるものであって、行政法判事が意思決定過程における独立の意思決定者である点において、集中審判方式を導くものである。

第三は、行政裁判所型である。この類型にあっては、行政法判事の判断が下されると、行政機関は行政法判事の判断を覆すことができないという意味において、行政法判事の判断は、裁判所の判決に比せられる強い効力を有する。(28)

司法権に属する行政裁判所を有する州も存在する。すなわち、メーン州の「行政裁判所（Administrative Court）」は、一九七三年に創設され、ライセンスの申請拒否、停止・撤回に関する事件を扱い、その判決の法律問題については、上級裁判所（Superior Court）に上訴することができる。ただし、名称は行政裁判所であっても、ライセンスに関する事件に限られている点において、限定的である。

これまでの集中審判団は、前記の第一又は第二の類型であった。それは、法律により規制権限と規則制定権とを有する行政機関の最終決定権は留保されるべきであるという考え方によるものであろう。日本の公正取引委員会のような行政機関を設置しておいて、その審決に相当する判断を集中審判団に委ねてしまうことは躊躇されるのであろう。しかし、第一の類型であっても、審判団の判断が事実上尊重され、また第二の場合には、判断の最終性が推定されるのであるから、集中方式の意味は大きいといわなければならない。また、個別の行政機関が行政法判事を抱える場合に比べて、コストの節減にもなるといえる。

(21) 宇賀克也『アメリカ行政法〔第2版〕』（弘文堂、平成一二年）一五五頁以下。
(22) Arthur Earl Bonfield & Michael Asimow, *State and Federal Administrative Law* (West, 1989) 176.
(23) National Association of Administrative Law Judges のホームページによる。
(24) Allen Hoberg, “Administrative Hearings: State Central Panels in the 1990s”, 46 Administrative L. Rev. 75, 77 (1994).
(25) Allen Hoberg, op. cit., 80.
(26) Allen Hoberg, op. cit. 76; Joseph J. Simone, “The Function, Flexibility, and Future of United States Judges of the Executive Department”, 44 Administrative L. Rev. 159 (1992), at pp. 172-173.
(27) Jay S. Bybee, “Agency Expertise, ALJ Independence, and Administrative Courts: The Recent Changes in Louisiana's Administrative Procedure Act”, 59 Louisiana L. Rev. 431, 446ff. (1999).
(28) ルイジアナ州は、State Civil Service 省の中に行政法部を設置し、行政法部の裁決にあたり、行政法判事が、最終の決定若しくは命令（final decision or order）を下し、行政機関は、その決定若しくは命令を覆すことができない旨を規定している（R. S. 49: 992, B (2)）。

四　日本における総合的行政不服審判所の構想

以上の各国の状況を踏まえて、日本における総合的行政不服審判所設置の構想について考察してみたい。以下において、省庁横断的という意味と、複数の管轄を有するという意味の、二つの意味において「総合的」という用語を用いることにしたい。

1　総合的行政不服審判所設置の理由

(1)　通常の行政系統からの分離・独立による公平・公正な裁決

総合的行政不服審判所を創設しようとする第一の理由は、原処分を行なった行政系統（以下「通常の行政系統」という）から分離した独立の機関による審査の途を開くことによって、公平・公正な裁決（あるいは、人々が公平・公正と信ずることのできる裁決）を可能にすることである。南博方教授は、後述のように、「前審的司法権」の重要性を唱えられ、それは、現行の行政不服審査のごときものではなく、「活動行政機関からの独立性と公開対審構造がとられるべき」であるとされた[29]。

現在、日本の審査裁決機関のなかには、このような意味の独立性をある程度備えた機関が少なからず存在する。社会保険審査会及び労働保険審査会は、職権行使の独立性を法律自体が謳う合議制の審査機関であって（社審二〇条・二七条、労審二九条・三三条）、通常の行政系統から完全に独立したものである。国税不服審判所も、国税庁長官からある程度の独立性を図った審査裁決機関である。また、個別に第三者的機関への諮問を要するものもある（恩給審査会、関税等不服審査会など）。

しかし、重要なポイントは、裁決を行なう審判官、あるいはそれを支える職員が、通常の行政系統の人事のローテーションのなかに置かれたり、職員が実際に通常の行政系統のなかに含まれていてはならないことである。国税不服審判所についていえば、人事のローテーションの点において、通常の行政系統との分離・独立が不十分であると言わなければならない。たとえ、独立の審査委員会を設置しているときにあっても、不服審査が稀である場合には、通常の行政系統に属する職員が、臨時に委員会を補助することもよくみられる。(30)

通常の行政系統からの分離を図る一つの方法として、省庁横断的な不服審査機関を設置することが考えられる。通常の行政系統からの分離という点においては、「行政機関の保有する情報の公開に関する法律」により内閣府に設置される情報公開審査会は、開示決定等の権限を行使する行政機関の長とは分離されており、しかも、省庁横断的に開示決定等に係る不服審査について調査審議する限りにおいて、管轄が限定された総合的行政不服審判所であるといってよい。ただし、それは一種の諮問機関である。

(2)　人的資源の有効利用による効率性の確保

個別の不服審査機関の場合には、時期によって、抱える事件数にアンバランスを生じ、人的資源を有効に活用することができない。たとえ、能力のある審判官、職員であっても、稀に登場する事件に対応するには、その準備に相当なエネルギーを要する。そのためのエネルギーの浪費と審理等への影響は計り知れないであろう。どれだけの事件が登場するかわからないのに、審判官・職員を準備しておくことは、効率的とはいえない。そこで、コストを考慮すると、常勤の審判官を置き、かつ、審判官を支える職員を専任にしておくわけにはいかない。いきおい他の職とのかけ持ちになって、不服審査は片手間に処理されることになろう。

事件の管轄を総合化することによって、人を弾力的に配置し、人的資源を有効に活用することができる。

(3)　裁判所の負担軽減

審判所による公平・公正な裁決を受けられるようになるならば、審判所の判断を受け容れて、裁判所において争うことを控える私人が増えることが予想される。人びとの行動の単なる推測にすぎないので、実際の結果がどのようになるかは、予測できないというべきであるが、他の条件が一定であると仮定するならば、訴訟事件の減少効果をもたらすといってよい。そうなれば、私人も行政機関も、ともにコストを節減できるであろう。

(4)　**手続の整備・改善**

総合的行政不服審判所が誕生するならば、個別的不服審査機関又は通常の行政系統の機関による不服処理の場合に比べて、審査手続等に関する合理化が、より促進されるものと期待できる。散発的に現れる不服の処理と異なり、組織として、常に手続の整備・改善に努力し、人々に対する良好な「不服審査サービス」の提供に努めるようになるであろう。

2　権力分立システムのなかにおける位置づけ

(1)　司法権に属しない審判所の許容性

日本国憲法七六条二項第二文は、「行政機関は、終審として裁判を行ふことができない」と規定している。この規定は、行政機関の判断を最終として司法権による裁判の機会を与えないことを禁止するものであって、司法権の判断の機会があるならば、その前に又はそれと並んで行政権による審査の機会を設けることが禁止されるものではない。(31) したがって、日本において、行政不服審判所を設けることは、憲法の前記条項に違反するものではない。

南博方教授は、すでに一九八三年開催の日本公法学会において、「司法と行政」に関する報告をされ、「司法権には、裁判所によって行使されるものと、行政機関によって行使されるものとの二種があることが窺われる。裁判所によって行使される司法権を終審的司法権と呼ぶならば、行政機関によって行使される司法権は、前審的司法権と呼ぶことができるであろう。憲法は、行政事件については、このような司法権の重畳構造を容認している、むしろ予定しているといえるのではないかと解される」と述べられた[32]。

南教授は、「前審的司法権」の用語を英文の憲法に手がかりを求められたのである。しかし、日本文の憲法に即する限り、「すべて司法権は、……」と定める七六条一項の表現からみて、この場面で「前審的司法権」という用語を用いることには躊躇を覚える。強いていえば、「紛争裁断権」又は「裁判権」とでも呼ぶことができよう。

(2) 行政権との関係

「行政権は内閣に属する」（憲法六五条）ので、行政不服審判所を行政権のなかに設置すると仮定するならば、それは、内閣の統括する行政権の枠内に置かれなければならない。この点は、憲法制定後に、いわゆる行政委員会の合憲性をめぐって議論された経緯を参考にすることができる。ここでは、議論を省略したい。

ところで、上級行政庁の裁決に対して原処分庁が従わなければならず、裁決に示された判断について原処分庁が訴えを提起することができない仕組みは、上級＝下級という行政組織からいって合理的である。しかし、通常の行政系統から独立した総合的行政不服審判所の判断に対して原処分庁が訴えを提起することができない制度は、私人の利益の擁護の観点からは問題がないとしても、総合的行政不服審判所といえども誤った判断をなす可能性を否定できない以上、行政庁も法律問題について最終的には裁判所の判断の機会を付与されるべきであるという考え方がありうる。外国においては、原決定をした行政機関も裁判所に訴えを提起できるとしている例が多い[33]。日本において、従来の抗告訴訟においては、行政庁が原告となることを想定していなかったのであるが、新たな制度を設ける必要があろう。

3　制度化の課題

(1) 専門性・公正性・迅速性の確保

(a) 専門的判断を可能にする人的構成

行政処分の適否を判断するには、どうしても、審判官が、それぞれの行政についての専門的知識を有していることが必要である。この専門性をいかに確保するかは、総合的行政不服審判所を構想する際の最大の課題である。通常の行政系統に属する機関が裁決する従来型の審査裁決は、この点において優れていたことは否定できない。通常の行政系統から分離・独立した機関が不服を審査するときに、行政分野に適した専門性をどのように確保できるのであろうか。

まず、第一に、「専門性」というときに、通常の行政系統における日常的事務処理の専門性と、不服審査の場面における「専門性」とを、同視してはならない。行政関係の法律に親しんでいる法律家であるならば、ある程度の短期間に、個別分野の専門的事項を理解する能力を養うことができるであろう（もちろんそのための教育・研修の場が用意されるべきである）。すべての専門的知識を頭に入れていることが審判官に要求されるのではなく、「専門的事項を的確に理解し処理できる能力」こそが要求されるのである。したがって、このような能力を備えた法律家（ここでは、法曹資格の問題とは必ずしも直結させないで「法律家」の語を用いている）を供給することにより、「専門性」の要請に応えることができよう。

第二に、個別の行政分野における専門的経験を有する者を審判所のメンバーとすることを排除すべきではない。たとえば、租税事件も総合的行政不服審判所の管轄にする場合に、国税庁の然るべき部門で経験を積んだ者を採用して事件処理に当たらせることも否定すべきではない。審判補佐人とすることも考えられる。ただし、特定のポストを特定の省庁との交流ポストにすべきではない。審判官が、省庁に戻ったときの処遇を意識して、審判所における仕事を遂行する虞があるのでは、真に公平・公正な裁決が出される保障がないからである。[34]

第三に、専門性を確保し、かつ事件の特性に応じた手続を可能にするために、審判所には、複数の部を設けて、専門的に事件を処理することを可能にする必要がある。どのような部を設けるかは、どのような分野をこの審判所の管轄とすることができるか、それが平均的にどの程度の複雑な事案であることが見込まれるか、それぞれにつき、どの程度の数の審査請求が見込まれるか、等を考慮して決めるべきであろう。

第四に、専門性の確保と経済性の確保との観点から、非常勤のメンバーを認めるべきである。

(b)　公正性の確保

総合的行政不服審判所を設置する理由の一つは、より公正な不服の処理を可能にすることにある。したがって、公正性の確保が大きな課題となる。

第一に、審判官に公正性を期待できる適格者を確保することが重要である。審判所の主要なポストには、少なくとも当面は裁判官経験者を配置することが現実的である。オーストラリアにおいて裁判官資格を有する者から任命されていること、(35) 日本の国税不服審判所長が、裁判官経験者のなかから任命され、それなりの独立性・信頼の確保に貢献してきたことなどに学ぶことができる。行政不服審判所において、審判所長、各部の部長のほか、合議制の審理を行なう事件においては、一名は裁判官資格を有する者又は弁護士資格を有する者であることが望ましい。このような資格者が、行政経験者と組むならば専門性と調和させることができる。ただし、現職の裁判官を行政不服審判所に異動させ、一定期間経過後に裁判所に戻すという人事方式が憲法との関係において問題を生じないかどうかについては、慎重に検討する必要がある。

もっとも、オーストラリア連邦の行政審査審判所法案においては、所長についての連邦裁判所裁判官の要件を外し、その他のメンバー（幹部メンバー、上級メンバー）についても、法律家の要件は存在していない。これは、簡易な手続により、法律的な形式ばらない雰囲気を醸成して、利用しやすくするという理由によるようである。(36) 日本における制度化にあたっても、一つの論点となるかもしれない。

第二に、当然のことながら、審判所における手続の公正も重要である。この点については、別の機会に委ねざるをえない。

(c)　簡易・迅速性の確保

簡易で迅速な処理を図るための方策については、オーストラリアの法改革委員会の勧告が参考になる。必ずしも、対審的な審理方式による必要はないであろう。固定資産評価審査委員会に関しなされた最近の改正も参考になろう(37)。ただし、簡易迅速な処理は、主として審判所の利用者の便宜の視点から図るべきものであって、行政の便宜を過度に重視すべきではない。

(2)　諮問機関型・参与機関型・妥当性審査型

アメリカの州の集中審判団の場合は、その多くが諮問機関型又は参与機関型であって、最終決定権は、原行政決定機関が有する制度である。これに対して、オーストラリアの審判所は、妥当性審査型である。諮問機関型でスタートしても、原決定をした行政機関は、事実上審判所の判断を尊重しなければならないであろうから、必ずしも妥当性審査型に固執する必要はないと考える。

(3)　どこまでを総合化するか

総合的行政不服審判所を構想する場合に、必ずしも、全部の不服の処理を管轄すべきであるという結論になるものではない。事後救済制度調査研究委員会（委員長＝小早川光郎）の報告書『行政救済制度の課題』（平成一〇年）は、簡易迅速性、第三者性、多元的事後救済手続という視点を掲げたうえ、簡易迅速性と第三者性とが対立しがちであることにも鑑み、多元的手続の視点から、前二点の視点をどのような場合に重視すべきかを追求する方向を示唆している(38)。

まず、一定の事件数の多い分野の事件は、個別審判所において処理するほうが効率的であるという主張が予想される。たとえば、租税や社会保障関係の不服については、総合的行政不服審判所の所管とするよりも、租税不服審判所や社会保障不服審判所として独立させておくことが望ましいという見方である。私は、この見解にある程度の理解を示すものであるが、人事に関係する次のような問題点に注意する必要があろう。すなわち、第一に、多数案件を処理する審判所の職員について、当該事件に関する通常の行政系統との人事交流になりやすいこと、第二に、主要事件分野をくりぬいた残りの分野を管轄する審判所では、その規模が小さくなってしまい、その内部のみの独立の人事のやりくりができないと懸念されることである。したがって、できるならば、大きな審判所にして、部を設けて専門性に配慮しつつ、審判所のなか自体において職員の昇進を図ることのできるシステムが好ましいといえる。次の論点とも関係するが、「くりぬき方式」による場合は、地方公共団体の事件も所管することにより「規模の利益」を発揮させるべきである。また、租税について独立の審判所を設けるのであれば、国税のみならず地方税の事件も管轄することとすべきである[39]。

さて、地方公共団体の事件をどのようにするかが問題である。それぞれの地方公共団体が独自に又は組合方式によって国とは独立に審判所を設置することは、制度の理想としては考えうるところである。しかしながら巨大な地方公共団体を除いては、個々の地方公共団体がいつ出てくるかわからない事件に備えて体制を整えておくことは容易ではないし、コストもかさむことである。このことは、すでに固定資産評価審査委員会などで経験済みである。

他方、地方公共団体の機関による行政処分について、国の行政権に属する審判所が審査すること、特にオーストラリアにおいていわれる妥当性審査、すなわち当・不当を含めて原処分権限者の判断と同様に判断する審査を許容することは「地方自治の本旨」に反するという主張が予想される。しかし、当・不当の問題は除外したうえで、国の審判所が地方公共団体の事件を処理することは、地方自治の本旨に反するとまでいう必要はないと考える。

次に、なるべく多くの行政分野を管轄すべきであるという考え方に立つ場合にも、行政分野の性質に応じて、一定の行政処分については、原処分庁又は上級行政庁の不服審査権を留保しつつ、選択的に審判所の判断を求めることができることにするなど、弾力的な仕組みを考案すべきであろう。

(4)　行政裁判所との優劣関係

司法権のなかにあって、行政事件を専門に管轄する下級裁判所を設置することは、日本国憲法の特別裁判所の禁止（七六条二項）に触れるものではない。そこで、公正・公平な不服の処理を徹底するには、司法権に属する行政裁判所を設置することを考えるべきであるという主張がありうる。私は、たとえば高等裁判所を単位にして、行政事件を処理する裁判官を配置し、経験的に事件数の多い地域の地裁には常駐し、またその他の地域には巡回方式により裁判官が出向いて開廷するなどの改善策が考えられてよいと考えている。しかし、証拠法則による裁判所は手間と金のかかる組織である。オーストラリアにおいて、審判所がADRの役割をも果たしていることにも鑑みると、より簡易な救済の場を行政権内部に用意することは大いに意味のあることである。

もっとも、このような簡易な救済機関が必然的に行政権に属する必要はない。もしも、司法権のなかに簡易な救済の場を設けうるのであれば、否定する理由はない。これまで日本の不服審査制度について言われてきた「処分見直し機能」、オーストラリアにおいて言われる妥当性審査機能は、司法権に属する裁判所においては失われるとしても、それを上回る公正・公平の確保の利点に着目することもできる。しかも、行政に関する不服の処理にトータルにどれだけのコストをかけるべきかも慎重に決定されなければならない。したがって、司法権に属する行政裁判所として行政事件に関する一審レベルの裁判所（ADRも含む）をスタートさせることも、選択肢の一つになろう[40]。

そして、ここで強調しておきたいのは、オーストラリアやニュージーランドの場合に、裁判官を構成員とする行政不服審判所と行政を専門に扱う裁判所とが連続線上にあるということである。このことは、日本における制度化にあたっても留意されなければならない。

(5)　不服審査の段階構造のあり方

総合的行政不服審判所を設けるにしても、単一の不服審査制度にして、それ以外はすべて裁判所の審査に委ねる制度でよいのか、複数の段階の不服審査制度にするのかは、総合的行政不服審判所の制度化に大きく影響する論点である。複数の不服審査制度にする場合にも、総合的行政不服審判所の審査の前に、各行政部門内における不服審査制度（異議申立て又は審査請求）を用意する方法、オーストラリアの連邦において提案されている法案のように、総合的行政不服審判所のなかに二段階の審査を用意する方法など、多様な方法がありうる。(41)

通常の行政系統の機関による第一段階審査を存続させる場合には、第一段階審査が一種のフィルター効果を発揮することは疑いないが、異議申立前置主義や原処分庁経由主義を採用することは、私人の救済を遅らせる結果に終わる可能性がある。いきなり審判所に出される仕組みであれば、それだけ原処分が慎重になされるようになるであろう。他方、総合的行政不服審判所の手続をいかに簡易にしたとしても、通常の行政系統の機関又は個別の審判所の審査手続に比べて、より司法型に近くなり、利用しにくいという問題も指摘されるかもしれない。(42)また、司法審査との関係において、総合的行政不服審判所による審査を前置すべきかどうかも重要な論点である。

(6)　地域的配置のあり方

総合的行政不服審判所を設ける場合に、その地域的配置をどのようにするかが問題である。全国の主要な都市に配置する方法と全国で一箇所に限る方法とが典型的なものである。前者の方法の場合にも、かりに地方公共団体の事件も管轄する場合には、少なくとも都道府県に一箇所は配置すべきであるという主張がなされるかもしれない。しかし、あまりに多くの常設審判所を置くことは効率性に反すると思われる。オーストラリアにおいて、審判所の所在地は限定したうえで、審理を広く各地で開く方式が採用されていることが参考になる。このような巡回方式（及び事件の申立窓口を各地に置く方法）と組み合わせつつ、常設の審判所は相当限定して配置することを認めざるをえないであろう(43)。

(29) 南博方「司法と行政――前審的司法権と終審的司法権」公法研究四六号（昭和五九年）一頁、一七頁（同『紛争の行政解決手法』（有斐閣、平成五年）一四頁以下所収）。

(30) これは、特に市町村の固定資産評価審査委員会の場合にみられる。そのような例として、東京高判平成一〇・九・三〇判タ九九二号二九五頁を参照。

(31) この点に関する文献の引用は省略する。なお、オーストラリアの連邦においては、行政機関の判断について裁判所の審査の機会があるとしても、当該行政機関に「司法権」を付与したことになり、連邦憲法第三章に違反するとされることがある。Brandy v. Human Rights and Equal Opportunity Commission, (1995) 183 CLR 245.

(32) 南・前掲注（29）一七頁。

(33) Sec. 148 of Victorian Civil and Administrative Tribunal Act 1998; Sec. 119 of Administrative Decisions Tribunal Act 1994 (N. S. W.); Sec. 167 of Administrative Review Bill 2000 (Cth).

(34) オーストラリアの新審判所法案は、各部の所定のメンバーについて、その資格・経験につき所管大臣が納得することを任命要件としており（Sec. 15）、所管大臣の推薦により任命されることになれば独立性を確保できないという問題が指摘されている（二〇〇〇年一二月七日の下院における Hall 議員の発言）。

(35) この点について、傍論ながら、行政不服審判所長等は、立法府及び執行府から独立であることを理由に司法権の独立に反しないと述べる判例がある（Wilson v. The Minister, (1996) 70 ALJR 743 におけるブレナン裁判長らの意見）。

(36) 行政審査会議の勧告は、裁判官に限定しなくとも、能力がある者を確保できると述べるにとどまっていたが（Better Decisions. p. 74）、上院でこのように説明されている（Second reading speech by Senator Ian Campbell on 6 Feb. 2001）。なお、Justin Harsel, "Tribunals in the System of Justice: The Need for Independence", 4 Australian J. of Administrative Law 200 (1997) を参照。

(37) 碓井光明「固定資産評価の不服審査制度に関する考察」山田二郎先生古稀記念『税法の課題と超克』(信山社、平成一二年)三八九頁、四〇二頁以下を参照。

(38) ジュリ一一三七号(平成一〇年)一五九頁以下。

(39) 私は、国税と地方税の不服を審査する「租税審判所」の設置が考えられることを述べたことがある。碓井光明『地方税の法理論と実際』(弘文堂、昭和六一年)二六六頁。

(40) オーストラリアにおいても、サウス・オーストラリア州は、一九九一年地区裁判所法により、一九九四年以来、地区裁判所(District Court)の中に、行政・懲戒部(Administrative and Disciplinary Division)を設置した。それ以前、ばらばらな審判所が濫設されていたのを是正したものである。この部は、専門の裁判官を有するわけではなく、一般の部の裁判官からローテーション方式で選ばれる一名の裁判官又は一名の下級判事のいずれかと、事件により裁判所補佐人(assessor)が加えられる。この部は、原決定者の決定を原決定者の面前にあった証拠資料に基づいて調査しなければならないが、適当と考える場合には、新規の証拠資料の提出を許可することができる(四二E条(1))。同部は、証拠法則に拘束されないとされ、技術性や法的形式にこだわらず、「公平、良心及び事案の実質的妥当性(equity, good conscience and substantial merits of the case)」に従って行動しなければならないとされ(四二E条(2))、かつ、申立ての対象となった決定とその理由を十分に尊重し、説得力ある理由のある場合を除き、決定から外れてはならないとされている(四二E条(3))。裁判所ではあるが、行政不服審判所の妥当性審査に限りなく近いといえる。

次に、土地及び環境関係の事件については、特別の裁判所が設置されている。ニューサウスウェールズ州のLand and Environment Court Act 1979による土地・環境裁判所は、州最高裁と同格の裁判所である。サウス・オーストラリア州のEnvironment, Resources and Development Court Act 1993による環境・資源・開発裁判所は、地方裁判所裁判官及び下級判事により構成される。これらの二つの州の前記各裁判所においては、裁定員(commissioner)と呼ばれる専門家が加わる点に特色がある。サウス・オーストラリア州は、さらに、最高裁判所に「土地・評価裁判所(Land and Valuation Court)」と呼ばれる部を設置し、現在は二名の最高裁判事が配属されている。それは、主として土地の収用に伴う補償額の算定及び課税目的の評価に関する事件と環境・資源・開発裁判所からの上訴事件及び開発の同意に関する決定に係る事件を扱っている。また、クウィーンズランド州も、Integrated Planning Act 1997により、Planning and Environment Courtを設置している。この裁判所は、Local Government Courtを引き継ぐもので、実質的に地方公共団体の権限行使を扱う裁判所である。裁判官は、地方裁判所裁判官のうちから任命される。独自の予算・事務職員をもたず、地方裁判所の予算と職員によって運営されている。

(41)　この点に関連して、オーストラリアの社会保障に関する不服審査制度の展開が参考になる。社会保障不服審判所は、もともと、社会保障省に対する勧告を行なうことを任務として、一九七五年に大臣の指示により設置された機関であった。その後、一九八〇年からは、社会保障不服審判所の勧告と異なる決定に関し、行政不服審判所が審査する権限を有するようになった。さらに、Social Security (Review of Decisions) Act 1988 によって、社会保障不服審判所が審査した後に行政不服審判所が第二段階の審査を行なう制度ができた。それが、Social Security Act 1991 に引き継がれた。今回の法案において、社会保障不服審判所の廃止と、行政審査審判所における二段階審査方式が提案されている。

しかし、二段回目の審査が限定的であることから、議会において従来の二段階にわたる審査の機会を奪うものであるという批判が出されている（二〇〇〇年一二月六日の下院における Morris 議員、一二月七日の下院における Hall 議員の各発言）。この法案ができる前にも、審査パネルへの申立てを広く認めるべきであるという見解が見られた（Julian Disney, "Reforming the Administrative Review System", Center for International and Public Law, Law and Policy Paper No. 6 (1996), p. 31）。

ちなみに、一九八〇年に、行政審査会議が、社会保障不服審判所の廃止と行政不服審判所による審査を勧告したが、そのような方式は、行政不服審判所に社会保障事件を溢れさせパンクさせてしまうであろうという批判によって、実現しなかったいきさつがあった。

(42)　こうした問題に対処するために、ニューサウスウェールズ州行政決定審判所法は、規則委員会（Rule Committee）の設置を規定し（九二条以下）、そのメンバーには市民や利害関係者の代表を加えることが予定されている（Second reading speech by Mr. Whelan in NSW Assembly on 29 May 1997)。ヴィクトリア州も規則委員会を設置しているが（一五〇条以下）、同様の趣旨を含むのかどうかは不明である。

(43)　情報公開審査会は、指名委員に不服申立人の意見陳述を聴かせること等を許容している情報公開法三〇条を活用して、委員が地方に赴いて調査することが可能であるという。宇賀克也『情報公開法の逐条解説〔第2版〕』（有斐閣、平成一二年）一二八頁、総務省行政管理局編『詳解　情報公開法』（財務省印刷局、平成一三年）一九六頁。

五　おわりに

以上、本稿は、総合的行政不服審判所の設置について、相当程度肯定的な立場から具体的な構想を模索しようとしたものである。おそらくこのような制度の構築に当たって、どのような価値にどれだけのウエイトを置くのかを明らかにしなければ、結論の妥当性を検証することもできないであろう。公正・公平な救済の機会の保障、時間と資金というコスト（それも、私人と行政との両者のコスト）、行政による見直しの機会の保障、裁判所の負担の軽減などの諸要素のウエイトづけが必要になろう。しかも、具体の制度において相互に変数関係となることも多いであろう。一挙に総合化を図る前に、代替的な方策を模索することも検討されるべきであろう。(44) これらの詳細な研究は、現在の私の能力を超える事柄である。頭の片隅に残して、本稿を終えることにしたい。そして、さしあたり、本稿において示唆した代替的な制度としての行政専門の裁判所について、司法国家主義をとるコモン・ローの諸国の状況を調べる作業を開始しようと思う。

(44)　オーストラリアにおいて、全面的な総合化に代えて、審判所間の協力組織を作る方法、個別の審判所から行政不服審判所への付託を広く認める方向、同種の審判所の統合などの代替案も提案されたことがある（Julian Disney, op. cit., note（41）, pp. 29-31）。

※【補　記】

(1)　連邦における社会保障不服審判所等の行政不服審判所への統合

オーストラリアには、英国同様に、各種の「審判所（tribunal）」が重要な役割を果たしてきた。もっとも、英国にあっては、審判所は、裁判所と同様の性質のものであって、本質的に司法機能を果たすものとされている。(1) そして、司法の独立の保障は、審判所にも及ぶこととされている。(2) これに対して、オーストラリアにあっては、それが司法と区別された執行府に属することもあって、一応行政の一環としての機能であると解されている。

Margaret Allars 教授によれば、「審判所」は、政府の省庁において行使される権限と区別された制定法上の権限を有する行政の意思決定者を指すのに用いられる用語であるという。そして、その意味に関して、オーストラリアの連邦についていえば、二種類のものを区別すべきものとされている。その一つの類型は、妥当性審査審判所（merits review tribunals）であり、もう一つの類型は、規制機関（regulatory agencies）であるという。(3) 連邦レベルにおいては、このような大別で足りるのかもしれない。しかし、州レベルにおいて広まった私人間の紛争（civil disputes）を解決する機関を念頭に置くならば、それらを規制機関の用語に含めることには無理があるように思われる。とするならば、州を含めた場合には、三分類が可能なのかも知れない。本稿は、言葉の自然な意味において、もっぱら規制機関としての性質を有する審判所については検討の対象にしない。

二〇世紀末には、連邦のみならず州においても、それまでの無数といってよいほどの審判所を統合する動きが強まった。

まず、行政上の不服を審査する審判所の統合が見られた。

連邦レベルでは、一九七五年に行政不服審判所（Administrative Appeals Tribunal＝AAT）が設立され、今日まで存続している。このAATが、オーストラリアにおける行政不服に関する審判所統合のスタートであった（本書第一部第一章に所収の碓井光明「オーストラリアの総合的行政不服審判所に関する一考察」を参照）。

その後、本論文において紹介したように、州レベルにおいても、行政不服の審判所統合の動きが始まった。その先頭を切ったのが、ヴィクトリア州であった。同州は、一九八四年に行政不服審判所法（Administrative Appeals Tribunal Act）を制定した。その後、連邦直轄地（ACT）が一九八九年に行政不服審判所を、ニュー・サウス・ウエールズ（NSW）州が一九九七年に行政決定不服審判所法（Administrative Decisions Tribunal Act）を制定した。同州の行政決定審判所（ADT）は、一九九八年に活動を開始した。

さらに、連邦において、第二段階として、社会保障不服審判所等をAATに統合する動きが続いた。そして、二〇一四年一二月には、Tribunals Amalgamation Bill 2014 が議会に提出された。法案の審議に時間がかかったが、二〇一五年五月に成立し、同年七月一日を期して統合されることになった。

この統合の対象になったのは、旧行政不服審判所[4]のほか、社会保障審判所（Social Security Appeals Tribunal＝SSAT）[5]、移民審査審判所・難民審査審判所（Migration Review Tribunal, Refugee Review Tribunal＝MRT, RRT）[6]である。詳しくは、後述するとおりである。

以上のうち、社会保障不服審判所について述べておこう。

社会保障不服審判所は、一九七五年に大臣命令により設置されたのが始まりである。社会保障省（現在は、センターリンク（Centrelink）と呼ばれている）の各州に置かれている本部に内部不服申立部門を設置することとした。ただし、その権限は、社会保障省への勧告をなすのにとどまるものであった。したがって、同省が、この勧告に従うことを義務づけられるものではなかった。

法律による設置は、一九八八年のSocial Security Act 1947の改正であった。これにより、社会保障不服審判所は、原決定の確認、変更若しくは取消しの決定権限を付与された。ただし、センターリンクが、審判所の決定を不服とするときは、当該事件につき、行政不服審判所に不服を申し立てることができることとされた。もちろん、申請者の場合も同様である。その後、根拠法は、Social Security Act 1991、Social Security（Administration）Act 1999へと引き継がれてきた。社会保障不服審判所の管轄は、Social Security Act 1991、A New Tax System（Family Assistance）Act 1999、A New Tax System（Family Assistance）（Administration）Act 1999、Paid Parental Leave Act 2010、Child Support（Assessment）Act 1989及びChild Support（Registration and Collection）Act 1988に基づいてなされる決定を対象とする事件である。

社会保障不服審判所等の統合について明確な勧告がなされたのは、一九九五年の行政審査会議（Administrative Review Council）による報告書"Better Decisions: Review of Commonwealth Merits Review Tribunals"であった。同報告書は、「各妥当性審査審判所の積極的属性を維持しつつも、より大きな認識され、かつ、現実的な独立性、機関の意思決定の改善並びに改善された利用利便性及び経済的効率性をも達成する制度」の構築を目指すべきであると述べた。そして、結論として、種々の特別審査審判所及び行政不服審判所を新規の単一審判所、行政審査審判所（Administrative Review Tribunal＝ART）に統合すること、審査は、種々の部によりなされること、部の裁決は「審査パネル（Review Panel）」により審査されること（ただしARTの所長の承認のある場合に限られる）を提案した。この報告書は、部としては、以下の四部を設けることを提案した。

福祉権部…社会保障不服審判所の管轄事件を扱う。

退役軍人給付金部…退役軍人審査庁（Veterans' Review Board）の管轄事件を扱う。

移民部…ＩＲＴ及びＲＲＴの管轄事件を扱う。

商業及び主要租税部…商業事件及び租税事件のうち少額租税事件を除いたものを扱う。

少額租税請求部…文字通りの事件を扱う。

安全保障部…安全保障問題の敏感性に配慮して特別の部を設ける。

一般部…ＡＡＴの管轄事件の残余のものを管轄する。

この報告書にもかかわらず、社会保障不服審判所等のＡＡＴへの統合が実現せずに時間が経過した(7)。二〇一二年に出された報告書“Strategic Review of Small and Medium Agencies in the Attorney-General's Portfolio”は、統合に否定的な勧告内容であったにもかかわらず、統合の実質的必要性を確認して、実現への大きなバネになったものと思われる。この報告書を作成したチームのメンバーは、Department of Finance and Deregulation、Attorney-General's Department、Department of the Prime Minister and Cabinet及びTreasuryの代表により構成されていた。この報告チームは、内閣の意を受けて、審査に関して二つの動きを示すものであった。一つは、支出の審査を行なうことで、適切性、実効性、効率性、統合、成果の評価及び戦略的整序である。他の一つは、各省から分離した機関の設置及び（若しくは）維持を通じ又は独立の制定法上の官吏の保持者に権限を付与することによってサービスの分担及び望ましい執行府からの独立性の性質と範囲を評価する可能性を開発する必要性である(8)。支出審査という財政運営に直結する視点が強いことに注意する必要がある。

報告書は、一九九五年報告書の検討等を踏まえて、考えられる選択肢として、三つを掲げた。その中には、①一九九五年報告書により提案された行政審査審判所を設ける（最終到達目標であって、現時点で実施することは推奨しない）、②現行の分離した審判所を維持しつつ、それらを支える共通の管理部門（common administration）を設ける（この選択肢も支持しない）が含まれていた。この①及び②がともに支持されない理由として、これらを実現するには共通に短期的ないし中期的に投資（①の場合に施設及びＩＴシステムを明示している）が必要となることが挙げられている。また、①については、長引くこと及び政治的に困難であること並びに第一段階の不服申立てに不服のある者の第二段階不服申立てが制限される懸念があること、の二つが挙げられている。なお、三つの選択肢の最後に、二〇〇四年五月に出されたTribunal Efficiencies Working Groupが行なった勧告を実行することを掲げている。同グループの勧告は、それぞれ分離した役割と顧客を有する別個の機関であることを前提としつつ、主要な妥当性審査審判所の間において行政的実効性を達成するための手段を調査、評価し、かつ積極的に計画することを各大臣等に求めるものであった。これを踏まえて、報告書は、選択肢の③として、最低限、政府は、AAT、MRT、RRT、SSAT、及びVRTの長に対して、共同してワーキンググループにおいて支持若しくは拒否された提案の検討、そのほかの効率性若しくは改善の提案の確認、各担当大臣及び財政・規制緩和大臣に対する進行状況についての六月ごとの報告を求めるべきであるとした。

二〇一二年に時期尚早として否定的勧告がなされた統合が、二〇一四年に法案として議会に提出され、二〇一五年審判所統合法成立により、ほぼ一九九五年報告書の線に沿った統合が実現した（ただし、同報告書に含まれていた退役軍人審査庁は、後述のように含まれていない）。一九九五年から二〇年を要したことになる。

二〇一五年法改正によるAAT法は、審判所の目的規定において、審査制度の追求すべき目的に関し、利用しやすいこと（accessible）、公平、公正、経済的、形式ばらず、かつ迅速である（fair, just, economical, informal and quick）こと、事案の重要性と複雑さに比例していること、審判所の決定に対する公衆の信用と信頼（public trust and confidence）の促進を謳っている（二A条）。

新審判所の部は、情報自由部、一般部、移民・難民部、国家障害保険制度部、安全保障部、社会サービス・児童支援部、租税・商業部、その他の定める部からなる（一七A条）(9)。最後のその他の部は、規則により設けられ、退役軍人不服部を存続させるために用いられることが予定されているという(10)。なお、現在利用されていないMedical

Appeals Division 及び Valuation and Compensation Division は廃止された(11)。

メンバーのそれぞれの部への配属の定めが詳細になされている。たとえば、オーストラリア安全保障諜報機関法（Australian Security Intelligence Act 1979）五四条による申立てに対する審査等はもっぱら安全保障審査部において審査されること（一七B条二項(a)）、情報自由部への配属に関しては、情報自由法（Freedom of Information Act 1982）に関する訓練、知識および経験を有するか、又は、同法に関する事案の検討に当たりメンバーを支援できるような他の相当な知識若しくは経験を有することを要件としている（一七CA条）。専門性を重視していることがわかる。また、移民・難民部への配属に当たっては、移民法（Migration Act 1958）を所管する大臣に協議しなければならないとされている（一七D条）。国家障害保険制度部の場合は、大臣協議と専門重視の双方を要件としている（一七E条）。安全保障部の場合は、職務経歴を要件としている（一七F条）。

以上の配属を前提として、部長の配置がなされる。すなわち、大臣は、所長補佐をもって一又は二以上の部の部長として配置することができる（一七K条一項）。この重要な人事権が大臣にあることが気になる。大臣は、この人事を行なうには、あらかじめ所長及びメンバーの配属の際に協議を要する各省大臣と協議をしなければならない（一七K条二項）。所長との協議は当然として、この場面においても所定の各省大臣との協議を要するとしていることは、所長による審判所の統括の観点からの問題を生むようにも推測される。部長の任務は、当該部における審判所の業務を監督することにより所長の職務の遂行を補佐することにある（一七K条六項）。

なお、社会保障法（Social Security Act）も改正され、行政不服審判所において、第一段階審査（first review）と、それに不服がある場合の第二段階審査（second review）が定められた（同法の四A部）。この第一段階審査部分が従来は社会保障審判所で審査されていたものである。

(2)　州における民事・行政不服総合審判所設置の動き

前記のような流れを「行政不服審判所の統合化」と呼ぶならば、第二の流れとして、民事の紛争を扱う審判所と行政上の不服を扱う審判所とを統合する動きが始まった。民事・行政不服総合審判所である。西オーストラリア（WA）州を除く各州及び連邦直轄地は、そのことを civil and administrative tribunal（CAT）という審判所の名称として採用している。以下、この性質の審判所をCATと略称することとする。CATの設置は、行政不服の審判所と民事紛争処理審判所の統合であるが、それは、個別に濫立していたといってもよい民事紛争処理審判所の統合を伴ったものであることも確認しておく必要がある。

CATの先頭を切ったのは、やはりヴィクトリア州であった。一九九八年に民事・行政審判所法（Victorian Civil and Administrative Tribunal Act）を制定して、同年より同審判所が活動を開始した。この審判所は、VCATと略称されて、以後、各州は、VCATを参考にしながら、同様の総合的審判所を設置することになる。WA州の州行政審判所（State Administrative Tribunal＝SAT）（二〇〇四年法制定、二〇〇五年に活動開始）、ACTの民事・行政審判所（二〇〇八年法制定、二〇〇九年活動開始）、クウィーンズランド州の民事・行政不服審判所（Queensland Civil and Administrative Tribunal＝QCAT）（二〇〇九年法制定、同年活動開始）と続くことになった。NSW州は、VCATの活動開始の年にようやくADTの活動を開始したように、ヴィクトリア州に比べると、この分野の動きが遅い傾向にあり、同州の民事・行政審判所（New South Wales Civil and Administrative Tribunal＝NCAT）については、二〇一三年に法律を制定し、二〇一四年に活動を開始した。そして、北部直轄地の民事・行政審判所（Northern Territory Civil and Administrative Tribunal＝NTCAT）は、二〇一四年に法を制定し、同年から活動を開始した。また、南オーストラリア州の民事・行政審判所（South Australia Civil and Administrative Tribunal＝SACAT）も、二〇一三年に法が制定され、二〇一五年に活動を開始した。かくて、二〇一五年四月時点において、タスマニア州のみが未設置であって、民事・行政審判所は、オーストラリアの大半の州の制度として行き渡っているのが現状である。

この種の民事・行政不服の総合審判所は、その包括性の故に、包括的審判所であり、「特大審判所（super tribunal）」と呼ばれている。包括審判所が、いかなる事件を管轄するかは、挙げて立法によるとされる。したがって、固有の管轄権（inherent jurisdiction）を有するわけではない。民事・行政審判所の管轄は、審判所設置法自体の定めるもの及び個別法の定めによるものとがある。管轄には、オリジナル管轄（original jurisdiction）と審査管轄（review jurisdiction）とがある。ＶＣＡＴの場合に、裁判所に提訴することができず、もっぱらＶＣＡＴが専属的に管轄している事件がある。自治体の計画事件は、その例である。他方、ＶＣＡＴ又は裁判所のいずれを選択してもよい事件もある。

民事・行政不服審判所設置の趣旨について検討したい。

沿革的にいえば、ヴィクトリア州を除いて、総合的行政不服審判所の設置が先行したことは既に述べた。総合的行政不服審判所の設置については、オーストラリア独特の理由があったと思われる。

第一に、日本の仕組みから考えた場合の大きな理由は、何と言っても、司法審査は、法律問題に限られていることである。事実問題については、行政レベルの認定判断に委ねられ、裁判所が立ち入らない原則である。しかし、人々は、事実問題について争いたいことが多いので、その受け皿として、審判所の充実が必要とされる。

第二に、同様に、司法審査において、裁判所は妥当性の審査をなし得ないことである。[12] 日本流にいえば、当・不当の審査である。

次に、民事の審判所を統合して、さらに行政不服の審判所と統合する理由は何であろうか。

この理由の第一は、何といっても、迅速、公正かつ負担の少ない審査機関が切望されていることにある。それは、主として民事の紛争処理について当てはまることである。

第二に、公正性との関係において、次に述べる審判所ないし審判者の独立性の確保が重要であって、そのためには統合化が望ましいことである。以下に述べるように、いずれの州のCATも、州最高裁判所判事をもって審判所長に充てている。それによって独立性を確保しようとしているといえる。

第三に、統合化、総合化によって効率性、経済性を確保しようとする狙いもあると思われる。個別審判所のままでは、事件数の少ない場合にも、それなりの体制を整えておかなければならないのに対して、総合的審判所とすることによって、規模の経済が考えられるほか、人員を流動的に配置することも可能である。

民事・行政審判所は、部（divisions）に分かれる。さらに、部の事件を班（lists）に配分して運営することがある。VCATは、四部から成っている。民事部は、民事請求部（消費者紛争、取引者紛争等）、所有者法人部、居住建物・retail tenancy・不動産を扱う。行政部は、計画・環境、審査・規制及びlegal practiceを扱う。人権部は、後見・管理、人権を扱う。NCATの部は、行政・平等機会部、消費者・取引部、職業部、後見部から成っている。所長又は部長は、部について事件を配分するための班を設けることができる（NCAT法一九条）。

（1）　Peter Cane, *Administrative Tribunals and Adjudication* (Hart Publishing, 2009), 80-81.

（2）　Pamela O' Connor, *Tribunal Independence* (AIJA, 2013), 1. Sections. 3 (1), (7), (7A), (7B) of Constitutional Reform Act 2005 as amended by Tribunals, Courts and Enforcement Act 2007.

（3）　Margaret Allars, "Federal Courts and Federal Tribunals", Brian Opeskin & Fiona Wheeler ed., *The Australian Federal Judicial System* (Melbourne University Press, 2000) 191 at p. 192.

（4）　法案の提案説明書（Explanatory Memorandum）によれば、同審判所の二〇一二―二〇一三年度処理事件数は六、七四八件であったという（at p. 2）。

（5）　前記説明書による二〇一三―二〇一四年度の処理件数は、一二、四一二件であった（at p. 2）。

（6）　前記説明書による二〇一三―二〇一四年度の処理件数は、二四、七二九件であったという（at p. 2）。

（7）二〇〇〇年に、Administrative Review Tribunal Bill が議会に提出されたが、成立に至らなかった。

（8）Australian Government, "Strategic Review of Small and Medium Agencies in the Attorney-General's Portfolio"（January 2012）, at p. 1.

（9）なお、ＡＡＴ法第Ⅲ ＡＡ部は、そのまま維持されている。その結果、通称「少額租税請求審判所（Small Taxation Claims Tribunal）」が存続している。この扱いを受けると、低額の申立手数料が適用される。

（10）Explanatory Memorandum, at p. 14.

（11）Explanatory Memorandum, at p. 30.

（12）Margaret Allars, supra note 3, at 198.

第三章　行政審判所の統合をめぐる一考察

――カナダのオンタリオ州における集約化（clustering）政策を素材として――

一　行政不服審判所・行政審判所

1　行政不服審査機関の制度設計

行政不服審査の機関に関する制度設計においては、いくつかの視点が考えられる。第一に、何よりも公正な審理・判断が確保されなければならない。そして、公正性を確保するための制度的な対応として、原決定をした行政機関から独立した不服審査機関とすることが考えられる。

第二に、独任制よりは合議制の機関とする方が、慎重な判断を得やすいといえよう。

第三に、行政に関する決定等が個別行政分野の法制度等に基づいているだけに、当該分野の法制度等についての専門的知識を備えている者が審理・判断をすることが望ましい。

筆者は、かつて、このような要請に応えることのできる仕組みを模索しているオーストラリア等を素材にして、総合的行政不服審判所について考察したことがある(1)。その際にも指摘したが、同国においては、州における総合的審判所の設置の動きを強めている。先頭を切ったヴィクトリア州(2)のほか、ニュウ・サウス・ウエールズ州(3)、西オーストラリア州(4)、クウィーンズランド州(5)など、ほぼ全土に広まっているといってよい(6)。

行政決定に対する不服の方法として、司法裁判所に訴えて司法審査（judicial review）を受ける途がある。これと並んで、行政決定に対する不服を行政機関に持ち出す場面がある。それが行政決定に対する行政不服申立てであって、一種の救済（remedies）の場面にほかならない。そのような不服を裁く行政機関が審判所の形態をとっている場合は、行政不服審判所（administrative appeals tribunal）である。オーストラリア連邦の行政不服審判所は、まさに、このタイプの審判所である。しかし、英米法系の諸国の行政審判所（administrative tribunals）の中には、私人間における紛争を裁くものも数多く含まれている(7)。それらは、行政決定に関する不服の処理も含めて、司法裁判所による裁判手続によらない紛争解決手続という意味で、いわゆるＡＤＲ（Alternative Dispute Resolution）にほかならない(8)。ただし、ＡＤＲは多義的に用いられるので、別稿を予定している。オーストラリアの各州に広まっている総合的審判所は、総合的行政不服審判所と異なり、民事の紛争に関する行政機関の裁定等をも含むものである。そのような動きは、裁判所との機能分担にも関係する紛争処理のメカニズムに関する大きな論点も含んでいる(9)。

本題に入る前提として、「審判所」ないし「行政審判」という用語の意味について確認しておく必要がある。周知のように、日本においては、アメリカ行政法の影響の下に、「行政審判」という領域のあることは、広く認められてきた。その場合には、行政委員会という組織的特色と結合して、紛争の処理のみならず、原決定も含めて一定の手続による処理手続を行政審判と称してきたといってよい。[10]しばしば、"administrative adjudication"の邦語訳として行政審判と呼ばれてきた。[11]この点は、後述の"administrative justice"の意味と関係してくるところがある。

次に、審判所の意味が問題となる。オーストラリア行政法に関する研究であるが、Robin Creyke教授の論文が有益である。同教授は、オーストラリアの法改革委員会（Australian Law Reform Commission）の報告、ヴィクトリア州のAdministrative Law Act 1978の条文の定義、オーストラリア＝ニュージーランド審判所会議（Council on Australasian Tribunals）の定款における定義を紹介し、それらが広すぎる欠点、すなわち、「審判所の意味が通常の意思決定者を包含するとなると、特別の区別された審判機関としての『審判所』としての概念が失われてしまう」ことを指摘して、教授自身は、「伝統的な裁判所手続の代替（an alternative to traditional court proceedings）として紛争解決過程（a dispute resolution process）を提供する個人もしくは機関」と定義している。[12]これによれば、必ずしも合議制の機関である必要はなく、独任であってもよいことになる。また、教授の叙述からすれば、裁判官が関与するからといって審判所の性格を有しないことになるものではないということのようである。

なお、同教授は、別の論文において、裁判所に代替する審判所（court-substitute tribunals）と政策志向の審判所（policy-oriented tribunals）とに分けたうえ、前者は、次のような特色を有していると述べている。

(a)　審判所は、審判所に出る各当事者に審理される合理的な機会を与える。
(b)　審判所は、そこに提出された証拠及び資料を注意深く評価する。
(c)　審判所は、法を解釈し適用する。
(d)　審判所は、当事者に理由づけの過程をさらす。

(e)　審判所は、現実の偏見又は偏見の外観を防止する。(13)

また、審判所は、原決定機関、助言機関、審査機関、さらに、調査・法執行機関、調停・和解機関、現在の権利よりも将来の権利を扱う機関、民民の当事者間の紛争を判断する民間部門審判所などの機能に分けることができるとしている。そして、これらは、以前は、裁判所において実施されていたかもしれないにもかかわらず、審判所により実施されている機能であるという。Robin Creyke 教授は、審判所を裁判所と区別することは困難であること、明確なのは、審判所は制定法により創設されるので、その構成、権限及び機能に多様性があること、を指摘したうえ、さしあたり、「審判所は、通常は、伝統的な裁判所に密接に匹敵する機関である」と述べている。(14)

同教授は、さらに、行政審判所の分類として、専門家審判所（specialist tribunals）とゼネラリスト審判所（generalist tribunals）ないし多目的審判所（multi-purpose tribunals）、単段階審判所（single tier tribunals）と二段階審判所（two tier tribunals）、私人と政府機関との間の紛争を扱う公的紛争審判所（public dispute tribunals）と私人間の紛争を扱う私人間紛争審判所（private dispute tribunals）、原決定機関（primary decision maker）と審査機関（review body）の各区分を提示している。(15) この最後にいう「審査機関」のことを裁決審判所と呼ぶことがある。(16) 本稿の主たる検討対象であるオンタリオ州の法律の名称は、"The Adjudicative Tribunals Accountability, Governance and Appointment Act, 2009" であり、まさに「裁決的審判所」の文言を使用している。

筆者のかつての論稿の発表後に、注目すべき大きな二つの動きが見られた。

その一つは、英国において司法行政との一体化を図る行政審判所の司法化ともいうべき改革がなされたことである。(17)

もう一つは、オーストラリアにおける総合化とは微妙に異なる統合化の方式として、カナダのオンタリオ州における審判所（tribunals）の集約化（clustering）政策が登場したことである。総合的行政不服審判所を構想してきた筆者としては、「なぜ総合的審判所ではなく集約化なのか」を問いたくなる。筆者の問題関心は、もともと、行政不服審査を行なう審判所、前述の Robin Creyke 教授の分類に従えば、公的紛争審判所で、かつ、審査機関たる審判所にある。他方、オンタリオ州における政策は、広く「行政審判所」の集約化なのであって、「行政不服審判所」の集約化ではない。しかし、広く行政審判所に関する検討をすることは、行政不服審査に関する審判所制度を構想する際にも一定の意味があるであろう、と期待して本稿を草するものである。

2 "administrative justice" の意味

英連邦の諸国において頻繁に用いられる概念で筆者の正確な理解を困難にしているものに、"administrative justice" がある。アメリカ行政法と英国、カナダ[18]、オーストラリア及びニュージーランドの英連邦諸国の行政法との間において微妙な違いのある概念であるのかもしれない。しかも、これから検討するカナダ等において、この最も基本的な "administrative justice" の用語の意味自体が、必ずしも確定されていたわけではないようである[19]。justice には、natural justice という場合のように、日本語の「正義」に相当する意味もあるが、本稿において扱う場合は、「単なる行政上の正義」という意味ではしっくりしない場面が多い。Peter Cane 教授は、さまざまな側面を検討しているが、その中で、英国の The Tribunals, Courts and Enforcement Act 2007（= TCE Act）の以下のような広い定義を引用していることに注目したい[20]。

「特定の人に関係してなされる行政若しくは執行の性質を有する決定のすべてのシステムで、(a)かかる決定をなす手続（procedure）、(b)かかる決定がなされる法（law）及び(c)かかる決定に関係する紛争を解決し不満を発散させるシステムを含む。」

この定義において、特定の人、行政若しくは執行の性質を有する決定、システムといった言葉がポイントをなしていることがわかる。高柳教授の述べたのと同様に、原決定を含むと同時に、当然のことながら(c)が含まれていることに注目しておきたい。原決定を含みながら、"justice"の用語を当てることの意味を理解することは容易ではないが、システムといいつつも、「一定の適正な手続を踏むという価値を込めたシステム」に着目していると解することができると思われる。それは、「行政的正義」の日本語にも通ずるものである。本格的検討は、将来の課題としたい。

以上のような議論を前提に、不正確ではあるものの、"administrative justice"の語に、システムとしての行政審判の訳語を当てることのできる場合が多いように思われる。[21] そして、そのような行政審判を行なう機関が行政審判所（administrative tribunal）である。しばしば、"administrative adjudication tribunal"とも呼ばれる。[22]

（1）　碓井光明「オーストラリアの総合的行政不服審判所に関する一考察――租税不服審査制度の変遷の中で」雄川一郎先生献呈論集『行政法の諸問題（中）』（有斐閣、平成二年）八七頁、同「総合的行政不服審判所の構想」塩野宏先生古稀記念『行政法の発展と変革（下）』（有斐閣、平成一三年）一頁。

（2）　当初は、行政不服審判所（Administrative Appeals Tribunal）であったが、一九九八年に民事の審判も包括するために Victorian Civil and Administrative Tribunal Act 1998 を制定した。

（3）　当初は、行政決定審判所法（Administrative Decisions Tribunal Act 1997）の名称の法律により一部を総合化したものの、総合化の対象になっていない審判所が多かった。さらに多数の審判所を包括するため Civil and Administrative Tribunal Act 2013 が制定され、二〇一四年一月より施行されることとなった。

（4）　State Administrative Tribunal Act 2004 によっている。この名称でありながら、民事の紛争も管轄している。

（5）　Queensland Civil and Administrative Tribunal Act 2009 によっている。

（6）　平松紘ほか『現代オーストラリア法』（敬文堂、平成一八年）一四一頁以下〔久保茂樹〕をも参照。

（7）　Report of the Committee of the Justice－All Souls Review of Administrative Law in the United Kingdom, Administrative

Justice—Some Necessary Reforms（Oxford University Press, 1988）210. カナダのブリテッシュ・コロンビア州は、Civil Resolution Tribunal Act 2012 により、民事の事件に関する総合的審判所を設置することとした。

（8）Heather M. MacNaughton, "Future Directions for Administrative Tribunals: Canadian Administrative Justice—Where Do We Go From Here?", in Robin Creyke (ed.), *Tribunals in the Common Law World*（Federation Press, 2008）203, at 224.

（9）カナダにおいても、ブリテッシュ・コロンビア州が、Civil Resolution Tribunal Act 2012 を制定して、民事の少額請求事件を裁判所の管轄から審判所の管轄に移行させることとした（移行の実施は二〇一四年の予定）。

（10）高柳信一「行政審判」田中二郎＝原龍之助＝柳瀬良幹編『行政法講座　第三巻　行政救済』（有斐閣、昭和四〇年）九八頁（同『行政法理論の再構成』〔岩波書店、昭和六〇年〕二八三頁所収）。それに先立って、今村成和「行政委員会における行政審判」公法研究二四号（昭和三七年）一七一頁も見られた。これらの研究がアメリカ法の強い影響下にあったことは明らかである。塩野宏『行政法Ⅱ　行政救済法〈第五版補訂版〉』（有斐閣、平成二五年）四二～四三頁は、行政審判は、「学問上の用語であって、通常の行政機関の系統から独立した行政委員会又はそれに準ずる行政機関が、裁判類似の手続である準司法的手続によって一定の決定を行う場合のその決定そのもの、あるいはその決定にかかる手続を含めた制度全体を指すとするのが一般的である」とし、「もっぱら行為の主体および手続の形式に着眼したもので、その限りでは形式的概念である」としている。

（11）高柳・前掲注（10）の論文を参照。

（12）Robin Creyke, "Where Do Tribunals Fit into the Australian System of Administration and Adjudication?", in Grant Huscroft & Michael Taggart (eds.), *Inside and Outside Canadian Administrative Law*（University of Toronto Press, 2006）, 81, at 82-83.

（13）Robin Creyke, "Administrative Tribunals", in Matthew Groves & H.P. Lee (eds.), *Australian Administrative Law*（Cambridge University Press, 2007）, 78-79.

（14）Robin Creyke, supra note 13, at 79.

（15）Robin Creyke, supra note 13, at 79-81.

（16）"justice tribunal" と呼ぶものとして、Frank V. Falzon, "The Integrated Administrative Tribunal", 19 C. J. A. L. P 239（2006）, at 248 がある。そこにおいて、行政審判所の大多数が裁決審判所である旨が述べられている。

（17）さしあたり、Dr. Mark Elliott & Dr. Robert Thomas, *Public Law*（Oxford University Press, 2011）六四二頁以下、榊原秀訓

「ブレア政権の審判所改革」南山法学三一巻一＝二号一三三頁（平成一九年）を参照。

(18) 連邦制の国カナダにおいて、州のうちケベック州のみは、フランス法系の法制度であるので、他の州及び連邦とは異なる行政法体系である。

(19) Peter Cane, *Administrative Tribunals and Adjudication* (Hart Publishing, 2009), 209-210.

(20) Peter Cane, supra note 19, at 210; Peter Cane, *Administrative Law*, 5th ed. (Oxford University Press, 2011), 18.

(21) このようなシステムに着目する場合に、同様に criminal justice、civil justice のように justice の語を用いる場合がある。これらの場合に、裁判システムを含んでいることは明らかである。

(22) Ron Ellis 氏は、administrative justice も judicial justice の一環として把握すべきであるとする基本的認識に基づいて、administrative tribunal の語に代えて、judicial tribunal の語を用いて、現行の行政審判制度を強く批判している（Ron Ellis, Unjust by Design—Canada's Administrative Justice System（UBC Press, 2013)）。そこにおいては、自らの経験にも鑑みた行政審判制度をめぐる根本的問題が提起されている。

二　オンタリオ州の集約化促進者の見解

1　集約化政策促進の報告書の挙げる原則

二〇〇六年九月に、オンタリオ州政府が機関集約化計画（Agency Cluster Project）を発表し、機関集約化促進者として、Kevin Whitaker 氏を指名した。同氏は、オンタリオ労働関係委員会、大学関係委員会及び教育関係委員会の委員長の職にあった。同氏に検討を依頼したのは、市町村、環境及び土地計画領域の五つの審判所について、各審判所の特有の役割及び使命を尊重しつつ、運営・管理及び紛争処理サービスの機関相互の協調及び調整（cross-agency cooperation and coordination）を通じて、サービスを向上させるというものであった。五つの審判所とは、財産評価審査委員会（Assessment Review Board）、保存審査委員会（Conservation Review Board）、交渉委員会（Board of Negotiation）、環境審査審判所（Environment Review Tribunal）及びオンタリオ市町村委員会（Ontario Municipal Board）である。Kevin Whitaker 氏は、二〇〇七年一月に中間報告をしたうえ、二〇〇七年八月に最終報告書を提出した。[23]

最終報告書において、まず、この計画を支える原則が掲げられている。それは、以下のとおりである。[24]

1　審判所裁決及び意思決定の独立性が守られ高められること。

2　立法により審判所に付与されている使命が尊重されること。

3　集約化の目的を達成するために必要があれば、立法による改革が提案されてよいこと。

4　利用者が審判所をより容易に理解し通過できると思えるようになること。

5　革新は透明で成果への明確かつ適切な責任により支えられること。

6　資源は、高品質の裁決サービスの提供に集中されること。

7　正義への接近と公益の保護とが妥協されないこと。

次いで、「集約化（Clustering）とは何か」を論じている。「集約化とは、関係する分野で活動し関係する事項を扱っている異なる審判所を一緒にまとめること」であるという。さらに明確にいえば、集約化は、各審判所内における特有の分野の専門的知識（expertise）の維持と発展、同時に集合体の中における最善の運用を共有することを認めることが意図された仕組みであるという。総合的審判所について研究してきた筆者にとって、この最終報告書が「集約化とは、異なる審判所を一つの包括的な機関（generic agency）に合併することないし統合することではない」と述べている点に、どうしても注目せざるを得ない。“cluster”の英語は、英和辞典の多くによれば、名詞の場合には、房とか群れの意味である。[25] そのような状態を実現することを同じ語の動詞により表現することになる。

報告書は、以下、繰返しも含めて、以下のように論じている。

まず、集約化された審判所（clustered tribunals）は、広範囲にわたる最善の実務を共有できると述べている。審判所について複数形が用いられていることに注意する必要があろう。集約化されても、それぞれの審判所は存続するという趣旨であろう。それを前提に、何が共有に適するかの決定は各個別の審判所に委ねられているという。そして、最善の実務は、紛争処理手続から事件管理及び審判所の内部統治にまで及ぶ可能性があるとしている。最も重要なことは、サービスの共有若しくは提携が各審判所の特有の分野の専門的知識の継続的利用と適用を認める方法によりなされるべきことである、としている。ここにおいて、個別分野の専門的知識の尊重が強調されている。

報告書は、行政審判所の直面する最大の課題は、いかにして、少ない公的資源を最善に調整し配分しつつ、同時に特殊専門的知識及び審判所の独立性の維持を確保するかにあるとして、問題を提起したうえ、集約化こそが、この課題に取り組む効果的で適切な方法であると理解されると述べる。

他方、集約化は、既存の資源のより効果的な利用をもたらすことを意図するものの、コストの削減またはサービス水準の合理化を目的とするものではないとしている。コストの削減ではないと述べるのは、集約化の目的ではないとするにとどまり、それ以上に何がもたらされるかを理解するのは容易ではない。もしもコストの削減が目的でないとすれば、報告書のいう最善の実務の共有は、複数の審判所の連絡会議のようなものでも、ある程度達成できるように思われるからである。あるいは、日常的に接していればこそ、各審判所が最善の実務を理解し採用しやすいということであろうか。

次いで、報告書は、より広い展望を示そうとしている。[26]

まず、行政審判（administrative justice）の用語を用いて、裁判所との関係についての言及がなされている。過去二〇年間に、これまで裁判所によりなされていた任務の多くが審判所に委ねられるに至ったこと、それは、オンタリオの人々の多くが裁判所よりも、より行政審判制度と頻繁に交流していること、将来はこの傾向が加速されるであろうこと、を指摘している。

行政審判による紛争の適切なる解決のためには、「専門的知識（expertise）」が中心概念であるとしている。ゼネラリストであらゆる法分野を扱わなければならない裁判官と異なり、審判所及び審判所の審判官は特定分野又は部門における専門家たるべきものと理解されていることは明らかであるとする。このような専門家は、審判所を利用する集団からリクルートされること、特定の審判所のサービスを利用する集団出身の審判官がその集団の文化と需要を知り理解していること、が認められるとしている。このような専門的知識こそ、審判所をして迅速かつ効果的な結果に至るような重要な裁量を適切かつ効果的に行使できることを可能ならしめるとしている。

このようにして、専門的知識がキーポイントとして位置づけられている。問題解決に際しての専門的知識の認識と利用こそが、裁判所のような手続の形式性を不要とする迅速な紛争解決方式を可能にするというのである。迅速な裁断を重視していることがわかる。

そして、制度設計の最も重要な視点として、公正、利用しやすいこと（accessibility）、実用性及び迅速性を挙げている。

2　集約化を図るためのステップ

報告書は、対象となる審判所についての分析、意見募集の結果などについての叙述の後に、「実効と次のステップ」と題して、具体的な指摘をしている。

第一に、運用の変更として、次のような提案をしている。

(1)　物的共同配置（physical co-location）

共通の物的空間を共有することであって、図書室、審理室を含む公共及び管理事務の空間の共有を指している。すでに筆者が指摘した集約化の予想されるメリットに関連して、異なる審判所の審判官及びスタッフの日常的な相互作用（day-to-day interaction）の機会を生むであろうことがより重要なことであると述べている。なお、報告書の公表時点において、すでに三つの審判所が同一の場所に事務所を有し、その年の秋には残りの二つの審判所も同一場所に移転する予定であった。

(2)　**ネットワーク上の共同配置（virtual co-location）**

集約化された審判所は単一のウェブサイトを共同採用し、情報技術及びコミュニケーションの専門技術とサービスをプールすることを挙げている。

(3)　**運営機構の共有**

運営上、管理上及び専門分野のサービスを確認して、審判所間の協定により共有するサービスの統合の程度及びコストの配分を定めるとしている。興味深いのは、すべての審判所に共通のサービスの統合を目指すことに無理があるとして、個々の審判所間の協定に期待している点である。

以上の三点に関しては、いずれも二〇〇七年末には完了するとしていることである。進行中の事態を合理的に説明するものにすぎないともいえる。

第二に、人員配置の変更（membership change）を取り上げている。そこでは、保全審査委員会とオンタリオ市町村委員会との交差任命（cross-appointment）についての言及が注目されるほか、フルタイムの審判官を増やすことを目指すべきであるとしている。それ以外の言及もあるが、それほど注目すべきものではない。

第三に、手続の変更（procedural change）に関しては、一般的事項を扱い特定の制定法上の仕組みに明確に結ばれていない実施実務及び手続の規範について調和を求めて努力がなされていることに言及し、一般的適用のある共通ルールのグルーピングの作業が進んでいることも指摘されている。また、早い段階における調停（mediation）の必要性も強調されている。すべての事案に関して適切とは限らないにしても、調停が審判に優先されるべきであるとしている。この点は、民事の紛争を前提にする限り十分に理解できるが、行政と私人との間の紛争、たとえば財産の査定についても当てはまるのかどうかについては疑問もあろう。なお、審判所は、全体として法、政策及び運用の問題を議論するため審判官の定期的な会議をもつことにも言及している。このことは、きわめて重要であるものの、集約化ということと直結することではないように思われる。

以上を見た場合に、すでに進行中のことを述べている部分も多く、その限りで現状肯定の意味を有するにすぎない部分も多いというのが率直な感想である。

(23) Final Report of the Agency Cluster Facilitator for the Municipal, Environment and Land Planning Tribunals（August 22, 2007）（= Final Report).

(24) Final Report, 5.

(25) “cluster”の語を用いて行政審判所の集約化を表現した起源は明らかでないが、ニュージーランドの Legislation Advisory Committee Report No. 3, *Administrative Tribunals*（Government Printer, 1989）, 52が、より大きな審判所にまとめることを提案したのを、同国の Law Commission Report 85, *Delivering Justice For All*（2004）28が、“larger clusters”と呼んだのが始まりのように思われる。

(26) Final Report, 7.

三　集約化の実施

1　法律上の条項としての定め

このような促進者の見解をも踏まえて、集約化の実施が促進された。もっとも、インフォーマルな事実上の集約化は、前記の促進者の報告時点において相当進んでいたことは、すでに述べた。

法的根拠として、Adjudicative Tribunals Accountability, Governance and Appointments Act 2009（以下、AGA法と略称することがある。）に集約化の条項を入れた。すなわち、「州知事（The Lieutenant Governor in Council）は、州知事の判断において、（複数の）審判所の処理する事項が単独よりもクラスターの一部としての方がより実効的かつ効率的に運営できるとされる場合には、二以上の裁決審判所（adjudicative tribunals）を規則によりクラスターとして指定することができる」（一五条）という条項である。後述のように、この授権規定に基づく規則が複数制定されている。コストの削減を狙うものではないと言われたにもかかわらず、「実効的かつ効率的運営」は、コストの削減に連動することのように思われるが、いかがであろうか。

AGA法は、クラスターの組織に関しては、次のように定めた。

州知事は、クラスターを構成する裁決審判所のすべてについて責任を負うべき所長（executive chair）を任命することができる（一六条一項）[27]。さらに、州知事は、クラスターを構成する各裁決審判所について副所長（associate chair）を任命することができる（一六条二項）[28]。また、一又は二以上の副所長を所長代理に任命しておいて、所長が行動できないか又は空席の場合に所長代理が所長の職務を遂行することも認めている（一六条三項）。さらに、所長補佐（vice-chairs）を任命して、副所長の職務を遂行することを認めている（一六条四項）。そして、所長及び副所長は各審判所の構成員であり、副所長及び所長補佐は、当該裁決審判所の構成員とならなければならない（一六条五項）。

条文の文言にこだわらずに説明すれば、次のようになる。

所長は、クラスターを構成するいずれかの裁決審判所の構成員となる。また、副所長は、その属する裁決審判所の責任者で、かつその構成員であると同時に、所長に故障があるとき又は空席を生じたときは、所長の職務を遂行する。所長補佐は、属する裁決審判所の構成員であると同時に、副所長に故障があるとき又は空席を生じたときは、副所長の職務を遂行する。

所長は、本法律若しくは他の法律により、又は規則、知事の命令若しくは大臣若しくはキャビネット運営委員会の指示により、クラスターを構成する各裁決審判所の所長に付与されている権限、義務及び職務を有する（一七条一項）。

2　規則によるクラスター構成審判所の指定

ＡＧＡ法一五条の規定に基づいて、徐々に規則による指定がなされている。

第一に、環境・土地審判所（Environment and Land Tribunals）が指定された（二〇一〇年）。ここに集約された審判所は、財産評価審査委員会、土地収用法二七条一項の下で継続される交渉委員会、保存審査委員会、環境審査審判所及びオンタリオ市町村委員会である。

第二に、社会紛争審判所（Social Justice Tribunals）が指定された（二〇一一年）。子供・家庭給付審査委員会（Child and Family Services Review Board）、養育審査委員会（Custody Review Board）、オンタリオ人権審判所（Human Rights Tribunal of Ontario）、地主・賃借人委員会（Landlord and Tenant Board）、オンタリオ特別教育審判所

（英語）（Ontario Special Education Tribunal（English））、オンタリオ特別教育審判所（フランス語）（Ontario Special Education Tribunal（French））及び社会給付審判所（Social Benefits Tribunal）より成る。

第三に、安全・許認可不服・基準審判所（Safety, Licensing Appeals and Standards Tribunals）が指定された（二〇一三年）。動物保護審査委員会（Animal Care Review Board）、火災安全委員会（Fire Safety Commission）、許認可不服審判所（License Appeal Tribunal）、オンタリオ市民警察委員会（Ontario Civilian Police Commission）及びオンタリオ仮釈放委員会（Ontario Parole Board）より成る。

3　クラスター構成審判所共通ルールの策定

AGA法は、クラスターを構成する裁決審判所が、共同して書類の作成等をすることを認めている（一八条）。これを受けて、各クラスター審判所で共通の手続規定を設ける動きがある。

たとえば、社会紛争審判所は、二〇一三年四月に、「オンタリオ社会紛争審判所共通規則」の策定に向けて、原案を作成して、意見公募手続を行なった。公募の際の文章には、クラスターを通ずる高品質の紛争処理を行なう趣旨が示され、手続が透明かつ理解しやすいものにすることを含めて、クラスター審判所に共通の手続と価値を確認している。代理人、紛争後見人（litigation guardian）に関する定めが中心である。共通規則は、同年一〇月に施行された。

このような動きの一方で、クラスターを構成する審判所が固有の手続を整備しようとする動きもある。オンタリオ環境・土地審判所は、査定審査審判所の運用・手続の規則(29)について、意見公募（consultation）を行なったうえ、改正点をまとめて公表し、二〇一三年四月に改正を織り込んだ規則を施行した。このような独自の手続規定の改善が、集約化と無関係なのかというと、そうではないようである。意見公募文書には、規則の変更及び合理化方策は、近年の委員会の経験に加え、他のクラスター構成審判所の規則及び、当事者が審理に先立って事実問題と狭い争点の早期解決を達成しコストを節約し実効的な公正審理を可能にする簡便化された裁判所手続を反映させようとしていることが述べられている。クラスターを構成する他の審判所の手続が大いに参考にされていることが推測される。

(27)　事実上進行していた環境・土地審判所について所長が任命されたのは、AGA法の施行後であったことはいうまでもない。

(28)　この法律ができる前は、個別の審判所の長をchairと呼んでいたが、この法律によって、クラスターを構成する個々の審判所の筆頭メンバーをassociate chairと呼ぶことになったといえる。

(29)　この規則は、Statutory Powers Procedure Act 二五－一条一項が、「審判所は、その運用及び手続を管理する規則を定めることができる」としているのを受けたものである。

四　集約化の意味の考察

1　クラスター構成審判所の存続

集約化の意味を考えるに当たって、AGA法は、クラスターを構成する各審判所の権限等については、何ら手を加えていないことを確認しておく必要がある。各審判所の権限等は、もっぱら個別法の定めによっている。たとえば、環境・土地審判所の構成審判所である査定審査委員会に関していえば、Assessment Review Board Act及びAssessment Actが代表的な法律である。クラスターを構成する審判所は、集約化後においても存続するのである。

税の査定に関しては、とりわけAssessment Actが主たる内容の条項を有している。同法四〇条一項は、自治体、学校委員会若しくは自治体に属しない区域にあっては大臣を含めて、何人も、査定審査委員会に対して、所定の理由[30]のいずれかを理由として、書面により審査を申し立てることができる、としている。

ここにおいて興味深いことが二点ある。

第一に、自治体等の行政主体ないし行政機関も審査申立てが可能とされていることである。当事者を定める同条一一項において、査定法人（assessment corporation）が掲げられているのは、オンタリオ州において、不動産の評価を民間の評価会社が行なっていることによるものである。

第二に、他の者の査定額等を不服として審査を申し立てることができることである（四〇条一項(a) i、四〇条九項）。これに対応して、当事者を定める同条一一項には、査定について審査申立ての対象とされている者も掲げられている。

Assessment Review Board Act は、委員会の構成メンバー等を定めている。委員会の手続に関する規定も若干置かれている。[31]

ところで、クラスターを構成する審判所について個別法が規律する現状において、その規律密度が不統一であることは否定できない。たとえば、査定審査委員会について定める Assessment Review Board Act は、枝条文を無視すれば、わずかに一二条までの小さな法典である。詳細な事項は、Rules of Practice and Procedure に委ねられているのである。他方、同じクラスターに属するオンタリオ市町村委員会に関しては、一〇三条に及ぶ大法典 Ontario Municipal Board Act が制定されている。今後、こうした不均衡が放置されるのか、均衡に向かうのか、興味深い点である。

2　集約化の意味の検討

すでに述べたようにＡＧＡ法は、単独よりもクラスターの方がより効率的かつ実効的な運営ができることを期待できる場合に集約化することを定めている（一五条）。効率的かつ実効的という場合に、複数の審判所を一つの機関に合併ないし統合することも考えられる。それに対して、クラスターは、複数の審判所について、個々の審判所の独立性を維持したまま、まとめて、審判を支える場所、管理事務体制等を共用する仕組みと考えられる。

集約化の意味に関して、二〇一〇年の「『計画・環境裁判所及び審判所』オーストラリア会議」に提出されたMichael Gotthiel と Doug Ewart 両氏の共同のペーパーである"Improving Access to Justice through International Dialogue: Lessons for and from Ontario's Cluster Approach to Tribunal Efficiency and Effectiveness"(32) の第一部「集約化」が述べているところが参考になる。(33) ちなみに、Michael Gotthiel 氏は、このペーパー執筆時において、環境・土地審判所の所長（executive chair）であった。そのことは、審判所をよく知る者の見解としてプラス面があると同時に、自己肯定的になりやすい面があることも無視してはならないといえよう。

両氏は、まず、審判所をめぐる状況を分析している。紛争の解決を裁判所よりも審判所に求める中核となる論拠は、審判所の専門的知識、及び、より利用しやすいこと（expertise and greater accessibility）であるという。そして、専門的知識の視点から、審判所は、個別分野ごとに設置されるとともに、所管省庁と密接な関係を保持するようになったという。両氏の述べるところを筆者流に引き直しつつ述べるならば、個別分野に応じた審判所の乱立ともいえる状況がもたらされ、審判所が偏狭で自己本位になっているばかりでなく、資源の利用が非効率になっているという。その結果、事案の多様性や審判官の専門的な発展をもたらすことが少なくなり、また、事件が少ない場合は、最善の努力にもかかわらず、実効的で洗練された行政審判の組織を支えるだけの資源に乏しくなるという。当該の審判所が扱う件数が少ないのに、人的・物的資源を十分に用意するわけにはいかないという事情によるのであろう（二一～二三頁）。個別分野ごとの審判所が孤立している場合の問題点が挙げられているのである。

両氏によれば、このような問題に対して、完全な合併（統一）から、特定事項の分野についての合併又は別個の審判所について異なる名簿若しくは審判官のグループをおく統合、業務の何らかの部分の調整をする監督機関若しくは事務局の設置に至るまで、構造的な対応が見られるようになったという。そして、集約化は、このうちの中間に向けたものであるという。それは、「一定の管轄を有する小さな一組の審判所を、各審判所はそれ自身の法律による管轄、対象事項についての専門的知識、利害関係者の関係及び（全体の長を別として）別々の構成員を維持しつつ、裁決を下す一人のリーダーの下にグルーピングすること」と定義できるとしている（三頁）。

両氏は、ＡＧＡ法が掲げるように、効率性（それは、手続と管理）の改善のみならず実効性の改善の重要性を指摘する。しかも、実効性とはプロセスにおける実効性のみならず対象事項（subject matter）という実体（substance）に関係する実効性が重要であると指摘している。この実効性は、クラスター共通に整備すべき文書の中に、審判所の使命に関する言明、審判所構成員に求められる技能と特性に関する叙述が含まれることにより担保されると見ているようである。また、所長（chair）となる者は、「調整する所長（coordinating chair）」を越えて「まとめる所長（integrating chair）」でなければならないことを意味するという。

以上から、各審判所の権限規定などが個別法に委ねられているにもかかわらず、審判所の改革が期待されているとする理解が展開されている（五～六頁）。

両氏は、国際的な視点から、オンタリオ州の集約化についての特色を以下のように摘示している（六～八頁）。第一に、各審判所が管轄する対象事項の中に明瞭なリンケージがある程度存在するが故に、クラスターにまとめられていることである。権限行使の種類（政府の行為の審査であるか当事者間の紛争であるかとか、純粋に私的事項であるか公益をも含む事項であるかなど）、採用している裁決の型の種類（完全な対審方式か積極的な糾問的裁決型かなど）あるいは、集約化された審判所の利用者（家屋所有者とか事業者かなど）によりグループを形成する方式とは異なるとしている。したがって、筆者のこれまでの研究テーマである行政不服審査機関の総合化とは視点が異なることが確認される。

第二に、集約化された各審判所は、たとえ、当該事項が他の目的で他の審判所の管轄に含まれる場合であっても、それぞれ固有の法律上の管轄を有していることである。その結果、各審判所は、固有の利害関係者をもつことが多い。

第三に、各集約化された審判所は、明確に限定して当該審判所に任命された定員だけの審判官を有し、当該審判所に係属する事項に関して排他的管轄を有している。集約化されても専門的知識が希薄化することはないという。

第四に、このような固有性（distinctiveness）にもかかわらず、クラスターは、それを構成する審判所がその任務を遂行する実効性を改善するという立法者意思を達成しなければならないことである。そこで、より広い知識、経験及び見通しをもって各審判所の裁決の内容を豊かにする努力が必要とされると述べている。この指摘は、当然のことと思われるが、期待に応えられるかどうかが課題であろう。

第五に、選択的に交差任命、広範囲な交差的な訓練及び共同の場所によって、審判官の経験及び知識の基礎が拡大されることである。このことは、対象事項に関する相互作用を促進するのみならず、クラスター全体を通じて、利用しやすい裁決実務の共通の高度な基準の重要性を認識させるという。興味深いのは、両氏が、裁決者に職として充実した満足感とキャリアとしての流動性（career mobility）をもたらすとしている点である。日本において、行政審判を行なう審判官が、よりよい審判所の審判官を目指して異動することは考えにくいところである(34)。それに対して、カナダ等においては、さまざまな分野の経験を積んでいる審判官が多いように思われる(35)。そのような背景なしには、この部分の指摘を理解することは難しい。

第六に、審判所のリーダーシップの仕組みは、クラスターを構成する審判所の従前の統治ヒエラルヒーを厳格に維持することによって確立される必要がないことである。副所長選任については、選任するか否かについても、選任する場合の選任についても、広範な裁量が認められているので、審判所ごとに選任する場合にも、クラスター全体の統治ないし発展の責任を負う旨を明確にすることもできるという。副所長の任命方式の弾力性にクラスター全体としての役割を強化させることが秘められているというのである。

第七に、環境・土地審判所の場合、集約化されるすべての審判所の事務部門は単一の仕組みとされたが、各審判所特有の職員は、それら審判所の事案処理の職務のために維持されていることである。審判官とそれら職員とがチームとなって任務を遂行できることが強調されている。

以上のほかにも、環境・土地審判所の経験に鑑みた二点の紹介がなされているが、省略しておきたい。また、一般的な合併の場合と同様の特色の指摘も多数なされているが、それらも省略したい。

このような指摘をまとめるならば、個別審判所の審判機能を維持しつつ、集約化によって、クラスター全体としての機能の向上を目指すことができる点に、集約化のメリットが認められるということである。

3　集約化政策の評価——Sossin 教授らの見解

以上に示した集約化の意味を踏まえて、集約化政策をどのように評価できるのか、必ずしも十分に文献等に接することができないが、Lorne Sossin 教授らの論文(36)が、そのサブタイトルとして、“A Glass Half-Full or Half-Empty for Administrative Justice?” と問いかけて、一定の問題提起をしているので、紹介しながら検討しよう。

この論文は、まず、いかなる基準で個別の審判所がクラスターの中において結びつきがあるのかという問いを発している（一五九頁）。さらに、クラスターは、実際に便宜的な費用節約の行為にすぎないのか、という問いも発している。この問いかけは、個々の審判所が単独で存在する場合よりも効率的であるのか否かではなく、むしろ「誰が受益するのか（Who benefits?）」であるという。この問いに対して予想される解答について、節約分が行政審判の質の向上のために使われるのであれば、審判所自身、さらには審判所を利用する当事者が受益することになるが、節約分が一般歳入に吸い上げられるというのであれば、質の基準というよりは財政基準の動機によるものであるという批判を受けやすいと指摘している（一六〇頁）。

同論文は、以上のような問題意識に立って、まず、審判所システムの近代化の到達目標は、最終的に「利用者の審判へのアクセスを改善すること」にあるとしている。人々は、行政決定を審査し紛争を解決するのに、伝統的な裁判所中心の法手続よりも、簡易かつ経済的な道として審判所を頼りにしていることを挙げている。社会的、経済的に苦しい人々のみならず、政治的に重要な中間層にとっても、審判へのアクセスのコストが関心事であるというのである（一六一～一六二頁）。もっとも、アクセスのコストは、必ずしも狭い意味の費用を指しているわけではない。この論文は、行政審判所改革に意味のあるアクセシビリティには、三つの局面があるとしている。第一は、審判所手続への形式的アクセスであり、第二は、審判所を利用できるか、審判所からどれだけのサービスを得られるか、に関する法的その他の知識であり、第三に、審判所システムに参加するのに必要とされる資源へのアクセスであるとしている（一六二頁）。

個々の行政審判所が、裁判所に比べて、より簡易、より効率的、かつ特定事項についてより専門的になったとしても、審判所システム内の分裂状態（fragmentation）が、依然として利用者のアクセスを妨げると指摘する。とりわけ一つの紛争が複数の審判所の所管となる場合のことを挙げている。単純に、いかなる審判所があり、それら審判所が何をし、それらにどのようにアクセスすればよいのかを知ることを困難にしているとする（一六四頁）。日本流の行政処分に相当する行政決定を争うのであれば、教示制度により相当程度解決できるが、私人間紛争となるとそう簡単ではあるまい。審判所がカナダほどに採用されていない日本においては問題にならないが、無数の審判所を設けているカナダならではの問題の指摘である。さらに、行政審判所のアドホックな展開が審判官自身の間の知識の交流を妨げ、首尾一貫性の欠如や時には恣意的な意思決定をもたらしていることも指摘する（一六四頁）。

この論文は、細分化された事項についての行政審判所の存在を「分裂（fragmentation）」というキーワードで叙述し、その問題点を指摘している。きわめて興味深いのは、孤立して活動する細分化された審判所制度は、省庁の虜となりやすいこと、透明性及び公開性の原則を課すことを難しくすること、の指摘である（一六四～一六五頁）。

両氏は、分裂に対するオーストラリア及び連合王国の対応（一六五頁以下）を述べた後に、審判所集約化の理由について検討を加えている。システムの一貫性と弾力性とのバランスをとる必要性が、行政審判所改革の代替策としての審判所クラスターの将来への展望を証明すると述べている（一六九頁）。まず、ニュージーランドの法制委員会（the New Zealand Law Commission）の報告書を紹介して、同報告書[37]の示す他の対策と区別される集約化の意義は、利用者集団の間の関係を改善し、審判所運営を合理化し、異なる専門分野をまたがって裁断への到達を他花受粉させること（cross-pollinating）によって、優れた基準を設定する条件を創造することが機能的に狙われていることにあるとする（一七〇頁）。

そして、集約化が意味をもつ三つの理由を挙げる（一七〇～一七一頁）。第一に、より大きくなればよくなるというものではないことである。第二に、クラスターは、複数の審判所をまたがり、かつ相互間の学習を見越していることである。一つのクラスター内の審判所は、各審判所の明瞭な独自性を示すために最善の運用と手続を強調するというわけである。筆者なりに解釈すれば、クラスター内における審判所間の競争があり得るということになろうか。第三に、審判所のクラスターの構造は、利用者が、ある状況において、実際にどのように行政審判問題を経験するか、利用者のニーズを正確に反映する可能性があることである。

このようにして、両氏は、まず、クラスターの仕組みを積極評価している。しかしながら、同時に、クラスターの仕組みは、行政審判の改革の最終目的地（final destination）ではなく、より合理的かつ一貫性のある行政審判の方法に到達するための手段であることを強調している。そして、審判所のクラスター内には、一方において各構成審判所の個別法による指示を認めることと、他方においてより深い実体的及び手続的な統合を促進すること、との間の緊張関係が指摘されるとしつつ、この緊張関係を強調して立法による実体的審判所改革を目指すことには否定的であって、審判所がクラスター内において維持されかつ共有されるに値する価値のある規格化された知見を提供するであろうことに期待を寄せている（以上、一七一頁）。立法よりは実践による改善の重視といえよう。

両氏の結論は、クラスターは、観念的な純粋主義者には反論できないが、カナダにおける行政審判の発展を燃え上がらせているという、ある種の確固とした実用主義（principled pragmatism）を反映しているという評価を下している（一八七頁）。基準に関する真空状態で審判所のクラスターのリスク及びベネフィットを議論することは困難であること、一貫性のある調整された行政審判のシステムこそが、審判へのアクセス、公的説明責任、並びに制定法上及び政策の目的の達成を、よりよく実現できるという認識から、クラスターは、目的地ではなく、重要かつ積極的な第一歩を示すものであるとの評価をしている（一八七頁）。論文のタイトルに関係して、このことは、グラスが半分満たされたものと見ることとする旨を認めるものであるが、ひとたびクラスターが存在しても、もしもさらなる展開がないならば、あっという間に半分空のように見えるようになってしまうであろうと述べている（四八頁）。

以上紹介した論文は、前記以外にも、ニュージーランド、連合王国、オーストラリアの議論と制度にも多くの言及をしており、比較研究に益するものである。

(30)　①その者の土地又は他の者の土地の現在価値が正しくないこと。②その者又は他の者の土地が誤って査定簿に記載され又は査定簿から除外されたこと。③その者又は他の者が誤って学校支援簿に記載され又は除外されたこと。④その者の土地又は他の者の土地の区分が正しくないこと。⑤部分により不動産の異なる区分である土地に関して、各区分に属すべき土地の価値の配分の決定が正しくないこと。なお、これら以外に大臣が定める他の理由の余地も認めている。

(31) 地方の自治体において委員会が開催される場合には、その自治体が委員会の開催のために適切な室及びその他必要な調整を提供するものとされている（一二条）。州の機関である査定審査委員会の任務の遂行を当該自治体が支えるべきであるという趣旨であろう。

(32) Michael Gottheil & Doug Ewart, “Improving Access to Justice through International Dialogue: Lessons for and from Ontario's Cluster Approach to Tribunal Efficiency and Effectiveness”（2010). このペーパーは、オンタリオ社会紛争審判所のウェブサイトより得た間接的資料である。以下、紙数の節約のため、引用頁は、本文中に記すことにする。

(33) 両氏は、このペーパーをアップトゥデイトした論文“Lessons from ELTO: The Potential of Ontario's Clustering Model to Advance Administrative Justice”, 24 C.J.A.L.P 161（2011）を公表している。本文に紹介する部分に関してはほとんど変動がない。

(34) もちろん、研究者又は通常の行政を担ってきた公務員が合議制の不服審査機関等に抜擢されることがあるが、それは、当該領域について知識があることが認められるとしても、決して不服審査実務等についての経験、能力を備えていることを意味するわけではない。

(35) たとえば、初代の環境・土地審判所の所長となったMichael Gotteil氏は、クラスター化前の人権審判所所長を経験しているうえ、二番目にクラスター化された社会紛争審判所の所長となった。

(36) Lorne Sossin & Jamie Baxter, “Ontario's Administrative Tribunal Clusters: A Glass Half-Full or Half-Empty for Administrative Justice?”（2012), Vol. 12 No. 1 Oxford University Commonwealth Law Journal 157. 以下、紙数の節約のため、引用箇所は、本文中に記す。

(37) New Zealand Law Commission, Tribunal Reform（New Zealand Law Commission Study Paper 20, 2008).

この報告書は、行政審判所制度に関する包括的研究であって、詳しくは別の機会に検討したいと考えているが、第二部「改革の選択肢」において、クラスターを選択肢の一つとして掲げており、そこにおける検討は、オンタリオ州の集約化政策を理解するうえにおいても、重要と思われる。以下、要点のみ触れておこう。

まず、クラスターの語は、単に審判所を寄せ集めることであるとし、要点として次の六点を挙げている。

① 構成審判所が個々に分離した機関としてよりは、全体としてまとまって管理されるように、管理的支援と役務を共有すること。
② グループの中において、全部又はいくつかの審判所の間において審判員をある程度共有すること。
③ 権限、手続及び上訴権についてクラスターで共通のアプローチ。
④ 利用者のクラスターへの単一の入口。
⑤ グループ全体の調和と首尾一貫性を監視し促進するためのグループ全体のリーダー。
⑥ まとめられた審判所の管轄の一定程度の統合又は合併。

次に、クラスターの概念の抽象的な定義はないことを強調したいとし、クラスターの観念は、統合や役務共有についての特定水準を求めるものではないとしている。どのようにグルーピングするかに関しては、一のクラスター内の各審判所により遂行される機能の類似性による方法と一のクラスターの各審判所の扱う事項（対象）を考慮する方法とがあるとしている（以上、五四～五五頁）。そして、これらの方法について詳細な検討を加えている（五五頁以下）。

五　オンタリオ州の行政審判所集約化から学ぶもの

以上の紹介的な叙述を踏まえて、日本における行政救済を念頭に置きながら、オンタリオ州の行政審判所集約化から学ぶべき点を考察していきたい。

1　集約化以前の前提の違いと議論の意味

まず、オンタリオ州が無数の行政審判所を有する点において、日本の行政不服審査制度とは、前提となる実態が異なることを確認する必要がある。日本においてカナダ等の審判所に相当する不服審査機関は例外であって、不服申立ては、独任制の上級行政庁への審査請求が中心となっている。

行政不服審査法において、たしかに、上級行政庁以外の機関への審査請求について、法律（条例に基づく処分については条例）により創設できることになっており、審判所の設置を個別法の定めに委ねているオンタリオ州と、建前上は異ならないといってよい。しかしながら、実態として、上級行政庁以外の第三者機関に対する審査請求を認める法律の数は、それほど多いわけではない(38)。

さらに、条例に基づく処分について第三者的審査機関を定める例は皆無である(39)。この点については、単に運用上のことであるのか、法的仕組みの結果であるのかについて検討する必要がある。行政不服審査法は、条例による処分について条例により審査機関を定めることを許容しているものの、審査機関を定めるに当たっては、地方自治法の制約の下にあるので、そのことが第三者的審査機関の設置を妨げていると考えられるからである。すなわち、附属機関は、条例の定めによれば自主的に設置できるものの（自治一三八条の四第三項）、不服審査機関は、直接に不服申立人との関係において裁決権限を行使するのであるから附属機関ではなく一種の執行機関であって、法律の授権が必要である（法定主義）とする解釈である（自治一三八条の四第一項）(40)。

以上のような日本の状況を前提にすると、審判所の集約化を検討するほどの状態からはほど遠いように見られるかもしれない。しかしながら、次の三つの理由により、十分意味のあることと思われる。

第一に、現行の不服審査制度を前提にしても、たとえば、建築審査会と開発審査会、国民健康保険審査会と介護保険審査会のように、クラスターとすることによって、審査の改善や行政コストの節減に資する場合がないとはいえない。第二に、集約化がなされるならば、そこで生み出される適正手続のうちの基幹的部分は、一般の上級行政庁による審査の場合にも当てはまるものと認識されるようになる可能性がある。公正な手続の実現への先導的役割を期待することができる。第三に、次に述べる専門性の議論は、日本においても重要な論点である。

2　専門性の意味

オンタリオ州の行政審判所は、個別法により設置され、当該行政分野との関係における専門的知識（expertise）ないし専門性を備えた審判所による審査に価値を認める制度であった。ところが、論者の指摘によれば、このような個別法による審判所は、勢い所管省との結びつきができてしまうという問題が指摘され、そのことが集約化の一つの理由とされてきた。そして、集約化されても司法裁判所と異なり専門性のメリットが活かされるものとされている。個別審判所はクラスターの中に存続し続けるのであるから、この指摘が誤っているわけではない。しかし、審判官の経歴を見る限り、専門性の意味を改めて確認する必要がある。すでに触れたように、複数の異なる分野の審判所の審判官を歴任している審判官が多いという事実である。審判官に着目する限り、必ずしも狭い個別法領域の専門性という意味ではなさそうである。

では、どのような専門性なのであろうか。審判官に求められるのは、個別行政分野というよりも、むしろ行政法に通じているという意味の専門性であるように推測される。弁護士を含めた administrative lawyer としての専門性といってもよいように思われる。この点においては、司法裁判所の裁判官には行政法以外の多様な分野の事件を扱うゼネラリストが期待されるのと対比して、審判官は、確かに行政法への専門性を備えていることが求められるのである。裁判所の場合を generalist による構成と見るならば、たとえ総合的行政審判所であっても、行政に特化している意味においては specialist である。そして、総合的行政審判所を“generalist”とし、個別審判所を“specialist”と見ることとの関係を考えるならば[(41)]、前述のような資質を備える審判官が個別審判所において活動するならば、当該管轄事項についての専門性をマスターすることができ、個別審判所に期待される専門性を発揮できるであろう。そして、このような理解によって、クラスターの中にある各審判所の審判官は、クラスター内の他の審判所の審判官との交流を通じて、専門性を高めることができるという指摘[42]も理解することができる。専門性は、決して微視的な特殊化した知識（specialized knowledge）に着目するものではないと思われる。

日本における行政不服審査の専門性はどうであろうか。上級行政庁が審査庁とされる場合に、当該上級行政庁が専門的知識を有するという建前になっていても、当該行政庁の職にある者、たとえば大臣なり地方公共団体の長の職にある者自身は、決して当該行政分野について専門的知識を有しているとは限らない。実際には、補助機関の職である公務員の専門性に期待しているのであって、審査機関と事務を担当する生身の人（メンバー）との乖離があるといわざるを得ない。カナダ等の行政審判所に関して、裁決権を行使する審判所の審判官自身の専門性に期待しているのと対照的である。合議制機関[43]の場合には、当該行政分野の実体面の専門性についても徹底されていない（それは、合議制機関がその補助機関に依存する状態を招きやすい）のに加えて、必ずしも行政法の原理に関する専門的知識（行政法の専門性）が求められているとは限らないのである[44]。

3　集約化と合併との違い

オンタリオ州の集約化は、クラスター内において、従来の審判所がそのまま存続するものである[45]。これに対して、複数の審判所を再編成して一つの審判所とする場合がある。

たとえば、カナダの連邦は、Jobs, Growth and Long-term Prosperity Act 2012により、それまで存在していた、Office of the Commissioner of the Review Tribunal（OCRT）、Pension Appeals Board（PAB）、Office of the Umpire（OU）及びSocial Security Tribunal（SST）の四つの審判所を、新たなSocial Security Tribunal（SST）に統合して、二段階の不服審査の仕組みを採用した。第一段階の不服審査は、一般部（General Division）において行な

い、一般部の裁決に不服のある場合は、さらに再審部（Appeal Division）に不服を申し立てることができる制度となっている。

二〇一三年四月の発足時に公表された審判所長の談話によれば、同審判所は、効率的、実効的かつ独立の不服申立手続を提供するものであって、不服を申し立てるのに単一の窓口を設けることにより不服申立手続を簡便にし、かつ、簡素化するものであるという。この審判所長の談話には「効率的（efficient）」と表現されているのみであるが、そもそも、この政策が二〇一二年の Economic Action Plan を出発点とするものであり、同法の中には財政の健全化の条項も含まれており、政府の経費節減の要請があったことは否定できない[(46)]。管理部門の経費節減は、その程度はともかく、集約化の場合も統合の場合も同じであるといってよい。

クラスターの特色として、筆者が推測するメリットは、クラスターを構成する各審判所が、それぞれに審判所利用者の利益に配慮して改善する努力の競争をするならば、全体としてのレベルが高まるであろうことである。単なる合併との違いは、まさにこの構成審判所間の競争にあると考えられる。それは、絶えざる改善努力を前提にして初めて可能となるのである。

(38)　その例については、碓井光明「独立行政不服審査機関についての考察」藤田宙靖博士東北大学退職記念『行政法の思考形式』（青林書院、平成二〇年）三二五頁を参照。

(39)　情報公開及び個人情報保護に関する審査会は、国の場合と同じように諮問機関の位置づけになっている。各方面から注目されている多治見市是正請求手続条例の定める是正請求審査会（三一条以下）も、諮問機関である。

(40)　このような問題の所在について、さしあたり宇賀克也『行政法概説Ⅱ　行政救済法〈第四版〉』（有斐閣、平成二五年）三三頁を参照。

(41)　Robin Creyke, supra note 13, at 79-80. そこでは、generalist tribunal のことを multi-purpose tribunal とも呼んでいる。

（42）　Michael Gottheil, "Clustering in Ontario: The D.I.Y. Tribunal", Presentation to the CIAJ Annual Conference "The Architecture of Justice" (2012), at p. 14.

（43）　専門性が必須とされていない場合もある。固定資産評価審査委員会の委員につき、「当該市町村の住民、市町村税の納税義務がある者又は固定資産の評価について学識経験を有する者」のうちから選任することとして（地税四二三条三項）、必ずしも専門知識を要求していない。この仕組みに、素人住民の参与手続と専門的行政委員会との対立軸があることについて、碓井光明「固定資産評価の不服審査制度に関する考察」山田二郎先生古稀記念『税法の課題と超克』（信山社、平成一二年）三八九頁を参照。

（44）　たとえば、開発審査会の委員は、「法律、経済、都市計画、建築、公衆衛生又は行政に関しすぐれた経験と知識を有し、公共の福祉に関し公正な判断をすることができる者」とされている（都計七八条三項）。筆者は、「行政領域ごとの専門性」と別に、「適正に不服審査を実施することに関する専門性」が考えられ、この両者の専門性を適度に確保する必要がある、と指摘したことがある（碓井・前掲注（38）三五六頁）。

（45）　ブリテッシュ・コロンビア州の Environmental Appeal Board, Forest Appeals Commission, 及び Oil and Gas Appeal Tribunal も、クラスターとなっている。そして、同種分野の審判所の統合が提案されている（Environmental Law Center (Faculty of Law, University of Victoria, Environmental Tribunals in British Columbia (Environment Law Center, 2011) p. 66)。また、Property Appeals Board, Surface Rights Board 及び Civil Resolution Tribunal についても共通の委員長が任命されている。これから本格的な動きが始まる見通しである。（※　本稿末尾の【補記】を参照されたい。）

（46）　連邦政府の Human Resources and Skills Development Canada による "Quarterly Financial Report Ended June 30, 2012: Statement Outlining Results, Risks and Significant changes in Operations, Personnel and Programs" は、管理の統合と運営の簡素化により、二〇一四〜二〇一五年には、二六〇〇万ドルの節減になるであろうと述べている。

六　おわりに

必ずしも多いとはいえない情報を基に、オンタリオ州の行政審判所の集約化について考察してみた。この考察を通じて、集約化に付随して感じた問題を述べて、本稿を終えることにしたい。

第一に、何といっても、集約化なり統合なりを検討するほどに審判所が多数存在し、かつ、その役割が大きいという事実である。そのこと自体の分析なしには、制度のあり方を論ずる前提が脆弱であるとの批判を受けるであろう。推測の域を出ないが、二つの理由があると思われる。

一つは、紛争の処理について行政審判を第一義的に位置づけて、司法裁判所が審査できる範囲を限定することにより、司法裁判所の負担を軽減しようとすることである。これに対して、日本において、審査請求前置主義を廃止する場合のみならず、審査請求を経る場合にあっても、実質的証拠法則が採用されている場合を除いて、裁判所においてじっくり事実問題を含めて争えることから、行政不服審査に期待しなくとも、建前上は、それほどの不都合がなかったともいえる。そのことが行政不服審査に関して緊張感の欠如を招きやすかったともいえる。

また、カナダにおいて私人間の紛争について行政審判所が裁断する仕組みを用意している場合が多いということも要因のように思われる(47)。日本においてもＡＤＲの仕組みとして行政審判が活用されることがあるにしても(48)、カナダの比ではない。

第二に、審判官及びそれを支える人々が、職業として確立されていると見られることである。すでに触れたように、分野の異なる審判所の審判官の経歴を踏む審判官が多いことが注目される。そして、審判官のみならず、審判官を支える人々を含めて法律専門家の充実が制度の背景にあると思われる。これに対して、日本において行政不服審査の審理を支える人々は、一部の第三者的機関を除いて、通常の公務員に委ねられている。そのような公務員は、当該分野の実体法レベルの知識は豊富といえるかもしれないが、行政解釈を尊重する、あるいは尊重せざるを得ないほか(49)、一般に手続法的理解や法の一般原理に対する理解に関しては弱い傾向がある。

最後に、専門性を重視して行政決定に対する紛争処理機関を構想する場合における行政不服審判所と行政専門裁判所との関係、あるいは、それらのうちのいずれを志向するかという課題がある。その際には、審判所の独立性について考察することも不可欠となろう。カナダをはじめとする英連邦諸国においては、「審判所の独立性」が語られてきた[(50)]。独立性の故にこそ人々が審判所を信頼しているといえる。しかし、英連邦諸国において、行政審判所と行政専門裁判所との間の制度構築における綱引き現象が見られる。近い将来に、行政専門裁判所に関する研究をまとめたいと考えている。その際には、専門性ないし専門的知識の活用方法についても検討を加えたい。

(47)　私人間紛争に関する審判所については、日本的行政法の見方によれば、手続法は行政法の領域にあるが、実体法は私法ということになろうか。

(48)　関哲夫「行政機関による民事紛争の処理」市原昌三郎先生古稀記念論集『行政紛争処理の法理と課題』（法学書院、平成五年）二五頁。なお、植松勲ほか『行政審判法』（ぎょうせい、平成九年）は、公正取引委員会、海難審判、特許審判及び公害・土地利用調整制度を取り上げている。労働審判法に基づく労働審判は、地方裁判所が指定する労働審判官及び労働審判員により構成される労働審判委員会による審判手続で、独特のものである。

(49)　国税不服審判所が国税庁長官通達において示されている法令の解釈と異なる解釈により裁決をしようとする場合の、所長の意見の申出とそれに対する対応について、国税通則法九九条を参照。

(50)　代表的論文として、Philip Bryden, "How to Achieve Tribunal Independence: A Canadian Perspective", in Robin Creyke (ed.), Tribunals in the Common Law World (Federation Press, 2008) を挙げておく。また、The Ontario Bar Association, "Adjudicative Tribunals Accountability, Governance and Appointments Act 2009: Cause for Concern—The Tribunal Independence Issue, 24 C. J. A. L. P 225 が、オンタリオ州の二〇〇九年法について、独立性の問題を論じている。

＊　本稿の脱稿後にカナダを訪問し、次の方々にインタビューをして、本稿の内容を確認することができた。多忙ななかをインタビューに快く応じてくださった方々に感謝の意を表したい。

Dean & Professor Lorne Sossin (Osgoode Hall Law School, York University)
Dr. Mary Liston (Assistant Professor, Faculty of Law, The University of British Columbia)
Mr. Michael Gottheil (Executive Chair of Social Justice Tribunals Ontario)
Ms. Lynda Tanaka (Executive Chair of Environment and Land Tribunals Ontario)
Mr. S. Ronald Ellis, Q. C (Administrative Law Practitioner)
Ms. Juliet S. Robin (Counsel, Justice Policy Development Branch, Ministry of the Attorney General, Ontario)
Mr. Alan Andison (Chair of Environmental Appeal Board, Forest Appeals Commission, Oil and Gas Appeal Tribunal of British Columbia)
Ms. Cheryl Vickers (Chair & CEO of Property Assessment Appeal Board of British Columbia)
Mr. David Merner (Executive Director, Dispute Resolution Office, Ministry of Justice, British Columbia)

＊＊　本稿は、二〇一三年度明治大学社会科学研究所特別研究経費による助成研究の成果の一部である。

※【補　記】

オンタリオ州における集約化は、本論文執筆時点以後も進行している。それは、新たなクラスターの指定及びすでに指定されているクラスターへの審判所の追加ということになる。後者として、社会紛争審判所（Social Justice Tribunals）クラスターに刑事損害補償庁（Criminal Injuries Compensation Board）が加わった（二〇一五年四月）。

二〇一五年には、ブリティッシュ・コロンビア州も、Administrative Tribunals Statutes Amendment Act の法案を議会に提出して、集約化を導入した。

改正後の同法は、「第三部　集約化」と題して、州知事（Lieutenant Governor in Council）は、その意見において審判所が処理する事案が個別よりもクラスターの構成部分としてより実効的かつ効率的に活動できると判断するときは、規則により、二若しくはそれ以上の審判所をクラスターとして指定することができるとしている（一〇‐一条一項）。クラスターからの分離、クラスターへの追加も、州知事の権限である。

州知事は、能力主義により、一のクラスターに属するすべての審判所の実効的な管理及び運営の責任を負う執行長（executive chair）を任命できる（一〇‐二条一項）。“may”の用語が用いられているので、各クラスターの必須の職として位置づけられているわけではないように見えるが、おそらく任命を予定しているものと思われる。なぜならば、執行長は、当該クラスター内の各審判所の長の有するすべての権限、義務及び特権を有するとされているところ（同条二項）、クラスター内の審判所の長について、任命権者は、当該クラスターの執行長の指示の下に、能力主義により任命できるとされているので（一〇‐三条一項）、執行長が任命されていないと、当該クラスターに属する審判所の長も任命できないことになってしまうからである。執行長は、その執行責任を負うクラスター内のいずれかの審判所のメンバーとされている（一〇‐二条七項）。審判所長は、同一のクラスター内の他の審判所所長としても任命できる（一〇‐三条六項）。審判所長は、当該審判所のメンバーである（同条七項）。執行長代理（alternate executive chair）に関する定めもある（一〇‐四条）。

第四章　行政事件の専門性に着目した紛争処理の制度設計

――オーストラリア及びニュージーランドの環境関係裁判所を素材にして――

一　問題の所在

法ないし法律は、それ相応の専門的な知識を必要としている。そうであればこそ、法曹たる者に資格を付与するのに司法試験がある。しかしながら、紛争を処理する段階になると、それぞれの法分野の特色や特殊性に鑑みた制度設計が必要な場合がある。日本の家庭裁判所は、家庭事件や少年事件を扱う裁判所として長い歴史を有している。しかし、それは、扱い方の特殊性に配慮したものであって、必ずしも事件の「専門性」について考慮した裁判所ではない。

専門性の視点から最も注目されるのは、知的財産高等裁判所設置法（平成一六年法律第一一九号）による「知的財産高等裁判所」の設置であった(1)。同法は、東京高等裁判所の管轄に属する事件のうち、所定の知的財産に関する事件を取り扱わせるため裁判所法二二条一項の規定にかかわらず、特別の支部として、東京高等裁判所に知的財産高等裁判所を設けるとともに（二条）、知的財産高等裁判所に勤務する裁判官は、最高裁判所が定めること（三条一項）、最高裁判所は、知的財産高等裁判所に勤務する裁判官のうち一人に知的財産高等裁判所長を命ずること（三条二項）を定めている。さらに、知的財産高等裁判所における裁判事務の分配その他の司法行政事務を行なうのは、知的財産高等裁判所に勤務する全員の裁判官の会議の議によるものとし、知的財産高等裁判所長がその総括をすることとしている（四条一項）。知的財産高等裁判所は、知的財産関係の民事訴訟と並んで、審決の取消しの訴えという行政事件も管轄している。したがって、専門性を有する分野の行政事件に関する専門裁判所の性質も有する。しかも、専門性に配慮した特有の仕組みが採用されている。

こうした動きのなかで、行政事件の専門性に配慮した制度のあり方について検討することに十分な意義が認められるであろう。本稿は、大陸法諸国以外のうち、オーストラリアの州及びニュージーランド(2)における専門裁判所として環境関係裁判所(3)（及び環境関係の審判所）を取り上げるものである。日本における制度設計を考えるうえで、それらから多くを学びとることができるものと思われる。

（1）　知的財産高等裁判所に関するテキストとして、特許庁・（一社）発明推進協会アジア太平洋工業所有権センター『日本の知的財産高等裁判所』がインターネットにて公開されている。

（2）　オーストラリアにおける環境訴訟に関しては、現在ではやや古くなっているが、Brian J. Preston, *Environmental Litigation* (Law Book Company, 1989) がある。また、環境訴訟に関する叙述の箇所は分散されているが、現在の時点の状況については、Gerry Bates, *Environmental Law in Australia* 8th ed. (Lexis Nexis, 2013) を参照。

（3）　世界の環境関係裁判所（審判所を含む）の現状に関する包括的な報告書として、"*GREENING JUSTICE CREATING AND IMPROVING ENVIRONMENTAL COURTS AND TRIBUNALS*" (The Access Initiative, 2009) なる報告書がある。さらに、研究者による分析として、George (Rock) Pring & Catherine (Kitty) Pring, "Specialized Environmental Courts and Tribunals at the Confluence of Human Rights of the Environment", 11 Oregon Review of International Law 301 (2009) がある。

二　ニュー・サウス・ウエールズ州の土地・環境裁判所

(1)　設置の経緯

オーストラリアのニュー・サウス・ウエールズ（New South Wales）州（以下、NSW州という）の土地・環境裁判所（Land and Environment Court）[4]は、Land and Environment Court Act 1979に基づき、一九八〇年に設置された。土地・環境裁判所の発足に深く関係するのは、一九七四年のNew South Wales Planning and Environment Commission Actであった。一九七九年法は、前記委員会の権限に加えて、州最高裁判所のEquity部に付与されていた権限も、この裁判所に移行した。この移行された権限の中には、計画法又は環境法により課されていた権利、義務及び任務のinjunctionsによる執行に関係する権限及びかかる権利、義務及び任務に関して宣言をなす権限が含まれていた。[5]

(2) 裁判所の構成

(a) 裁　判　官

この裁判所は、総督により任命される長官たる裁判官及び総督が折々に任命する裁判官により構成される(七条)。裁判官の被任命資格は、七〇歳未満で、同州又は連邦、他の州若しくは直轄地の司法職を有し又は有してきた者、あるいは、少なくとも七年オーストラリア弁護士の地位を有している者である(八条)。裁判官は、最高裁判所の(長官及び上訴院の裁判官以外の)裁判官と同格の待遇を受け(九条二項)、長官は、Industrial Relations Commission の長と同格の待遇とされている(九条二A項)。

重要なのは、一二か月以内の任期の臨時裁判官(acting judge)である(一一条一項)。臨時裁判官は、辞令において定められた期間及び条件若しくは限度において裁判官とみなされる(一一条三項)。このような臨時裁判官の制度は、案件の増大のために臨時に増員を必要とする場合に、期間限定で任用できるので、コストを節約する意味もあると考えられる。この裁判所又はNSW州の他の裁判所の退職裁判官は、七二歳に達していても、臨時裁判官に任命されうるが、七五歳を超えることはできない(一一条四項)。通常の裁判官の定年を迎えた者であっても、臨時裁判官として活用できるという制度は、人員の有効活用及び州のコスト節約の両面に役立つものとして、きわめて注目される。

最高裁判所の裁判官(長官、上訴院長等を除く)は、所定の手続(時宜に適ったものとの本裁判所所長の証言、当該裁判官の同意、最高裁長官の同意)を経て、特定の期間又は特定の手続について、本裁判所の裁判官として行動することができる(一一A条一項・二項)。この裁判官は、本務の職を解かれるわけではないので、兼担裁判官の性質を有している。

(b) コミッショナー

裁判官と別に、この裁判所において重要な役割を果たしているのが、コミッショナーと呼ばれる職である。その職務内容は、後述するが、裁判外手続を主宰する役割を担う職である。

コミッショナーの任命権者も総督である（一二条一項）。

コミッショナーの有資格者は、総督の判断において、次の要件を満たす者である。

①地方政府又は都市計画の行政に特別の知識と経験を有する者、②都市若しくは地方計画又は環境計画に適した資格と経験を有する者、③環境科学又は環境保護及び環境評価に関する事項について特別の知識及び経験を有する者、④土地評価の法及び実務に特別の知識及び経験を有する者、⑤建築学、工学、測量又は建築物の建設に適切な資格と経験を有する者、⑥自然資源の管理、国王の土地、Closer Settlement Acts に基づき取得された土地及びその他の王の土地の運営と管理の知識及び経験を有する者、⑦アボリジニーの土地に関する権利に関する事項に適した知識並びにアボリジニーを巻き込む紛争の決定について適切な資格及び経験を有する者、⑧都市設計又は遺産についての知識及び経験を有する者（以上、一二条二項）。これらの資格要件から、コミッショナーは、所定の事柄についての知識及び経験を有する専門家であることが求められていることがわかる。

この資格とは別に、オーストラリア弁護士も、独立にコミッショナーとなり得る資格とされている（一二条二A項）。弁護士は、法律専門家としてのコミッショナー資格である。なお、法律は、コミッショナーの任命に当たり、できるだけ、資格が多様となるようにすることを求めている（一二条二AB条）。事案の多様さに対応できる体制を用意する必要があることによるものである。コミッショナーに求められる専門性は、裁判官に求められる専門性とは異なるのである。

コミッショナーは、フルタイム任用とパートタイム任用とがあり得る（一二条二A条）。コミッショナーについても、一二か月以内の期間で臨時コミッショナーの任用が可能とされている。臨時コミッショナーにも、フルタイムとパートタイムとがある。

(c)　レジストラー

この裁判所にも、他の裁判所と同じくレジストラー（registrar）が置かれる。

(3)　裁判所の管轄

裁判所の管轄事項は、八種の類（class）に分けられている。

第一類は、環境の計画及び保護についての不服事案である。(6) 第二類は、地方政府法等に定める不服及び申請事件である。第三類は、土地の保有、評価、課税及び補償に関する事件である。第四類は、環境の計画及び環境保護並びに開発契約の民事執行である。第五類は、環境の計画及び環境保護の略式執行である。第六類は、所定の環境違反罪に関する有罪判決についての不服事件である。第七類は、環境違反罪に関するその他の不服事件である。第八類は、鉱山事件である。それぞれの類の内容が法律に定められている（一七条～二一C条）。

(4)　管轄権限の行使

裁判所は、所長が指示する場所と時間に開廷される（二九条一項）。

類ごとに、管轄権限行使の一般原則が定められている（三三条）。第一類、第二類及び第三類については、一名の裁判官と一名若しくはそれ以上のコミッショナーにより権限が行使される。第四類、第五類、第六類及び第七類は、一名の裁判官により権限が行使される。第八類は、一名の裁判官により、又はオーストラリア弁護士であるコミッショナーにより権限が行使される。第一類から第三類までの事件は、裁判官とコミッショナー（オーストラリア弁護士に限られない）とのチームで構成される点に注目したい。

(5)　調停協議

オーストラリア及びニュージーランドの環境関係裁判所においては、調停が重要な手続をなしている。法は、まず、第一類から第三類までの事件に関して、裁判所は、当事者間若しくはその代理人間の調停協議を、それらの者の同意により若しくは同意なしに、設定することができるとされている（三四条一項(a)）。この規定により調停協議が設定された場合には、調停協議に誠実に参加することが各当事者の義務である（三四条一A項）。調停協議は、単独のコミッショナーにより進められる（三四条二項）。ただし、所長が別段の指示をしない限り、レジストラーも、協議を主宰することができる（三四条一四項）。

なお、第一類のうち、所定の事件に関しては、必ず協議手続をとることが求められる（三四AA条一項・二項）。もし、裁判所又はコミッショナーが、当該手続が法三四AA条二項により処理されるべきでないと決定するときは、その手続は、法三四C条に基づいて処理されなければならない（三四AA条四項）。

(6)　**現地審理事件の扱い**

第一類ないし第三類の事件に関しては、提案されている開発の現地において、コミッショナー主宰の現地協議が開催される原則が採用されている（三四B条）。

(7)　**審理の仕組み**

裁判所審理事件の審理は、所長の指示により複数の方法の中から選択される。一名の裁判官による方法及び一名のコミッショナーによる方法のほか、パネルによる方法がある。パネルによる方法は、所長の判断において、手続の審理が長期にわたる場合、手続が公に論争される場所若しくは公に論争される開発を含んでいる場合、手続が相当数の争点を含んでいる場合、又は所長がそのようにすることが適切であると判断する場合において用いられる。すなわち、二名若しくはそれ以上のコミッショナーによるか又は一名の裁判官と一名若しくはそれ以上のコミッショナーによる構成とされる（以上、三四C条一項）。コミッショナーのみの構成による審理が可能な点が注目される。なお、これと別に、コミッショナーへの委任規定がある（三六条）。

パネルへの任命は、当該手続の事件に対する専門知識と経験の適切性を考慮してなされるべきものとされている（三四C条二項）。コミッショナーは、専門領域を有していることが多いし、オーストラリア弁護士の場合も、得意分野がある。さらに、裁判官にあっても、得意分野があることはいうまでもない。事案の処理に適切な任命手続において適切な者を充てる仕組みは、単なる順番割当ての方式とは対照的である。

以上のようなパネルの構成の違いに応じて、審理の体制についても規律がなされている。

コミッショナーのみの構成によるパネルの場合には、法三六条二項から七項までの規定の準用による（三四C条三項）。したがって、コミッショナーが裁判所の任務を遂行し（三六条二項）、コミッショナーの決定が裁判所の決定とみなされる（三六条三項）。上席コミッショナーが含まれている場合には、上席コミッショナーが審理を主宰し（三六条四項(a)）、含まれていないときは、所長の指示する者が主宰する（三六条四項(b)）。決定は、多数決が原則であるが、多数決によれない場合は、主宰者たるコミッショナーの意見による（三六条四項(c)）。

裁判官とコミッショナーとの構成によるパネルの場合には、当該パネルが裁判所の任務を遂行する（三四C条(a)）。裁判官がパネルの事案の審理を主宰する（三四C条(b)）。コミッショナーは、裁判官を助言し支援するが、パネルの事件について裁断することはできない（三四C条(c)）。

第三類に関しては、特別な規定がある（三五条）。

さらに、コミッショナーについての定めがある。第一類、第二類又は第三類の事件が単独裁判官の事件として係属している場合には、審理その他の手続において、裁判所は、一名若しくはそれ以上のコミッショナーの協力を受けることができる（三七条一項）。第三類の一定の事件については、二名のコミッショナーの協力を得るものとされ、また、所長が指示する場合には一名のコミッショナーの協力を得るものとされている（三七条二項）。これらの協力をするコミッショナーは、裁判所に協力し助言することができるが、事件の裁断をしてはならない（三七条三項）。

第一類、第二類又は第三類の事件の手続に関しては、次のような定めがある。第一に、法の定めによる形式性(formality)及び技術性(technicality)によることなく、かつ、より迅速に実施するものとされている(三八条一項)。第二に、裁判所は、証拠法則に拘束されず、適切と考える方法で、事件の相当な考慮が許容されるところに従い、情報を取得することができる(三八条二項)。

さらに、これらの類の事件の審査に関しては、原決定庁が有していた任務と裁量権を有するとされて(三九条二項)、裁判所であるにもかかわらず、妥当性審査(merits review)が認められている。

(8) 上　訴

この裁判所の判決は、最終(final and conclusive)となる原則であるが、第一類から第四類まで及び第八類についての上訴が五六A条以下に定められている。また、第五類から第七類については、Criminal Appeals Act 1912の定めによることとされている(以上、五六条)。

第一類から第三類まで及び第八類の手続の当事者は、本裁判所の命令若しくは判決(暫定命令又は暫定判決を含む)に対して、法律問題につき最高裁判所に上訴することができる(五七条一項)。(※　ただし、上訴について最高裁判所の許可を要するものがある(同条四項)。第四類についても、ほぼ同様の方式の上訴の定めがある(五八条一項、三項)。)

(4)　土地・環境裁判所の概観とその特色について論じた文献として、Brian J. Preston, "Benefits of Judicial Specialization in Environmental Law: The Land and Environment Court of New South Wales as a Case Study", 29 Pace Envtl. L. Rev. 396 (2012) を参照。また、土地・環境裁判所の実務を概説したものとして、NSW Young Lawyers, *A Practitioner's Guide to The Land and Environment Court of NSW*, 3rd ed. (2009) がある。

(5)　以上、NSW Attorney-General's Department の執筆になる文章、"THE HISTORY OF THE LAND AND ENVIRONMENT

COURT"（www.schools.nsw.edu.au/nswconstitution/html/5th/bgr/invest1.html）による。

（6）Environmental Planning and Assessment Act 1979 の一二三条一項は、原告適格に関して、「何人も、この法律の違反を救済し若しくは抑制する命令を求める裁判所における訴訟を提起することができる。それは、その違反により若しくは違反の結果として、その者の権利が侵害されているか若しくは侵害される可能性があるか否かにかかわらないものとする」と定めている。環境訴訟の原告適格の比較研究において欠かせない条項である。

三　クウィーンズランド州の環境関係専門裁判所

(1)　クウィーンズランド州の計画・環境裁判所

クウィーンズランド（Queensland）州（以下、ＱＬＤ州という）には、二つの専門裁判所が設置されている。計画・環境裁判所と土地裁判所である。また、行政不服審査機関として、建築・開発紛争処理委員会がある。まず、計画・環境裁判所[7]について述べよう。

(a)　計画・環境裁判所の史的展開

計画・環境裁判所（Planning and Environment Court）は、長い歴史をもっている。[8]しかし、根拠法律は変遷を重ねている。同裁判所は、City of Brisbane Town Planning Act 1964 により、Local Government Court の名称でスタートした。この裁判所は、地方政府の計画決定に関する不服を処理する機関として位置づけられた。州知事（Governor in Council）の任命する地区裁判所裁判官により構成され、その裁判官は地区裁判所の事件を処理することも妨げられないとされた。この点については、弾力性と経済性が制度化されたものと評されていた。[9]裁判所においては、再度の審査がなされ、裁判所は、自己の判断を自治体の判断に代置するものとされた。最高裁判所の行使するprerogative remediesと区別され、最終の問題を新たに決定する妥当性審査（merits review）を行なう機関とされた。妥当性審査は、オーストラリアの行政不服審判所に関して語られる特色であるが、裁判所であるにもかかわらず、妥当性審査がなされることは、NSW州の土地・環境裁判所の第一類ないし第三類事件の審査同様に、特筆に値する。なお、この裁判所の判断に不服をもつ者は、裁判所の法判断の誤りを理由にする場合、又は権限を越えていることを理由とする場合には、最高裁判所のFull Courtに上訴できるものとされていた。

一九八〇年代末には、この裁判所を審判所に移行すべきかどうかが論議されたが、Local Government（Planning and Environment）Act 1990により、Planning and Environment Courtの名称に改められた（七の三条一項）。

計画・環境裁判所は、統合計画法（Integrated Planning Act 1997）にも引き継がれた（第四章第一部）。その内容も、ほぼ従前の状態を引き継ぐものであった。この裁判所は、予算も行政職員もすべて地区裁判所に負っている。

この裁判所の管轄は、法律の付与するところによるが、統合計画法に基づき審判所の決定の審査を求めてなされる不服に関する審理と決定をなす管轄を含むこととされた（四の一の二条一項）。ここにいう「審判所」とは、同法第二部により設置される「建築・開発審判所（Building and Development Tribunals）」（後に建築・開発紛争処理委員会となったもの）を指している。五名以下の審判官（referee）により構成される。行政段階の専門的審判所及び司法レベルの計画・環境裁判所という二段階の紛争解決の途が用意されたことが注目される。審判所の設置は、技術的紛争を低コストで解決するという要請によるもので、次第にその管轄が拡大されたという(10)。

裁判所は、どこにおいても開廷することができるとされた（四の一の一二条）。この仕組みは現在にも引き継がれて、裁判官の大部分は州都ブリスベーンに根拠を置くが、他の主要な都市に居住する裁判官が若干おり、また、その他の地域において開廷することもある。

法律問題についての上訴院への上訴など、基本的には引継規定が多いが、その場合においても、規定ぶりが詳しくなっている（四の一の一六条）。その第九部には、前述した審判所の決定に対する不服申立事件の規定が置かれた。審判所の側における法判断の誤り（error or mistake in law）又は審判所が決定をなす管轄権を有しないこと若しくはその管轄権を越えていることを理由としてのみ、この裁判所に不服を申し立てることができるとされた（四の一の三七条一項）。

(b)　「二〇〇九年持続可能な計画法」の下における計画・環境裁判所

統合計画法は、「二〇〇九年持続可能な計画法（Sustainable Planning Act 2009）」に移行され、現在は、この法律により計画・環境裁判所が設置されている。(11) 第七章第一部（四三五条〜五〇一条）の見出しが「計画及び環境裁判所（Planning and Environment Court）」とされている。基本的に、従前の法状態が続いているといってよいが、建築・開発審判所が「建築・開発紛争処理委員会（Building and Development Dispute Resolution Committees）」（以下、「紛争処理委員会」という）に改められた。紛争処理委員会については、この法律の第七章第二部（五〇二条〜五七三条）に定められている。計画・環境裁判所と並ぶ紛争処理機関である。紛争処理委員会に関しては、後に再度触れる。

計画・環境裁判所に関する若干の規定を見ておこう。

開発申請の申請者が提訴できる事項は、申請の拒否・一部拒否、開発承認の条件等及び開発許可の予備承認等である（四六一条一項）。また、開発申請についての意見提出者は、三一四条に基づく影響評価を要する申請についての評価管理者の決定に関する承認の部分、又は、三二七条に基づく評価管理者の決定に関する承認の部分についてのみ、提訴することができる（四六二条一項）。法令遵守評価要求に対する応答についての提訴の定めもある（四六八条以下）。補償請求に対する決定を不服とする訴訟（四七六条）、基盤施設負担金通知を不服とする訴訟（四七八条）などが並んでいる。

紛争処理委員会と計画・環境裁判所との関係についても、審判所時代の仕組みが引き継がれている。まず、紛争処理委員会の下した決定に対して不服を有する当事者が、計画・環境裁判所に提訴できるのは、委員会の側における法判断の誤り（an error or mistake in law）又は委員会が決定をなす権限を有しないか権限を越えることを理由とする場合に限られる（四七九条一項）。その提訴が委員会の権限問題を含み、裁判所が当該事件が委員会で扱われるべきであると考えるときは、裁判所は、当該事件を委員会に差し戻さなければならない（四八〇条）。委員会の審査を受けることが前置されているわけではなく、直ちに計画・環境裁判所に提訴することもできるのであるが、委員会の審査を求めた場合には、計画・環境裁判所に提訴できる事由が限定されているのである。

最後に、ＡＤＲに関する定め（四九一条以下）が重要である。なぜならば、ＡＤＲが大いに活用されているからである。まず、Civil Proceedings Act 2011 の第六部のＡＤＲ規定が適用される原則である（四九一条一項）。そして、ＡＤＲ手続において重要な役割を果たすのがＡＤＲレジストラー（registrar）である。ＡＤＲレジストラーは、地区裁判所の主任判事と協議して任命される地区裁判所のレジストラー又は裁判所事務官である（四九一Ａ条）。ＡＤＲレジストラーは、地区裁判所の主任判事により、その権限を行使する事項についての指示を受ける（四九一Ｂ条一項）。また、審理し決定する特定の事項について裁判所の指示を受ける（四九一Ｂ条二項）。ＡＤＲレジストラーには、争点の公正かつ適切な考慮との整合とともに、迅速に、より形式に走ることなく若しくは技術に走ることなく行動しなければならない（四九一Ｂ条四項）。訴訟手続との違いが示されているといってよい。ＡＤＲレジストラーの決定、指示又は行為は、裁判所により審査されることが可能である（四九一Ｂ条五項・六項）。ＡＤＲレジストラーが裁判所の決定を求めるのが適当と認める場合には、当該事項を裁判所に照会することができ、その照会を受けた裁判所は、自ら処理するか裁判所が適当と認める指示をしてＡＤＲレジストラーに委ねることができる（四九一Ｃ条）。ＡＤＲレジストラーによるＡＤＲ手続については、二〇一〇年計画・環境裁判所規則の第五部に定められている。裁判所の指示又は全当事者の求めにより開始される事案処理協議（case management conference）に始まる若干の規定がある。

最後に、専門裁判所であるだけに、専門家（experts）の証言が重要である。[12] 計画・環境裁判所規則には、次のような定めがある。

ＡＤＲレジストラーは、裁判所により指示され若しくは手続の全当事者の求めがあった場合には、当該訴訟の専門家の会議を招集し会議を主宰する（二五）。専門家会議に先立って、当事者は、その選任した専門家に事前の情報提供等をする（二六）。専門家会議に出席する専門家は、会議に関する共同報告（joint report）を用意しなければならない（二七(1)）。この専門家の共同報告の制度は、独特のものである。専門家の全員が合意した場合にのみ共同報告が当事者に通知される。専門家全員の合意に至らなかった場合は、その旨が通知される（二七(4)(a)）。何人も、争点に関する特定の意見の採用又は拒否を専門家に対して説いてはならず、専門家もそれを受け容れてはならない（二九）。専門家の意見の独立性を担保する趣旨であろう。専門家は、その意見を書面で示さなければならない。共同報告には拘束されるが、合意されなかった争点に関する意見の提示がなされる（三〇）。なお、当事者は、各専門分野については専門家を一名に限り求めることができる（三四）、という興味深い定めがある。

(2) クウィーンズランド州建築・開発委員会

ＱＬＤ州建築・開発委員会は、持続可能な計画法の第七章第二部に定められている。もっとも、第二部の見出しは、建築・開発紛争処理委員会（Building and Development Dispute Resolution Committee）と表記されている。

建築・開発委員会は、個別の案件ごとに組織されるという前提の法構造となっている。なぜならば、委員会は、単数扱いで定められている場合と並んで、たとえばレジストラー等の職員の任命（五〇九条）のように複数形で定められている場合とがあるからである。

建築・開発委員会を構成するメンバーは、五名以内である（五〇二条一項）。このメンバーは、審判官（referee）と呼ばれている。興味深いのは、審理対象が一定の事項に限られている場合に、委員長の資格を限定していることである。すなわち、建築物又は構造の快適性及び美的効果に関する付託機関の応答についての不服のみを審理する場合は、委員長は、建築家でなければならない（五〇二条二項）。また、基幹施設負担金通知又は改造申請についての不服のみを審理する場合の委員長は、法律家でなければならない（五〇二条三項）。委員長の専門性を重視していることがわかる。

大臣は、州報への公告により、適切と考える人数の一般審判官（general referee）となるべき者を指名する（五七〇条一項）。一般審判官の資格は、規則で事項ごとに定める資格、経験又は資格・経験の双方とされている（五七一条）。その他の審判官ついては、局長（chief executive）が、資格、経験又は審判官にふさわしい資格・経験を有すると認める者を任命することができる（五七〇条二項）。建築・開発委員会は、常設されているわけではなく、多数の審判官を用意しておいて、その必要が生じたときに設置される機関である。審判官は、いわゆるプール制であるといえる[13]。個別案件ごとに委員会が設置される点に特色がある。

委員会の管轄は、(a)第三節に挙げられている事項に関する宣言手続について審理し決定すること、(b)第四節から第七節までにおいて建築・開発委員会に不服を申し立てることができるとされている事項につき決定すること、(c)他の法律に基づいて建築・開発委員会に不服を申し立てることができるとされている事項につき決定すること、である（五〇八条）。

法は、建築・開発委員会による宣言（declaration）に関する手続等を詳細に定めている。開発申請をした者は、開発申請が適法になされたか否かの宣言を申し立てることができる（五一〇条一項）。そのほか、宣言の申立てが可能な場合が多数定められている（五一一条～五一三条）。宣言以外にも、開発申請及び承認に関する不服申立て（第四部)、法令遵守評価（compliance assessment）に関する不服申立て（第五部）、建築物・配管・排水及びその他事項に関する不服申立て（第六部）、特定負担金に関する不服申立て（第七部）と続いている。

(3) クウィーンズランド州の土地裁判所・土地上訴裁判所

次に、QLD州の土地裁判所・土地上訴裁判所について考察したい。

土地裁判所（Land Court）は、Land Court Act 2000により設置され、「専門の司法審判所（specialised judicial tribunal)」と呼ばれている（四条一項）。土地裁判所の歴史を正確にたどることはできないが、Land Act 1884が、それ以前に土地大臣の責任とされていた行政上及び司法的な任務を新設の土地庁（Land Board）に移行させ、そのうちの司法的な任務がLand Board Courtにより遂行された。それが土地裁判所の前身であったとされる[14]。そして、今日の土地裁判所の有する一般的権限は、もともとはLand Act 1962に規定され、それがLand Act 1994に引き継がれている。土地裁判所の管轄に属する事件は、Land Court Actのみにより定められているのではなく、むしろ他の法律により定められていることを確認しておきたい（法五条一項参照）。

最近では、Land Court and Other Legislation Amendment Act 2007により、それまでLand and Resources Tribunalが管轄を有していた事項を土地裁判所の管轄とし、同審判所が廃止されたことが注目される。この改正の理由は、同審判所の扱う件数が少ないため、資源を有効に活用するためであったという[15]。この改正により、土地裁判所には、二つの部が置かれることになった。一般部（General Division）と文化遺産・先住民土地利用協定部（Cultural Heritage and Indigeneous Land Use Agreement Division）である（六A条一項）。裁判官は、いずれかの部のメンバーとして指名されることも、双方の部の担当として指名されることも可能である（六A条二項・三項）。その限りで、裁判官の資源を有効に活用できる仕組みであるといってよい。人的資源の有効活用は、重要な視点である。文化遺産部の管轄に関しては、この法律自体が定めている（六B条）[16]。

土地裁判所の一般的権限として、証拠法則に拘束されないで、適切と認める方法で調査することができること、法的技巧及び形式又は他の裁判所の実際を考慮することなく、公平、良心及び事案の実質的妥当性に従い行動しなければならないことが謳われている（七条）。土地裁判所は、最高裁判所と同様に救済を与え、命令するなどの権限を有する（七A条）。土地裁判所の命令は、最高裁判所において執行される（七B条）。

土地裁判所は、所長及びその他のメンバーとから成る（一三条）。法律に別段の定めがない限り、一人のメンバーで各事件を処理することとされている（一四条）。

土地裁判所の裁判官は州知事が任命する（一六条一項）。その任期は一五年と長期であり（一六条二項）、七〇歳定年である（四二条一項）。資格は、土地関係事項、鉱山若しくは石油問題、先住民問題、その他メンバーの義務に実質的関係を有すると州知事が考える事柄の一又はそれ以上につき広範な経験を五年以上有する地方法律家（local lawyer）又は、鑑定士若しくは土地関係専門分野につき広範な訴訟若しくは準司法的経験を有して専門的資格を有する者とされている（一六条四項）。鑑定士等も、その専門性を有することを要件に、必ずしも法律家でなくても任命され得るものとされている。いずれにせよ、専門性に着目した任命資格が設定されていることに注目したい。

前述のように、土地裁判所は、文化遺産・先住民土地利用協定部と一般部とからなる。裁判官をいずれの部に配属するかは所長が決定する。文化遺産部には、先住民裁判補佐人が置かれる。文化遺産部の専門性に鑑みた裁判所補佐の体制がとられているのである。

ところで、法一七条は、「土地審判所（land tribunal）」の審判官を土地裁判所のメンバーとして任命する旨を定めている。各土地審判所の正副審判所長を必ず土地裁判所のメンバーに任命しなければならず、その他の審判官を土地裁判所のメンバーに任命することも許される（一七条一項）。ここにいう土地審判所とは、Aboriginal Land Act 1991 又は Torres Strait Islander Land Act 1991 に基づき設置された審判所を指している（Schedule 2）。併任方式を採用して、両者の連動性を重視しているといえる。日本のように司法権と行政権との分立・分離を厳格に位置づける場合には、あり得ない仕組みといってよい。

管轄権は個別の法律によって定められており、法律の数は、五〇に近い[17]。土地裁判所に係属する事件の大多数は評価総裁（Valuer-General）による小路の未建築価格、賃貸価格及び土地の買収に伴う補償請求に関する決定をめぐる事件であるといわれる。このうち、評価に関する不服の仕組みは、土地評価法（Land Valuation Act 2010）が定めている。土地裁判所に提起する前に、異議申立て（objection）の手続が先行する。異議申立人は、異議決定に対して土地裁判所に訴えることができる（一五五条一項）。

同じ法律によって、土地上訴裁判所（Land Appeal Court）が設置されている（五三条）。常設の裁判所の形式をとっているが、三つの類型に応じて構成される。

第一に、土地裁判所の判決に対する上訴を扱う土地上訴裁判所（五八条一項）は、一名の最高裁判所判事と二名のメンバー（上訴されている事件を担当したメンバーを除く）とから構成される（五八条二項）。

第二に、土地審判所の裁決に対する不服事件（五九条一項）に関しては、一名の最高裁判所判事と二名のメンバーとにより構成し、実行可能ならば土地審判所の審判官（その事件に関与した審判官を除く）少なくとも一名をその中に含めることとされる（五九条二項）。土地審判所長は土地上訴裁判所の裁判官となるべき者を予め推薦しなければならない（五九条三項）。

第三に、土地審判所から法律問題についてなされる照会事件（六〇条一項）の場合は、一名の最高裁判所判事と二名のメンバーとにより構成し、実行可能ならば、そのうち少なくとも一名は土地審判所の法廷を主宰する審判官とし、かつ、当該事件に関与した土地審判所の法廷を主宰した審判官を含めることができる。推薦については第二の場合と同様である。

土地上訴裁判所は、法律上は、いずれの場所にても開廷することができる（六六条）。しかし、実際には、最高裁判所の支部のあるブリスベーン、ロックハンプトン、タウンズヴィル及びケアンズの四都市で開廷されている[18]。

以上の構造により、土地審判所、土地裁判所及び土地上訴裁判所の間に連動関係があることが理解できる。土地審判所という司法権に属しているとはいえない機関と裁判所とが繋がっていることに注目したい。

土地裁判所の訴訟の当事者は、土地裁判所の判決に対して、土地上訴裁判所に上訴することができる（六四条）[19]。土地上訴裁判所は、多数決により、決定する（七一条一項）。土地上訴裁判所の判決は、上訴院（Court of Appeal）に上訴できる場合を除き、最終（final and conclusive）とされる（七一条二項）。上訴院に上訴できるのは、土地上訴裁判所における法判断の誤り（error or mistake in law）を理由とする場合、土地上訴裁判所が判決をなす管轄権を有しないことを理由とする場合、又は、土地上訴裁判所が判決をなすのに管轄権を越えたことを理由とする場合である（七四条一項）。ただし、上訴院又は上訴院の裁判官の許可がある場合に限り上訴できる（七四条二項）。

土地裁判所においても、ＡＤＲが活用されている。

(4) 計画・環境裁判所と土地裁判所との管轄の振分け

以上、ＱＬＤ州の二種類の専門裁判所について考察した。そして、それらの裁判所の扱う事件に関しては、個別法が定めていることに再度注目したい。たとえば、環境関係の根幹をなす Environment Protection Act 1994 は、七一五条に及ぶ条文を有する大法典である。そして、決定を不服とする訴訟に関して、内部における不服審査の定めの後に、付表第二の第一部に掲げる事項に関して土地裁判所に提起できる審査決定に関する定めがある（五二三条、五二四条）。いわば限定列挙主義である。その規定中には、土地裁判所は、不服を判断するに当たり、原権限庁（administering authority）と同じ権限を有するとされている（五二八条）。これは、いわゆる妥当性審査を認める趣旨を含んでいる。次いで、計画・環境裁判所に対しては、土地裁判所に出訴できる事項等の除外項目を掲げる方式で、それ以外の審査決定について包括的に出訴できる旨を定めている（五三一条）。この出訴に対する計画・環境裁判所の変更、取消・変更判決は、原権限庁の決定とみなされる（五三九条二項）。この趣旨は、やはり妥当性審査を認めるもののように解される。

ところで、計画・環境裁判所と土地裁判所との間には、管轄に関して立法者の揺らぎが見られる。たとえば、Local Government Act 2009 の六三条により計画・環境裁判所の管轄とされていた道路の拡幅目的の収用に対する補償事件は、二〇一二年法改正により、土地裁判所の管轄に移された。

（7）ＱＬＤ州の計画・環境裁判所に関する包括的説明として、Judge Michael Rackemann, "Environmental decision-making, the rule of law and environmental justice—A case study of the Planning and Environment Court of Queensland", (2011) RM Theory and Practice 37 がある。

（8）Michael Walton, "An evaluation of the administrative law role of the Queensland Planning and Environment Court", http://www.nortonrosefullbright.com/knowledge/publications/69259/ による。

（9）Alan Fogg, *Land Development Law in Queensland* (Law Book Company, 1987), p. 95.

（10）Michael Walton, supra note 8 による。

（11）二〇一四年八月に、「州開発、基盤施設及び計画省」は、「二〇〇九年持続可能な計画法」を二つに分解する法案、すなわち、計画・開発法案（Planning and Development Bill 2014）と、計画・環境裁判所法案（Planning and Environment Court Bill 2014）の草案を公表し、意見公募を行なった。これらの法案が成立した場合には、別稿の執筆をしたい。（※ その後、二〇一五年にも法案が提出され、二〇一六年五月に Planning Act 2016 及び Planning and Environment Court Act 2016 が成立した。二〇一七年施行の予定である。）

（12）専門家に関する裁判所の運用に関して、ME Rackemann, "The management of experts", (2012) 21 JJA 168 を参照。

（13）審査員の母集団を "a large pool of appointed general referees" と呼ぶ論者が見られる。Michael Walton, supra note 8, p. 3.

（14）Land Court of Queensland, *Annual Reports 2012–2013*, p. 2.

(15) Explanatory Memorandum to Land Court and Other Legislation Amendment Act 2007.
(16) Aboriginal Cultural Heritage Act 2003, Torres Strait Islander Cultural Heritage Act 2003, Division 6 B of this Act.
(17) Land Court of Queensland, *Annual Report 2012-2013* によれば、二〇一三年一月時点において、未施行の法律二、廃止予定の法律一を含めて、四九法律が管轄を付与しているという（pp. 5-6）。
(18) Land Court of Queensland, *Annual Report 2012-2103*, p. 13.
(19) 土地上訴裁判所は、土地裁判所からの上訴事件（五九条）のほか、Aboriginal Land Act 1991 により設置されている土地審判所からの上訴事件を管轄する。また、ごく限られた初審事件をも管轄している。

四　サウス・オーストラリア州の環境・資源・開発裁判所及び最高裁判所「土地・評価裁判所」部

(1) 環境・資源・開発裁判所

サウス・オーストラリア（South Australia）州（以下、SA州という）には、「環境・資源・開発裁判所法（Environment, Resources and Development Court Act 1993）」に基づき、同裁判所が設置されている。かつては、計画に関する不服は、計画不服審判所（Planning Appeal Tribunal）によって処理され、他の事件は地区裁判所又は同裁判所の一名の裁判官により構成される不服審査機関によって処理されていたが、計画不服に関する仕組みの見直しにより、紛争解決の統合的な制度を創設し、同裁判所が環境に関係する事項の処理を含めて土地の開発と管理に関する事件とを包括的に管轄することを目指したものである[20]。

(a) 裁判所の構成

同法の定める裁判所構成員は次のとおりである。

まず、上席裁判官（Senior Judge）である。上席裁判官は、地区裁判所裁判官の中から、総督が地区裁判所長官と協議して任命する（八条二項）。上席裁判官は、この裁判所の運営につき責任を負う（八条三項）。上席裁判官は、地区裁判所裁判官としての任務の遂行を妨げられることはない（八条四項）。その他に、地区裁判所裁判官の中から環境・資源・開発裁判所の裁判官が任命される（八条六項）。裁判官の人数は法定されていない[21]。

さらに、総督により指名された下級判事（magistrate）が裁判所の構成員とされる（九条一項）。この下級判事は、州知事が決定する場合には、裁判長（Master of the Court）としても任命され得る（九条二項[22]）。この下級判事は、運営上、上席裁判官に対して責任を負っている（九条三項）。

次に、コミッショナーが任命される（一〇条一項[23]）。コミッショナーは、各種の実務的知識及び経験を有する者でなければならない。多数の分野が掲げられている。地方政府、都市・地域計画、建築・土木工学・建築物・建築物安全・建築規制、環境保護若しくは保存、農業開発、など、合計九分野を掲げた後に、「関係法律により裁判所に付与されている管轄に関係するその他の分野」という包括条項も用意している（一〇条二項）。任命時若しくは後の書面通知により、総督は、コミッショナーを特定分野の専門知識を有する者として指定することもできる（一〇条三項）。そして、おそらく、事件の多い分野からは多数、かつ、常勤者として任命することになるのであろう。専門家を確保するオーストラリアにおけるコミッショナー制度の典型であり、この裁判所の特色であるといってよい。なお、先住民権コミッショナーとして任命される者は、特に先住民の法、伝統及び習慣に対する専門知識を備えていなければならないことを規定している（一〇条二a項）。

法廷の構成は、特定の事件ごとに、若しくは特定の種類の事案ごとに、上席裁判官が決定することができる。それには、次の方式がある。①下級判事一名及びコミッショナー一名以上により構成する方法、②裁判官一名とコミッショナー二名以上とにより構成する方法、③裁判官、下級判事若しくはコミッショナーが単独で裁判を務める方法、④二名又はそれ以上のコミッショナーにより構成する方法。①及び②を併せてフルベンチと呼んでいる（一五条一項）。フルベンチによるのは、当事者が準備協議の際に申し立てた場合又は当該問題がフルベンチで判断されるべき重要性を有すると上席裁判官が考える場合である（一五条二項）。

コミッショナーは、特定分野の知識・経験を有することにより任命されるのであって、法律家であることを求められるわけではない。(24)「裁判所」といいつつも、法律家で構成されることを要しない点に注目せざるを得ない。もっとも、先住民の権利に関する事件に関しては、二つの縛りがある。一つは、最低五年の法律実務の経験を有する者であるか、そのような者を含むことが求められている（一五条一a項）。また、法廷がコミッショナーにより構成され、又はコミッショナーを含んでいる場合には、一名の場合は当該コミッショナーが、複数コミッショナーを含む場合はその半数以上が、先住民権利コミッショナーでなければならない（一五条一b項）。これらを併せ読むならば、先住民の権利事案についてコミッショナーのみから構成する場合には、最低五年の法律実務経験を有する者を含み、かつ、半数以上が先住民権利コミッショナーでなければならないことになる。なお、特定法律の事案を扱うために特定分野の専門知識を有することで任命されたコミッショナーも、他の法律を扱うフルベンチの構成メンバーとなることを妨げられない（一五条二a項）。

関係法律に定める場合又は裁判所規則で定める場合は、マスターとして任命された下級判事によることができ、さらに、休廷手続その他裁判所規則の定める場合はレジストラー（registrar）によることができる（一〇条七項）。

以上のように、裁判官以外の者により構成される法廷を許容していることとの関係において、そのような法廷において、法律問題に関しては、裁判官の決定を求めて照会することができ、その照会を受けた裁判官は、当該法律問題につき判断をするほか、当事者間の他の争点及び事案の処理に必要とされる命令を行なうものとされている（一〇条八項）。ここに登場するように、法律問題に関する限り、その判断を裁判官に委ねるという考え方で制度が構築されている。フルベンチの場合には、法律問題及び手続問題は裁判官の判断によること、その他の場合には、他のメンバーを加えたうえ、多数決による（同数の場合は裁判官の判断による）こととされ、裁判官なしにコミッショナーにより構成される場合には多数決による（同数の場合は、裁判官若しくは裁判官の指定する審判者による）こととされていること（一〇条一〇項）は、裁判官優先の考え方によるものである。

(b)　管　轄

この裁判所の管轄は、Development Act 1993、Environment Act 1993、Local Government Act 1934 などの多数の法律の定める事件に及んでいる。

(c)　協　議

この裁判所において、協議（conference）が、きわめて重要な意味をもっている。協議の目的は、協議を主宰する裁判所のメンバー（裁判所の上席裁判官により任命され又はルールに従って選定されたメンバー）が、最終的審理に頼ることなしに当事者が紛争中の事案の可能な解決を探ることを支援することにある（一六条二項）。協議は、一定の場合（当該事案の審理に先立つ当事者間における協議により有益な目的が達せられないであろう場合、その他協議をしないことを正当とする理由がある場合）においては、実施しなくてよいとされている（一六条三項）。この定め方は、例外事由には裁量的事由（協議なしにすることを正当とする理由）が含まれているとはいえ、逆に、例外事由に該当しない限り、協議を実施することが原則であることを意味する。この協議が予備協議（preliminary conference）である。[25] 予備協議により、調停協議、審理又は未定案件の三種類に振り分けられ、実際には、ほとんどの案件が未定案件となるという。その理由は、申請人が計画を変更し又は自治体と交渉し若しくは新しい開発申請をしようとするからであるという。[26]

協議は、協議を主宰する裁判所のメンバーにより別の決定がなされる場合を除いて、非公開とされる（一六条五項）。協議を主宰する裁判所のメンバーの権限が詳細に定められている（一六条七項）。それらの中には、そのメンバーが下級判事又はコミッショナーである場合に法律問題を本裁判所の裁判官に照会すること（a）、協議において妥結した和解内容を記録し、和解の効力を生じるのに必要な決定若しくは命令を行なうこと（d）も含まれている。

(d)　裁判手続

当事者に関する規定において注目されることが二つある。第一に、刑事手続を除いて、裁判所は、命令により、当事者を追加することができること（一七条一項）である。職権による当事者の追加が許容されているのである。第二に、大臣は、当該訴訟が公にとっての重要性を有する問題（question of public importance）を含むと考える場合は、訴訟手続に訴訟参加することができること（一七条五項）である。この裁判所の訴訟事件が、公益に関わる場合が多いことに鑑みたものといえよう。

裁判所の開廷に関して、日曜日も含めて時を問わないこと（一八条一項）、州の内外を問わず場所を問わないこと（一八条二項）、開廷の時と場所は、上席裁判官の指示によること（一八条三項）、が定められている。

審理に関する規定をみると、（a）手続は最低限の形式性でなされること、（b）裁判所は証拠法則に縛られず適切と考えるところにより調べることができること、（c）裁判所は公正、良心及び事案の実質的妥当性に従い、かつ、法的技術性及び形式にとらわれることなく行動しなければならないことが求められる（二一条一項）。（c）の実質的妥当性（substantial merits）は、妥当性審査（merits review）がなされることを意味しているといえよう。

(2)　**最高裁判所の「土地・評価裁判所」部**

最高裁判所には、「土地・評価裁判所」と称される部が設置されている。これは、土地及び土地価格の査定に関する事件を管轄する部として一九七〇年に設置されたものである。当時のＮＳＷ州の土地・評価裁判所をモデルにしたものとされる。

Supreme Court Act 1935 の第三部が「土地・評価裁判所」という表題になっている。土地・評価裁判所が最高裁判所の部（division）として設置されること、同裁判所は裁判官一名により構成され、最高裁判所の判事に委ねられること、総督は、裁判所の権限を最高裁判所のいずれの判事にも付与できること、同裁判所の担当となった判事は最高裁判所の他の事件への関与を禁止されるものではないことなどが定められている（六二C条）。現在は、二名の裁判官が任命され、実際には他の部の事件も担当している模様である。この部を担当する裁判官は、裁判官としての経験及び弁護士としての経験により、土地及び評価に関する専門知識を有している。

同裁判所の管轄とされる事項を定める法律が列挙されるとともに（六二D条一項）、土地強制収用法（Compulsory Acquisition of Land Act 1925–1969）により補償額が算定されるあらゆる事件も管轄とされる（六二D条二項）。裁判所は、その管轄権の行使において、最高裁判所のすべての権限と職権を有し、同裁判所の判決若しくは命令は、最高裁判所の判決若しくは命令とみなされ、それとしての効力を有する（六二D条四項）。

最高裁判所に係属し若しくは一部審理されている訴訟において、土地の価値に関して、（予審段階であれ、審理の途中であれ）問題が生じ若しくは生じそうであると裁判官が考える場合には、当該裁判官は、訴訟の一方当事者の申立てにより、若しくは職権により、審理及び判断のために土地・評価裁判所に当該事件につき照会することができる（六二E条一項）。照会を受けた土地・評価裁判所は、その事件を審理し判断するものとされている（六二E条二項）。

管轄事件のうち初期に同裁判所の事件の大部分を占めていた強制収用に関する事件は、次第に減少しているものの、コンスタントに生じている。課税（レイト及び土地税）目的の土地評価は、評価総裁及びその局により実施される。少なくとも五年に一度は再評価を行なうこととされている。一九七一年土地評価法によれば、評価総裁の評価に不服のある者は、同裁判所又は独立の鑑定士に不服を申し立てることができ、後者の審査に不服のある者（評価総裁を含む）は、土地・評価裁判所に訴えることができる。最近は、この課税目的の土地評価に関する事件が増加している。

(3) 開発許可に関する事件の管轄

開発許可に関する事件は、まず、環境・資源・開発裁判所で扱われ、その判決に不服のある者は、法律問題については当然に、事実問題に関しては許可を得て、最高裁判所に上告することができる（三〇条二項）。その際に、環境・資源・開発裁判所の判決若しくは命令が、フルベンチによらなかった場合、一名の下級判事によった場合、一名のマスターたる下級判事若しくはレジストラーによった場合又は単独裁判官によった場合には、最高裁判所において単独制であり、それら以外の場合は、合議体法廷（Full Court）で審理される（三〇条一項）。合議体法廷とは、英語の文言にもかかわらず、裁判官全員の法廷という意味ではなく、三名以上の裁判官、それができないときは二名の裁判官による法廷である（最高裁判所法五条一項）。それ以外は、土地・評価裁判所の一名の裁判官により審理される。

環境・資源・開発裁判所は、一九九三年開発法に関する事件についても、特に、開発許可の条項及び条件の執行並びに許可を得ずになされた開発の差止め事件も管轄している。その執行命令に対する不服についても、前記と同様の制度が適用される。

(20) www.courts.sa.gov.au/OurCourts/ERDCourt/Pagess/History.aspx の引用する Final Report of Planning Review（1992）による。

(21) 二〇一一-二〇一二年度は、裁判官は二名である（*Courts Administration Authority Annual Report 2011-2012*, p. 50）。

(22) 二〇一一-二〇一二年度のMasterは、三名である（*Courts Administration Authority Annual Report 2011-2012*, p. 50）。
(23) 二〇一一-二〇一二年度は、常勤に等しいコミッショナーは三・二名、sessional commissionerは一三名である（*Courts Administration Authority Annual Report 2011-2012*, p. 50）。常勤に等しいコミッショナーとされているのは、フルタイムの任期なしのコミッショナー二名、パートタイムの任期なしのコミッショナー二名からなっている（*Courts Administration Authority Annual Report 2011-2012*, p. 50）。フルタイムに換算して三・二名である。
(24) Court Administration Authority のホーム・ページによる。
(25) この協議は、"compulsory 10-minute conference"と呼ばれている（*Courts Administration Authority Annual Report 2011-2012*, p. 51）。
(26) 以上、*Courts Administration Authority Annual Repor 2011-2012*, p. 51による。

五　ニュージーランドの環境裁判所

(1) 裁判所の構成

ニュージーランドは、かつては、計画審判所を設置していたが、Resource Management Amendment Act 1996により、環境裁判所（Environment Court）を設置した（改正後の二四七条）[27]。環境裁判所は、環境裁判官と環境コミッショナーとから構成される（二四八条）。環境裁判官は、地区裁判所裁判官（District Court Judge）でなければならない（二四九条一項）。また、補欠環境裁判官（alternate Environment Judge）は、地区裁判所裁判官若しくはMaori Land Court Judgeでなければならないとされている（二四九条二項）。環境裁判官及び補欠環境裁判官は、総督が法務総裁の推薦に基づき、環境大臣及びマオリ担当大臣に協議して任命する（二五〇条一項）。環境裁判官については常時一〇名以下の者が在職することが求められているが、補欠環境裁判官については人数の制限はない

（二五〇条三項）。環境裁判官の人数の算定については、興味深い規定がある。すなわち、フルタイムの裁判官は一、パートタイム裁判官は、一に対する相応の割合で計算し、その総合計がフルタイム裁判官の人数を超えてはならないことである（二五〇条四項）。この仕組みにより、一未満の算定を受けるパートタイム裁判官を多く活用することが可能となる。総督は、法務総裁の推薦に基づき、環境裁判官のうち一名を環境裁判所の業務の統括をする主任環境裁判官（Principal Environment Judge）として任命することができる（二五一条）。代理主任環境裁判官の定めも用意されている（二五一A条）。

先に述べた補欠環境裁判官は、主任環境裁判官が、地区裁判所長若しくはMaori Land裁判所長に協議して、必要と認める場合に環境裁判官として任務を遂行する（二五二条）。

環境裁判所の特色をなすのは、コミッショナーの存在である。特定分野についての知識と経験を有する者が環境コミッショナー又は副環境コミッショナーとして任命される。法務総裁が考慮しなければならない分野として、法自体に列挙されているのは、以下のものであるが、それらに限られるわけではない（二五三条）。(a)経済・商業及び事業、地方政府並びにコミュニティー、(b)計画、資源管理及び遺産保護、(c)自然科学及び社会科学を含む環境科学、(d)建築学、工学、測量、鉱山技術及び建築物建設、(e)裁判外紛争解決手続、(f)Treaty of Waitangi及びKaupara Maoriに関する事項。

この列挙を見て、裁判外紛争解決手続のみは、手続的知識と経験であって、他の分野の知識・経験と性質が異なるように思われる。しかし、わざわざ、この分野を掲げているのは、環境裁判所の役割として、裁判外紛争解決が重視されていることの表れである。環境コミッショナー、副環境コミッショナーは、総督が、法務総裁の推薦に基づき、環境大臣及びMaori担当大臣と協議のうえ、五年以内の任期で任命する（二五四条一項）。ただし、再任を妨げない（二五四条二項）。また、人数の制限はない（二五四条三項）。きわめて弾力的に運用できる仕組みであるといってよい[28]。

なお、特別助言者（special advisor）の制度も注目される。主任環境裁判官は、環境裁判所の訴訟手続において環境裁判所に助言することのできる者を特別助言者として任命することができる（二五九条一項）。特別助言者は、法廷のメンバーではないが、メンバーとともに陪席し、助言することができる（二五九条二項）。

環境裁判所は、ニュージーランドに一個ある裁判所であるが、法廷は、全国各地で開廷される。メインセンターが、ウエリントン、オークランド及びクライストチャーチにあって、必要に応じてそこから裁判官が巡回する仕組みである。裁判所全体の業務は、前述のように主任環境裁判官が調整する。

(2)　**法廷の構成**

法廷の構成は、(a)環境裁判官一名及び環境コミッショナー一名、(b)二七九条[29]若しくはPart 12[30]の場合は一名の環境裁判官の単独制、(c)二八〇条に基づく主任環境裁判官の指示による一名の環境コミッショナーの単独制、の各場合がある（二六五条一項）。環境裁判官が、環境コミッショナー若しくは特別助言者とともに法廷を構成する場合は、環境裁判官が主宰する（二六五条二項）。法廷の決定は多数決により、同数の場合は主宰者の決定による（二六五条三項）。

(3)　**協議及び裁判外紛争解決手続**

協議及び裁判外紛争解決手続に関する規定が注目される。

まず、環境裁判官は、当事者又は法二七四条により出席を求められた大臣、地方行政庁若しくはその他の者に対し、本人若しくは代理人が裁判所のメンバーの主宰する協議に出席するよう求めることができる（二六七条一項）。その協議において主宰者のなしうる事項が詳細に定められている（二六七条三項）。

次に、環境裁判所は、環境を促進するために、当事者の合意に基づき又は自己の職権若しくは当事者の要請により、そのメンバー若しくは他の者に調停、和解その他の解決促進のための手続を委ねることができる。審理の前であるか審理中であるかを問わないこととされている（二六八条一項）。

(4)　**環境裁判所の管轄**

環境裁判所の管轄事件は、原告適格と共通の規定によっている場合が多い。それ以外にも、管轄事件が分散して定められている。

環境裁判所は、行政機関の決定等に対する不服の申立てについて審理し判断するほか、各種の照会事件をも扱っている。法律の中から探し出すことが困難なほどに多数の場面がある。大臣は、地方行政庁に提出された案件が国家的重要性を有すると認める場合は、環境裁判所の判断を照会するよう指示することができる（一四二条二項(b)）(31)。これにより照会を受けた環境裁判所における扱いについては、法一四九T条に定めが置かれている。

執行命令（enforcement order）は、環境裁判所の権限である（三一四条、三一九条）。

また、三一〇条から三一九条及び三二一条から三二五条までの規定による宣言（declaration）は、環境裁判官の単独により、若しくは、環境裁判所により、審理される（三〇九条一項）。「環境裁判官」と「環境裁判所」の用語が使い分けられている。

(5)　**訴訟手続**

法廷の手続に関しては、環境裁判所自身が規律し得ること（二六九条一項）、時宜を得た、費用をかけない解決を最善に促進する手続を定めなければならないこと（二六九条一A項）、公正と効率（fairness and efficiency）に適合する場合には、手続的形式性を抜きにして訴訟を進めることができること（二六九条三項）が定められている。また、当事者が合意する限りにおいて、裁判所が好都合と考える当該訴訟の争点事項の区域に近い場所で協議若しくは審理を行なうものとされている（二七一条）。

証拠に関して、司法手続に適用される証拠法則に拘束されないとされている（二七六条二項）。審理は、公開の原則であるが、裁判所は、審理の公開及び証拠の公表による公益を上回る理由があると認める場合には、審理を非公開とし又は証拠の公表を禁止若しくは制限することができる（二七七条）。

環境裁判所は、訴訟手続において生ずる法律問題について、高等法院（High Court）の意見を照会することができる（二八七条一項）。

最も重要な点の一つは、環境裁判所は、不服又は調査について判断するに当たり、不服又は調査の対象となっている決定をした者と同様の権限、義務及び裁量を有していること（二九〇条一項）である。これは、妥当性審査が認められていることを意味する。裁判所は、不服の対象となっている決定を確認し、修正し、若しくは破棄することができる（二九〇条二項）。また、調査の関係する決定につき、確認、修正若しくは破棄を勧告することができる（二九〇条三項）。

法二九四条に基づく再審理がなされる場合若しくは二九九条に基づき上告される場合を除いて、環境裁判所の決定は最終のものである（二九五条）。環境裁判所における訴訟の当事者は、環境裁判所の決定、報告若しくは勧告に対して、法律問題についてのみ、高等法院に上告することができる（二九九条）。

(27)　ニュージーランドの環境裁判所について、簡潔な説明は、Derek Nolan (ed.), *Environmental & Resource Management Law*, 4th ed.（LexisNexis NZ, 2011）五三頁以下及び三一一頁以下を参照。なお、同書は、環境裁判所制度の弱点として、環境裁判所は、他の主体の申立てによって初めて活動する後ろ向きな（reactive）性質であって、前向きな（proactive）性質を有していないことを挙げている（五五頁）。

(28)　環境裁判所のホームページによれば、二〇一四年二月時点において、地区裁判所裁判官九名、補欠裁判官九名、コミッショナー一二名、副コミッショナー五名であるという。

(29) 二七九条は、環境裁判官が単独でなすことのできる命令等を列挙する条項である。

(30) 第一二部は、宣言、執行及び付加的権限に関する定めをしている。

(31) 大臣には、調査委員会（board of inquiry）に照会する選択肢もある（一四二条二項(a)）。環境保護庁に勧告を求めたうえで、その勧告に従って、調査委員会への照会、環境裁判所への照会又は地方行政庁への照会を選択することもある（一四七条一項。環境裁判所に関しては一四四A条を参照）。調査委員会の構成をみると、三名以上五名以下で、その委員長は現職、前任若しくは退職後の環境裁判所裁判官又は退職後の高等法院裁判官でなければならない（一四九J条三項）。現職の環境裁判所裁判官も含まれていることが興味深い。

六　行政事件の専門性に着目した紛争処理の制度設計のあり方

(1) 訴訟段階における行政事件の専門性への対応

(a) 訴訟におけるアクター

行政事件の専門性に対する対応を考える場合に、裁判官の専門性を高める方策[32]以前に、訴訟当事者を代理する弁護士の専門性を高めることによる対応が考えられる。弁論主義の下にあっては、まずは専門的知識を有する訴訟代理人、専門的事項を理解できる訴訟代理人が主張立証することが考えられるのであって、裁判官は、それを理解できる能力を有することで足りるともいえる。訴訟当事者は、そのような裁判官を納得させるように主張立証することになる。さらに、鑑定人を活用することも考えられる。その場合に、当事者が専門家の鑑定意見書を提出する方法、及び裁判所が専門家の鑑定を求めることも考えられる[33]。

いずれにせよ、「専門的事項を理解できる能力」を有する裁判官という意味における程度の専門性を備えた裁判官を確保する必要がある。その専門的事項として、どのようなことを想定するかが問題である。行政事件訴訟を手続的な側面で理解することで足りるのか、それに加えて行政の各分野の仕組みを正確に理解できることが必要なのかということである。まず、行政事件には、一般民事事件と異なる手続的特性がある。そこにそれなりの専門性が必要とされることはいうまでもない。しかしながら、行政処分性や原告適格の判断方法など、行政事件訴訟法に即した解釈適用の専門性が求められるであろう。行政事件訴訟の基本的なことは、大多数のゼネラリスト裁判官が心得ておくべきであり、また、アップデイトにすることも含めて現実に可能であって、ある程度の行政事件には対応できるであろう。そして、事件処理を行ないつつ、行政各分野の専門性についても、ある程度フォローしていくことが可能であると思われる。民刑事法をこなせるという意味のゼネラリスト（generalist in law）では十分ではないが、行政事件訴訟ないし行政法のゼネラリスト（generalist in administrative law）であれば、ひとまずは相当程度の専門性に対応できるように思われる。しかし、合議制の場合に、その合議制機関に行政法ゼネラリストが一人だけでは心許ないといわなければならない。

(b)　事件の専門性に対応した裁判所の制度設計

オーストラリア及びニュージーランドにおける環境関係の裁判所は、行政決定の関わる訴訟のうちでも、特定分野の事件を管轄している。また、租税事件に関してアメリカ合衆国の租税裁判所（Tax Court）やカナダの租税裁判所（Tax Court of Canada）が存在することはよく知られている。行政事件の専門性に対応した裁判所の制度を設計しようとする場合に、もちろん、行政事件全体をカバーする専門方式があり得るが、環境関係裁判所のように行政事件のうちの特定事件群のみを対象とする制度設計もあり得るのである。さらには、行政事件を分けて、たとえば、特定事件群を管轄する裁判所と、その他の一般行政事件を対象とする裁判所とを別個に設ける、二本立て方式の制度設計もあり得よう。特定分野の事件を別扱いにするか否かは、行政事件の専門性をいかなるメルクマールにより位置づけるかという視点により左右されよう。

問題は、行政法ゼネラリストを超えた専門性についていかに対応するかにある。

等しく行政事件といっても多様である。知的財産権に関する訴訟の多くも行政事件（審決取消訴訟）である。本稿において取り上げた環境関係の事件と租税事件とは、規範の内容が異なるばかりでなく、事実をどのように評価するかの視点も異なる。手続法に関しては分野をまたがった共通性が認められることを否定できないが、実体法は、個別行政分野の特色が表れる。そして実体法と連動して手続法に関しても特殊性が表れることも考えられる。知財高裁の制度は、実体法レベルの特性に着目したものといえよう。兼子仁教授の唱えられた「特殊法」[34]の認識とその進展次第によって、特殊法に対応する専門裁判所なり、専門部が必要とされるかもしれない。

実体法に着目した場合には、行政事件、民事事件、刑事事件の枠にとらわれない制度設計も考えられる。この点については、後述する。

以上のように、専門性を認めて裁判所制度を設計しようとする場合において、さまざまな方式が考えられる。

第一に、専門性に着目して、個別事件の担当裁判官について専門性を備えた裁判官を指定する方式がある。たとえば、オーストラリアのＮＳＷ州の最高裁判所は、コモンロー部において扱う事件のうち特定事件分野に着目したSpecial Case Management Listを設けて、その中にAdministrative Law List[35]も設けて特定判事をその担当判事に指名している[36]。また、オーストラリアの連邦巡回裁判所（Federal Circuit Court of Australia）[37]は、いくつかの領域に関して、専門裁判官によるパネルを設けており、そのうち、Administrative Law and Migration Panelは、行政不服審判所の主任以外の審判官による裁決について連邦裁判所（Federal Court of Australia）から同裁判所に移送された事件及び「一九七七年行政決定（司法審査）法」による審査の事件並びに一九五八年移住法に基づくビザ関係の決定についての司法審査事件について、主要都市にパネルを設けて、それを拡充しようとしている。各パネルの長は、裁判所長が任命し、その任命された各パネルの長が、各提訴事件をパネルのメンバーに割り当てる方式が採用されている(38)。

第二に、事件の専門性に着目して専門部又は集中部を設ける方式がある。日本における専門性に対する裁判所レベルの配慮の方式として、専門部方式と集中部方式とが採用されている。現在、行政事件の専門部は、東京地方裁判所に四か部設置されており、行政事件の集中部は、大阪地方裁判所、広島地方裁判所に各二か部、そのほか横浜、さいたま、千葉、京都、神戸、名古屋の各地方裁判所に一か部設置されているという(39)。専門部は、限りなく専門裁判所に近いといってよい。

また、取消訴訟（準用規定により他の抗告訴訟を含む）の管轄についての平成一六年の行政事件訴訟法改正がもつ意味も考える必要がある。特定管轄裁判所について定める改正後の一二条四項の規定である。国又は独立行政法人通則法二条一項に規定する独立行政法人若しくは別表に掲げる法人を被告とする取消訴訟は、原告の普通裁判籍の所在地を管轄する高等裁判所の所在地を管轄する地方裁判所にも提起することができるとされている。この規定による高等裁判所所在地の地方裁判所を「特定管轄裁判所」と呼んでいる（同項）。特定管轄裁判所に行政の専門性に着目した部を設置することが考えられる。

この平成一六年の行政事件訴訟法改正の際に、園部逸夫元最高裁判事は、第一五九回国会の参議院法務委員会において参考人として、次のような意見を述べた。

「私は、かねて行政訴訟の専門裁判所の設置を望んでいる者でありますが、特定管轄裁判所の構想を拡大し、公共団体を被告とする抗告訴訟についても、いつの日か全国八か所の特定管轄裁判所の運用や集中専門部の組織が確立することを期待したいと思います。行政訴訟のような専門的訴訟については、国民の要請に応じた迅速かつ的確な審理判断を実現するためにも、専門裁判官による集中的、継続的審理と専門的な判断が望まれるのであります。」[40]

二〇〇〇年からの英国の Administrative Court と呼ばれるものも、高等法院（High Court）の一部として位置づけられているのであって、それのみの独立の裁判所ではない。

第三に、専門裁判所を設ける方式がある。日本においても、そのような議論がないわけではない[41]。前述の園部元最高裁判事は、最終的には、行政訴訟専門裁判所の設置を目指すべく、特定管轄裁判所をその一里塚と位置づけているともいえる。もっとも、専門裁判所の設置については、アメリカ合衆国の研究者等において賛否両論がある。行政法研究者として、最も注目したい論文として、Revesz 教授の一九九〇年発表の論文「専門裁判所と行政の法形成システム」[42]を挙げることができる。同論文によれば、現存の専門裁判所も、提案される専門裁判所も、ほとんどが行政決定（administrative action）の審査を行なう裁判所であるという。そして、行政決定の審査を行なう裁判所の場合には、それ以外の専門裁判所と異なる特有の論点があるとされる。第一に、ゼネラリストによる審査を専門化された審査に替えるときには、とりわけ、議会の権限の行政機関（administrative agencies）への委任の仕組みに影響を与えるという。第二に、行政機関を設ける一つの理由が連邦法の統一的解釈を生み出すことにあるとするならば、行政機関の決定については、地域に分散された裁判所によるのではなく、単一の裁判所において審査を受けるべきことになるとする。第三に、行政機関は、専門の機関であるから、行政機関の決定の司法審査の性質は、ゼネラリスト及びスペシャリストの意思決定の最適な組合せについての問題を生むとする。さらに、第四に、行政に関しては、規則制定、裁決及び執行機能を併せ持つ行政機関の有する裁決権についての不公平性（impartiality）に対する批判という動機に基づいているとする[43]。この議論において、準立法的権限及び準司法的権限を行使する行政機関を想定しているのであって、準立法的権限及び準司法的権限を有する機関（たとえば、平成二五年法律第一〇〇号による改正前の公正取引委員会）を除き、日本における議論に直ちに参考になるものではないように思われる。

ところで、専門裁判所又は専門部を設けることについては、扱う事件数との関係において、それを維持するためのコストを考える必要がある。この点については後述する。

(2)　行政段階の不服処理に関する制度設計との関係

行政段階の不服処理についても触れておきたい。

第一に、行政段階における不服処理において専門性に対する配慮がなされているかという点である。英国等の諸国においては、もともと専門性に配慮して、個別行政分野ごとに行政審判所を設置する方法が採用されていた。環境関係の事件について専門裁判所を有しない場合にも、行政段階では専門の審判所を有することがある(44)。このような個別行政分野の審判所が依然として存続している場合もあるが、英連邦諸国において、近年は、審判所の総合化や集約化が進んでいる。しかし、その場合にも、専門性への配慮が失われているわけではない。総合的行政不服審判所を設置している場合にも、行政分野に対応して部を設けていることが多い。また、カナダのオンタリオ州における集約化（clustering）は、個別行政分野の審判所機能を維持しつつ、審判所運営の集約を図るものである(45)。その意味において、行政分野の専門性に配慮した仕組みが存続している。

第二に、専門性に配慮した裁判所を設けた場合に、当該分野に関する行政不服を扱う審判所を存続させるかという問題がある。この点に関しては、裁判所集中型と重複型との二つの対応がある。ＮＳＷ州の土地・環境裁判所は、一九八〇年に、それまでに存在したLocal Government Appeals Tribunal 等を廃止して設置された裁判所であり、同裁判所に提訴できる事項は、一部の例外を除き、同州に現在設けられているCivil and Administrative Appeals Tribunal への不服申立事項とはされていない。これに対して、ＱＬＤ州には、計画・環境裁判所と別に、建築・開発紛争処理委員会があって、紛争処理委員会審査の前置主義ではなく、紛争処理委員会審査を経由する途を選ぶことができるという選択制が採用されている。また、同州の土地裁判所に提訴できる事件には、土地審判所の裁決に対する不服事件も含まれている。裁判所集中型と重複型のいずれを採用するかは重要な政策判断であろう。

（32）裁判官の専門性を求めることの問題点について、渡辺千原「裁判の専門化と裁判官」立命館法学二〇一一年五・六号（三三九・三四〇合併号）六四七頁を参照。

（33）experts evidence は、それ自体大きな論点である。包括的研究として、Ian Freckelton and Hugh Selby, *Expert Evidence* (Lawbook Co, 2013) がある。ＱＬＤの計画・環境裁判所裁判官としての経験を踏まえて論ずる文献として、ME Rackemann, supra note 12; Judge Michel Rakemann, "Expert evidence reforms—How are they working?", [2011] RM Theory & Practice 41 がある。

（34）兼子仁「特殊法の概念と行政法」杉村章三郎先生古稀記念『公法学研究　上』（有斐閣、昭和四九年）二二三頁、同『行政法総論』（筑摩書房、昭和五八年）三九頁以下を参照。

（35）Administrative Law List において扱われる事件は、政府、公務員及び（消費者取引業者・借地審判所のような）行政審判所の決定に関する審査を求める事件であるという（Supreme Court of New South Wales 2012 Annual Review, p. 23）。

（36）*Supreme Court of New South Wales 2012 Annual Review*, p. 22.

（37）この裁判所は、Federal Magistrates Court of Australia が、二〇一三年に名称変更されたものである。

（38）以上、Federal Circuit Court of Australia, *Specialist Panels in General Federal Law*（2013）による。

（39）木山泰嗣『税務訴訟の法律実務〔第2版〕』（弘文堂、平成二六年）一〇〇頁。

（40）第一五九回国会法務委員会会議録第二一号　平成一六年六月一日。

（41）司法制度改革審議会『司法制度改革審議会意見書―二一世紀の日本を支える司法制度』（司法制度改革審議会、平成一三年）「行政訴訟制度の見直しの必要性」の項目において、「行政訴訟の基盤整備上の諸問題への対応も重要である」とし、例示ではあるが、「行政訴訟に対応するための専門的裁判機関（行政裁判所ないし行政事件専門部、巡回裁判所等の整備、行政事件を取り扱う法曹（裁判官・弁護士）の専門性の強化方策等について、本格的な検討が必要である」と述べていた（三九～四〇頁）。

（42）Richard L. Revesz, "Specialized Courts and the Administrative Lawmaking System", 138 U. Pa. L. Rev. 1111 (1990). なお、行政専門裁判所に関しては、Harold H. Bruff, "Specialized Courts in Administrative Law", 43 Administrative L. Rev. 329 (1991)

をも参照。

(43) 以上に関して、Richard L. Revesz, ibid., pp. 1112-1115。

(44) オーストラリアのタスマニア（Tasmania）州には、資源管理及び計画不服審判所（Resource Management & Planning Appeal Tribunal）が、Resource Management and Planning Appeal Tribunal Act 1993 により設置されている。

(45) 碓井光明「行政審判所の統合をめぐる一考察――カナダのオンタリオ州における集約化（clustering）政策を素材として」高橋和之先生古稀記念『現代立憲主義の諸相』（有斐閣、平成二五年）一八三頁を参照。

七　おわりに

以上の紹介及び検討から、行政の専門性に着目した裁判所の制度設計について、若干のまとめをしておきたい。

第一に、事件の専門性に対して裁判所が対応しようとする場合に、必ずしも当該個別行政分野（たとえば、建築行政、入管行政）の専門知識を有する裁判官であることまで求められるわけではないことである。日本流にいえば、専門知識を有する調査官を配置する方法もあり得よう(46)。裁判官は、ゼネラリストであることに加えて行政事件についての知識が豊富であるならば、調査官の調査結果を用いて適切な判断を下すことが可能である。ただし、そのような調査官をどのように確保するかが課題となる。原行政決定をした機関に所属する者の中から調査官を選任するときには、専門性の要請を満たすとしても、公正性を担保できる保障はないとする危惧がある(47)。しかし、公正な裁判をなす正義感の豊かな裁判官であるならば、調査官の調査結果を活用することこそあれ、それに左右されることはないと思われる(48)。

もっとも、税務訴訟担当の調査官の任用を、もっぱら国税職員に求める運用は改める必要があろう(49)。日本弁護士連合会は、「税務訴訟における裁判所調査官制度の見直しを求める意見書」（二〇〇〇年一二月一五日）において、「裁判所が課税庁と納税者との間の権利関係につき、法律的判断をなすに当って、何らかの専門知識が必要であるとしても、想定されるのは会計学（簿記、財務諸表、原価計算、監査等）、経営学、経済学、財務に監査・分析等の学問及び技術の専門分野であろう」として、専門的、技術的な助力を、裁判所調査官に求めるべき場合があるとしても、課税庁職員に、これらの専門知識があるとは限らないから、「課税庁以外の専門家（例えば会計学等の学者、研究者、公認会計士、税理士等）を任用すべきである」と述べていた。(50)

第二に、特定分野の専門性を備えた裁判官ないし、そのような裁判官により構成される特定分野の裁判所が判断を下す場合には、その分野の行政担当機関との交流が深まり、公正な判断が危うくなるとの懸念が示されることもある。「特定分野のコミュニティ形成」の懸念であろう。しかし、ゼネラリスト裁判官のみにより事件が処理されるときは、特定分野について必ずしも自信のない裁判官が安易に行政解釈（日本の場合の通達が典型）に追随してしまい、裁判所としての独自の法解釈を展開できないことも懸念される。長短拮抗するといえよう。

第三に、どのような単位で専門性を区切るかということが問題となることはすでに述べた。行政法関係事件でよいのか、租税関係事件とか本稿の検討対象とした環境関係事件という切り方でよいのかである。行政関係事件に着目した専門裁判所を設置して、その中に、さらに一定の分野の細分化された部を設けることも考えられる。(51)この点は、行政不服審判所構想とも関係して、別の機会に検討を加えたい。

第四に、同種の事件が多数登場する場合に、それらを集中して処理する専門裁判所又は専門部によって、事件処理の効率化を図ることができる。迅速な事件処理により当事者の利益となるほか、中期的には国費も節減できるであろう。他方、独立の裁判所ないし専門部を維持していくには、それだけの人的、物的コストを要する。この観点からすれば、事件数の少ない分野に関して、事件の専門性が認められるとしても、専門裁判所や専門部を設けることは断念せざるを得ないであろう。事件数の変動が大きい分野についても、コストの点を考慮する必要がある。そこで、専門裁判所又は裁判所専門部を全国に隈なく配置することが困難と考えられるならば、それらの裁判所所在地の裁判所庁舎においてのみならず、必要に応じて、他の場所においても開廷することを考えるべきであろう。裁判官を支える裁判所職員の体制をいかに構築するかなどの課題もあるが、「旅する裁判官（traveling judges）」は、十分検討に値すると思われる。また、事件の量が変動することを考慮した対策として、一般裁判所裁判官との併任や非常勤裁判官の制度を導入することも検討されてよい。

第五に、専門性に着目する場合には、刑事事件、民事事件、行政事件の種別ないし枠を越えた制度設計も検討の対象になろう。すでに見たように、オーストラリアの環境関係裁判所にあっては、このような枠によって分割することなく、裁判所の管轄を定めている。日本の知財高裁も、民事事件と行政事件の両方を管轄している。また、東京地裁労働部は、民事労働事件等のほか、行政労働事件も扱っている。こうした発想からすれば、租税に関する専門性に着目して、租税行政事件、租税に係る国家賠償訴訟、及び租税刑事事件を併せて管轄する裁判所又は専門部の設置も視野に入るであろう。また、専門性に着目するものと断定するわけにはいかないが、平成二五年法律第一〇〇号による独占禁止法改正によって、これまでの公正取引委員会の審判制度を廃止するに当たり、排除措置命令等に係る抗告訴訟を東京地裁の専属管轄とするのに併せて、損害賠償請求訴訟等の一審も東京地裁の専属管轄とされたことにも注目したい。

第六に、専門性を備えた裁判所においては、多様な紛争処理の方法を活用することが考えられる。NSW州土地・環境裁判所長のプレストン（Preston）判事は、同裁判所をもって〝multi-door courthouse〟と呼んで、その特色を説明している。「一つの屋根の下で、一連の紛争処理過程を備えた吸込みサービスを提供する紛争処理センター」であると述べている(52)。一の裁判所において、多様な紛争処理を引き受けているというわけである。

最後に、オーストラリア及びニュージーランドの環境関係裁判所においては、妥当性審査（merits review）がなされることが少なくないことに関して、[53]専門性を有する裁判所の一般論として取り上げることが可能なのかは、慎重な検討が必要である。日本においては、行政権と司法権との関係において、裁判所は、当・不当の問題に立ち入ることはできないという考え方が支配している。行政事件訴訟法三〇条も、それを前提にして裁量処分に関して裁判所が『違法』として取り消すことができるのは、裁量権の範囲をこえ又はその濫用があった場合」に限っているのである。これが憲法の命ずるところであるとするならば、外国法を参考にするわけにはいかない。[54]その場合には、行政不服審査レベルにおいて妥当性審査を充実させるべきであるという考え方も登場するであろう。オーストラリアの行政不服審判所における妥当性審査[55]も含めて、別稿において検討を加えたい。

(46)　裁判所調査官の法的根拠は、裁判所法五七条である。事件の審理及び裁判に関して必要な調査その他の法律において定める事務をつかさどるが、地方裁判所においては、知的財産又は租税に関する事件に限られている。租税事件に関しては、東京地裁及び大阪地裁に裁判所調査官が置かれている。なお、常勤者たる裁判所調査官ではなく、民事訴訟法九二条の二による専門委員制度を活用することも考えられる。

(47)　公平性の問題について、志賀櫻「最高裁判所は変わったか」『租税訴訟における最高裁判所の動向』租税訴訟 No.5（平成二四年）二頁、七頁を参照。租税法を勉強していない弁護士が調査官に太刀打ちできないとしている。

(48)　山下清兵衛「行政立法の司法審査――租税訴訟における公正基準」大宮ローレビュー六号一二一頁（平成二二年）は、国税庁から派遣された調査官の存在及び判検交流を通じて、「行政に特別の配慮をしがちである」と指摘しつつも、東京地裁民事三部の納税者救済率がピーク時において七五％であったことを挙げて、「租税訴訟を担当する裁判官の意識一つで、司法消極主義を排除できることを証明している」と述べている（一六二～一六三頁）。

(49)　司法制度改革推進本部・行政訴訟検討会第一二回（平成一五・一・一五）において、水野武夫委員は、国税庁の担当者がルーチンの人事異動で裁判所調査官となっていることは国民の目から見て納得し難い実情であるとし、税理士からの起用も可能であることを指摘した（同検討会議事録による）。

(50) もっとも、この日弁連の意見書が「租税法」の専門家をあまり意識していない点が若干気になる。租税法専門の裁判官が配置されるならば別であるが、ゼネラリスト的裁判官が配置されていることを想定する場合には、租税法の専門家も当然に必要とされると思われるがいかがであろうか。裁判所調査官に何を期待するかという問題でもあり、慎重に考察する必要があろう。知的財産事件における裁判所調査官の事務について定める民事訴訟法九二条の八の規定をも参照。

(51) 英国は、計画関係の事件は、高等法院（High Court）のQueen's Bench Divisionに設けられている行政裁判所（Administrative Court）の管轄とされていたが、事件処理のスピードアップなどを目的に、二〇一四年四月からは、Planning Court Claimsなる事件について、Planning Liaison Judgeが専門の裁判官の名簿（Planning Court specialist list）から担当裁判官を割り当てる方式が採用された。The Civil Procedure（Amendment No. 3）Rules 2014が挿入した五四・二一〜五四・二四及びPractice Direction 54E-Planning Court Claimsを参照。

(52) Brian J. Preston, supra note 4, p. 411. "a multi-door courthouse"に関しては、Brian J. Preston, "the Land and Environment Court of New South Wales: Moving towards a multi-door courthouse—Part I",（2008）19 ADRJ 72 及び Part II,（2008）19 ADRJ 144をも参照。

(53) Gerry Bates, supra note 2, pp. 870ff.

(54) オーストラリア連邦にあっては、司法権と行政権との権力分立から、裁判所が妥当性審査をすることは憲法違反であるとされている。

(55) 筆者は、碓井光明「総合的行政不服審判所の構想」塩野宏先生古稀記念『行政法の発展と変革　下』（有斐閣、平成一三年）一頁、一一頁以下において、オーストラリアにおける総合的不服審判所における妥当性審査に関して簡単に触れた。

＊　本稿の執筆に先立って訪問し、親切に説明いただいた下記の方々に謝意を表したい。
The Hon. Justice Brian Preston, Chief Judge of Land and Environment Court of NSW
The Hon Justice Mahla L. Pearlman, Chief Judge of Land and Environment Court of NSW（as of 2001
His Honour Judge Michael Rackemann, Judge of the District Court of Qld and Judge of the Planning and Environment

Court of Qld

John Trickett, President of the Land Court of Qld

His Honour Judge Michael Bowering, Senior Judge in Environment, Resources and Development Court of SA (as of 2001)

Mr. Michael Moore, Registrar of District Court of SA (as of 2001)

Judge Craig Thompson, Environment Court of New Zealand

第二部　日本の行政不服審査機関

第一章　独立行政不服審査機関についての考察

一　問題の所在

1　独立行政不服審査機関の意味

行政不服審査法（以下、「法」ということが多い。）（※　平成二六年法律第六八号による新法ではなく、旧行政不服審査法である。）は、審査請求、異議申立て及び再審査請求の三種類の不服申立てのうちで、審査請求中心主義を採用している。[1]異議申立てが処分庁又は不作為庁に対して行なう不服申立てであるのに対して、審査請求は、処分庁又は不作為庁（以下、「処分庁等」という。）以外の行政庁に対してするものであって（法三条二項）、処分庁等に比べて、それ以外の行政庁の方が公正な審理判断を期待できる、すなわち救済の実を上げることができる、という理由によっている。[2]もっとも、処分庁等以外の行政庁といっても、上級行政庁がある場合には、当該上級行政庁に対する審査請求が原則であって、それ以外の行政庁が不服審査機関となるのは、「法律（条例に基づく処分については、条例を含む。）に審査請求をすることができる旨の定めがあるとき」に限られている（五条一項）。法は、特に「独立行政不服審査機関」なる観念を用いているわけではないが、処分庁等から独立性をもった機関を不服審査機関とする場合に、それを「独立行政不服審査機関」又は「第三者的行政不服審査機関」（以下においては、見出しを除いて「独立審査機関」という。）と観念することができる。上級行政庁は、処分庁等に対して監督権を行使しうる機関であるから独立審査機関として位置づけることはできない。処分庁等及びその上級行政庁、すなわち「通常の行政系統に属する機関」（「執行系統の機関」ともいう。）から独立した機関が不服審査を担当する場合に、それを独立審査機関と観念することにしたい。[3]後に述べるように、等しく審査請求であっても、独立審査機関による審査を推進すべきであるとする議論が、折に触れて登場する。

独立審査機関方式と別に、通常の行政系統に属する機関が不服審査機関とされながら、それが不服審査をなすにあたり独立した機関の議決に基づいて判断をし、ないしは独立した機関に諮問をして、その答申を得て、又は、それらの機関の意見を聴いて、判断しなければならないこととされている場合がある。[4]

前者の典型例は、電波法等に基づく総務大臣の処分に対して異議申立てがなされた場合における電波監理審議会である。[5]電波監理審議会は五人の委員により構成され（電波九九条の二の二）、委員は、「公共の福祉に関し公正な判断をすることができ、広い経験と知識を有する者のうちから、両議院の同意を得て、総務大臣が任命する」こととされている（九九条の三第一項）。電波法又は同法に基づく命令の規定による総務大臣の処分に対して異議申立てがあったときは、総務大臣は、それを却下する場合を除き、遅滞なく電波監理審議会に付議しなければならないとされ（八五条）、審理は指名された審理官又は（事案が特に重要である場合において）指名された委員により主宰される（八七条）。この審理官（又は指名された委員）の作成した調書及び意見書に基づいて電波監理審議会が事案についての決定案を議決し（九三条の四）、総務大臣は「その議決により異議申立てについての決定を行う」（九四条一項）。総務大臣が決定を行なうときに、総務大臣は電波監理審議会の議決に拘束されると解されている(6)。この仕組みに着目する限り、独立審査機関による裁決とほとんど同じであるといってよい。

後者の場合に、独立機関ないし第三者的機関の答申や意見を尊重する度合いが高ければ高いほど、実質的に独立審査機関による不服審査に近似してくる。行政機関情報公開・個人情報保護審査会設置法に基づく情報公開・個人情報保護審査会がその典型である。同審査会は、諮問機関として明確に位置づけられている（同法二条）。同じく、関税の確定若しくは徴収に関する処分若しくは滞納処分等についての審査請求があったときは政令で定める審議会等に諮問するものとされている（関税九一条）。この場合は、法律による規律の密度は格段に薄いものであり、詳細は関税等不服審査会令により定められている。

本稿の検討対象は、独立審査機関である。しかし、この「独立性」を認識するメルクマールを明確にすることは、簡単なようでありながら、実際にはきわめて難しい。合議制の不服審査機関であるからといって、直ちに独立審査機関と断定することはできない。また、建前としての独立性にもかかわらず、運用上独立といえない場合もありうる。逆に、論理的には、独任制の不服審査機関であっても、十分な独立性が保たれているならば、かまわないはずである(7)。したがって、合議制が、論理必然的に「独立性」の不可欠な要件というわけではない。しかしながら、独任制に比べて合議制の方が独立性を発揮しやすいことは容易に想像できる。また、一般論として、合議制の方がより慎重な判断を可能にする。

2　独立行政不服審査機関の存在する理由

独立審査機関、換言すれば、通常の行政系統に属する機関からの独立性を備えた不服審査機関が何故に設けられるのであろうか。

しばしば、扱う事柄の「専門性」が挙げられる。しかし、専門性の発揮のみであるならば、専門家を構成員とする諮問機関でも相当程度目的を達することができる。また、狭い意味の専門性であるならば、日常的に当該分野の業務を実施している処分庁等こそが、細部にわたる専門知識を備えた人材を抱えている場合もある(8)。独立審査機関の構成員には、むしろ幅広い知識ないし社会的常識を備えた人材が期待されることもある。どの程度の専門性が要求されるかは、それぞれの分野によって異なるが、原処分を理解し、それを批判的に見る能力があれば足りるとされることも多いであろう。

このように考えるならば、独立審査機関の「独立性」に期待するのは、「専門性」以上に、「中立性」と、それによる「公正性」の確保を通じた適正な判断ということになろう。要するに、独立性→中立性→公正性→適正性という図式が考えられる。そして、不服審査における公正性及び適正性を実現するためには、不服審査の手続に通じた「法的専門知識を備えた人材」が不可欠なことも確認しておかなければならない。

行政争訟に関する行政法学説の中で、独立審査機関＝第三者機関について独特の性格づけを与えて評価する学説として、兼子仁教授及び南博方教授のそれを挙げることができる。

兼子教授は、憲法七六条二項の裏返しとして、行政機関による前審「裁判」を真正の意味に解すべきであるとして、司法国家の原理を行政争訟手続において貫こうとするならば、行政による真の前審裁判に値するためには、行政不服審査が原処分庁及びその上級庁という執行部門に対して制度的に独立第三者性をもつ行政機関である「第三者機関」によって審理・裁決がなされなければならないと主張している。[9]

また、南教授も、行政機関によって行使される「前審的司法権」を観念し、それは、活動行政機関からの独立性と公開対審構造が採られるべきものであると述べている。[10] 独立審査機関は、南教授の指摘する二つの要素のうちの公開対審構造が採用されていない点において前審的司法権を行使する機関とはいえないものの、「活動行政機関からの独立性」を確保しようとするものであるから、伝統的行政不服審査から一歩踏み出して前審的司法権システムへの途を切り開くものであるともいえよう。そして、両教授に共通の点は、「裁決機関＝裁決権」の「執行機関＝執行権」からの分離である。[11]

3　独立行政不服審査機関を論ずる問題意識

さて、このような独立審査機関を取り上げて論ずる理由は、本稿の二つの問題意識によっている。

第一に、すでに存在する独立審査機関について、その存在目的とそれに見合った仕組みが採用されているかという観点からの考察（組織論ないし立法論）である。組織論の観点からいえば、独立審査機関は、いずれも不服審査を慎重に行なうこと及び公正な審理を行なう目的で設置されているものと思われるが、その目的を実現するのに相応しい実態を伴っているかを検証する必要がある。

第二に、独立審査機関の特性による行政不服審査上の問題点の考察である。それは、主として法解釈論である。ところで、本稿の対象とする独立審査機関に関して、行政法学は、すでに「行政審判」[12]論として研究してきたように見える。本論文を献呈させていただく藤田宙靖先生は、行政委員会ないしそれに類似した行政機関が準司法的手続によって行なう審判のことを行政審判と呼ばれ、それは、「行政機関が行う審理・裁断でありながら、司法機関が行う場合に類似した組織的・手続的保障を与え、救済制度としての充分な機能を保障しようとするものである」とされる。そこでは、第二次大戦後アメリカ法の影響の下に独立規制委員会の制度にならった公正取引委員会、労働委員会等の行政委員会審判と、本来裁判所が訴訟事件として扱ってもよいような事項であるものの、事案が有している特殊専門技術的な性質に鑑み、特殊の行政機関による審判に委ねることとしている特許審判、海難審判を挙げておられる(13)。このように、行政審判は、独立性を備えた行政機関により準司法的手続を経てなされる審理・裁断である。

しかし、本稿は、そのような行政審判を正面から取り上げようとするものではない。本稿は、行政不服審査法に基づく不服審査の延長上において、審査の公正性・適正性を期して独立の審査機関が設けられる場合の審査機関を研究の対象とするものである。藤田先生による「行政不服審査法に基づく通常の不服審査は、私人に対して権利救済の途を開くという目的を持つものではあっても、その救済は、行政庁自らによる自己反省を通じて行おうというものであるから、公正かつ確実な救済という見地から見る限り、不充分なものであることは争い得ない(14)」とする指摘と問題意識を共通にするものであるが、まさに、行政不服審査法、あるいはその延長上にある不服審査制度の中に置かれている不服審査機関を検討するものであって、行政審判の典型として語られる行政委員会や特許審判、海難審判等の審判機関を扱うものではない。ただし、行政不服審査が行政審判方式でなされている場合は、独立審査機関と行政審判機関との重なりとして検討されることはいうまでもない。

このような意味において、本稿は、控えめにいえば、通常の行政不服審査の枠内、あるいは、それをはみ出すことがあっても、ごく近接する範囲内の不服審査に関して、その審査を行なう独立審査機関性に着目して検討しようとする「ささやかな研究」にすぎない。逆に、やや誇張した表現をするならば、これまでの研究の間隙を埋める作業をしようとするものである。そして、筆者の個人的事情としては、すでに公表した「総合的行政不服審判所の構想」[15]の前提として、現行の日本の制度について研究をしておくことが不可欠であるとの思いに基づき、本稿を草し始めたものである。その草稿をほぼ完成した後に、総務省の委託を受けて財団法人行政管理研究センターに設置された「行政不服審査制度研究会」（座長・小早川光郎東京大学教授）により「行政不服審査制度研究報告書」（平成一八年三月）が公表された。この報告書は、行政不服審査法制定後約四〇年を経過して、その本格的な見直しを行ない、改正の必要性の有無を検討したものである。総務省は、この報告書を基に、各方面の意見を聴いて法改正作業を進めることになりそうである（追記を参照）。そして、この報告書は、「第三者性の確保」を一つの柱にしている。すでに存在している第三者機関による裁決制度、第三者機関への諮問に基づく答申制度などの中には一定の成果を上げて、評価を得ているものがあるとして、「第三者機関の活用を広く取り入れることを検討すべきである」と述べている。以下に検討する内容は、同報告書においても、触れられているところであり、本稿が公表される頃には、内容が陳腐化していることも予想されるが、藤田先生に献呈する論文として用意したものであるので、思い切って発表することとする次第である。

（1）　田中二郎『新版行政法中巻（全訂第二版）』（弘文堂、昭和五一年）二五二頁注(2)、塩野宏『行政法Ⅱ［第四版］行政救済法』（有斐閣、平成一七年）一六頁など。

（2）　塩野宏・前掲注（1）一七頁など。

（3）　本稿は、「行政庁の処分その他公権力の行使に当たる行為に関する不服申立て」（行審一条二項）を審査する機関、すなわち行政不服審査機関を念頭に置いているが、行政処分に当たらない行為についての独立の審査機関が設けられることもある。名称は変遷したが、かつての簡易生命保険審査会（中央省庁改革法施行法により郵政審議会の権限となり、日本郵政公社発足に伴い審査制度が廃止された。以下、中央省庁改革法施行法による改正前の状態で説明する）は、保険契約者、保険金受取人又は年金受取人が簡易生命保険の契約上の権利義務に関する事項について、国を被告として民事訴訟を提起する前の必要的審査機関とされていた（簡保八八条）。審査会は郵政大臣の所轄の下に置かれ、委員一三人で組織された（九〇条一項・二項）。審査中立書の謄本の送付を受けた郵政大臣は弁明書を審査会に差し出さなければならないとされ（九三条二項）、それ以外に特別に郵政大臣との接点を示す規定が見られなかったことに鑑みると、独立の審査機関であったといえよう。その仕組みは本稿の対象とする独立の行政不服審査機関と極めて似ており、ほぼ同じレベルで議論することが可能であった。農業災害補償法一四三条に基づく都道府県農業保険審査会及び同法一四四条に基づく農林漁業保険審査会も、民事訴訟提起前の必要的審査機関である（農災一三一条一項、一四一条一項、都道府県農業保険審査会規程、農林漁業保険審査会令）。

（4）「不服審査型審議会」について、塩野宏『行政法Ⅲ［第三版］行政組織法』（有斐閣、平成一八年）七七頁以下を参照。

（5）電波監理審議会は、総務大臣の処分に対する異議申立てに関する議決を行なうのみならず、多くの項目に関して総務大臣から諮問を受けることとされ（電波九九条の一一）、また、勧告権も付与されている（九九条の一三）。他の複数の法律に基づく不服申立てについても関与する。

（6）塩野宏・前掲注（4）七九頁。この場合の電波監理審議会は、行政法学説により「参与機関」とされてきた（田中二郎・前掲注（1）三〇頁）。これに対して、塩野宏・前掲注（4）八〇頁は、参与機関該当性の形式的基準がなく、前提要件の意義も多義的であることを理由に、諮問機関と別に参与機関の種類を立てることに反対する。

（7）権威ある者が独任制の審査責任者として、優秀なスタッフの協力を得て適正な判断を下すことは可能である。英米法系の国においては、コミッショナーなどの名称で、そのような機関が設置されていることがある。

（8）一例を挙げるならば、固定資産の評価については、市町村の固定資産評価事務の第一線で経験を積んだ職員こそが、専門性を備えているとみることもできる。いかに固定資産評価に関して知識を有しているようにみえる固定資産評価審査委員会の委員であっても、第一線の評価職員（固定資産評価補助員）には及ばないことが多いといえよう。委員は、固定資産の評価に携わった職員の説明に納得できるかどうかに関心を有するのが普通であって、自らが白紙から評価をやり直すことは難しいものである。

（9）杉村敏正＝兼子仁『行政手続＝行政争訟法』（筑摩書房、昭和四八年）一七一頁。

（10）南博方「前審的司法権と終審的司法権」同『紛争の行政解決手法』（有斐閣、平成五年）一四頁）。なお、同書は、多数の論文を収録した論文集であり、本稿において頻繁に引用する関係で、以下において原論文の出典の引用を省略することとする。

（11）南博方教授は、「何びとも、自己の事件の裁判官となり得ない」の原則を引いて、政策推進機関から独立して第三者的立場に立って制御する機関が必要になるとする。同「行政不服審査の理想と現実」芦部信喜先生古稀祝賀『現代立憲主義の展開　下』（有斐閣、平成五年）五六一頁・五七五頁。

(12) 代表的な文献として、田中二郎『新版行政法上巻（全訂第二版）』（弘文堂、昭和四九年）二七〇頁、厚谷襄児「行政審判の法理」雄川一郎ほか編『現代行政法体系4』（有斐閣、昭和五八年）七一頁、植松勲ほか『行政審判法』（ぎょうせい、平成九年）。
(13) 藤田宙靖『第四版行政法Ⅰ（総論）［改訂版］』（青林書院、平成一七年）四七五～四七六頁。
(14) 藤田宙靖・前掲注（13）四七五頁。
(15) 碓井光明「総合的行政不服審判所の構想」塩野宏先生古稀記念『行政法の発展と変革　下巻』（有斐閣、平成一三年）一頁。

二　独立行政不服審査機関の現状

「独立性」の意味を明確にすることなく、独立審査機関を列挙すること自体が矛盾であるが、現在存在する独立審査機関とされる可能性のある機関としてどのようなものがあるかを列挙し、その内容を確認することは、検討作業の第一段階としてやむを得ないであろう。

1　社会保険審査会・労働保険審査会・公害健康被害補償不服審査会

第一に、社会保険審査会及び労働保険審査会がある。これらは、いずれも国の機関であって、ともに似た構造を有している。

社会保険審査会[16]は、健康保険法一八九条、厚生年金保険法九〇条、国民年金法一〇一条等の規定による再審査請求（独任制の社会保険審査官に対する審査請求が先行するので、「再審査請求」とされている）、健康保険法一九〇条、厚生年金保険法九一条等の規定による審査請求[17]の事件を取り扱うための機関として「厚生労働大臣の所轄の下に」設置される（社会保険審査官及び社会保険審査会法一九条）。「厚生労働大臣の所轄の下に」設置されるのであるから、もしも事件の処理について厚生労働大臣の指揮監督を受けるとすれば独立審査機関ということはできない。しかし、「審査会の委員長及び委員は、独立してその職権を行う」（二〇条）とされているので、独立審査機関の位置づけがなされているといえる。しかも、委員長及び委員の任命権は厚生労働大臣に帰属するが、「人格が高潔であって、社会保障に関する識見を有し、かつ、法律又は社会保険に関する学識経験を有する者のうちから、両議院の同意を得て」任命する手続が要求されている（二二条一項）。そして、委員長及び委員には、法定の罷免事由に該当する場合を除いては、在任中その意に反して罷免されることがないとする身分保障がある（二四条）。

なお、再審査請求の審理に際して、利益代表者が審理期日に出頭して意見を述べ、又は意見書を提出することができるという独特の制度が採用されている。すなわち、予め厚生労働大臣は、健康保険、船員保険及び厚生年金保険ごとに、被保険者の利益を代表する者及び事業主（船員保険にあっては、船舶所有者）の利益を代表する者各二名を、関係団体の推薦により指名する（三〇条一項）。これにより指名された者のうち、被保険者の利益を代表する者は、各保険の被保険者たる当事者の利益のため、事業主の利益を代表する者は事業主たる当事者の利益のため、それぞれ審理期日に出頭して意見を述べ、又は意見書を提出することができる（三九条二項）。また、厚生労働大臣は、国民年金の被保険者及び受給権者の利益を代表する者四名を指名する（三〇条二項）。これにより指名された者は、国民年金の被保険者又は受給権者たる当事者の利益のため、審理期日に出頭して意見を述べ、又は意見書を提出することができる（三九条三項）。これらの厚生労働大臣から指名されて、意見を述べ又は意見書を提出することができる者は、「参与」（社会保険審査会参与）と呼ばれている。社会保険審査会は、もともとは三者（公益委員、労働者委員、使用者委員）による非常勤委員で構成されていたが、「社会保険審査官及び社会保険審査会法」の法案審議にあたり、特別職の常勤委員で構成し三者構成をとらないことに対する反対にも考慮して、補充的に参与制度が設けられたという(18)。

労働保険審査会[19]は、労働者災害補償保険法三八条及び雇用保険法六九条の規定による再審査請求の事件を取り扱うために厚生労働大臣の所轄の下に設置される機関である（労働保険審査官及び労働保険審査会法二五条一項）。委員につき「人格が高潔であって、労働問題に関する識見を有し、かつ、法律又は労働保険に関する学識経験を有する者のうちから、両議院の同意を得て」任命する手続がとられていること（二七条一項）、委員は独立して職権を行使すること（二九条）、法定の事由に該当する場合を除いて意に反して罷免されないこと（三〇条）などは、社会保険審査会と共通である。また、「参与」が設けられる点も共通である。厚生労働大臣は、労働者災害補償保険制度に関し関係労働者及び関係事業主を代表する者各六人を、雇用保険制度に関し関係労働者及び関係事業主を代表する者各二人を、それぞれ関係団体の推薦により指名するものとされ（三六条）、これらの指名された者、すなわち「参与」は、審理期日に出頭して意見を述べ、又は意見書を提出することができる（四五条二項）。

社会保険審査会及び労働保険審査会の審理は、いずれも審理の期日及び場所を定めて当事者及び参与に通知され（社審三六条、労審四二条）、審理は公開され（当事者の申立てがあったときは公開しないことができる。）（社審三七条、労審四三条）、審理期日には当事者及びその代理人、並びに参与は出頭して意見を述べることができるものとされている（社審三九条、労審四五条）。これらの構造からして、法律に文言が登場しないものの、口頭審理主義が採用されているとみられる。そして、この「審理」と「合議」とは区別され、合議は公開されない（社審四二条、労審四八条）。以上の仕組みからすれば、これらの審査会の手続は、限りなく司法的手続に近いもの（準司法的手続）ということができる[20]。

社会保険審査会及び労働保険審査会に似た独立審査機関として、公害健康被害補償不服審査会がある。同審査会は、認定又は補償給付の支給に関する処分についての審査請求に係る審査機関である[20a]（公害補償一〇六条二項、一一一条）。六人の委員により組織され（一一二条一項）、委員は、「人格が高潔であって、公害問題に関する識見を有し、かつ、医学、法律学その他公害に係る健康被害の補償に関する学識経験を有するもののうちから、両議院の同意を得て、環境大臣が任命する。」（一一三条一項）。委員は独立して職権を行使すること（一一五条）、審理の公開（一二八条）、当事者等の意見を述べる権利（一三〇条）、合議の非公開（一三三条）など、前記の二審査会との共通点が多い。専門委員を置くことができるとされている（一一九条の二）。

2　開発審査会・建築審査会・土地利用審査会

第二に、開発審査会、建築審査会及び土地利用審査会がある。開発審査会は、都道府県及び指定都市等に置かれる（都計七八条一項）。この「指定都市等」は、地方自治法の政令指定都市、中核市又は特例市をいう。建築審査会は、建築主事を置く市町村及び都道府県に設置される。「建築主事を置く市町村」は、建築主事を必置とされている政令で指定する人口二五万以上の市、及び、その設置について予め知事と協議し同意を得て、置くことができるその他の市町村（建基四条一項・二項・三項）が建築主事を設置している場合における市町村を意味する。土地利用審査会は、都道府県及び指定都市に設置される（国土利用三九条・四四条）。

開発審査会は、都市計画法五〇条一項に規定する審査請求に対する裁決その他同法により付与された権限を行使する機関で、五人又は七人の委員をもって構成される（都計七八条一項・二項）。裁決以外の権限には、知事が一定の要件を備える開発許可を下す前における議決の権限がある（三四条一〇項）。建築審査会は、同法に規定する同意及び同法九四条一項の審査請求に対する裁決をし（建築基準法七八条一項は、「同意及び第九十四条第一項の審査請求に対する裁決についての議決」と表現して、審査請求の場合も、単なる議決をするような体裁であるが、九四条においては、裁決機関とされている。）、重要事項に関する特定行政庁の諮問に応じて調査審議する機関であって（建基七八条一項）、建議権をも有し（同条二項）、五人又は七人をもって組織される（七九条一項）。委員の構成について、両審査会とも、「都市計画」と「建築」の文言の順序が入れ替わるだけで、共通に、法律、経済、都市計画、建築、公衆衛生又は行政に関しすぐれた経験と知識を有し、公共の福祉に関し公正な判断をすることができる者のうちから任命することとされている（都計七八条三項、建基七九条二項）。任命権者は、開発審査会にあっては都道府県知事又は指定都市等の長（都計七八条三項）、建築審査会にあっては市町村長又は都道府県知事（建基七九条二項）である。

土地利用審査会は、国土利用計画法一四条一項に基づく土地に関する権利移転等の許可に係る処分についての審査請求の裁決を行なう権限を有するほか、知事又は指定市の長の行為について意見を徴される（国土利用一二条一三項・一六条二項・二七条の五第一項・二七条の六第二項・二七条の八第一項）。裁決機関の性質と諮問機関の性質とを兼ね備えていることになる。七人の委員で構成され、委員は、土地利用、地価その他の土地に関する事項について優れた経験と知識を有し、公共の福祉に関し公正な判断をすることができる者のうちから、知事（又は市長）が議会の同意を得て任命することとされている（三九条三項・四項）。任命について議会の同意を要するとされる点において、他の独立審査機関と対照的である。その理由は、土地が生活の基盤に深くかかわりをもち、種々の利害が錯綜していること、同審査会に広範かつ強力な権限が与えられていることであるとされている。[21]もっとも、そこで意識されている「強力な権限」は、不服審査の権限というよりは諮問機関としての権限に着目したもののようである。[22]

以上見たように、これらの三審査会は、裁決の権限のみならず諮問機関的役割をも併せもっている点に特色がある。そして、それは独立性に関しても微妙な問題を内在させている。具体的にいえば、審査請求の対象とされる原処分について審査会が関与している場合があることが最大の問題点である。たとえば、建築基準法が特定行政庁の行為で建築審査会の同意を要するとしている事項には、接道義務に関する例外許可（四三条一項）、道路内の建築制限に関する例外許可（四四条一項・二項）、壁面線の指定（四六条）、壁面線による建築制限に関する例外許可（四七条）、用途地域の制限に関する例外許可（四八条一三条）、日影による中高層の建築物の高さ制限の例外許可（五六条の二第一項）などがある。これらの例外許可等についても、建築審査会に審査請求をなすことができる（九四条）。この場合に、建築審査会は、原処分について同意権限（同意・不同意）を行使していながら、裁決庁として原処分の適否を判断することになる。また、これらの例外許可等を前提になされた建築確認について審査請求がなされ、例外許可等の無効を理由に建築確認の違法性が主張されているような事案においても、例外許可等の有効・無効の判断を迫られる。*このような場合には、裁決庁が独立性のある機関であるといっても、原処分への直接、間接の関与がなされているのである。開発審査会は、市街化調整区域に係る所定の開発行為であらかじめ開発審査会の議を経たものについてなされた開発行為の許可・不許可（都計三四条一〇項）についても、審査請求の審理・裁決権を有している（五〇条）。土地利用審査会については、すでに述べたとおりである。

さらに、建築審査会及び土地利用審査会の裁決に対しては、国土交通大臣に対する再審査請求の途が開かれている（建基九五条、国土利用二〇条四項）。すなわち、独立審査機関の慎重な手続による判断が独任制の国土交通大臣の判断によって覆されうる仕組みになっている。(23) 訴訟との関係における前置主義（建基九六条、国土利用二一条（※　平成二六年法律第六九号により廃止））は、各審査会の裁決を経ることであるから、国土交通大臣に対する再審査請求をパスして取消しの訴えを提起できるにせよ、もしも、再審査請求の裁決を通じて国土交通大臣の解釈が通用するならば、事実上、これらの審査会の判断権に影響を与えるようになるであろう。審査会の事務が機関委任事務として位置づけられていた時代においてはともかく、自治事務としてなされる不服審査について、特に手続も整備されていない大臣への再審査請求制度は見直す必要があろう。

3　国民健康保険審査会・後期高齢者医療審査会・介護保険審査会等

第三に、国民健康保険審査会、後期高齢者医療審査会及び介護保険審査会がある。

国民健康保険審査会は、国民健康保険の保険給付に関する処分（被保険者証の交付の請求又は返還に関する処分を含む。）又は保険料その他国民健康保険法の規定による徴収金（拠出金を除く。）に関する処分に係る審査請求を審査する機関である（国保九一条）。同審査会は都道府県に置かれ（九二条）、被保険者を代表する委員、保険者を代表する委員及び公益を代表する委員各三人（合計九人）をもって組織される（九三条）。委員の任命権者が法律に明示されていないが(24)、実際には知事により任命されている。審査会には会長が置かれ、会長は、公益を代表する委員のうちから委員が選挙により選出する（九五条）。定足数について、独特の方式が採用されている。すなわち、被保険者を代表する委員、保険者を代表する委員及び公益を代表する委員各一人以上を含む過半数の委員の出席がなければ、議事を開き議決することができない（九六条）。後期高齢者医療審査会も、都道府県に設置される（高齢者の医療の確保に関する法律一二九条）。国民健康保険審査会に関する仕組みを用いている（同法一三〇条）。

介護保険審査会の制度は、介護保険が同じく市町村が保険者である公的保険制度であることから、国民健康保険審査会の仕組みを参考にして組み立てられている。すなわち、介護保険の保険給付に関する処分（被保険者証の交付の請求に関する処分及び介護認定又は要支援認定に関する処分を含む。）又は保険料その他介護保険法の規定による徴収金（財政安定化基金拠出金、納付金及び介護保険法一五七条一項に規定する延滞金を除く。）に関する処分に不服がある者からなされる審査請求を審査する機関である（介保一八三条一項）。同審査会は各都道府県に設置される（一八四条）。同審査会の委員は、被保険者を代表する委員三人、市町村を代表する委員三人以上であって政令で定める基準に従い条例で定める員数で、知事が任命する（一八五条一項・二項）。公益を代表する委員のうちから委員が選挙する会長一人が置かれる（一八七条一項）。審査請求は、事項的に二種類に分けて、要介護認定又は要支援認定に関する処分に対する審査請求は、公益を代表する委員のうちから保険審査会が指名する三人をもって構成する合議体（介護認定等部会）が扱い、それら以外の審査請求は、会長、被保険者を代表する委員及び市町村を代表する委員のうちから保険審査会が指名する二人をもって構成する合議体（保険給付等部会）で扱う（一八九条二項・一項）。保険給付等部会の議事は、被保険者を代表する委員、市町村を代表する委員及び公益を代表する委員各一人以上を含む過半数の委員の、また、介護認定等部会の議事は、これを構成するすべての委員の出席がなければ会議を開き議決をすることができない（一九〇条一項）。

ところで、障害者介護給付等不服審査会に言及する必要があろう。同不服審査会は、障害者自立支援法による市町村の介護給付費等に係る処分についての審査請求の事件を取り扱わせるため、知事が条例の定めるところにより置くことのできる機関である（同法九八条一項）。したがって、必置ではなく任意の機関である。これは、地方分権の尊重の流れを反映させたものである。委員の定数は、政令で定める基準に従い、条例で定める（二項）。委員は、「人格が高潔であって、介護給付費等に関する処分の審理に関し公正かつ中立な判断をすることができ、かつ、障害者等の保健又は福祉に関する学識経験を有する者のうちから」知事が任命する（三項）。同不服審査会は、委員のうちから不服審査会が指名する者をもって構成する合議体で審査請求の事件を取り扱うこととされている（同法施行令四八条一項）。合議体を構成する委員の定数は五人を標準として都道府県が定める数である（同条三項）。不服審査会において別段の定めをした場合のほかは、合議体の議決をもって不服審査会の議決とされる（六項）。前述の二つの審査会との大きな違いは、審査請求に対する裁決権はあくまで知事にあると解されていることである。[25] この不服審査会は、裁決機関ではなく、諮問機関の位置づけなのである。

なお、国家公務員共済組合審査会（国公共済一〇三条以下）、地方公務員共済組合審査会（地公共済一一七条以下）及び私立学校教職員共済審査会（私立学校教職員共済法三六条以下）も、独立審査機関の性質を有し、かつ、利益代表型委員構成とされている。

4　固定資産評価審査委員会

第四に、特殊なものとして、固定資産評価審査委員会を挙げることができる。固定資産評価審査委員会は、固定資産課税台帳に登録された価格に関する不服を審査決定するための機関として市町村に設置される（地税四二三条一項）。委員の定数は、三人以上とし当該市町村の条例で定めることとされ（同条二項）、委員は、当該市町村の住民、市町村税の納税義務がある者又は固定資産の評価について学識経験を有する者のうちから当該市町村の議会の同意を得て、市町村長が任命する（同条三項）。審査申出事件は、委員のうちから固定資産評価審査委員会が指定する者三人をもって構成する合議体が扱うこととされている（四二八条一項）。合議体は、その合議体を構成する委員の過半数の出席がなければ会議を開き議決することができない。この固定資産評価審査委員会については、最高裁判所も、「課税の主体である市町村長から独立した第三者機関である委員会」と位置づけて（最高裁判平成二・一・一八民集四四巻一号二五三頁）、その独立性を強調している[26]。

5　国税不服審判所

国税不服審判所は、国税に関する法律に基づく処分についての審査請求に対する裁決を行なう機関である（税通七八条一項）。国税不服審判所の長（国税不服審判所長）は、財務大臣の承認を受けて国税庁長官により任命される（七八条二項）。国税不服審判所には、国税審判官及び国税副審判官が置かれ（七九条一項）、国税審判官は審査請求事件の調査及び審理を行ない、国税副審判官は、事務を整理する（同条二項）。審査請求に対する答弁書が原処分庁より提出された段階で、国税不服審判所長より当該事件の調査及び審理を行なわせるため、担当審判官一名及び参加審判官二名が指定される（九四条）。裁決は国税不服審判所長によりなされるが、担当審判官及び参加審判官の議決に基づいて行なわれる（九八条）。この「担当審判官及び参加審判官の議決」という文言のなかに、合議体の性質が垣間見られる。しかしながら、裁決権は、あくまで国税不服審判所長に帰属している。その意味において、形式的には独任制の審査機関である。

では、国税不服審判所を独立審査機関と位置づけることができるのであろうか。それを明らかにするには、任命権を有し、かつ、国税不服審判所をも包括する国税庁の長である国税庁長官との関係を考察しなければならない。この点において、必ず参照されるのが、国税通則法九九条の規定である。すなわち、国税不服審判所長は、国税庁長官が発した通達に示されている法令の解釈と異なる解釈により裁決をするとき、又は他の国税に係る処分を行なう際における法令の解釈の重要な先例となると認められる裁決をするときは、あらかじめその意見を国税庁長官に申し出なければならないとされ（一項）、その申出があった場合において、国税庁長官が国税不服審判所長に対し指示をするときは、国税不服審判所長の意見が審査請求人の主張を認容するものであり、かつ、国税庁長官が当該意見を相当と認める場合を除き、国税審議会の議決に基づいてこれをしなければならないとされている（二項）（※　国税通則法九九条は、平成二六年法律第一〇号により改正され、国税庁長官への通知、国税庁長官と国税不服審判所長による国税審議会への共同諮問、国税審議会の議決に基づく裁決を進行することとされ、国税庁長官の指示の制度は廃止された。）。

この仕組みから、特色をなすいくつかの点を指摘することができる。

第一に、法令の解釈に関しては、国税不服審判所長に対する国税庁長官の指示権が明示されていることである。その限りにおいて、国税不服審判所長は完全な独立審査機関ということはできない。

第二に、国税庁長官の前記の指示権は、国税不服審判所長の申出に基づいて行使されるのであって、申出なしには行使できないという意味において、権限の発動は受動的である。しかも、国税不服審判所長の申出の制度において、国税庁長官通達に関する審査権が国税不服審判所に付与されていることは明らかである(27)。

第三に、他に特別の規定がないのであるから、前記指示権の発動以外には、個別の審査請求の案件に関して国税庁長官が指揮監督することは想定されていないことである。たとえば、事実の認定について、国税庁長官が国税局長や税務署長等を通じて収集した資料に基づいて長官の立場において一定の認定をすべきことを国税不服審判所長に求めることは許されない。原処分庁からの物件の提出（九六条一項）等の手続によることになる。審理・裁決権を通常の行政系統から分離させたことにより、指示権の発動以外には介入できない点において、旧協議団時代に見られなかった独立性が確保されているということができる。(28) 国税庁長官との関係において独立審査機関といって差し支えないであろう。

第四に、以上の議論は独任制の国税不服審判所長と国税庁長官との関係に着目したものであるが、裁決権者である審判所長は、担当審判官及び参加審判官の議決に基づいて裁決をしなければならないとして、内部的に合議制が採用されている点に特色がある。「議決」であるから、この合議体としての結論が示される前提にたっている。そして、「議決に基づいて」とは、「議決により」とは異なり、担当審判官及び参加審判官の議決が審判所長を完全に拘束するものではないと解されている。(29) しかし、議決自体に審判所長が介入することは許されないと解される。独任制の独立審査機関の内部に合議体を設けて、その議決を求めながらも裁決権者は議決に拘束されないという仕組みはなかなか理解することが困難である。裁決の客観性・公正性を担保する趣旨と理解することが可能であるとしても、(30) 合議体の議決と裁決の内容との一致・不一致（どのように変えられたか）を外部から確認する手立てがない以上、(31) 担保としては不十分である。

6　公務員に対する処分に係る独立行政不服審査機関

以上のほかに、公務員に対する処分について当該公務員からの不服を処理する独立審査機関が、国及び地方公共団体に設置されている（国家公務員共済組合審査会及び地方公務員共済組合審査会については、前記3を参照）。

国の独立審査機関の役割は人事院により担われる。人事院は、人事官三人をもって組織される（国公四条一項）。人事官は、「人格が高潔で、民主的な統治組織と成績本位の原則による能率的な事務の処理に理解があり、且つ、人事行政に関し識見を有する年齢三十五年以上の者の中から両議院の同意を経て」、内閣が任命することとされている（五条一項）。両議院の同意もさることながら、内閣が任命する点においても重みのある職である。しかも、人事官の任免に関しては、天皇が認証する制度になっている（五条二項）。人事院は、職員に対し、その意に反してなされた降給、降任、休職、免職その他著しく不利益な処分又は懲戒処分に関する不服申立てを審査する権限を有している（九〇条一項）。処分を受けた職員から請求があったときは口頭審理を行なわなければならず、さらに請求があったときは口頭審理を公開して行なわなければならない（九一条二項）。人事院は、国家公務員災害補償法による補償の実施に関する措置について不服のある者からの不服審査も担当する（国公災二四条一項）。

地方公共団体にも、公務員関係処分に関する不服に関する独立審査機関が設置されている。その意に反する不利益処分を受けた職員からの不服申立てを審査する機関（地公四九条の二第一項）として人事委員会又は公平委員会が設けられる。都道府県及び政令指定都市には人事委員会が、政令指定都市以外の市で人口一五万以上のもの及び特別区には人事委員会又は公平委員会が、人口一五万未満の市町村及び地方公共団体の組合には公平委員会が、それぞれ設置される（七条一項～三項）。共同設置及び委託が可能なことについて明文規定が置かれている（七条四項）。人事委員会又は公平委員会は、三人の委員をもって組織される（九条一項）。「人格が高潔で、地方自治の本旨及び民主的で能率的な事務の処理に理解があり、且つ、人事行政に関し識見を有する者のうちから、議会の同意を得て」地方公共団体の長が選任することとされている（九条二項）。年齢要件がないものの、これらの委員の要件は人事官の要件と極めて似ていることがわかる。

地方公務員等の災害補償の実施等に関する事業は、地方公務員災害補償基金が行なうこととされている。同基金の行なう補償に関する決定については、主たる事務所に設置される地方公務員災害補償基金審査会（「審査会」）が審査請求の審査機関とされ、基金の従たる事務所の長が行なう補償に関する決定については、従たる事務所に設置される支部審査会が審査請求の審査機関であり、さらに、審査会が再審査請求に対する審査機関となる（地公災五一条・五二条）。審査会は委員六人をもって組織され、審査請求及び再審査請求の事件は、委員のうちから指定される三名で構成される合議体で処理される（五三条の二第一項）。支部審査会は委員三人をもって構成される（五五条一項）。

人事院及び人事委員会・公平委員会は、行政委員会としての性質をもっている。人事院は、中央人事行政機関として、「給与その他の勤務条件の改善及び人事行政の改善に関する勧告、職階制、試験及び任免、給与、研修、分限、懲戒、苦情の処理、職務に係る倫理の保持その他職員に関する人事行政の公正の確保及び職員の利益の保護等に関する事務」を広く所管している（国公三条二項）。そして、規則制定権も付与されている（一六条）。人事委員会・公平委員会は、不服審査権限のほかに、人事行政の権限をも有しており、とくに人事委員会の権限は多岐にわたっている（地公八条一項・二項）。

7　行政審判手続による独立審査機関

行政審判は、行政機関ではあるが、独立した機関が司法手続に準じた手続により審理・裁断する活動である。行政不服審査を扱う行政審判機関も存在する。準司法手続といっても、すでに述べた機関とこれから例示する機関との間に明確な線が引かれるわけではなく、行政審判性の濃淡の差である（したがって前記に掲げた機関の中にも行政審判方式のものが含まれていると理解することも誤りではない。）といってもよい。

まず、公害等調整委員会は、公害等調整委員会設置法により、総務省の外局として設置されている三条機関である（二条）。委員会は、委員長及び委員六人をもって組織され、委員のうち三人は非常勤である（六条）。委員長及び委員は、「人格が高潔で識見の高い者のうちから、両議院の同意を得て、内閣総理大臣が任命する」（七条一項）。独立して職権を行使する旨が法律に明記されている（五条）。委員会には規則制定権が認められている（一三条）。委員会の所掌事務には、公害に係る紛争のあっせん、調停、仲裁及び裁定に関すること（その手続を公害紛争処理法が定めている。）のほか、鉱業法その他の法律及び「鉱業等に係る土地利用の調整手続等に関する法律」の定めるところにより「不服の裁定」を行なうことも含まれている（四条三号）。行政不服審査が登場するのは、この不服裁定の場面である。そして、一定の処分について不服のある者は、委員会に対して裁定の申請をすることができる（鉱業一七八条、採石三九条、砂利四〇条など）[32]。これらの裁定に係る手続等を定めるのが、「鉱業等に係る土地利用の調整手続等に関する法律」である。裁定は、公害等調整委員会に三人の裁定委員からなる裁定委員会を設けて行なう（二条）。審理の公開、調査のための処分、関係行政機関又は利害関係人の意見陳述などの裁定の手続に関して、同法二五条以下に詳細に定められている。それらの中で、裁定書に少数意見を附記することができる旨の規定が注目される（四二条二項）。

公正取引委員会は、内閣府設置法四九条三項に基づいて、独占禁止法により内閣府の外局として設置される委員会である。内閣総理大臣の所轄に属するが（独禁二七条三項）、委員長及び委員の職権行使の独立性が謳われている（二八条）。公正取引委員会は、委員長及び委員四人をもって組織され（二九条一項）、委員長及び委員は、法律又は経済に関する学識経験のある者のうちから、内閣総理大臣が、両議院の同意を得て任命することとされている（同条二項）。公正取引委員会の行なった排除措置命令又は課徴金納付命令に対して不服のある者は、公正取引委員会に審判の請求を行なうことができる（四九条六項・五〇条四項）[33]。この審判手続は、事件ごとに審判官を指定して、その後の審判手続は審判官の指揮により進めることができるが、当該事件について審査官の職務を行なったことのある者その他審査に関与したことのある者を審判官に指定することはできない（五六条）。審査官、被審人による主張等の手続、その証拠不採用の理由の提示、審判官指定の場合の公正取引委員会に対する直接陳述の機会等の手続が定められている。審判請求に対する裁断である「審決」は、あくまで公正取引委員会の名においてなされ、委員長及び合議に出席した委員が署名押印する（七〇条の二第一項）。審決書には、少数意見を附記することができる（同条二項）。（※　排除措置命令に対する不服についての公正取引委員会の審判制度は、平成二五年法律第一〇〇号により廃止され、抗告訴訟をもって争うこととされ、一審は、東京地方裁判所の専属管轄とされた（改正後の八五条一号）。）

(16)　社会保険審査制度の沿革については、『社会保険審査官及び社会保険審査会法の解説』（全国社会保険協会連合会、平成一三年）一頁以下が詳しい。審査官及び審査会という専門機関を設けたのは、審査件数が多く、かつ、処分が被保険者の生活ひいては生命に影響するところが大であるから、迅速に不服を処理し、処分庁の恣意により救済が阻まれることのないようにするためである、と説明されている（『健康保険法の解釈と運用』（法研、平成一五年第一一版）一二五〇頁）。

(17)　保険料又はその他の徴収金に関する保険者の処分については、社会保険審査官に対する審査請求はなく、社会保険審査会への一審的審査請求が用意されている。この理由は、これらの処分には公売処分に関するものが多く、公売手続の適法性とともに、公売価格の妥当性が問題となり、鉱業財団、工場財団などの価格鑑定をも必要とする場合が生ずることがあるからであるとされる。前掲注（16）『健康保険法の解釈と運用』一二七三頁、西村健一郎『社会保障法』（有斐閣、平成一五年）一一三頁。

(18)　国井国長「社会保障法上の権利救済制度」ジュリスト五一二号八五頁・八六頁（昭和四七年）。同論文の著者は当時社会保険審査会参与を務めており、「審査会は公正かつ民主的に運営され、参与の正当な意見は尊重され、裁決に活かされて」いるとの評価を示していた（八六頁）。兼子仁教授は、参与の制度について「行政争訟にたいする国民参加の制度の稀れな例として留意されてよいであろう」としている（杉村敏正＝兼子仁・前掲注（9）一七二頁）。

(19)　労災保険の保険給付に関する処分については公正かつ迅速な処理が必要であること、その審査に当たり専門的技術的知識が要求されること等の特殊性があることに鑑み、一審の審査官に簡易迅速を期待し、二審の審査会には厳格慎重を期待したとされている。厚生労働省労働基準局労災補償部労災管理課編『六訂新版　労働者災害補償保険法』（労務行政、平成一七年）六三一～六三二頁。

(20) 準司法的手続が採用されているのは、裁決の結果いかんが被保険者の生活ひいては生命にも重大な関係があるので、慎重ならしめるためである、と説明されている（前掲注（16）『健康保険法の解釈と運用』一二五〇頁）。

(20 a) 平成一八年改正により、石綿による健康被害の救済に関する法律七五条一項一号の規定による審査請求に係る審査も加えられた。

(21) 河野正三『国土利用計画法』（第一法規、昭和五二年）四五六～四五七頁。

(22) 土地利用規制研究会監修『国土利用計画法の運用と解説』（時事通信社、昭和五一年）二九七頁は、規制区域指定について実質上は承認制と同じような効果をもつ確認権をもつなど、国民の財産権の制約に関し、きわめて大きな影響力をもつほか、個別具体の事案についても意見具申を通じて知事等の行なう措置に関与することを理由として議会の同意を説明している。

＊ 最判平成二一・一二・一七民集六三巻一〇号二六三一頁は、東京都建築安全条例に基づく安全認定の違法は、建築確認に承継されると判示した。これによれば、建築審査会は、建築確認の取消しを求める審査請求を受けて、その同意を経てなされた特例許可等の違法性の有無を判断しなければならない場面がある。

(23) 荒秀『建築基準法論（Ⅲ）』（ぎょうせい、平成七年）二九頁は、建築審査会の審査は第三者機関による司法的判断といわれながら、大臣の行政的最終判断により屈服させられることになる、と指摘する。この論点も含めて、建築審査会をめぐる多様な論点については、荒秀「建築審査会の法と実務」独協法学四二号一頁（平成八年）を参照。

(24) 知事により任命される旨の規定を欠くのは、同審査会が附属機関であって、地方自治法に定めのある事項について重ねて国民健康保険法に定める必要がないことによるとされる（厚生省国民健康保険課編『詳解国民健康保険』（国民健康保険調査会、昭和三五年）一三八四頁）。

(25) 不服審査会が設置された場合であっても、審査庁はあくまで知事であって、知事が審査請求を受理し、裁決を行なうものと意図されているとし、不服審査会の答申を尊重して裁決を行なうという理解が通用している（「介護給付費等に係る処分に関する都道府県の不服審査について」（障害保健福祉関係主管課長会議資料5）『障害者自立支援法資料集（第七集）』（東京都社会福祉協議会、平成一八年）二六七頁・二七〇頁）。しかも、すべての事案を不服審査会に付議しなければならないものではないと解されている（前掲二七五～二七六頁）。地方分権の趣旨を踏まえて任意設置とされたこと（前掲資料集二六八頁）との関係で、設置しない都道府県との横並びが意識されたのかもしれない。

(26) 第三者機関による客観的かつ公平な審査（審査の中立性）（原田淳志ほか『地方税Ⅱ』（ぎょうせい、平成一一年）四三二頁）とか、独立した合議制の審査委員会による中立的・専門的立場からの審査により適正かつ公平な価格の決定を保証し、課税の公平を期すること（資産評価システム研究センター『詳解固定資産評価審査委員会制度　平成一六年改訂版』（ぎょうせい、平成一六年）一頁）が強調されている。

(27) 南博方「国税不服審査の理論と実務」同『紛争の行政解決手法』（前掲注（10））一一四頁・一一六頁。

(28) 南博方・前掲注（27）一一五頁によれば、旧協議団時代には、裁決権が国税局長に留保されていたために、局主管部の意向が協議団の議決を抑える傾向が現れていたという。

(29) 志場喜徳郎ほか編『国税通則法精解』（大蔵財務協会、平成一九年一二版）九二〇頁、久米眞司「国税不服審判所の概要及び特色」国税不服審判所編『国税不服審判所の現状と展望』（判例タイムズ社、平成一八年）一二頁・一八頁。

(30) 村井正「行政上の不服申立」杉村敏正編『行政救済法1』（有斐閣、平成二年）三八三頁・三九八頁。

(31) 通説は、合議体の議決と全くかけ離れた裁決であってはならないとしているので（志場喜徳郎ほか編・前掲注（29）九二〇頁、清永敬次『税法（第六版）』（ミネルヴァ書房、平成一五年）二九二頁、久米眞司・前掲注（29）一八頁）、重大視する必要がないのかもしれないが、外部から知りえないので、裁決が議決に基づいていないことを理由として裁決を争うことが事実上できないという問題がある（清永敬次・前掲二九二頁）。

(32) これらの各条項には、行政不服審査法による不服申立てをすることができない旨が定められている。

(33) 公正取引委員会のした排除措置命令及び納付命令に対しては、行政不服審査法による不服申立てをすることができない（独禁七〇条の二二）。

三　独立行政不服審査機関の組織上の問題

前記二において見た仕組みから、いくつかの組織上の問題点が浮かび上がってくる。

1　地方公共団体による独立行政不服審査機関設置の可能性

国は、法律をもってするならば独立審査機関を設置することが可能である。[34]これに対して、地方公共団体が、条例に基づく処分についての不服を審査するための独立審査機関を、法律の授権なしに独自に設けることができるかどうかは、法解釈上の論点となりうる。行政不服審査法のみに着目するならば、条例に基づく処分については、条例に審査請求をすることができる旨及び「審査請求先の行政庁」を定めることによって（行審五条一項二号・二項）、条例による独立審査機関への審査請求が認められているように見える。ところが、地方自治法上の位置づけが明確になされていないために、独立審査機関の設置の可否は微妙な状態にある。すなわち、同法は、執行機関として長、「委員会及び委員」を掲げ、「委員会及び委員」については「法律の定めるところにより」置くものとしたうえ（一三八条の四第一項）、さらに限定列挙している（一八〇条の五）。この仕組みを根拠に、一般に、条例により独自の執行機関としての「委員会」又は「委員」を設置することはできないと解されている。[35]

そこで、執行機関の附属機関として設置の認められている「審査」のための機関として、独立審査機関を独自に設けることができるかどうかが問題になる。執行機関の行なう処分についての不服を、その執行機関の附属機関が審査するものとするならば、その「附属機関」性に反するのではないかという疑問が生ずるであろう。すなわち、「執行機関の附属機関は、自ら地方公共団体の機関として最終的な意思決定を行う権限を有せず」、「附属機関の意思決定は、原則的には法的拘束力を持つものではなく、その意思決定の採否は執行機関の裁量に委ねられており独立性にも限界がある」とする理解が通用していると推測されるからである。[36] 地方公共団体が情報公開条例を制定し、情報公開審査会を設置するにあたり、それを審査請求について裁決を下す独立審査機関として設置せずに、附属機関としての諮問機関にとどめた一つの理由は、地方自治法のこの仕組みにあるといわれている。[37]

以上により、行政不服審査法と地方自治法との間に矛盾があることになる。しかし、制度論として、不服審査のみの権限を有する独立審査機関を条例によって設置することを禁止する実質的理由があるかどうかを問う必要があると思われる。

まず、行政庁たる執行機関が行なった処分の適否を事後的に審査し結論を下すことは、行政庁の裁量権に踏み込むことがない限り、地方公共団体の意思決定の一体性などの要請に矛盾するものではないというべきである。法定されている建築審査会、開発審査会等は、地方自治法との関係においては、附属機関とされているところである。次に、手続については、行政不服審査法の手続によるならば問題ない。そして、不服申立人の利益を守るための手続を付加することは直ちに違法と解すべきではない。[38] おそらく二つの問題が提起されよう。

第一の問題は、行政不服審査法上は、審査庁が不当性についても審査できることとされているのに、独立審査機関の設置によって、この点の審査の機会を奪ってよいのか、ということである。

第二の問題は、独立審査機関の誤った判断（裁決）について、処分庁等が訴訟を提起して是正を求めようとしても、そのような訴訟は、一種の機関訴訟として却下されることである（国民健康保険審査会につき、最判昭和四九・五・三〇民集二八巻四号五九四頁を機関訴訟説と解する説がある。）。上級行政庁による処分取消しの裁決は、上級行政庁の監督権の行使と重なり合うので、行政としての一体性を確保する観点からも、敢えて原処分を行なった行政庁からの出訴を認める必要はない。これに対して、独立審査機関を設置する場合に、その機関が誤って当該地方公共団体（その意思を体現する行政庁の意思決定）に不利な方向の判断を下さないという保障はない。監督権も有せず、司法権を行使するわけでもない独立審査機関の判断に、たとえそれが違法なものであっても処分庁等が従わなければならないという問題がある。

これらの点については、後に再度検討する。

2　任命手続

独立審査機関については、そのメンバーたる委員を誰が任命するか、また、その任命に先立って、どのような手続を踏むかという問題がある。任命は、国にあっては関係する大臣、地方公共団体にあっては長とするのが自然であり、実際にも、そのようになっている（人事院の人事官及び公害等調整委員会・公正取引委員会の委員のみは、内閣）。任命に先立つ手続をみると、国の機関である社会保険審査会の委員長及び委員、労働保険審査会の委員並びに公害健康被害補償不服審査会の委員（及び前記の人事官等）の場合には、両議院の同意が必要とされている。地方公共団体に設置されるものについては、議会の同意を要するものと要しないものとがある。固定資産評価審査委員会委員にあっては、議会の同意を要件としている。これに対して、同じく住民の負担になる保険料に関する不服も扱う国民健康保険審査会及び介護保険審査会の各委員の任命には議会の同意手続は求められていない。国の社会保険審査会等と比較して職務の内容のみからするならば、議会の同意手続を経る仕組みを採用することにこそ一貫性があるが、任命権を有する知事は原処分の権限を有する市町村長に対して上級行政庁の関係にないことから、公正な任命が十分期待されるという事情によっていると推測される。すなわち、処分庁等から十分な距離をもった機関に任命権が帰属していることに着目したものと理解される。[39] これに対して、社会保険審査会及び労働保険審査会の委員の任命権を付与されている厚生労働大臣は、処分庁等である場合もあるし、処分庁等の上級行政庁である場合もあるので、任命権者と処分庁等との距離が近いことから、公正な任命を担保するために両議院の同意を求める制度が採用されていると理解されよう（もっとも、公害健康被害補償不服審査会の委員についても、両議員の同意が必要とされていることは、国の独立審査機関の委員の任命手続を重視する一貫した姿勢によるともいえようか。）。

他方、固定資産評価審査委員会については、市町村長により固定資産課税台帳に登録された固定資産の価格に関する不服を処理する機関であるから、任命権を有する市町村長の意向を受けた委員であっては公正な審査を期待することができない。そこで、議会の同意を手続要件としたものと思われる。

「処分庁等と任命権者との距離」を一つの尺度にするならば、建築審査会や開発審査会については、やや問題があろう。すなわち、建築審査会の場合についていえば、同審査会は特定行政庁の処分に対する審査請求を審査する権限を付与されているところ、特定行政庁は建築主事を置く市町村にあっては当該市町村の長であり、その他の市町村の区域については都道府県知事であるから、それぞれ特定行政庁としての市町村長及び知事が同時に建築審査会委員の任命権を有していることになる。とするならば、建築審査会が特定行政庁の行なった処分について公正な判断を行なうことを担保するには、それぞれの議会の同意手続をとるべきであるという考え方もありうるであろう。開発審査会についても、たとえば開発行為の許可権を有する知事又は指定都市等の長が同時に開発審査会委員の任命権を行使するのであるから、同様の議論が可能であろう。

もっとも、建築審査会は、多数の原処分についての同意権を付与されている（建基四二条六項・四三条一項ただし書・四四条二項・四七条ただし書・五二条一四項・五三条七項・五三条の二第四項・五五条四項・五九条五項・五九条の二第二項・六〇条の二第七項・六八条の五の二第三項・六八条の七第六項）。その限りで、建築審査会は、もともと市町村長又は知事からの独立性を期待されず、単に専門性の発揮のみが期待されている、すなわち、もともと独立審査機関として構想されたものではないという理解も可能である。同じ国土交通省所管の法律に基づく開発審査会についても、同様に理解すべきであるとする考え方もありえよう。しかし、独立機関性を重視しないのであるならば、これらの機関には裁決権限を付与するよりも、諮問機関として答申を求めることとした方がすっきりするとする見方もありえよう（諮問機関としての一貫性）。

なお、建築審査会や開発審査会と似た構造の土地利用審査会に関しては、委員の任命には議会の同意を経なければならないこととされている。すでに紹介したように、土地利用審査会の権限の性質、特にその政策決定関与の重要性に鑑みたものであるとされている。

3　合議制機関

独立審査機関は、これまでのところ合議制機関が多かったといえるが、「独立性」のみに着目するならば論理必然的に合議制が望ましいわけではない。独任制であっても独立審査機関としての機能を発揮することはできるからである（すでに述べたように、国税に関する審査請求の裁決機関は、形式的には国税不服審判所長の独任制である。）。社会保険審査官及び労働保険審査官は、厚生労働大臣によって任命され（社審二条、労審三条）、大臣の統括監督権を受けるものの、不服審査の事務について何らの拘束を受けるものではなく、審査の決定は審査官が独立して行なうものと解されている。(40) しかし、独任制でもよいというのは理論上のことであって、日本においては、独任制よりも合議制に対する信頼が高いようである。その結果、若干の例外を除き、独立審査機関は、合議制機関として設置されている。(41) 社会保険審査官又は労働保険審査官の審査決定を受けた者が、なお不服のあるときは社会保険審査会又は労働保険審査会という合議制の審査機関に再審査請求できる仕組みが採用されている。

通常、合議制が採用されるのは、複数の判断者の関与によって判断の慎重を期す趣旨によると思われる。事柄によっては得意分野を異にする複数の委員が関与することによって判断の適正を期すことができる。建築審査会や開発審査会は、そのような考え方による委員構成になっている。国民健康保険審査会や介護保険審査会は利益代表型の委員構成となっている。このようにして合議制には、それなりの理由が認められるが、人数が多ければ多いほど、個々の委員の責任感が低下し、事務局に依存する結果となる恐れがあることにも注意する必要がある。そして、合議制の不服審査機関が裁決を下す場合は、合議制の機関の代表者名のみでなく、関与した委員の氏名を表示して責任の所在を明確にすることが望ましいと考える。そのことによって審理に対する委員の責任感も深まるであろう。

これに関連して、合議制機関と独任制機関との間には、その職にある者個人の事情の考慮の視点において違いが生ずる可能性がある。独任制の機関（たとえばA県知事）が審査機関となっているときに、現行の制度においては、当該審査機関の職にある個人が特別の利害関係を有する審査請求事件についても、当該審査機関が審査し裁決を下す仕組みになっていると解さざるをえない。この場合の審査機関は抽象的な権限の帰属主体として位置づけられているものであって、敢えて除斥又は忌避の制度は用意されていないのである。そして、審査請求事案の審査も、内部的には補助機関たる職員によって進められ、審査機関は決裁権を行使するにすぎないのが普通である。これに対して、合議制の審査機関の場合には、個々の委員の個性が発揮されることが期待されているのであるから、個別の審査請求に関して特別の利害関係をもつ委員[42]は、当該審査請求の審査に関与すべきではないという理論が導かれる。法律自体が除斥に関する規定を設けている場合[43]にそれによることは当然として、明示的な除斥や忌避に関する規定が法令に存しないときにも、合議体の決定により除斥又は忌避、さらには委員からの回避の手続を創設できるものと解すべきである[44]。

ところで、一定数以上（おそらく六人程度以上）の委員から構成される合議制の独立審査機関を設置する場合に、最高裁の大法廷・小法廷に相当する合議体を構成すべきかどうかが、政策上の選択問題となる。社会保険審査会、労働保険審査会、地方公務員災害補償基金審査会及び公害健康被害補償不服審査会に関しては、大法廷・小法廷方式が採用されている。他方、固定資産評価審査委員会への審査申出事件は、三人の委員をもって構成される合議体が、介護保険審査会の審査請求案件は、所定の部会が処理することとされ、いずれも、大法廷の性質をもつ全体会が個別案件を処理することはない。

社会保険審査会は、委員長及び委員五人により構成されるが、委員長及び委員のうちから審査会が指名する者三人をもって構成する合議体で事件を扱う原則にたちつつ（社審二七条一項）、審査会が定める場合においては委員長及び委員の全員をもって構成する合議体で事件を取り扱う（同条二項）。これは、特に重大な事件は六人全員で扱う趣旨と解されている。(45) また、労働保険審査会は、委員九人をもって組織されるが（労審二六条一項）、再審査請求の事件又は審査の事務は、委員のうちから審査会が指名する者三人をもって構成する合議体で取り扱うのが原則である（三三条一項）。しかし、①三人をもって構成する合議体が法令の解釈適用について、その意見が前に審査会のした裁決に反すると認めた場合、②三人の合議体の意見が三説に分かれた場合、③以上の場合のほか審査会が定める場合には、委員の全員をもって構成する合議体で取り扱うこととされている（三三条二項）。また、地方公務員災害補償基金審査会は、委員六人で構成され、通常の事件は三人の委員による合議体で処理されるが、その合議体が「法令の解釈適用について、その意見が前に審査会のした裁決に反すると認めた場合」、「合議体を構成する者の意見が分かれたため、その合議体としての意見が定まらない場合」及び、「審査会が定める場合」には、委員全員をもって構成する合議体で事件を取り扱うこととされている（地公災五三条の二第二項）。公害健康被害補償不服審査会についても、ほぼ同様の仕組みが採用されている（公害補償一一〇条）。このように、重要案件については「大法廷」に回付する方式が合理的であると思われる。

4　事務局体制

独立審査機関を設ける主たる目的は、通常の行政系統から独立した機関による公正で慎重な審査・裁決を行なうことにある。しかしながら、審査機関がその機能を適切に果たすためには、審査機関を支える然るべき事務局体制が必要である。独立審査機関がその独立性を確実に発揮するには、独立審査機関の独立性を損なわないような事務局体制でなければならないと考えるのが自然である。もっとも、この点については、独立審査機関の委員等が本来の職責を自覚し公正な審理を実施する決意をもって臨むならば、おのずと問題は解決するのであって、事務局について独立性を問題にする必要はないという見解もありうると思われる。確かに、独立性を担保する十分な事務局体制がないように見える場合であっても、委員等の見識によって公正な審理の確保に尽力すべきは当然のことであり、現に、そのような優れた独立審査機関の委員等が多いものと信じたい。にもかかわらず、どうしても、事務局員を通じて処分庁等に対する配慮に腐心する委員等が登場しやすい土壌があることも否定できない。その意味において、委員等が信念に従って独立した判断権を行使できる事務局体制を整備することが、やはり重要と思われる。

事務局の規模は、審査機関が扱う事件数に応じて決まってくるであろう。年間を通じて事件が多い場合には独立の事務局を設けることが望ましく、また事務量からいって、そのようにせざるを得ないであろう。他方、件数がわずかで、事務局職員が年間を通じて専ら審査機関の事務に従事する必要のない場合は、どうしても他の職務を兼ねざるを得ない。その場合にどのような職と兼ねるかが問題である。最も避けなければならないのは、原処分に係る事務との兼職である。原処分がどのようになされたかという事情を最もよく知っている職員が、独立審査機関の委員等にその事情を説明できるというメリットがあるにせよ、独立審査機関の委員等が、日頃バックアップしてくれる職員の関与した処分等について真に公正な判断をすることができるかについて、委員等本人が実際にどのように行動するかにかかわらず、外部の者は不安を感ずるであろう。(46) 職員数の制約のなかで解決しようとするならば、原処分の系統の職とは別の系統の職との兼職を考えるべきであろう。どのような職との兼職が望ましいかは、当該兼ねる職が独立審査機関の審査事務といかなる関係にあるか、トータルな事務量がどれだけになるかも考慮して、慎重に判断する必要がある。地方公共団体において、審査請求事件が多い場合には、各種審査請求の事務局を集中することにより、原処分に関与した職員との関係を切断する方法も考えられる[47]。

ところで、地方公共団体の場合に、独立審査機関が組織法的にいかなる位置づけにあるか、それにより事務局体制が影響を受けるかどうかを明らかにしておく必要がある。固定資産評価審査委員会は、「執行機関」として位置づけられている（自治一八〇条の五第三項二号）。他方、それ以外の独立審査機関は、「附属機関」として位置づけられている（二〇二条の三第一項）。そして、附属機関としての審査機関の庶務は、法律又は政令に特別の定めがある場合を除くほか、「その属する執行機関」において掌るものとされている（同条三項）。開発審査会、建築審査会など法律に基づく独立審査機関も、地方自治法上は「附属機関」であるとされており[48]、「その属する執行機関」は知事又は市町村長であると解するほかはない。しかし、もし、それらの審査機関の知事（又は市町村長。以下同じ。）からの独立性を確保する必要性が大きいとするならば、庶務を担当する事務局も可能ならば知事からの独立性を確保する仕組みが必要であって、自治法のこの定めは障害要因となるものである。知事系統の指揮命令を遮断するために、形式上は知事の下にある職員であるとしつつ、たとえば、監査事務局職員との兼職によって、運用上知事との関係を切断して実質的独立性を確保することも検討に値するであろう。しかし、前述したように、建築審査会の場合は、原処分について同意を与える権限を有している場合が多数あって、その処分に対する審査請求の審査にあっては、原処分段階と審査請求の二段階で関与することとなっている（原処分への同意に関与した委員が審査請求の審理に関与してよいか、という問題もある。）。その結果、事務局内の内部的な分掌はともかくとして、審査会自身が原処分庁に近い位置に存在するものであるから、事務局の原処分所管行政との完全な分離は困難であろう。

(34)　法律によらずに、行政権限りにおいて独立審査機関を設けることができるかどうかも一応問題になりうる。行政不服審査法の適用対象となる処分について、上級行政庁以外の機関に審査請求を認めるには法律又は条例に定める必要があるので、行政権限りで創設することはできない（行審五条）。国家行政組織法八条は、三条機関には、法律の定める所掌事務の範囲内で、「法律又は政令の定めるところにより、重要事項に関する調査審議、不服審査その他学識経験を有する者等の合議により処理することが適当な事務をつかさどらせるための合議制の機関を置くことができる」として、政令による不服審査のための合議制機関の設置を許容している。しかし、同条が独立審査機関を「政令」により設置することまで許容する趣旨であるとは断定できない。「処分」でない行為について行政権限りで苦情検討機関を設けている例がある。政府調達協定違反の苦情を処理するための政府調達苦情検討委員会は、政府調達協定上の日本国の義務を履行するために閣議決定に基づく政府調達苦情処理推進会議（平成七年までは、政府調達苦情処理推進本部）により設けられている。ちなみに、都道府県及び政令指定市の苦情検討機関（入札監視権限を併有させる場合もある）は、それぞれの地方公共団体の要綱によって設置されている。文献も含めて、碓井光明『公共契約法精義』（信山社、平成一七年）四四八頁以下を参照。地方公共団体の苦情検討委員会は、これまで開店休業状態が多かったとはいえ、地方自治法一三八条の四第三項による附属機関条例設置主義との関係を検討しなければならないであろう。附属機関条例設置主義については、稲葉馨「自治組織権と附属機関条例主義」塩野宏先生古稀記念『行政法の発展と変革　下巻』（有斐閣、平成一三年）三三三頁、碓井光明「地方公共団体の附属機関等に関する若干の考察（下）」自治研究八二巻一二号二二頁（平成一八年）を参照。

(35)　松本英昭『新版逐条地方自治法（第四次改訂版）』（学陽書房、平成一九年）四五二頁。

(36)　小西敦＝馬場竹次郎『地方自治の機構』（ぎょうせい、平成一四年）三七七頁、木村俊介「附属機関、専門委員」高部正男編『執行機関』（ぎょうせい、平成一五年）一七七頁。このような基本的性格から、地方自治法一三八条の四第三項の「審査」も、特定の事項について判定ないし結論を導き出すために、その内容をよく調べることとされている（松本英昭・前掲注（35）四五五頁、小西敦＝馬場竹次郎・前掲三八〇頁、木村俊介・前掲一八〇頁）。

(37)　塩野宏・前掲注（1）二二頁注（1）、魚谷増男『情報公開条例の理論と運用』（行政管理研究センター、平成一五年）一五四頁。ただし、条例による第三者的裁決機関の設置を肯定する見解もみられた。神奈川県情報公開準備室編『情報公開　制度化をめざして』（ぎょうせい、昭和五六年）一六六頁以下（執筆＝兼子仁）、兼子仁『行政法総論』（筑摩書房、昭和五八年）二四〇頁は、行政不服審査法五条一項二号かっこ書きを根拠に肯定している。稲葉馨・前掲注（34）三四〇頁は、裁決権の受動的性格に着目して肯定している。

(38) 反対に、行政不服審査法の手続を下回る手続に変えることは許されないと解される。宇賀克也『行政法概説Ⅱ　行政救済法』(有斐閣、平成一八年) 二六頁。
(39) もっとも、介護保険についていえば、知事が上級行政庁でないにしても、都道府県は市町村が保険者となって運営される介護保険について、無関係であるわけではない。すなわち、都道府県も、施設等給付費等の一七・五％、居宅給付費等の一二・五％を負担する費用負担者 (介保一二三条) としての利害関係を有している。国民健康保険に関しても、都道府県は、市町村が保険料の減額賦課による一般会計から国保特別会計への繰入れを行なった場合における繰入金の四分の一相当額の繰入れ義務 (国保七二条の二第三項)、基準超過費用を生じた市町村が一般会計から国保特別会計に繰り入れた場合の繰入金の三分の一相当額の負担 (七二条の三第二項) があるほか、補助金の交付等 (七五条) 及び広域化等支援基金の設置 (七五条の二) を行なう立場において利害関係を有している。しかしながら、国民健康保険の給付又は保険料に係る処分に関する利害は間接的であるから、議会の同意まで要するものではないと判断されたのであろう。
(40) 前掲注 (16)『社会保険審査官及び社会保険審査会法の解説』三二頁。
(41) 本稿の対象とする独立審査機関が合議制で構成されている場合に、それを「行政委員会」として位置づけるべきかどうかは、行政委員会の定義次第である。
(42) 委員本人又は一定の親等以内の関係にある親族が審査請求人である場合が典型であるが、介護保険審査会介護認定等部会の場合は、審査請求人の主治医である場合なども特別の利害関係にあるというべきであろう。
(43) 建築審査会、開発審査会、土地利用審査会に関して、「自己又は三親等以内の親族の利害に関係のある事件」について除斥が規定されている (建基八二条、都計七八条七項、国土利用三九条八項)。
(44) 村井正・前掲注 (30) 四〇四頁は、国税不服審判所において原処分の担当官が担当審判官となる場合の問題を指摘し立法的解決を提唱する。国税通則法に規定を欠いているがゆえに除斥・忌避・回避を要しないとする裁判例として、東京地判昭和四八・一一・二八行集二四巻一一・一二号一二五一頁がある。同じく、人事委員会規則に忌避に関する規定がないことを理由に忌避の申立てをなしえないとした裁判例として岡山地判昭和三二・五・一五行集八巻一二号二二五三頁がある。ただし、同判決は、委員に審査の公正を妨げる事情があるとき若しくは不公正な審査をする虞があるときは、これを忌避しうることとし、申立ての方法、処置等につき、規則に明定しておくことが当を得た措置であるとしている。これは、規則に定めることを肯定しているといえる。
(45) 前掲注 (16)『社会保険審査官及び社会保険審査会法の解説』一九一頁。

(46)　固定資産評価審査委員会に関して、価格の決定をした長の補助機関たる税務部長・主税課長・資産税課長等の退席を求めず、固定資産評価員である資産税課長及び固定資産評価補助員たる職員の同席する場で合議したなどの事実から、「原処分庁に偏したとみられる審査決定手続であって、委員会の独立性、中立性に著しく反する」ものとの評価を免れないとして、手続の違法を述べた判決がある(東京高判平成一〇・九・三〇判タ九九二号二九五頁)。旧自治省は、平成八年に固定資産評価審査委員会の事務局は、原則として固定資産税の評価・賦課を担当する課以外の課等において行ない、町村にあっては少なくとも固定資産税の課税担当者が固定資産評価審査委員会の事務を行なう者を兼ねることのないよう要望する税務局固定資産税課長の内かんを発した。工夫例については、碓井光明「固定資産評価の不服審査制度に関する考察」山田二郎先生古稀記念論文集『税法の課題と超克』(信山社、平成一二年)三八九頁・四二八頁注(36)を参照。ただし、前記東京高裁判決の上告審・最判平成一四・七・九判例地方自治二三四号二二頁は、職員が傍聴の範囲を超えて実質的かかわりをもったとか、影響を与えた事実はなく、その他中立・公正を損なったり内容自体に関与したことをうかがわせる事実はないとして、取り消すべき瑕疵はないとした。

(47)　東京都は、総務局法務部に「審査法務室」を置いて(東京都組織規程八条・一九条)、法曹資格を有する者を含む職員の体制により不服審査事務を専門に担当している。

(48)　開発審査会につき、三橋壮吉『改訂都市計画法』(第一法規、昭和五四年)四四八頁。

四　独立行政不服審査機関の独立性

1　職権行使の独立性

独立審査機関は、その職権の行使に関しては任命権者から独立していなければならない。そのことは、法律が職権行使の独立を明示しているかどうかによって左右されるものではないと解される。すなわち、独立審査機関であるかどうかは、解釈によって定まる場合もあると解される。たとえば、固定資産評価審査委員会について市町村長から独立して審査権限を行使する旨の規定は存在しないが、その制度の趣旨からして独立審査機関として予定されているものと見るべきである。また、地方公共団体の附属機関とされている独立審査機関は、その附属機関であることを理由に独立性が縮減されてはならない(49)。なお、独立審査機関の位置づけに関して、独特の見解を表明された桜田誉教授の「消極限定的監督権説」がある。「第三者的審査機関」は、請求を受けた場合に限り（「消極的」）「請求された審査事項」に限定されている（「限定的」）とはいえ、行政監督権を有することにおいては、上級行政庁と異なるところがないという理解である(50)。この説は、単なる「独立」を超えて、第三者的審査機関の行政監督権を肯定するものである。この見解の当否についての結論は留保したいが、きわめて注目される説である。

独立審査機関であることが確定されたとしても、どの程度の独立性であるのかが問題である。職権行使の「独立性」は、何よりも個別の審査案件の処理について他の機関による個別具体の指示等を受けないことを意味する。しかし、それは、規範設定を通じた拘束を受けないことに直結するものではない。制度論として問題があるにせよ、個別事件の判断行為を離れた独立審査機関の運営について任命権者に規範定立権を付与している例もあることは既に見た。以下において取り上げるのは、あくまでも具体の事件の判断をなすに当たっての内部的拘束の有無である。

まず、独立審査機関は、その職権行使にあたって当然に法律に拘束されると解されるが、不服審査に当たって法律が憲法に違反するとする判断をすることが許されるかどうかが問題となる。原田尚彦教授は、行政不服審査は客観的な法の宣言作用であるというよりも、行政の内部監督作用であるから、その権限は行政組織内部に起因する行政処分又は不作為の瑕疵の是正にとどまるべきで、国権の最高機関である国会の制定した法律や審査庁の監督権限の及ばない地方議会の制定する条例や上級の行政機関の発した命令の違憲性・違法性の審査には及び得ないと見るのが相当であると述べている(51)。同教授は、この見解に先立って、行政機関、なかでも行政委員会には法令の違憲審査権が肯定されるとする学説も有力であることを指摘しているので、否定説は当然に独立審査機関にも当てはまると考えているのであろう。

原田教授は、法令についての違憲性審査と命令の違法性審査とを同様に捉えているようであるが、その点は慎重な検討を要すると思われる。まず、法律の違憲審査権については、違憲立法審査権を付与されている司法権でさえ国会の立法権の行使を尊重するのであるから、国及び地方公共団体のいずれに属する独立審査機関であっても、違憲判断を下すことは想定されていないと思われる。(52) 次に、国の独立審査機関が政令の憲法違反・法律違反を判断することについても一定の制約があると考えられる。すなわち、政令は行政権の最高機関の定立する規範であるから、その委員につき各省大臣の任命に係る独立審査機関は、行政権に属する機関である以上、内閣の発した政令を尊重せざるを得ないからである。少なくとも、明白性を要件とすべきであるという考え方がありうる（制限的判断権）。しかし、ここから先に出される次のような場面については、にわかに解答を与えることができない。

第一に、地方公共団体の独立審査機関は、内閣又は各省大臣との関係において組織法的に上下の関係を有しているものではない。しかし、国の独立審査機関が明白性がない限り判断できないのに、地方公共団体の独立審査機関なら自由に判断できると解するのも不自然である。

第二に、地方公共団体の独立審査機関が、条例の違憲性・法律違反による違法性を判断できるかどうかが問題になる。条例制定権を国会の立法権と同様に考えるならば、条例の違憲性・違法性を宣言することはできないことになりそうである。しかしながら、国権の最高機関たる国会の制定する法律と地方議会の制定する条例との差異は否定し難く、法律の委任による条例であるか否かにかかわりなく、少なくとも明白性を要件にして違憲性・違法性を判断できると解する余地があると思われる。

第三に、国の独立審査機関の委員について任命権を有する機関の定立する規範（委員が大臣任命による場合の省令）について、違法性（法律又は政令違反の有無）を判断できるかどうかも問題になる。地方公共団体の独立審査機関が、その委員の任命権を有する当該地方公共団体の長の制定した規則の条例違反を判断できるかどうかも、同様に問題になる。独立審査機関の「独立性」が、個別事件の処理についての指揮監督を受けないことのみならず、これらの規範の審査もなしうることまで含むのかは微妙である。

以上の検討から、独立審査機関の置かれている位置のみからするならば、違憲審査のできる場面がないとはいえない。しかしながら、筆者としては、結論として違憲審査権を行使して審査請求を認容する裁決をすることは否定したいと思う。憲法八一条の趣旨からするならば、具体的事件に関して法令の憲法適合性が争われるときは、その争点につき最終的に最高裁判所の判断を受けられなければならないことが導かれると解される。認容裁決に対して処分庁等からの出訴が認められない現行制度において、審査庁が法令を違憲として認容裁決を下した場合には、裁判所における違憲審査の途を閉じる結果になるので、そのような制度が憲法八一条に違反するおそれがあるからである。[53] これに対して、政省令の法律違反、条例の法令違反及び地方公共団体の規則の条例違反については、憲法八一条を直接の根拠にすることはできない。明白性を要件にして違法とすることが許されると解したいが、ここでは結論を留保しておきたい。

次に、通常の行政系統の不服審査庁は、上級行政庁の発した訓令・通達等に拘束されるが[54]、国の独立審査機関が任命権者である大臣の発した訓令・通達等に拘束されるかどうかは、それぞれの法律がどの程度の独立性を認めているかを探究して判断するほかはない[55]。独立性の明らかな独立審査機関は、法解釈に関する限り、任命権者による訓令・通達等による拘束を受ける立場にないのであるから、万一、独立審査機関を含めて所管の機関に対して法解釈に関する訓令・通達等が発せられたとしても、それに拘束されるものではない。地方公共団体に設置される独立審査機関も、不服審査の権限行使に当たり任命権者たる首長の指揮監督に服するものではないから、法解釈に関する訓令・通達等による拘束を受ける立場にあるものではない。これに対して、裁量基準等の裁量権の行使に関する訓令・通達等については、公平な行政の観点から尊重すべきものと思われる。

独立性と密接な関係にあるのが、処分庁等又は処分庁等所属の職員への調査・審理の「丸投げの禁止」である。独立審査機関に限らず、審査請求の審査機関に共通のことであるが、審査庁が実質的な調査・審理を処分庁等に委ねたのでは、異議申立てではなく審査請求の制度を設けている趣旨を没却するものである。(56)上級行政庁が審査庁である場合は、処分庁等の職員を動員することができ、かつ、処分庁等も審査庁も機関としての名義であって、その判断を導く作業を担当した職員が誰であるかは外部から知ることができないので、こうした丸投げの統制が困難である。これに対して、独立審査機関は処分庁等の職員に対する職務命令を発することはできないのであるから、上級行政庁とは法的に異なる立場にある。しかしながら、処分庁等と共通の職員が事務局を構成している場合には、実質的な丸投げと同様の結果になりやすいといえる。したがって、独立審査機関の場合も「丸投げの禁止」を強調する必要がある。そのためには、事務局職員の分離が必要とされよう。

2　裁決をめぐる問題

組織的拘束のレベルの問題とは別に、独立審査機関がどのような裁決を下すことができるか、上級行政庁が審査庁となる場合と同じであるのか、という問題がある。

特に、独立審査機関が原処分の「不当」を理由として原処分を取り消すことができるかどうかが問題である。(57)当・不当の判断は処分庁等自身又はその上級行政庁に限り行なうことができるのであって、独立審査機関は、そのような立場にないとする見解も成り立ちうると思われる。この見解にあっては、独立審査機関は、違法性のみを審査しうることになる。行政不服審査法が、「違法又は不当な処分その他公権力の行使に当たる行為」についての不服申立ての途を開いているものの、独立審査機関にあっては、その性質上、不当を理由とする介入は許されないと解する見解である。しかしながら、独立審査機関であっても、不当と判断できるものを敢えて抑制することが制度の趣旨であると断定することはできない。たしかに、裁量の範囲内の行為について独立審査機関が特定の結論を選択して処分庁等を拘束することは許されないにしても、処分庁等の設定した裁量基準との関係などにおいては、少なくとも、不当を理由として、「処分見直しを求める意味の取消し」をすることが許されると思われる。(57a)

なお、上級行政庁は、審査請求の案件について、裁決以外の場面で指示（たとえば、申請に基づく拒否処分の裁決による取消しをしつつ、取消し後にいかなる対応をすべきかについての指示）を出すことも可能と解されるが、独立審査機関は、もっぱら裁決を通じた行動のみが許されるのであるから、特に法律又は条例が建議の権限を付与している場合を除いては、裁決以外の場面において自己の意見を表示することはできないと解される（指示を示す言動があったとしても、法的には無と見られる。）。

3　独立審査機関の規程制定権

独立審査機関に関して法律又は条例の定めを補充する規程を独立審査機関自身が定める必要性のある場合が多い。しかしながら、そのような規程制定の権限を明示的に付与している場合は少ない。

明示的な権限付与の例として、固定資産評価審査委員会を挙げることができる。すなわち、地方税法に規定するもののほか、「固定資産評価審査委員会の審査の手続、記録の保存その他審査に関し必要な事項は、当該市町村の条例で定める」（地税四三六条一項）ことを前提にして、「前項の条例で定めるべき事項は、当該条例の定めるところによって、固定資産評価審査委員会の規程で定めることができる」とされている（同条二項）。実際にも、条例によって、この規定による固定資産評価審査委員会の規程への委任がなされていることが多い。(58) この委任を活用することについて限界があるのかどうかが問題になるが、「住民の権利義務に関連のある事項及び審査委員会の内部組織に関する事項のうち重要な事項で審査委員会自体の意思決定により自由に改廃し得るものとすることが不適当

であると考えられる事項」については、なるべく条例で規定することを適当とする見解がある。(59)

他方、国民健康保険審査会、介護保険審査会に関しては、そのような規定は法律にも政令にも存在しない。開発審査会の組織運営に関し必要な事項は「政令で定める基準に従い」条例で定めることとされている（都計七八条八項）。この「政令で定める基準」は、①開発審査会に会長を置き、委員の互選によってこれを定める、②会長に事故があるときは、委員のうちから会長があらかじめ指名する者がその職務を代理する、③開発審査会は、会長（会長に事故があるときは、その職務を代理する者）のほか、委員の過半数の出席がなければ、会議を開くことができない、④開発審査会の議事は、出席者の過半数をもって決し、可否同数のときは、会長（会長に事故があるときは、その職務を代理する者）の決するところによる、の四基準である（都計令四三条）。また、建築審査会に関して必要な事項に関しては、条例で定めることとされている（建基八三条）。

これらの条例が細則的規程につき審査会の定めるところに委任することは、当然許されるといってよい。実際には、条例が「審査会の運営に関して必要な事項は、審査会が規程で定める」とする審査会の規程制定権を明示する例（建築審査会につき、神奈川県、東京都、宮城県）は必ずしも多くない（東京都は、国民健康保険審査会について、東京都告示「国民健康保険審査会規程」四条により、「審査会の運営に関し必要な事項は、審査会が定める」としている。）。条例が「審査会の運営に関し必要な事項は、会長が審査会に諮って定める」と規定する方式（開発審査会・建築審査会・土地利用審査会につき、横浜市、名古屋市、開発審査会と土地利用審査会につき神奈川県、宮城県、土地利用審査会及び介護保険審査会につき東京都、介護保険審査会につき宮城県）、条例が「審査会に関し必要な事項は、市長が定める」のように任命権者が定める方式を採用していることもある（開発審査会・建築審査会・土地利用審査会につき京都市、開発審査会・建築審査会につき大阪市、建築審査会につき藤沢市）。長の定める規則に若干の規定を置いたうえ、「審査会の運営に関し必要な事項は審査会が定める」とする例（介護保険審査会につき鳥取県）、「この規則に定めるものほか、審査会の運営に関し必要な事項は、会長が審査会に諮って定める」とする例（国民健康保険審査会・介護保険審査会につき、神奈川県）もある。

以上のうちで、「審査会が定める」方式と「会長が審査会に諮って定める」方式とは実質的に異ならないというべきである。なぜならば、後者の方式の場合に、合議制機関の長が、会議に諮った結論と異なる定めをすることは予定されていないと見るのが自然である。そして、少なくとも、不服審査に特化した機関にあっては、法律の趣旨に反しない限り、審査会が定める方式又は「会長が審査会に諮って定める」方式を拡大させることが望ましいと思われる。

かりに、法律・政令又は条例による委任がない場合であっても、条理上、独立審査機関は法律・政令・条例の範囲内において細目的規程を定めることができると解すべきである[60]。そして、細目的定めは、審査請求人に特に不利益を与える内容でない限りは、審査請求の係属後に定めることも差し支えないと解される。あらゆる事態を想定して事前にルールを定めることは難しく、審査手続進行の包括的権限の行使として許されるというべきである。

4　裁決例の公表

独立審査機関の裁決例は、判例の乏しい法領域の場合には、国民が当該領域の法の内容を理解し、同様の事態に対していかなる行動をとるべきかを知る有力な手がかりを与えることができる。また、地方公共団体ごとに独立審査機関が設置されている場合に、各独立審査機関は、他の地方公共団体の独立審査機関による裁決の先例を知ることが便宜である。さらに、裁決例の公表によって、裁決そのものが慎重になされる効果も無視することができない[61]。現在は、情報公開法制の整備によって、裁決書も非開示部分を除いて部分開示の対象にはなるであろう。しかし、このような消極的な対応では、国民一般や独立審査機関の要請に応えることはできない。積極的な裁決例の公開・

公表が法的にどのような扱いを受けているのかは必ずしも明らかでない。実際には、社会保険審査会の裁決例は、市販されている。(62) 同様に国税不服審判所の裁決例も、部内資料のほか、別に市販もなされている。(63) 独立審査機関を所管する国の省庁は、意味のあると思われる裁決例を「編集」して（当然のことながら個人情報は伏せて）、何らかの方法（販売、インターネットのホームページ等）によって国民の知りうる状態にすることが望まれる。この程度のサービス行政をなすことは、所管省庁の責務というべきである。なお、行政機関の情報公開・個人情報保護についての不服審査の場合に、審査会の答申は公表されているが、裁決そのものは公表されていない。審査庁の最終の判断が全く公表されないことに、アンバランスを感じざるを得ない。少なくとも、情報公開・個人情報保護審査会の答申に従わない裁決を下す場合には、その要旨を公表することが望ましいと思われる。

(49) 厚生省国民健康保険課編・前掲注(24)一三八三～一三八四頁は、国民健康保険審査会は、実定法上は知事の附属機関と解するほかはないことを認めつつも、その職務の執行にあたっては、準司法的行政機関としての性質上、職務上の独立が与えられるべきであり、この意味においては指揮監督を受けるべきものではなく、知事の附属機関というよりも、独立の執行機関とされている委員会のような行政委員会に類するものと考えられるとしている。

(50) 桜田誉「行政不服審査庁の法的性格」関西大学法学論集一四巻五・六号三六一頁・三七八頁（昭和四〇年）。

(51) 原田尚彦『行政法要論〔全訂第六版〕』（学陽書房、平成一七年）三二七頁。

(52) 南博方「行政不服審査の改善へ向けて」同『紛争の行政解決手法』（前掲注(10)）九五頁・一〇七頁も、不服審査機関は行政機関であるから違憲法令審査権を有しないとする。もっとも、この「法令」が、憲法八一条にいう「法律、命令、規則又は処分」のすべてを包含するとするのではなく、少なくとも「処分」の違憲性が直接に争われているときは処分の合憲性を審理・判断しなければならないとしている。筆者も、処分の違法性を判断できる以上、処分の違憲性（法令の違憲性を媒介にしない処分の違憲性）も判断できると考える。

(53) 国民健康保険審査会の認容裁決について保険者である大阪市の取消訴訟の原告適格を否定した最判昭和四九・五・三〇民集二

八巻四号五九四頁において示されたのは、あくまで行政主体の原告適格を扱ったものである。機関である処分庁が原告となる訴訟は機関訴訟であるとして不適法とされるが（桜田誉・前掲注（50）三七九頁は、第三者的審査庁も行政組織上の上級機関であり法律により監督的性格が認められることを根拠に機関訴訟であるとしているが、この上級機関説に与するかどうかは留保しておきたい。）、行政主体が原告となる訴訟であるからといって、直ちに機関訴訟となるものではない。同判決の結論には賛成であるが、その理論的根拠については、機関訴訟説以外にも諸説があり、別個に検討を要すると考えている。

（54）　南博方・前掲注（52）一〇七頁。ただし、運用面において、通達の適否についても審理を行ない、通達を違法又は不当と認めるときは通達発遣者に上申し、その同意を得て、通達で示された解釈と異なる解釈により裁決できるようにすべきことを提案している（同一一一頁）。

（55）　この点に関して、明文の規定が置かれているのは、国税不服審判所である。国税不服審判所長は、「国税庁長官が発した通達に示されている法令の解釈と異なる解釈により裁決をするとき」は、あらかじめその意見を国税庁長官に申し出なければならないこととされ（税通九九条一項）、国税庁長官は、この申出があった場合において、国税不服審判所長に対し指示をするときは、国税不服審判所長の意見が審査請求人の主張を認容するものであり、かつ、国税庁長官が当該意見を相当と認める場合を除き、国税審議会の議決に基づいてこれをしなければならないとされている（同条二項）。この規定が、国税不服審判所長に対し通達の拘束力が当然に及ぶことを前提にしたものであるのか、この規定により、初めて指示権が付与されたものとみるかは理解が分かれるであろう。その理解の仕方はともかくとして、この制度は、国税不服審判所長に第一次的には通達に拘束されない法令解釈権を付与しつつ、国税庁長官の指示には国税不服審判所長も従わなければならないことを示している（不服審査基本通達九九―二は、国税庁長官が審判所長に対し国税審議会の議決に基づいて審判所長の意見と異なる指示をした場合における裁決は、担当審判官及び参加審判官の議決にかかわらず、当該指示したところにより行なわなければならない、としている。）。（※　国税通則法九九条は、平成二六年法律第一〇号により改正され、国税庁長官の指示権は廃止された。）

　社会保険審査会について、岩村正彦『社会保障法Ⅰ』（弘文堂、平成一三年）一六二〜一六三頁は、第三者性は強化されているが、最上級行政庁の発する通達の示す法令解釈からは自由でない点で、その第三者性には大きな限界があるとする。これに対して、前掲注（16）『社会保険審査官及び社会保険審査会法の解説』一八七頁は、行政機関である限り法令には拘束されるが、通達や行政解釈、行政指導には拘束されず、自らの判断で裁決を行なうものである、と述べている。

（56）　南博方・前掲注（11）五七三頁は、審査庁が調査・審理はもとより裁決権まで処分庁に内部委任（専決）している例が少なくないとし、そのような内部委任措置は違法であって許されないとしている。同『紛争の行政解決手法』（前掲注（10））一一〇頁及び一一二頁も同趣旨である。

（57）南博方・前掲注（52）一一一頁は、独立審査機関に限った議論ではないが、裁量統制は不服審査の生命であるとして、裁量の範囲内における当・不当の問題についても審理を尽くすことを提案している。また、桜田誉・前掲注（50）三七八頁は、第三者的審査機関も、消極的にではあるが（＝請求された審査事項に限られる意味）行政監督権を有するのであって、その点において「上級行政庁と同地位において」取り扱われるべきであるとしているので、当然に裁量統制もできるという結論につながるものと推測される。

（57ａ）オーストラリアの総合的独立審査機関の性質を有する行政不服審判所（Administrative Appeals Tribunal）は、妥当性審査（merits review）をなしうること（行政不服審判所法四三条）が特色として強調されている（碓井光明・前掲注（15）一一頁以下）。

（58）たとえば、東京都は、条例においては審査に関する記録の作成・保存についてのみ規定して、それ以外の「審査委員会の審査の手続その他審査に関して必要な事項は、審査委員会の規定で定めなければならない」としている（東京都都税条例一四四条）。

（59）固定資産税務研究会『平成一八年度版　要説固定資産税』（ぎょうせい、平成一八年）一九〇頁。

（60）諮問機関たる情報公開審査会の場合について、兼子仁『情報公開審査会Q＆Aマニュアル』（ぎょうせい、平成一二年）三七頁。そこでは、「案件の審査に入る前に先議して審査会が当日に審査要領を定め直ちに適用することも、適法と解してよいであろう」としている。

（61）南博方・前掲注（52）一一三頁は、裁決を一般の批判にさらす必要があるとし、氏名・住所などを秘匿したうえで、原則として公表されるべきであるとしている。

（62）社団法人全国社会保険協会連合会が、『社会保険審査会裁決例集』を平成一四年版まで発行した。平成一五年版以降は、ＣＤ－ＲＯＭ版で民間の社労士事務所が販売している。

（63）複数のものが市販されているが、代表的なものは、大蔵財務協会刊行の『裁決事例集』である。また、国税不服審判所ホームページにより裁決事例集を閲覧できる。なお、裁決例のすべてが公表されているわけではないことに注意する必要がある。

五　合議制の独立行政不服審査機関の場合の諸問題

論理的には独任制の独立審査機関が存在しうることは何回か述べたところであるが、実際の独立審査機関は合議制機関として設置されているのが普通である。その場合には、合議制ゆえの組織上及び解釈上の問題がある。

1　審査手続への委員の関与のあり方

まず、第一に、合議制の機関を構成するメンバー（以下「委員」と呼ぶ。）の全員があらゆる審査手続に関与しなければならないのかどうかである。立法政策的には、全委員関与方式も可能であるし、特定の手続は予め指定する委員が担当することで足りるとする制度にすることも可能である（指名委員制度）。不服審査に係る諮問機関である内閣府の情報公開・個人情報保護審査会に関しては、インカメラ審査、不服申立人等の意見を聴く手続などを指名委員にさせることができることとされている（情報審一二条）。合議制機関の委員は、審査手続のすべてに関与するのが原則であるから、たとえ一部の手続であっても指名委員に任せるには法令（法律に基づく独立審査機関の場合）又は条例（条例に基づく独立審査機関の場合）に根拠がある場合でなければならないとする考え方が妥当するように見える。

ただし、合議制機関の合議に先立って、それに備えて指名する委員（担当委員）又は複数の委員からなる小委員会[64]に一定の準備を委ねることは許されると思われる。合議制の趣旨を損なうものではないからである。また、行政不服審査法の手続規定の適用を受ける審査に当たって、同法三一条が許容する職員による審理手続（同法二五条一項ただし書による口頭意見陳述を聞くこと、二七条による参考人の陳述を聞くこと、二九条一項による検証、三〇条による審尋）の実施に当たっては、合議制の不服審査機関にあっては、その委員をも「職員」に含めてよいと思われる。「その庁の職員」にさせることが許容されているのであれば、まして、特定の「委員」にさせることに支障はないと考えられるからである。

さらに、法律上当然に必要とされる手続については、意思決定の必要がないのであるから、会議の開催をせずに、会長、委員長等の名において手続を行なうことが許されるというべきである。たとえば、行政不服審査法の規定の適用がある不服審査に関して、審査請求書副本の処分庁への送付と弁明書提出の求め（同法二二条一項）、弁明書副本の審査請求人への送付（同条五項）などである。弁明書の提出については「相当の期間」を定めることが必要であり（同条一項）、反論書、証拠書類・証拠物の提出についても「相当の期間」を定めることができるところ（二三条・二六条）、これらの期間の設定に関し、基本的な方針ないし基準を予め合議体で定めておいたうえ、具体の期間設定は会長、委員長等の判断に委ねることも許されると思われる。

第二に、合議制の機関の判断をどのように決めるべきかが明確でなければならない。

まず、その前提として、定数が欠けているときは、合議制機関が有効に成立していないとして、会議を開催し得ないとする見解がある。(65) これによれば、一人の委員が任期中に死亡した場合に、後任の委員が任命されない限り、会議を開催できないことになる。しかしながら、すべての合議制の独立審査機関について、そのように解する必要はないと考える。出席委員の過半数により議事を決する合議制機関の場合に、欠員があると会議の開催そのものができないという考え方は極端にすぎると思われる。(66) そして、もしも欠員不成立説をとるのであれば、たとえば、収用委員会の予備委員(67)のような制度を設けて欠員に対処しうるような立法上の手当てが必要であろう。

定足数は、独立審査機関の性質に応じて決めるべきであろう（国民健康保険審査会や介護保険審査会の例がある。）。ただし、非常勤の委員により構成される審査機関の定足数を全員とする方式（介護保険審査会介護認定等部会）は、考えものである。当日、一人の委員が急病により欠席しても、不成立となってしまうからである。定足数要件を緩和することが望ましいと思われる（委員数の増加とセットにすることも考慮されてよい。）。

議事は、出席委員の過半数により、可否同数のときは会長（委員長）の決するところによると定める例が普通である（国保九七条、介保一九〇条二項）。開発審査会や建築審査会に関して、法律自体には表決に関する定めが存在しないが、開発審査会についていえば、「政令で定める基準に従い都道府県又は指定都市等の条例で定める」との規定（都計七八条八項）に基づいて、条例の定めるところによることになる。建築審査会についても、建築審査会の「議事」に関する事項として条例で定めることが予定されている（建基八三条）。

合議制の独立審査機関において、すべての事項は会議により決定しなければならないのか、それとも「持回り方式」による議決ができるのかどうかが問題になる。会議の成立要件が定められているということは、議決によるべき事柄は、委員が一箇所に集まる会議で処理することを想定したものと考えられる。そして、独立審査機関の核心をなす審理及び裁決の議決は、持回りにはなじまないと考えらえる。また、それらは事柄の性質上、「委任状」にもなじまないといえよう。しかしながら、すべての事柄について、会場に集まる方式によらなければならないとする必要はないと思われる。軽微な事項（たとえば、裁決書案の軽微な字句の修正）については、持回り方式も許され、また、会長又は委員長に委任することも許されると思われる。いずれにせよ、これらの方式をとるには、予め会議方式による合議体の決定に基づくことが必要とされる。

なお、今後は、テレビ会議などが可能になるならば、そのような方式の問題点も検討したうえ所要の手当てをして活用することが課題となろう。口頭意見陳述や口頭審理の方法も同様に検討課題となろう。

2　意見の表示

合議制の機関が不服審査を行ない裁決を下す場合に、法律が委員の個別意見の表示を許容している場合がある（公害等調整委員会裁定委員会の裁定につき土地利用調整四二条二項、公正取引委員会の審決につき独禁七〇条の二第二項）。他方、このような明文の規定がない場合に、これまでは、個々の委員の意見を表示することなく、審査機関の全体の判断の形式で裁決が下されてきたものと思われる。しかし、個別の案件について委員の判断が異なることは当然ありうるところである。不服申立人は、審査請求が棄却された場合であっても、少数ながら自己の主張を認める委員がいるときは訴訟を提起する決断を下す手がかりとなるかもしれない。あるいは、逆に、自己の主張を理解してくれた委員が一人でもいることで、「良識は失われていない」として満足し、訴訟提起を控えるかもしれない。それ以上に、異なる意見又は補足意見を表示することは、合議体を構成する委員の責任を明確にする意味がある。自らの固有の意見を文章化するには多くの労力を伴うことは推測に難くないが、委員個人の意見表示を許容する規定を設けることを検討してみてはいかがであろうか。ちなみに、そのような扱いを認める規定がないからといって、禁止されるものではないと考えられる。

(64)　神奈川県や横浜市の条例は、建築審査会（定数七人）に小委員会を置くことができるとし、小委員会において議決した事項は、次の審査会に議案として提出しなければならないとしている。

(65)　開発審査会について、三橋壮吉・前掲注（48）四四九頁、建設省都市局都市計画課監修『逐条問答都市計画法の運用［増補改訂版］』（ぎょうせい、昭和五一年）五八六頁。

(66)　委員の任命につき議会の同意を要する土地利用審査会の場合について、土地利用規制研究会監修・前掲注（22）三〇一頁は、欠員が生じた場合に議事能力を否定することは不合理であり、審査会の機能と開催頻度からみても委員選任手続からみても現実的でないとする。

(67) 収用委員会には、就任の順位を定めて二人以上の予備委員を置かなければならないとされている（収用五二条二項）。委員の死亡等の事態に対して「法律」、「経済」又は「行政」の委員構成（収用五二条三項）のバランスを保つには、順位制を改めて、たとえば「法律」分野の委員が欠けたときは法律分野の予備委員から任命するなどの方法も考えられよう。

六　独立行政不服審査機関の今後のあり方

1　専門性への対応

現行の行政不服審査制度において、独立審査機関の場合を別とすれば、通常の行政を担当する職員が不服審査の事務も行ない、異議審理庁又は審査庁の名において異議決定又は裁決がなされる。このような仕組みにおいて、たとえば、宮崎良夫教授は、不服申立ての処理に関する専門部署をもたないことの弱さに鑑み、不服申立ての審理にあたる専門部署の設置と、自立性のある判断形成がなされるように、内部的なものにせよ合議制の仕組みの生かされる審理組織を構築することの必要性を強調している(68)。その前半の主張の核心は、不服審査が片手間になされてはならないことにあると考えられる。不服審査を真摯に行なえる組織的整備の必要なことは、いくら強調しても強調しすぎることはない。しかし、ある行政部門に関する不服審査がごく散発的になされるにすぎないときに、細切れの行政分野ごとに常勤者による不服審査の専門部署を用意することは困難である。合議制の採用の主張と併せても、不服審査案件が大量的に生ずる分野は別として、ある程度包括的に所管する組織を構想せざるを得ないと思われる。

他方、行政不服審査を適切に処理するには「専門性」を備えた人材が不可欠であるところ、包括的な所管と専門性とは衝突するかのように見える(69)。しかし、その「専門性」を、どのような意味の専門性と把えるかが問題である。

各行政領域の専門性ということであれば、通常の行政を担当している部門の職員は相当程度の専門性をもっているのかもしれない。そのような「行政領域ごとの専門性」と別に、「適正に不服審査を実施することに関する専門性」が考えられる。行政不服審査の実を上げるには、この両者の専門性を適度に確保する必要がある(70)。

前者の専門性の程度は、その行政組織がどの程度の規模をもっているかによって左右される。たとえば、国税の行政組織や社会保険行政の組織にあっては、その規模からいって、前者の専門性を備えた人材を内部から確保することが十分に可能である。それに対して、地方公共団体の場合は、職員は一通りの知識を有しているにしても、人事の実態に鑑みる限り、数年ごとに異動があって、国税組織や社会保険行政組織ほどに専門知識を蓄積した人材を確保することは容易ではない。この点から、外部から専門知識を有する人材を招くことに十分な意味がある。

後者の専門性は、主として法律知識をもった人材を確保することによって実現される。従来は、一部の地方公共団体が内部に法曹資格を有する人材を備えて、この意味の専門性に配慮した体制をとっているものの、国も地方公共団体も、全体的にみると、きわめて薄弱な体制にあるといわざるを得ない。それを補っているのが、外部の専門家を招く方法である。独立審査機関の委員の中には通常法律知識を備えた者が含まれていて、そのような役割を担っているといえる。

以上に述べた二つの専門性のいずれについても、実態としては外部に人材を求める傾向があり、そのよう必然性からするならば、独立審査機関こそが両方の専門性を満たしやすいということになる。しかしながら、後者の専門性の確保は、ある程度の規模の組織であれば、常勤者によることも不可能なことではない。財務省に財務官という最高幹部の職が用意されているのと同様に、各省庁や地方公共団体が特別待遇の法務担当責任者を配置する政策が考えられるところである。法曹資格を有する者を充てることが望ましいと思われる。大臣や首長が裁決権を有して行なう不服審査についても、そのような法務担当責任者の主宰するところにより、個別行政部門の協力を得て実施するならば、相当程度の改善が図られるであろう。

2　独立行政不服審査機関の拡充

宮崎教授による「内部的にせよ合議制の仕組み」の必要性の指摘に関して、現状においても、ごく軽い案件ならばともかく、異議申立ての場合であっても、基本的な判断の方針に関しては、原処分の担当者から、その上司への説明の過程などにおいて実質的な合議がなされている場合も多いと推測される。問題は、不服申立てを受けた機関及びその補助機関たる職員自らが、異議決定ないし裁決の責任者又はその補助者であるとの緊張感をもって白地から判断しようとする姿勢に欠けることであろう。内部的な合議制機関の設置によって、この問題が解消するかどうかは、関与する人たちの姿勢に依存すると思われる。原処分の担当者が不服審査の実質部分の判断を背負い込み、原処分尊重の運用がなされるならば、ほとんど意味がない[70a]。少なくとも、原処分関与職員と不服審査担当職員とを分離する必要があろう。そして、公正性、中立性を確保するには、独立審査機関、それも合議制の独立審査機関の設置の方が望ましいと考えられる。

しかしながら、独立審査機関を今後拡充すべきものかどうかは、その行政救済機能の評価にかかわる問題である。兼子仁教授は、行政不服審査制度のあり方は、司法国家原理と関連させて、簡易迅速な争訟制度を旨とする場合にも、「司法国家原理をそのうちに貫いて公正な第三者的審査の仕組みを目ざすべきで」あって、「真に第三者的審査を保障するのには、処分庁と上級行政庁に対し独立権限をもって不服審査を行なう〝第三者機関〟を特設することが望ましい」と主張している[71]。筆者も、独立審査機関の拡充が必要であると認識する点において、兼子教授の見解に賛成するものである。

3　独立審査機関拡充の方法

独立審査機関を拡充しようとする場合にも、さまざまな政策が考えられる。特に、市町村合併が進行中であるとはいえ、地方公共団体の数を考慮した場合に、どのような政策が望ましいかを考える必要がある。[72]

第一の方法は、適用する法律・条例ごとに、かつ、処分庁等の単位ごとに独立審査機関を設立する方法である。この場合には、無数の独立審査機関が「濫立」することになる。処分庁等の事情等を十分理解したうえで裁決を下すことができるが、独立審査機関の委員を確保することが課題である。もっとも、現行法の枠内においても、複数の地方公共団体が独立審査機関を共同設置する方法がある（自治二五二条の七）。

第二の方法として、適用する法律・条例ごとにではなく、一定の行政の分野ごとにまとめた独立審査機関を当該行政主体単位に設ける方法がある。たとえば、市町村が、それぞれに「福祉関係不服審査会」を設置するような方法である。これによって、相当程度まで数を減少させることができる。国についても、同様に各省庁単位の不服審査機関を設置することも一案である。

第三の方法として、処分庁等の属する狭域の行政主体を包含する広域の行政主体に、適用する法律ごとに（国民健康保険審査会や介護保険審査会は、この方式である。これらの事務は、法定受託事務として位置づけられている。国保一一九条の四、介保二〇三条の三）、又は行政分野ごとに、所管地域の案件を扱う独立審査機関を設置する方法である。地方公共団体の処分について国に独立審査機関を設置する方式については、「地方分権」との関係の検討が必要であると思われるが、その点を除けば、たとえば、「地方税審判所」のような独立審査機関を国の機関として設けて一括処理する方法もありうると考えられる。さらに、国税不服審査と地方税の不服審査とを併せて所管する「租税審判所」を国の機関として設けることも検討に値すると思われる。[73]「当・不当」の問題にまで立ち入ることは好ましくないところ、地方税に関する限り、不服審査の場面において（※　減免や徴収猶予などを除けば）当・不当が問題になることは、ほとんどないと思われるので、租税審判所の設置について法的障害は少ないといえよう(74)。

第四の方法として、総合的行政不服審査機関を設ける方法がある。南博方教授は、戦後初期の訴願庁構想を手がかりに、執行行政機関（政策実施機関）から独立して審判裁定のみを行なう「行政審判庁」の構想を発表している(75)。もっとも、いかなる単位で「総合」するかについては選択肢がある(76)。国に関して、前述した省庁単位は、それだけで総合といえるが、各省庁を包括した国の機関のなす行政処分に対する不服を一元化した不服審査機関が処理する方法もある。その場合に、特に大量に発生する案件を抱える分野のみは別個の審査機関の所管とすることも考えられる。たとえば、現在の社会保険審査会、労働保険審査会、国税不服審判所等を存続させつつ、他の不服審査案件を所管する不服審査機関を設ける方式もある。あるいは、総合的不服審査機関のなかに、部を設けて、特に大量的な分野については個別の部（専門部）が処理し(77)、その他の事件は一般部が処理する方法もあろう。また、地方公共団体に関しては(77a)、地方公共団体ごとの「総合」、それを越えて、複数の地方公共団体（たとえば都道府県単位）の「総合」(78)、さらに、国と併せた日本全体としての「総合」といった多様な「総合」の選択肢がありうる。

いずれにしても、細切れの独立審査機関を濫立させて、しかも、非常勤の委員によって処理しようとすることには、どうしても無理があるといわなければならない。ある程度の総合化を図って、できるならば、少なくとも一部の委員は常勤とすることが望ましいであろう。

なお、国において総合的行政不服審査機関を設けることについて、分担管理主義への抵触を心配する向きがある(78a)。しかし、たとえば国家公務員法は、職員の意に反する不利益処分に対して職員は人事院に不服申立てできるものとし（九〇条）、人事院は、調査して、処分を行なうべき事由があることが判明したときは処分を承認し又は裁量により修正し、事由のないことが判明したときは、処分を取り消し、権利回復に必要かつ適切な措置をなし、不当な処置を是正しなければならない、としている（九二条）。各大臣が分担して人事権を有していることを前提にするならば、その人事権への不服審査による人事院の介入にほかならない。それが許されるとするならば、同じように、総合的不服審査機関が、不服審査の場面において各行政領域に介入することも許されるはずである。もし、人事院について、国家行政組織法を適用しないとする国家公務員法四条四項により、国家行政組織法五条一項の分担管理主義を排除されているとする説明であるならば、総合的行政不服審査機関についても、内閣直属の国家行政組織法の適用されない機関として位置づけることで対応できるであろう。

さらに、国会に対する内閣の連帯責任（憲六六条三項）との関係も問題とされるが、内閣直属の機関と位置づけるならば問題ではない。(79)

4　独立性の実質化

形式的に独立審査機関であることが、実質的に独立機関であることを意味するものではない。独立審査機関の構成員をどのような母集団から任命するかが重要である。兼子仁教授は、独立審査機関（教授の用語によれば「第三者機関」）の昭和四八年当時の状況を概観した後に、「職権行使上は原則として執行部門から独立しており、その意味で第三者機関であるが、その人的構成上どれほど第三者的であるか」という問題を指摘した。すなわち、「審査機関と執行部門との間に恒常的な人事交流をしている場合はもとより、審査機関の構成員が職歴的に執行部門とのむすびつきを深くしている場合にも、第三者性に乏しくなる」とし、かといって、構成員が当該行政分野に関する判断能力に乏しいようでは審査の実をあげにくいので、「審査機関に独自なスタッフ養成の人事行政措置を講ずるよう努めるべきものであろう」と指摘した。(80)

審査機関と執行部門との人事交流や職歴的結びつきが問題になるのは、典型的には国税不服審判所の場合である。国税不服審判所長は裁判官経験者から任命される慣例になっており、その点は評価してよいと思われるが、税務行政分野の人々が全体をリードするようになっては独立性も危うくなるおそれがある。[81]国税通則法施行令三一条一号は、国税審判官の任命資格の一類型として、「弁護士、税理士、公認会計士、大学の教授若しくは准教授、裁判官又は検察官の職にあった経歴を有する者で、国税に関する学識経験を有するもの」を掲げて、外部からのリクルートの途を明示的に開いている。税務行政分野以外からのリクルートをどのように継続できるかが課題である。[82]

地方公共団体に設置される各種の独立審査機関の場合には、当該行政分野のＯＢが委員の一部となることが見られる。専門性を備え、かつ実態に通じた委員という意味において貴重な存在であるが、かつての部下が行なった行政処分に対して真に公正で独立の判断をなしうるかが問題である。他方、兼子教授のいう「審査機関に独自なスタッフ養成」は容易なことではない。現状では、補助者として審査機関を支える職員を、それぞれの「専門分野の行政経験」のある者の中からリクルートしなければならないであろう。[83]専門分野の行政経験を重視するあまり、独立審査機関の独立性を減殺させてはならない。

しかしながら、法的思考と法的処理の訓練を受けている者（その典型は法曹資格のある者である。）が独立審査機関の審判官として個々具体の事件を指揮するならば、そのような弊害はほとんど生じないと思われる。その意味において、法曹資格者の登用は、今後の一方向であると思われる。[84]法曹資格のある者の供給源として、裁判官、検事のほか弁護士も考慮に入れてよいであろう。弁護士からの登用は、非常勤も認める必要があるかもしれない。常勤と非常勤との適切な組み合わせによって、適切な組織を作りあげることを模索すべきである。[85]そして、独立審査機関の構成員には、その資格・職責に相応しい待遇が与えられなければならない。[86]

（68）宮崎良夫『行政争訟と行政法学』（弘文堂、平成三年、増補版平成一六年）一四六頁。

（69）行政不服審査制度研究会「行政不服審査制度研究報告書」（平成一八年）は、分野横断的な機関を設ける場合に「様々な行政分野における申立てが行われることが予定され、一定数に限定された構成員のみで対応することは困難な場合もあると考えられることから、当該案件に精通した学識経験者、専門家等の参加も可能とするような参与制度などの活用も視野に入れるべきであろう」と述べている（九頁）。

(70)　このような発想による専門性の分析は、碓井光明・前掲注(15)二五頁以下において行なった。

(70ａ)　この問題に対する対処策として、『行政不服審査制度検討会　最終報告――行政不服審査法及び行政手続法改正要綱案の骨子――』（平成一九年七月）は、「審理員」制度を導入するとしている（一七頁以下）。

(71)　兼子仁『行政法学』（岩波書店、平成九年）六二頁。さらに、行政不服審査法における上級庁不服審査には、審査庁の独立第三者性が欠けており、むしろ簡易迅速手続であることを主目的としているとの指摘がなされている（同書一七六頁）。

(72)　碓井光明・前掲注(15)二七頁以下をも参照。

(73)　碓井光明『地方税の法理論と実際』（弘文堂、昭和六一年）二六五～二六六頁、同「分権型社会の地方税制」『分権型社会に対応した地方税制のあり方に関する調査研究報告書』（自治総合センター、平成一一年）五〇頁・五四頁。三木義一「地方税と権利救済」税五五巻一二号四頁（平成一二年）も、国税不服審判所が地方税の不服も処理する「租税不服審判院」の整備を提案している。

(74)　碓井光明『要説　地方税のしくみと法』（学陽書房、平成一三年）一三頁。

(75)　南博方「行政上の紛争解決制度」山田二郎先生古稀記念『税法の課題と超克』（信山社、平成一二年）六七三頁・六八三頁以下。

(76)　平成一八年八月五日に神戸大学において開催された行政法研究フォーラムにおいては、行政改革会議が、その最終報告において述べた「行政審判庁構想」（同報告書七二頁以下）と「総合化した不服審査機関」との関連を意識する発言が多数見られた。同構想は、元来は、あくまで現に存在している複数の行政審判の機関を「統合」して行政改革に資することに着目するものであって、委員のお一人であられた藤田先生がどのようなお考えであったかはともかく、報告書の叙述は、通常の行政系統の機関（処分庁等又は上級行政庁）が行なっている不服審査の統合までも念頭に置くものではないというのが筆者の理解である。ただし、その最後で指摘されている「司法改革の端緒として重要な意義を有する」点は、総合化した不服審査機関の構想と共通している。そして、前記の構想を受けて、中央省庁改革基本法五〇条二項が、「政府は、国の規制の撤廃又は緩和に伴い、司法機能の充実強化の方策について更に検討するとともに、行政庁と私人の間又は私人相互間の紛争を解決するための行政審判の機能がより重要になることにかんがみ、その充実強化の方策及びこれを担う組織の在り方について、検討するものとする」と定めているので、同法において行政不服審査権限を有する行政審判機能の充実方策も念頭に置かれていることは否定できない。

(77) 南博方・前掲注(75)六八四頁。

(77a) 田中孝男「自治体総合行政不服審査機関の設置構想―政策法学の視点から」法政研究七三巻三号三九三頁(平成一八年)は、「自治体司法権確立」へのステップとして、自治体オンブズマンと情報公開審査会をモデルにして制度設計を試みている。

(78) 行政不服審査制度研究会・前掲注(69)は、地方公共団体の不服審査に関する第三者性の確保方策として、単独で第三者機関を設置する方法のほか、「地方公共団体間で共同の処理機関を設ける」方法、難民審査参与員(入管六一条の二の一〇)などの制度を参考に、その都度審査にかかわる第三者を指定する方法を例示している(一〇頁)。共同処理機関につき、地方公共団体による自発的な設置と法律による設置(現行の国民健康保険審査会や介護保険審査会)とは、大いに違いがある。

(78a) 行政不服審査制度検討会　中間取りまとめ』『行政不服審査制度検討会　中間取りまとめ』(平成一九年四月公表)一〇頁。

(79) 南博方・前掲注(75)六八四頁は、行政機関による「前審裁判」が憲法上許容されていることを根拠に、憲法に違反しないとしつつ、あくまで「裁判」に値するものでなければならないとしている。

(80) 杉村敏正＝兼子仁・前掲注(9)一七三頁。

(81) 岸田貞夫「国税不服審査請求における納税者の保護」松沢智先生古稀記念論文集『租税行政と納税者の救済』(中央経済社、平成九年)一頁・四頁は、国税不服審判所について、「執行関係からの職員も審判所の役割を自覚し、権利救済の実を得るものとしての意識が高く、実質的には、審判所の第三者性は特に、問題がないようである」としつつ、「ある機関の公平性は、その性質上、内容的に判断することが困難であり、いきおい、形式的、外観的に判断されざるをえない面がある」ので、「そのような性質が機関の運営の信頼性にまで影響を及ぼすことは、避けられないところである」という認識に立って、「納税者のさらなる信頼を得るためには、人事交流の量、要件等を客観的に法令で定めるなど、が求められるであろう」とする。

(82) 村井正・前掲注(30)四〇三頁を参照。南博方・前掲注(27)一一六頁によれば、国税不服審判所について部外者の任用の途が開かれ、部外者が審判所の重要な職に就任して審判事務の公正性・民主性・透明性の確保に大きな貢献をしているという。現在は、国税不服審判所長のほか、東京国税不服審判所長及び大阪国税不服審判所長等に裁判官又は検察官の職にあった者が任用され、複数の支部の法規・審査部門に法曹界からの人材を配置しているという(久米眞司・前掲注(29)一五頁)。そして、平成一七年四月一日現在、全国で一七名が外部からの任用であるという(田中敦「大阪国税不服審判所における審判所事務運営について」国

税不服審判所編・前掲注（29）三八頁・三九頁）。

（83）このことは、租税事件の訴訟についてもある程度当てはまることで、東京地裁と大阪地裁には、税務行政に通じた者が調査官として配置されている。なお、専門行政部門からリクルートした補助職員について人事の停滞を招かないような工夫が必要である。国税の旧協議団時代には、協議団に異動すると執行部門に戻れない「鉄砲玉人事」がみられ、人事に対する不満、協議団への異動を歓迎しない空気が醸成されていたようである（南博方・前掲注（27）一一六頁を参照）。他方、執行部門に戻ったときのことを考えると、補助者が信念に基づく十分な力を発揮できないおそれがあるという問題がある。これは、地方公共団体の監査委員を補助する職員についても、いわれることである。

（84）高橋滋「行政救済制度の審理主宰者に関する比較法的考察――調査研究のまとめ」自治研究七六巻二号一一四頁・一一八頁（平成一二年）は、法曹資格者の積極的登用あるいは審理主宰者の資格要件・地位・身分保障を高める方策が積極的に検討されてよいとする。

（85）この点において、諮問機関ではあるが、現行の内閣府の情報公開・個人情報保護審査会が、常勤委員と非常勤委員との組み合わせによって、多量の諮問事件の処理に当たっていることの評価が待たれる。

（86）筆者の直感によれば、現行の独立審査機関の非常勤の委員等は、通常の審議会委員等と同等の扱いで、低い委員報酬に甘んじることを余儀なくされていると思われる。審議会の委員等の報酬が低くてもよいと主張するものではないが、裁決権を行使する独立審査機関の構成員には、その職責に応じた待遇が与えられるべきであろう。

七　おわりに

以上において独立審査機関をめぐる現状の諸問題及び今後の政策的課題について一応の検討を行なった。最後に、三点を指摘しておきたい。

第一に、独立審査機関を拡充させればさせるほど、深刻になるのは、処分庁等が裁決を不服として事件を裁判所に持ち出すことができないという問題である（国民健康保険審査会につき、最判昭和四九・五・三〇民集二八巻四号五九四頁）。上級行政庁が審査請求の審査庁として裁決を下す制度にあっては、それが上級行政庁の判断である限り行政の一体性が確立されているので、特に裁決を不服として処分庁等が裁判所の判断を求める必要はないといえよう。これに対して、独立審査機関による裁決は、通常の行政系統に属しない機関であって、行政の一体性を確保できない状態にある（それこそが「独立性」である。）。そして、現行の制度においては、裁決が違法なものであると処分庁等が考えても、裁判所の判断を求める機会は与えられていない。このような仕組みは、微妙な法律問題等に関して、独立審査機関が審査請求認容の裁決を下すのに慎重にならざるを得ないという萎縮効果も生んでいると推測される。

そこで、一つの解決方法として、裁決に対して行政庁から再審査の請求をなすことを認める方法がありうる。小法廷・大法廷方式により、「小法廷」の裁決について不服があるときは、「大法廷」に再審査請求をなす方式も考えられる。また、事実認定は別として法解釈の問題に限っては、審査請求の審理過程において裁判所に判断を求める「付託」ないし「照会」の制度を設けることも検討されてよい。

さらに、裁決に対して、行政庁が原告となって訴訟を提起する方法も政策の一つの選択肢となりうるが[(86a)]、そのような訴訟を抗告訴訟中心の行政事件訴訟の中に位置づけることが可能なのか、その採用にはいくつかのハードルがある。私人が処分取消し又は裁決取消しの訴えを提起する場合は抗告訴訟であるが、行政庁が裁決取消しの訴えを起こす場合は一種の機関訴訟とならざるを得ないであろう。実質的に処分庁等と私人との間の争いであるから、処分庁等が私人を被告として訴えることのできる新たな訴訟形態も考えられるが、私人は、もともと簡易迅速な行政不服審査を期待したのみで、訴訟まで覚悟していたわけではないという場合に、処分庁等の判断により私人が訴訟に巻き込まれることに釈然としないものがある。

こうした問題の存在を考えると、情報公開・個人情報保護審査会のように独立機関を諮問機関と位置づけて、最後は通常の行政系統の行政庁が、その責任において審査請求の裁決を下すという立法政策にも、相当な合理性が認められるといえよう。

第二に、独立審査機関の拡充が、簡易迅速な救済の目的に適合するかどうかである。[87] 独立審査機関を設置する目的は、主として公正性・適正性の確保にあるが、同時に充実した調査・審理により慎重に裁決を下すことも目的の一つである。独立審査機関の場合に、上級行政庁が審査庁となる場合に比べて簡易迅速性が損なわれることが危惧されるかもしれないが、上級行政庁に属する職員が日常業務の合間に片手間に処理しようとする場合に比べて、重点的な調査・審理がなされる可能性もあるので、いちがいにマイナスに作用することはないであろう。ただし、処分庁等の弁明書作成などが内部決裁も含めて慎重になされる結果、その期間を要することがある。独立審査機関における簡易迅速な審理を促進するには、処分庁等の体制整備も不可欠なことを指摘しておきたい。

第三に、行政事件訴訟法が取消訴訟について原処分主義を採用していること（一〇条二項）との関係において、原処分主義は、審査庁が直近行政庁である場合にはよいが、第三者機関である場合には、その独立性の観点から処分庁との協力関係を断つべきである、との問題提起がなされている。[88] 重要な論点であり、立法政策上及び運用上の選択肢も多様となろう。

（86 a）オーストラリアの総合的行政不服審査機関である行政不服審判所にあっては、その決定に係る法律問題について原決定者も連邦裁判所に審査を申し立てることができる（行政不服審判所法四四条一項）。

（87）総務省が平成一五年一二月に発表した「行政不服審査法等の施行状況に関する調査結果――国の行政機関における状況――」によれば、平成一四年度において、国税通則法に基づく審査請求に関する処理期間は、三ヶ月以内が四・一％、三ヶ月～六ヶ月以内が四・四％、六ヶ月～一年以内が四三・三％、一年超が四八・二％であった。社会保険関係の審査請求は、三ヶ月以内が六一・

七%、三ヶ月～六ヶ月以内が三一・三%、六ヶ月～一年以内が七・〇%、一年超が〇%であるのに対して、再審査請求は、三ヶ月以内が九・二%、三ヶ月～六ヶ月以内が九・八%、六ヶ月～一年以内が七三・二%、一年超が七・七%であった。また、労働者災害補償保険法関係の場合は、審査請求に関しては三ヶ月以内が三一・八%、三ヶ月～六ヶ月以内が四五・五%、六ヶ月～一年以内が一八・九%、一年超が三・七%に対して、再審査請求は、一年超が何と九四・〇%であった。これらから、社会保険審査官又は労働保険審査官による処理期間に比べて、社会保険審査会又は労働保険審査会による処理期間の方が長いことが窺える。また、同省が平成一六年一月に発表した「行政不服審査法等の施行状況に関する調査結果――地方公共団体における状況――」によれば、平成一四年度介護保険法関係の審査請求の処理期間は、三ヶ月以内が一二・九%、三ヶ月～六ヶ月以内が二四・四%、六ヶ月～一年以内が五七・一%、一年超が五・六%であった。

(88) 南博方「原処分主義に対する若干の疑問」同『紛争の解決手法』(前掲注(10))八六頁。同論文は、主として国税不服審判所を想定していると思われるが、独立審査機関一般についても検討すべき論点である。同論文は、必ずしも裁決主義を主張しているわけではなく、取消訴訟において、原処分庁は、できる限り裁判所を介して審判所の保有する証拠の提供を受けるべきこと、審判所は裁決書に原処分庁において主張及び立証ができる程度に明確かつ具体的な記載をなし、できるだけ証拠標目も摘示するなどの工夫が必要であると指摘している(九四頁)。

【平成一九年七月追記】

一　本稿脱稿後に、行政不服審査制度改正への動きが急となり、平成一九年七月には、『行政不服審査制度検討会　最終報告――行政不服審査法及び行政手続法改正要綱案の骨子――』が取りまとめられた。同報告は、処分に関する手続に関与した者以外の者から指名する審理員が審理を行なうこととして、公正な審理を期すとともに、本稿に関係する改正要綱案を示している。まず、国に、各府省の分野を構断して審理する(正確には、審理に関与する)統一的な合議制の機関として、優れた識見を有する委員で構成される行政不服審査会を置くこととしている。総合的行政不服審査機関の用語にならうならば、「総合的行政不服審査会」である。そこでは、審査請求人の手続保障の確保と行政の肥大化を最小限に抑えることが強調されている（四三頁）。また、地方公共団体は、条例で定めるところにより、同様の合議制の機関を置くものとしている。これらの審査会等は第三者機関であって、法律（条例に基づく処分については、条例を含む。）の定めにより第三者機関が審理に関与している場合を除き、審査請求人からの申出に基づいて審理員意見書及び審査庁の意見書の送付を受けた案件のうち国民の権利利益に重大な影響を与えるような一定のものを調査審議する。審査庁は、審査会等から、審査会等の意見又はその意見を述べない旨の通知を受けた後に、すみやかに裁決することとしている。この意見送付・調査審議手続については、諮問手続か又はそれと異なる特別の手続として整理するかといった点について、さらに法制的な検討を要するという宿題を残している（三七頁）。また、地方公共団体の合議制の機関を地方自治法上の附属機関として設置することを法律上義務づける必要があるか否かについても、そのような手続を設ける趣旨を没却することのないように留意しつつ政府における具体的な検討に委ねるとしている（四四頁）。この報告が法制化された場合に、それを独立行政不服審査機関制度への過渡的なものと位置づけるにしても、次の大改正までは相当長期の期間を要することになろう。

二　注（34）において言及した国家行政組織法八条を活用して、平成一九年政令第一八六号により「年金記録確認第三者委員会」が設置された。この委員会は、総務省組織令六条六号に定める「各行政機関の業務……に関する苦情の申立についての必要なあっせん」を総務大臣が行なうための案の作成について調査審議する合議制機関である（平成一九年政令第一八五号による改正後の総務省組織令附則一七条・一八条）。したがって、形式的には不服審査のための合議制機関ではない。しかし、社会保険庁は総務大臣の記録訂正のあっせんを尊重して記録の改正を行なう旨の方針が採用されているので、不服審査のための合議制機関の実質を有している。しかも、総務大臣との関係において諮問機関の形式でありながら、運用上は限りなく独立機関に近いといえよう。社会保険審査会制度との関係も含めた行政法学的検討を要するであろう。

第二章　条例による第三者的行政不服審査機関の設置について

——解釈論及び立法論——

一　問題の所在

地方公共団体には、いくつかの第三者的行政不服審査機関を設置すべきものとされている。順不同に列挙するならば、固定資産評価審査委員会（地方税法四二三条）、開発審査会（都市計画法七八条）、建築審査会（建築基準法七八条）、土地利用審査会（国土利用計画法三九条）、国民健康保険審査会（国民健康保険法九二条）、介護保険審査会（介護保険法一八四条）、後期高齢者医療審査会（高齢者の医療の確保に関する法律一二九条）、障害者介護給付費等不服審査会（障害者の日常生活及び社会生活を総合的に支援するための法律九八条。ただし、任意設置）がある。[1] これらの中には、参与機関ないし諮問機関としての職務を併有するものがある（開発審査会、建築審査会、土地利用審査会）。また、建議をなす権限を付与されているものもある（建築審査会に関し、建築基準法七八条二項）。[2]

このような第三者的行政不服審査機関は、原処分を行う行政機関の系列から独立しているという意味で独立行政不服審査機関と同義である。[3] 以下においては、第三者的行政不服審査機関の語を用いることにする。

地方公共団体の第三者的行政不服審査機関は、現行法においてどのように位置づけられているのであろうか。その際に、行政不服審査法における位置づけと地方自治法における位置づけとを見ておきたい。

まず、行政不服審査法（※　以下、旧行政不服審査法を指す）における位置づけは、次のとおりである。

第三者的行政不服審査機関は、審査請求を審査する機関である。この点においては、上級行政庁が審査請求の審査をする場合と共通である。第三者的行政不服審査機関であっても、「不当」を理由とする取消裁決が可能とされている（四〇条三項）。[4] ただし、第三者的行政不服審査機関は、上級行政庁が裁決庁となっている場合と異なり、変更裁決をすることはできない（四〇条五項）。

次に、地方自治法における位置づけについては、第三者的行政不服審査機関が、同法上の執行機関であるのか附属機関であるのか、という問題がある。もっとも、地方自治法は、「執行機関」の用語を用いているものの、その定義をしているわけではない。単に、「普通地方公共団体にその執行機関として普通地方公共団体の長の外、法律の定めるところにより、委員会又は委員を置く」（一三八条の四第一項）と定めているにすぎない。この条文は、後述のように執行機関法定主義を定めるものであるが、「執行機関とは何か」という定義が見出されないのである。

他方、附属機関に関しては、同じく定義規定はないものの、その内容を推測させる定め方が採用されている。すなわち、「普通地方公共団体は、法律又は条例の定めるところにより、執行機関の附属機関として自治紛争処理委員、審査会、審議会、調査会その他の調停、審査、諮問又は調査のための機関を置くことができる」（一三八条の四第三項）とされている。

ところで、地方自治法は、執行機関として法律の定めるところにより普通地方公共団体に置かなければならない委員会及び委員として、教育委員会、選挙管理委員会、人事委員会若しくは公平委員会並びに監査委員、さらに、都道府県に置かなければならない委員会として、公安委員会、労働委員会、収用委員会、海区漁業調整委員会及び内水面漁場管理委員会を、市町村に置かなければならない委員会として、農業委員会及び固定資産評価審査委員会を、それぞれ掲げている（一八〇条の五第一項〜第三項）。

不服審査機関に該当する委員会としては、固定資産評価審査委員会のみが地方自治法に執行機関として定められ、開発審査会の定めが置かれていないことから、開発審査会を附属機関と見ているとする指摘がなされている[5]。しかし、執行機関を地方自治法に網羅的に掲げる必要はないとする見方もあり得る。したがって、この列挙方式が不服審査機関の振り分けに決定的な意味を有すると断定するわけにはいかない。

しかし、以下に述べるように、第三者的行政不服審査機関は、「執行機関」であるから、法律の定めなしには設置することができないという解釈が、地方行政関係者の間においては支配しているようである。他方、行政法学者の間には、第三者的行政不服審査機関を「附属機関」として設置できるとする有力な見解がある。本稿は、そのような解釈論の当否を検討したうえ、問題点を提起し、さらに立法的対応の必要性を指摘しようとするものである。

（1）　参照、碓井光明「独立行政不服審査機関についての考察」藤田宙靖博士東北大学退職記念『行政法の思考様式』（青林書院、平成二〇年）三一五頁。

（2）　教育委員会、選挙管理委員会、公安委員会は、通常の執行機関でありながら、不服の処理も併せて行なう行政委員会である。

異議申立てに対して決定をする立場においては、処分庁であるから、本稿にいう第三者的行政不服審査機関とはいえない。市町村教育委員会及び市町村選挙管理委員会の法定受託事務に関しては、地方自治法二五五条の二第三号及び第四号を参照。

（3）人事委員会又は公平委員会も、人事行政の一環として不服の処理も行なっている。他の執行機関が任命権者である場合においては、第三者的不服審査を行なっているが、自らが任命権を行使する職員の不服を審査する場合には、異議申立ての審査である（地方公務員法四九条の二第一項）。

（4）不当を理由とする取消裁決がほとんどないなかで、実例を紹介するものに、三木義一「国税不服審判所制度と『不当』を理由とする救済」水野武夫先生古稀記念論文集『行政と国民の権利』（法律文化社、平成二三年）七四六頁がある。

（5）塩野宏『行政法Ⅲ［第四版］行政組織法』（有斐閣、平成二四年）二〇二～二〇三頁。

二　行政上の不服申立てに対する公正・迅速な判断の必要性

まず、本論に入る前に、行政上の不服申立てに対して公正・迅速な判断を行なう仕組みの必要性について確認したい。

1　行政不服審査に関する諮問機関の設置

行政不服審査に関する諮問機関として合議制の委員会を設置することは、地方自治法一三八条の四第三項が「審査、諮問又は調査のための機関」を附属機関として法律又は条例によって設置できることを明示的に許容しているので、法律の授権がない場合にも条例によるならば可能である。法律によるもののほかは、「附属機関条例設置主義」が採用されているのである。

行政不服審査に関して、附属機関として合議制の諮問機関を設置するのは、不服審査機関が当該諮問機関による内容的に適正で、かつ、公正・公平な判断を参考にして不服を処理することを期待するからであろう。情報公開条例及び個人情報保護条例においては、ほとんど、この方式が採用されている。現行法上、形式的には行政機関情報公開法二五条に沿ったもののような外観を呈しているが、沿革的には、地方公共団体における情報公開制度において先導的に導入された方法である。

もっとも、一般に、合議制の諮問機関の公正・公平な答申を経ることにより、不服審査を適正に行なう可能性が存在するにもかかわらず、事実上は、それを妨げる事情がないとはいえない。その一つの事情は、附属機関たる諮問機関を補助する適切な職員を確保することが困難である場合が多いことにある。「当該行政分野に通じた職員」を確保するには、原課の業務に通じた職員（原課の業務経験を有する職員）にならざるを得ないことが多いものと推測される。しかし、いつ起こるかわからない不服審査の事態に備えて専門知識のある職員をあらかじめ別途用意しておくことは困難といわなければならない。小規模な地方公共団体において、このことは、顕著である。現行法上、執行機関として位置づけられている不服審査機関である固定資産評価審査委員会の場合も同じであるといわなければならない。当初の評価作業の職務との独立性を確保しつつ、固定資産評価審査委員会を支えることのできる職員をいかに確保するかが大きな課題である(6)。

現在広く存在する情報公開・個人情報保護審査会の場合は、やや異なる事情がある。情報公開自体は行政分野横断的な事柄であるから、対象情報の所管職員（原課職員）の経験を必要とするとは限らないからである。個別行政領域の知識よりも、むしろ、情報公開・個人情報保護条例ないし情報公開・個人情報保護制度の十分な理解こそが重要なのである。

ところで、公正・公平な行政不服審査のためには、諮問機関よりは、不服審査機関を第三者的機関に委ねる方が望ましいと考えられる。にもかかわらず、行政機関情報公開法が、第三者的行政不服審査機関ではなく、諮問機関方式を採用した理由について、宇賀克也教授は、次のような点を挙げている[7]。

㈠　裁決機関にすると手続が厳格になりすぎる傾向がある。諮問機関の方が簡易迅速な救済を実現しやすい。

㈡　国家安全保障や公共の安全にかかわるものを含めて、審査会がすべての事項について最終判断をしなければならないとすると、実際上困難、かつ、裁決機関とすると審査会が過度に抑制的になるおそれがある。

㈢　地方公共団体における経験に照らすと、諮問機関の答申がほとんどすべての事例において尊重されている。

この議論のうち、㈡は、情報公開に特有なことのように見えるが、第三者的機関が最終的裁決権を有する場合には、国家安全保障や公共の安全にかかわらない場合であっても、抑制的になる可能性がある。この点は、本稿において、立法論の必要性を述べる際に再度触れることにしたい。㈠に示されている簡易な手続、事案の処理の迅速性は、訴訟との対比において、もともと行政不服審査に求められているメリットであり、次に述べるように、第三者的行政不服審査機関設置の必要性の根拠でもある。㈢をいかに見るかについて、筆者はコメントできない。

2　第三者的行政不服審査機関

第三者的行政不服審査機関の設置も、原決定機関（原処分庁）からの独立性により、公正、公平な判断を可能にするという趣旨をもっており、この点においては、諮問機関設置の場合と異なるものではない。そして、それを可能にする人材及び補助体制の確保が必須なことも、諮問機関の場合と異なるものではない。

宇賀教授の先の議論は、第三者的機関に関する諮問機関方式と裁決機関方式とを比べた場合に、諮問機関の方が簡易迅速な救済を得られやすいという趣旨である。これに対して、第三者的行政不服審査機関の簡易迅速性は、訴訟による救済と比較して語られることが多い。第三者機関における審査の手続をどのようにするかは、挙げて制度設計の如何によるといってよい。諮問機関であっても、相当な時間を要する運営方式もあり得よう。

仮に、一般に宇賀教授の指摘される傾向があるとしても、もう一つ忘れてはならない点がある。それは、諮問機関方式において、諮問機関の答申がなされたとしても、不服審査庁は、改めて不服審査手続を進めて裁決なり異議決定をしなければならないことである。不服審査庁は、不服審査手続を省略するわけにはいかないのである。不服審査を真摯に進めようとするならば、答申があるから、あるいは答申を尊重するからといって、不服審査について手を抜くわけにはいかない。場合によっては、第三者的行政不服審査機関の審査手続のみによる場合に比べて、いっそう時間を要する場合もあり得るのである。(8)（※　新行政不服審査法にあっては、行政不服審査会等への諮問に先立って審理員主宰の審理がなされる。）

第三者機関による公正な判断を確保する必要性は、諮問機関の場合も不服審査機関の場合も異なるものではない。第三者機関が非常勤の委員のみで構成される場合は、日程調整の必要性等により迅速な救済が妨げられるか、あるいは、極度に事務局に依存する体制となりやすいことに注意する必要がある。諮問機関であれ、不服審査機関であれ、核となる委員は常勤とすることが望ましい。現在、行政機関情報公開・個人情報保護審査会において、複数の常勤委員を配置することにより、安定した事案の処理がなされていることは周知のとおりである。

(6)　平成八・四・一一各道府県総務部長等宛自治省固定資産税課長内かん。
(7)　宇賀克也『新・情報公開法の逐条解説［第五版］』（有斐閣、平成二二年）一五八頁。
(8)　国の場合を例にすると、情報公開・個人情報保護審査会設置法一〇条に基づき口頭で意見を述べる機会があった場合でも、行政不服審査法二五条一項ただし書による口頭で意見を述べる機会の付与の申立てがなされたときは、すでに審査会において口頭で意見を述べる機会をもったことを理由に拒否するわけにはいかない。

三　条例による第三者的行政不服審査機関の設置の法的許容性

1　行政不服審査法五条一項二号の規定の趣旨

行政不服審査法五条一項二号は、処分庁に上級行政庁がない場合であっても、「法律（条例に基づく処分については、条例を含む。）に審査請求をすることができる旨の定めがあるとき」に審査請求をすることができるとしている。このかっこ書を含む、第二号の趣旨は、「処分庁以外の行政庁に対して不服を申し立てる機会ができるだけ広くなるようにとの配慮から、条例においても自由に審査請求を認めることにしている」とされている。しかも、処分庁に上級行政庁がない場合なのであるから、この場合の審査請求の審査庁は「処分庁を指揮監督する立場にない行政庁すなわち第三者的な行政庁」なのである。(9) それは、国民にとって処分庁以外の行政庁の方が信頼できるという考え方によっている。(10) 審査請求中心主義の一環であるともいえる。そして、上級行政庁以外の審査機関として「信頼できる」典型的に予想される機関は、第三者的行政不服審査機関、それも合議制の不服審査機関であろう。

2　執行機関法定主義を根拠とする条例設置否定説

条例により審査請求を可能にすることができるという行政不服審査法の前述の規定にもかかわらず、「…執行機関として普通地方公共団体の長の外、法律の定めるところにより、委員会又は委員を置く」と定める地方自治法一三八条の四の規定（執行機関法定主義）を根拠にして、法律の授権なしに条例により不服審査機関を創設することはできないとする消極説が根強いようである。要するに、不服審査機関は、執行機関であるという解釈論である。このような解釈論が通用しているということが、情報公開条例に基づく処分（非開示決定等）に係る不服申立てついて、不服審査機関ではなく諮問機関たる審査会にとどめた一つの理由とされる(11)。

そもそも執行機関法定主義が採用されている理由は、「地方公共団体の基本的な組織に関するもの」であることによるとされる(12)。このことを所与の前提とする文献が多い(13)。

では、「執行機関」とは、どのような性質の機関と理解されているのであろうか。旧自治省、総務省関係者は、「その担任する事務について、当該地方公共団体の意思を自ら決定し、これを外部に表示することのできる機関」、「地方公共団体の意思を決定し、これを外部に表示する権限を有する機関」と解している(14)。このような解釈は、学説においても、ほぼ受け容れられていると思われる(15)。これは、行政法学における行政庁の概念を地方公共団体に当てはめた説明といってよい。もっとも、「行政庁」たる性質は、個々の法律又は条例の規定との関係で判断されるのに対して、地方自治法は、包括的に地方公共団体の執行機関を定めている点において、用語法の違いがある。なお、「意思を決定し、外部に表示する」といっても、事柄によっては、議会の意思決定に基づいて、外部に表示するという狭義の執行権限のみを有する場面においても、執行機関であることに変わりはないのである。

前述のような、「地方公共団体のために意思を決定し表示する権限」に着目する執行機関の定義によるならば、裁決権限を有する行政不服審査機関も執行機関として位置づけられるであろう(16)。そして、行政不服審査機関は、執行機関である以上、条例のみによって設けることはできない。また、この説においては、このような機関を地方自治法一三八条の四第三項の「附属機関」として条例により設置することができないこととセットになっている(「条例による設置否定説」)。それなりに筋のとおった説明である。

もっとも、情報公開条例に関して議論された当時の自治省の関係者が本当に否定説で一致していたのかどうかは定かでない。現に、ある座談会において、自治省行政課長の職にあった中島忠能氏は、当時の地方自治法別表第七に言及して、「本当に決定権を持つ審査会を置くのが法令的にだめなんだ」ということには頭をかしげたくなる、と発言していた。[17] 行政課理事官の奥田義雄氏も、同じ座談会においては、法律上の問題よりも、実態的に無理なのではないかと述べていた。[18] 法律論以前に実際上無理であることに力点が置かれていたとも思われる。[19]

しかし、同じ奥田義雄氏は、ほどなく、明確に否定説を展開した。おそらく否定説を代表するものと思われる。すなわち、附属機関は、直接住民を対象とした執行権を有しないとする長野士郎『逐条地方自治法』を通説として引用したうえ、「通説の考え方に立てば、審査請求を裁決し、執行機関の決定を覆すような決定を行うことは、附属機関の能力を超えているものといわざるを得ない」とし、[20] 附属機関の設置について定める地方自治法の条項には「裁決」が含まれていないことを指摘したうえ、次のように述べた。

「審査請求の裁決により、長なり行政委員会の処分を覆した場合、その覆したことに対する行政責任は誰がどういう形で議会なり住民に対して負うのだろうか。条例で適宜附属機関を設置し、そこへの長の行政責任に属する判断機能をバラバラに付与しうるとするならば、行政責任は非常に不明確なものとなり、結果的には民主的コントロールが及ばずに民主政治の破壊につながる可能性がある。…地方公共団体の組織運営については地方自治法その他の法律の規定に基づき行われるべきであり、各地方公共団体によって責任体制がまちまちになることは、行政に対する住民監視の観点からも決して好しいことではない。[21]」

奥田氏が、わざわざ論文のタイトルを「私論」とされているのは、当時の自治省の公式見解ではないことを示したものかもしれないが、このような見解の存在が根強かったことは疑いない。

3　条例設置許容説

条例設置否定説の立論は、それなりに筋が通っているのであるが、条例の根拠に基づいて行政処分権限を行使するような機関と行政不服審査機関とを同視することには、釈然としないものがある。そして、何よりも、執行機関法定主義に関する地方自治法の解釈を通じて、行政不服審査法五条一項二号の規定の存在を実質的に無意味にすることに抵抗を覚えるのである。同号のうち、法律に定めがある場合に審査請求が可能なことは、「特別法は一般法に優先する」という原則によって、いわば当然のことである。同号により発揮される実際上の意味は「条例の定めにより審査請求を可能にする」点にあるのに、執行機関法定主義によって、同号の定めをもって、ほとんど「空振りの状態」にしてしまってよいのかという疑問を抱かざるを得ない。

そこで、少数かも知れないが、行政法学者による条例設置許容説が目に留まる。兼子仁教授の見解が代表的なものである。(22)

執行機関法定主義に反するという論拠に対しては、第三者不服審査機関の審査裁決は、処分庁等を拘束するので、行政決定機関の一種であり、合議制であれば一種の行政委員会であろうが、それは、「処分庁等の行政執行機関に対して不服審査の限りで拘束的決定をもたらす『第三者機関』なのであって、『審査庁』という特殊な行政決定機関にほかならない」とする。(23)限定的な行政決定機関であるというわけである。さらに、全国一斉の自治体行政については、長の権限とするか委員会行政にするかを法律によるべきであるから、「委員会」法律主義は、「法律に基づく必要事務に関することと読む余地がある」とする。(24)要するに地方自治法一三八条の四第一項の規定のカバーする範囲を全国一斉事務に限定していると解するのである。

次に、地方自治法一三八条の四第三項の附属機関に行政不服審査機関を含めることができるかに関して、地方自治法（当時のもの）別表第七(25)の法定の附属機関に建築審査会や国民健康保険審査会などの第三者不服審査機関が掲げられているのは、法律により設置しなければならないもののリストにほかならず、「『附属機関』に入るか否かは、その性質により類型的に決まるはずで、個別に法律に根拠があるかどうかに左右されるものではない」から、法律により附属機関に含めることのできる性質の機関を条例により附属機関として設置できないはずはない、という趣旨を述べている[26]。

以上の立論のうち、全国一斉事務説については、法律に定めたものが全国一斉事務であるといってしまえば、執行機関法定主義は当然のことであって、政令以下の法令による設置を禁止する意味を有するにすぎない。それはともかく、平成一一年改正前において、建築審査会、開発審査会、国民健康保険審査会が別表第七において附属機関として掲げられていたことは、少なくとも、その時点までは不服審査機関も附属機関と位置づけることが可能であるという理解によっていたことを示すことは疑いない。

このような兼子教授の解釈論は、「地方自治の本旨」に沿った解釈を志向する教授の解釈方法の一環でもある。稲葉馨教授も、附属機関として不服審査機関を設置できるとする見解を示している。すなわち、「執行機関付置という附属機関の性格を変えることはできないが、当該執行機関の所掌事務に関連してその附属機関に（能動的な行政活動権限ではなく受動的なものにとどまる）裁決権を付与することまで禁じられていると解する必要はなかろう」[27]というのである。稲葉教授の指摘される能動的活動権限と受動的活動権限との区別は、きわめて示唆に富んでいるといわなければならない。

筆者も、第三者的行政不服審査機関を条例により設置することができると考えている[28]。なぜ執行機関法定主義が採用されているかについて、単に「地方公共団体の基本的な組織」とか「根本組織」と述べるのみでは物足りない。おそらく、地方公共団体のための意思の決定ないし意思の表示を決定する権限は、なるべく選挙を通じて住民に対して直接に政治的責任を負うことのできる長に集中させるのが原則であり、その例外を認めるのは法律に限られる、という説明が考えられる。先に紹介した奥田義雄氏の行政責任集中主義の考え方であるといってよい。

しかし、二つの点を確認する必要がある。

第一に、条例による裁決権限の長からの分離は、「条例に基づく処分」に限られることである。第三者的行政不服審査機関の設置は、それが空振りにならないためには、行政不服審査法の規定の趣旨に従い、「条例に基づく処分」についての裁決権限を有する機関としてのみ設置できると解さなければならない。地方自治法も行政不服審査法と整合的に解釈する必要がある。このような限定的な場面であるにかかわらず、第三者的行政不服審査機関を設けるならば行政責任がバラバラになると強調することは、いささか大げさである。

第二に、行政処分について裁判所が取り消すことがあることは当然とされている。第一次的判断権の行使がなされた後に、裁決機関が判断権を行使する場合の特性に十分注意する必要がある。この点において、筆者は、稲葉教授の説明に賛成したいと思う。行政不服審査機関のような「受け身の機関」は、「執行機関」から除外され、これを条例により設置することは妨げられないと解すべきである。そして、合議制の委員会に関して、執行機関に該当しないものは、いわば控除的に附属機関として条例により設置できると解される。

なお、地方自治法が執行機関として位置づけている若干の機関の定めについて付言しておきたい。固定資産評価審査委員会は、地方税法により固定資産評価に関する不服について「裁決主義」が採用されて評価に関する最終判断を同委員会に委ねていることに鑑みたものであり[29]、また、人事委員会等は不服審査に加えて執行的権限を併有していることに鑑みたもの[30]である、と理解するならば、矛盾を生ずるものではない。

(9)　以上、田中真次＝加藤泰守『行政不服審査法解説〔改訂版〕』（日本評論社、昭和五二年）七八頁。

(10)　南博方「行政不服審査の種類および審査庁」田中二郎ほか編『行政法講座第三巻　行政救済』（有斐閣、昭和四〇年）六八頁、七七頁、南博方『全訂　注釈行政不服審査法』（第一法規、昭和六三年）九七頁。

(11)　兼子仁『自治体法学』（学陽書房、昭和六三年）九七頁以下及びそこに掲げられている文献を参照。とくに、中川浩明「全国における情報公開条例の動向」ジュリスト八〇九号七頁、一〇頁（昭和五九年）。さらに、宇賀・前掲注（7）二六四～二六五頁。宇賀克也『行政法概説Ⅱ　行政救済法〔第四版〕』（有斐閣、平成二五年）三三頁、今村都南雄＝辻山幸宣編著『逐条研究　地方自治法Ⅲ　執行機関―給与その他の給付』（敬文堂、平成一六年）二四頁。かつての「埼玉県行政情報公開条例」一三条は、「行政情報の公開に関し、公正かつ簡易迅速に救済を図るための機関（以下「救済機関」という。）を設けるものとする」とし（一項）、「救済機関は、行政情報を公開しないこととする決定等について、請求者の申立て等に基づき、実施機関に対し、是正その他の措置をとるように勧告することができるものとする」としていた（浦和地判昭和五九・六・一一行集三五巻六号六九九頁）。これは、不服審査機関というよりは、オンブズマンの性質を有するものであったと思われる。

(12) 松本英昭『新版　逐条地方自治法（第七次改訂版）』（学陽書房、平成二五年）四九二頁。

(13) 宇賀克也『地方自治法概説【第五版】』（有斐閣、平成二五年）二六四頁、室井力ほか編『行政手続法・行政不服審査法〔第二版〕』（日本評論社、平成二〇年）三六六頁（執筆＝村上博）など。

(14) 高部正男「執行機関総論」高部正男編『執行機関（最新地方自治法講座六）』（ぎょうせい、平成一五年）一頁、七頁。

(15) 今村＝辻山編著・前掲注（11）六頁。

(16) たとえば、地方公共団体の有する特定の権利について議会が放棄の議決をした場合に、長は、その旨を義務者に通知する権限と義務を有する。最判平成二四・四・二〇民集六六巻六号二五八三頁、最判平成二四・四・二〇判例時報二一六八号四五頁。

(17) 地方自治制度研究会編『地方公共団体と情報公開』に収録の座談会「情報公開をめぐる諸問題」『地方自治』昭和五八年三月号別冊付録（これは、『地方自治』四一三号（昭和五七年四月号）掲載のものを収録したものである）三頁、五八頁。

(18) 前掲の座談会五八頁。

(19) 西尾勝教授も、同じ座談会において、地方自治法の解釈としては、なるべく柔軟に解釈した方がよいとしつつ、非公開決定をめぐる争いの場面に関しては、公開に伴う第三者からの損害賠償請求を受けるかもしれない決定については長が最終判断権を持つようにした方がよいとし（前掲の座談会五九～六〇頁）、また、否定説に与する成田頼明教授は、「重い責任を負わされると引き受け手がなくなるのではないか」という危惧を披歴している（前掲の座談会六〇頁）。

(20) 奥田義雄「地方公共団体の情報公開制度に関する私論（その四）」地方自治四三一号（昭和五八年一〇月号）九九頁、一〇三頁。

(21) 奥田・前掲注（20）一〇四頁。

(22) 神奈川県情報公開準備室『情報公開　制度化をめざして』（ぎょうせい、昭和五六年）四五頁が最初と思われるが、以下においては、兼子・前掲注（11）九四頁以下による。

(23)　兼子・前掲注(11)一〇〇頁。
(24)　兼子・前掲注(11)一〇〇～一〇一頁。
(25)　平成一一年法律第八七号(地方分権一括法)による改正前の地方自治法二〇二条の三第四項は、「附属機関の中で法律又はこれに基く政令の定めるところにより普通地方公共団体に置かなければならないものは、この法律又はこれに基く政令に規定のあるものの外、別表第七の通りである」とし、別表第七が置かれていた。
(26)　兼子・前掲注(11)一〇一～一〇二頁。
(27)　稲葉馨「自治組織権と附属機関条例主義」塩野宏先生古稀記念『行政法の発展と変革　下巻』(有斐閣、平成一三年)三三二頁、三四〇頁。
(28)　不服審査機関について、執行機関と附属機関との中間に位置するもので、地方自治法は、かかる中間機関について法律事項、条例事項のいずれであるかについて明示していないのであるから、固有条例により設けることができるとの見解がある。石村善治編『情報公開―その原理と展望―』(法律文化社、昭和五八年)二三四頁(執筆分担＝川上宏二郎)。
(29)　兼子・前掲注(11)は、「固定資産課税における資産評価の特別な意義から、土地収用にともなう補償算定に任ずる収用委員会に類する位置づけ」と説明している(一〇〇頁)。
(30)　兼子・前掲注(11)一〇〇頁の挙げる職員採用試験や給与改定勧告などの人事行政機関の性質をもつことである。

四　立法措置の必要性

1　条例設置許容の明文化

筆者は、現行法の解釈上、第三者的行政不服審査機関を条例により設置することが可能であると考えるものであるが、第三者的行政不服審査機関の条例設置について、総務省の地方行政を所管する部署にある人たちの間に否定説が根強いとするならば、単に学説が条例設置許容説を説いても、地方公共団体の関係者は、条例設置が違法とされることを怖れて、条例設置を控えるであろう（委縮効果）。そのような委縮効果を除去するには、立法措置により条例設置が許容されることを明確にすることが望ましいと思われる。

学説には、執行機関法定主義について改革を提唱するものが見られる。

塩野宏教授は、執行機関たる行政委員会法定主義について、地方自治の本旨の見地からすると「委員会という組織構成のみを国家法で定め、具体的な設置は、地方公共団体に委ねる方式のほうがより適切であると考えられる」と述べている。(31) この場合の「委員会という組織構成」が委員会という一般的組織形態を意味するとすれば、どのような内容を盛り込むかは条例に委ねられることになる。かりに第三者的行政不服審査機関が執行機関であると解する場合にも、このような立法措置がなされるならば、条例により設置することが可能になる。

しかしながら、第一次的行政決定権限（稲葉教授のいわれる能動的活動権限）を有する委員会も条例により設置できるとすることについては、感覚的な反対論が予想される。何といっても、「住民に対する責任」を負う仕組みが必要ではないかという点である。この点を補うには、委員の直接公選制、議会選任制などが考えられる。機関の性質によりけりであるとしても、たとえば公選制については、受動的活動権限を有する不服審査機関について導入することについては、不服審査機関が政治化することへの拒否反応もあろう。

このような事実上のハードルを考えると、不服審査機関を執行機関と位置づけて、第一次的行政決定権限を行使する機関をも含む執行機関全体について条例設置を広く許容する政策は実現性が乏しいように思われる。そこで、さしあたり第三者的行政不服審査機関に限定して、条例設置の許容性を明文化することを目指すのが現実的であるように思われる。(32) 第三者的行政不服審査機関についてのみ条例設置を認める立法措置については、すでに述べたように、それが第一次的行政決定（原処分）がなされた後に審査請求を待って判断権を行使する受け身の機関であること、不服処理においては公正性・公平性が強く求められることによって、十分な合理性があるものとして国民の理解を得られるであろう。また、住民に対する関係において、直接公選制は好ましいとは思われないが、監査委員と同様に解職請求の対象にすること（地方自治法八六条参照）は、検討されてよい。

2　原処分庁の提起する裁決取消しの訴えの制度化

現行法において、第三者的行政不服審査機関の裁決について、原処分庁が争う途は閉ざされていると解さざるを得ない。その論拠は、①裁決取消しの訴えを仮に抗告訴訟としての取消しの訴えに含めようとしても、裁決取消しの訴えの原告は、私人に限られること、②そもそも裁決を原処分庁が争うのは、機関訴訟に当たると解されること（したがって法律の定めがない以上不適法な訴えである）、の二点にある。その結果、現行法は、「私人の審査請求を認容する裁決」については、他の私人が裁決を不服として訴訟を提起しない限り、裁判所の審査が及ばない構造となっている。このような構造が、第三者的行政不服審査機関が原処分取消しの裁決をすることを抑制する心理的要因となっているように思われる。

いかに優れた委員から構成される第三者的行政不服審査機関といえども、誤った判断をする可能性を否定できない。上級行政庁による裁決権の行使を前提にしているときには、原処分庁は本来上級行政庁の指揮監督権に服する立場にあるのであるから、問題が顕在化しないのであるが、裁決権を第三者的行政不服審査機関に付与する仕組みが広まるならば、この問題が強く意識され、顕在化すると予測される。(33) 筆者は、機関訴訟の一種として、原処分庁が第三者的行政不服審査機関の裁決の取消しを求める訴えを許容する制度を創設すべきであると考えている。

(31)　塩野・前掲注（5）二〇二頁。成田頼明教授も、大都市において複雑な利害が対立し第三者的立場で調整して決定する機関があってもよいとして「組織の自由化への途」を開くことを提言したことがある（前掲注（17）の座談会五九頁）。

(32) 西尾勝教授も、立法論として裁決権をもつ第三者的機関を条例で設ける余地を開くことが望ましいと述べたことがある（前掲注（17）の座談会五九頁）。
(33) 碓井光明「総合的行政不服審判所の構想」塩野宏先生古稀記念『行政法の発展と変革　下巻』（有斐閣、平成一三年）一頁、二四頁。久保茂樹「行政不服審査」磯部力ほか編『行政法の新構想Ⅲ　行政救済法』（有斐閣、平成二〇年）一六一頁、一七七頁脚注（34））は、塩野宏『行政法Ⅲ［第三版］行政組織法』（有斐閣、平成一八年）六二頁における国の場合の「主務大臣への出訴権の付与などの措置をとることも考えられる」とする叙述（その後に刊行された前掲注（5）六六頁においても維持されている）をもって、「処分庁からの出訴可能性」と紹介している。しかし、塩野教授の指摘は、解釈論ではなく立法論と解するのが自然であろう。

五　おわりに

かねてより懸案であった行政不服審査法の改正が、そろそろ実現する見込みである（※　平成二六年法律第六八号により、新行政不服審査法が成立し、平成二八年四月より施行された。）。平成二五年六月に総務省が示した「行政不服審査制度の見直しの方針」に即して、本稿と関わり合う部分を検討しておく必要があろう。

第一に、審査請求を原則とし、再調査の請求及び再審査請求を例外とする方針は、本稿と特に関わる点はないといえよう。審査請求先は最上級行政庁であるとしつつ、「法律（条例に基づく処分については、条例）に特別の定めがある場合」を除いているので、現行法の仕組みと大差ないといってよい。

第二に、審査請求の審理を原則として審理員に行わせることとするに当たり、「この限りでない」とする場合として、行政委員会若しくは審議会等（地方自治法一三八条の四第一項又は第三項に規定する機関を含む）が審査庁である場合若しくは条例に基づく処分について条例に特別の定めがある場合等を掲げている点は、検討を要する。この点に関しては、二つの側面で注意を要する。一つは、審査庁たるものは地方自治法一三八条の四の第一項機関であることも第三項機関であることも認めていることである。これは、現行の制度において執行機関及び附属機関が混在していることに鑑みているのかもしれない。もう一つは、「条例に基づく処分について条例に特別の定めがある場合」としていることである。条例により審理方式を工夫することを暗黙に許容していると見られるのである。ただし、この部分は審理方式であって、裁決機関のことはあくまでも、前記第一点の箇所によっていると思われる。

第三に、第三者機関として、国にあっては総務省に行政不服審査会を、地方公共団体にあっては執行機関の附属機関を設置し、それぞれ諮問を求めるものとしている点に関連して、この諮問を要するのは、地方公共団体の場合は、その長が審査庁である場合に限られていることである。したがって、第三者的行政不服審査機関の場合に、屋上屋を重ねることは求めているわけではない。なお、長が審査庁である場合においても、裁決をしようとするときに、他の法律（条例に基づく処分については、条例）に審議会等の議を経るべき旨又は議を経ることができる旨の定めがあり、かつ当該議を経て裁決をしようとする場合が掲げられているので、審査裁決について条例により強力な参与機関を設置することも想定されているように思われる。

第四に、地方公共団体の執行機関の附属機関について、①他の地方公共団体と共同して当該機関を設置すること、②他の地方公共団体に当該事務を委託して処理させること、とすることも許容するとしている点である。これは、個別の市町村は人材を確保することが困難であることに鑑みたものである。この発想を、条例に基づく行政処分に係る第三者的行政不服審査機関に当てはめる場合に、複数の地方公共団体が同一内容の条例を制定している場合には、地方自治法二五二条の七の改正を要するかどうかは別として、共同設置(34)が理論的に可能なことは疑いない。事務の委託に関しては、現行地方自治法二五二条の一四が想定するのは、明示されている執行機関の管理・執行する事務であるとするならば[35]、それに比べて行政不服審査機関はやや異質といえよう。しかし、理論上、任意設置の行政不服審査機関にまで拡張する立法措置を妨げるとまではいえないであろう。

以上の仕組みからすれば、この改正の方向は、地方公共団体における第三者的行政不服審査機関の設置を妨げるものではない。その限りにおいて、本稿の論旨に影響するものではない。しかし、条例に基づく処分についても、長の下に設けられる第三者的諮問機関を活用することが予想され、敢えて第三者的行政不服審査機関を設置するまでもないという方向をたどることが予想される。第三者的行政不服審査機関とするか第三者的諮問機関の活用とするかは、開かれた制度設計であると解されるとしても、結果的に諮問機関の活用にとどまることになる可能性がある。

なお、第三者的諮問機関は、国の場合に総務省に設置されるとするならば、複数ではなく一個の諮問機関であろう。同じ発想であるとするならば、地方公共団体の長の下に設置される諮問機関も一個であると構想されているのであろう。その場合の問題は、多様な行政分野に及ぶときに、「専門性」をいかに考えるかということである。このことは、総合的な第三者的行政不服審査機関を設ける場合に関しても共通に議論されるべき事柄である。総合的行政不服審判所を有する国の場合には、複数の部を設ける方法などが採用されているが、地方公共団体において、それだけの人材を確保できるかなど、課題も多いと思われる。「専門性」の確保の問題として後日論じてみたい[36]。

(34)　法定の行政不服審査機関である固定資産評価審査委員会の共同設置について、碓井光明「固定資産評価に係る不服審査の共同処理」地方税六三巻一二号二頁（平成二四年）を参照。
(35)　事務の管理・執行の文言が地方自治法一三八条の二と対応していると解するのが自然である。
(36)　情報公開条例に第三者的行政不服審査機関を設けることについて、奥田義雄氏は、「情報公開条例による公文書等の開示の可否を判断するためには、その対象文書が広範囲であることから当該地方公共団体の事務全般についての知識を有し、執行機関の判断を覆すに足るだけの経験と判断力を有していなくてはならないが、現実問題としてそれだけの責任ある判断をなしうる者を求めることは、ほとんど不可能ではなかろうか」と指摘していた（奥田・前掲注（20）一〇五頁）。しかし、諮問機関の委員であるからといって気軽に諮問案件を処理できるわけではないし、情報公開をめぐる争いは情報公開条例に照らして判断すれば足りるのに対して、今回提案される諮問機関が例外事項を除き包括的に不服審査の諮問に応じなければならないとするならば、その行政分野の多様性からいって、多岐にわたる法令、条例を理解できる適任者を確保することの困難さは、情報公開の場合の比ではないと思われる。

【付　記】

本稿は、平成二三年度〜平成二五年度日本学術振興会科学研究費基盤研究（A）（研究課題番号二三二四三〇〇六）「地方自治法制のパラダイム転換」（研究代表者・木佐茂男）の研究成果の一部である。

第三章　新行政不服審査法に関する一考察
——行政不服審査機関の側面から——

一　はじめに

平成二六年法律第六八号により、新行政不服審査法が成立し、平成二八年四月一日から施行された。旧行政不服審査法（以下、「旧法」という）と比べた場合に、いくつかの点において大きな改正点がある。それらは、筆者の研究してきた土俵に合わせるならば、行政不服審査の機関の観点からの改革と評価することのできるものである。「審査請求」の意味が旧法と新法との間において異なること、そのような前提の下における審査請求への一本化などと並んで、審理員制度の導入、行政不服審査会等への諮問など、行政不服審査機関の側面からの改正が目立っているからである。それは、行政不服審査機関の研究を進めてきた筆者にとって、大きな関心事である。本稿は、行政不服審査機関の側面から新行政不服審査法を検討しようとするものである(1)。

審理員制度や行政不服審査会に対応する合議制機関制度への対応は、地方公共団体にとって大きな行政課題である。そこで、現状における地方公共団体における行政不服審査の状況を概観しておきたい。総務省行政管理局が、平成二六年四月一日から二七年三月三一日までの期間を対象として、平成二七年三月三一日現在で調査し平成二七年一二月に公表した「平成二六年度における行政不服審査法等の施行状況に関する調査結果——地方公共団体における状況——」によって要点を摘出することにする。

都道府県における行政不服審査法に基づく不服申立て（異議申立て、審査請求及び再審査請求）は、多い方からは、大阪府三、二二二、東京都二、九三九、北海道二、一〇一、愛知県一、六四一と続いているが、他方、少ない方からは、山梨県一七、富山県一九、島根県二〇、山形県二九と続いている。件数に大きな開きがあることがわかる。なお、全国の都道府県について異議申立て総件数四、八七〇件のうち、道路交通法関係一、七六八、情報公開条例関係一、三五三、都市計画法関係八九〇と、これらだけで合計四、〇一一件に及んでいる。道路交通法関係事件は公安委員会が審査機関として、情報公開条例関係事件には情報公開審査会が諮問機関として、都市計画法関係事件には開発審査会が審査機関として、それぞれ関与している割合が高いことを考えると、独任の知事のみにより審査される件数は、きわめて少ないといえそうである。同じく、審査請求の総件数一四、四七〇件のうち、生活保護法関係八、〇六二、介護保険法関係二、三七四、高齢者の医療の確保に関する法律関係一、五七四と、これらだけで合計一二、〇一〇件に及んでいる。介護保険に関しては介護保険審査会が、高齢者の医療の確保に関する法律による後期高齢者医療給付に関する処分又は保険料等の徴収金に関する処分については後期高齢者医療審査会が、それぞれ合議制の機関として設置されて審査請求の審査をしている。したがって、実質的には、生活保護法関係の審査請求事件をいかに扱うかが大きな課題である。

政令指定都市における行政不服審査法に基づく不服申立てについて見ると、多い方からは、大阪市八二八、岡山市二三五、名古屋市一六一、京都市一五一と続き、少ない方からは、新潟市一〇、相模原市一二、浜松市一三、静岡市一七となっている。全異議申立ての件数一、七六〇件のうち、情報公開条例関係七六三、個人情報保護条例関係四一一、地方税法関係二五五で、これらを合計すると一、四二九件に達する。審査請求の件数は、全国で三五一件ときわめて少ない。

県庁所在市における行政不服審査法に基づく不服申立てについて見ると、多い方から、青森市三五、長野市二一、高知市一七、前橋市一四の順であり、少ない方からは、松江市〇、秋田市と甲府市一、山形市二、金沢市と山口市三となっている。県庁所在市であっても、きわめて件数の少ない市があることがわかる。

市区及び町村については個別地方公共団体の件数は明らかでない。

この調査結果は、以下の新行政不服審査法の検討に際しても、有益な資料となるように思われる。要するに、不服申立ての件数は、地方公共団体の間において大きな開きがあるという事実である。

国にあっても、省庁の間に不服申立ての件数の開きがあることは同様であるが(2)、後述するように、行政不服審査会は、省庁単位で設けられるわけではないことにより、地方公共団体とは異なる状況にある。総務省の「平成二六年度における行政不服審査法等の施行状況に関する調査結果―国における状況―」(平成二七年一二月)によれば、行政不服審査法に基づく不服申立ての総件数は八八、五〇五であるが、その中には、社会保険関係(健康保険法、船員保険法、厚生年金保険法及び国民年金法に基づくもの)の審査請求三五、一四八、同じく再審査請求二八、五二六があり、労働者災害補償保険法にもとづくものも審査請求一、八〇五、再審査請求六二三である。これらは、特別の仕組みが採用されているものである。また、国税通則法関係の異議申立て三、四六四及び審査請求二、四〇五も、国税通則法に基づく特別の仕組みがある。とするならば、本稿が扱う審理員や行政不服審査会の対象となるものの件数は、相当少なくなると予想される。なお、全国新幹線鉄道整備法関係の異議申立て五、〇六八が含まれているが、これは、特殊事情と理解することもできる。

(1) 新法の制定に至るまでの経緯については、阿部泰隆「改正行政不服審査法の検討（一）」自治研究九一巻三号三頁（平成二七年）を参照。また、平成二〇年に国会に提出された法案について検討した文献として、大橋真由美「行政不服審査における審理主宰者に関する一考察」成城法学八〇号一頁（平成二三年）（同『行政による紛争処理の新動向』（日本評論社、平成二七年）三六頁所収）、常岡孝好「二〇〇八年行政不服審査法の検討ノート」学習院大学法学会雑誌五〇巻一号二一九頁（平成二六年）等を参照。

(2) 総務省の「平成二六年度における行政不服審査法等の施行状況に関する調査結果——国における状況——」（平成二七年一二月）の機関別集計表によれば、平成二六年度の不服申立ての件数は、厚生労働省六九、一〇六、財務省七、八五八、国土交通省七、四五〇、法務省二、九六七、防衛省六二七、経済産業省一四八、環境省六六、総務省五〇といった順である。ただし、情報公開関係も含まれていることに注意する必要がある。

二　審理員制度

(1) 旧法における審理担当者

旧法の下においては、審理の進行は、どのような状況にあったのであろうか。旧法にあっては、審査請求の審理の主宰に関して、「審査庁」の文言が用いられていた（たとえば、二二条、二七条〜三〇条、四〇条）。また、異議申立ての審理の場合は、「処分庁」の文言が用いられていた（四七条）。誤解を防ぐために、この旧法における「処分庁」は「異議審理庁」と呼んでおこう。

後述のように審査庁が合議制の機関の場合（たとえば、開発審査会とか建築審査会）には、その構成員は何らかの方法で明らかにされているのが普通である。

これに対して、独任制の審査庁の場合を考えると、各省大臣への審査請求にあっては、当該大臣が審査庁であり、各省大臣への異議申立てにあっては、当該大臣が異議審理庁である。しかし、審理手続上の行為が当該大臣によって行なわれるといっても、それは、書面上、「当該大臣の名において行なわれる」という意味であって、審理の実際の事務は、当該大臣の補助機関たる職員によって進められていたと推測される。当該大臣が実際に関与する場面があるとすれば、それは、裁決又は異議決定の最終的な「決裁権」を行使する場合であったと思われる。しかし、実際は補助機関に任じられている職員の「専決」とか「代決」によって処理されていたことも多かったものと思われる。地方公共団体にあっては、規模によって相当なばらつきがあるので、実態は多様であろうが、少なくとも大規模団体の長が審査庁ないし異議審理庁である場合は、各省大臣の場合と同じく、実際の判断は補助機関たる職員によってなされてきたであろう。

そして、このような運用において、実際の審理事務を担当する職員が誰であるかということは、職員個人名はもとより、職名による方法も含めて、外部には表示されないのが普通であった。地方支分部局の長によりなされる原処分について、処分庁から判断を求められて原処分の内容について事前に本省としての見解を示すなど原処分に関与した本省職員が事後の審査請求の審理事務をも担当していることがあっても、そのことは外部にわからないのである。また、大臣の行なった処分について大臣に対して異議申立てがなされた場合の審理は、異議審理庁としての処分庁によってなされる。この場合に、当該大臣の補助機関として原処分の案を作成した職員が異議申立ての審理事務を担当することがあっても、構わないという仕組みであった。補助機関として原処分に関与した職員が異議申立ての審理事務をも担当する場合には、「何とかして原処分を維持したい」という心境になることが多いと推測される。「自らの関与した処分に違法不当な点がないだろうか」と真摯に臨む職員は、皆無といえないまでも、きわめて少ないであろう。(3) いわば、職員には、無意識のうちに防衛意識が働いてしまい、異議申立ての救済機能を減殺させてしまうことになる。

もっとも、旧法において、審理の実際の担当者が表面に出る場面もあった。それは、旧法三一条が「審査庁は、必要があると認めるときは、その庁の職員に、第二十五条第一項ただし書の規定による審査請求人若しくは参加人の意見の陳述を聞かせ、第二十七条の規定による参考人の陳述を聞かせ、第二十九条第一項の規定による検証をさせ、又は前条の規定による審査請求人若しくは参加人の審尋をさせることができる」と定めている場面である。この規定により審理を行なう場合には、実質的審理を行なう「職員」が表面に登場することになる。もっとも、口頭による意見の陳述を受ける職員の職名と氏名、あるいは陳述内容を記録する職員の職名と氏名が、それぞれ不服申立人に告げられる扱いがなされたのか否かは定かではない。

さらに、一般的な場合の説明が成り立たない場面は、審査庁が合議制機関である場合である。合議制の機関にあっては、委員名が明示されているばかりでなく、委員自らが審理を担当する趣旨で合議制機関が採用されていると理解される。たしかに、合議制の機関にも、それを補助する職員が存在することが多いであろう。文書の送達を受けること、それらの文書を整理し保管すること、文書を発送することなどをはじめ、補助機関たる職員が果たす役割も重要なことはいうまでもない。また、合議制機関の場合においても、前述の旧法三一条を活用することは認められたというべきである。しかしながら、裁決（旧法において、異議申立てにあっては異議決定）は、合議制機関を構成する委員の合議によって行なわれる原則である。それが、合議制機関の「合議制」たる意味である。裁決の原案を補助職員に準備させることは可能であるが、それは、あくまで合議を進めるための「原案」であるにとどまる。

合議制機関が設けられている趣旨に鑑み、独任制の場合に見られる補助機関たる職員による裁決に関する代決とか専決は認められないと解される。なお、合議制機関に規則制定権が付与されている場合に、規則制定権に基づく規則により、その機関内に合議制の部会を設けることが許されるか否かについては、合議制機関を定める法律との関係で解釈を必要とする(4)。仮に規則による合議制部会の設置が肯定されるとしても、設置された部会は合議制機関を構成する委員により構成されなければならない。

(2)　**新法における審理員の指名を要する場合**

新法においては、基本的不服申立ては、新しい概念としての「審査請求」に一本化された。処分庁に対する不服申立ても、「審査請求」であるのが原則であり、その審査をするのが「審査庁」である。審査庁は、審理手続を行なう担当者として、審査庁に所属する職員のうちから審理員を指名することとされている（九条一項本文）。ただし、三号にわたり掲げられている機関が審査庁である場合若しくは条例に基づく処分について条例に特別の定めがある場合又は二四条の規定により審査請求を却下する場合は、この限りでないとされている（同項ただし書）。

三つの号のうち、第一号に掲げる内閣府設置法四九条一項若しくは二項の委員会は、内閣府に置かれる委員会若しくはその委員会に置かれる委員会であり、国家行政組織法三条二項に規定する委員会は、行政組織のため置かれる委員会を指している。第二号に掲げる内閣府設置法三七条に規定する機関は、内閣府に置かれる合議制の機関を、同法五四条に規定する機関は委員会若しくは庁に置かれる合議制の機関を、また、国家行政組織法八条に規定する機関は、同三条機関に置かれる合議制の機関である。さらに、第三号に掲げる機関は、地方自治法一三八条の四第一項に規定する執行機関としての委員会若しくは委員又は同条三項に規定する附属機関を指している。かくて、第一号及び第二号の機関が合議制の機関であることは疑いない。また、第三号機関は、形式上合議制の機関に限定されていないが、主として合議制の機関であることに変わりはない。

以上から、新法九条一項ただし書は、審査庁が合議制の機関である場合には、審理員を指名することを要しないとしたものと解される。審理員制度との関係で、新法が、合議制の不服審査機関に一目を置いていることはあきらかであり、合議制の機関が増えれば増えるほど、審理員指名の必要な場面が減少することを意味している。「はじめに」において示したように、地方公共団体における不服申立ての状況に鑑みると、合議制の機関が審査庁となる審査請求の件数が多いと推測されるので、逆に審理員による審理を要する不服審査は比較的少ないといってよい。都道府県の場合、独任審査庁による審査案件は少なく、総数の少ない県にあっては、審理員を指名すべき事件はきわめて少ない場合があろう。町村の中には、不服申立事件が皆無というところもあろう。

独任の審査庁が審査する代表的な分野は地方税の分野[5]及び生活保護の分野であろう[6]。地方税法一九条が、同法の特別の定めがあるものを除くほか「行政不服審査法の定めるところによる」としている処分の中には、更正・決定又は賦課決定（一号）が掲げられている。地方税に係る審査請求に関して、地方税に関する相当な知識を有していることが求められるにもかかわらず、審理員制度についての特則は置かれていないので、地方税の分野をそのままでよいのか否か検討することが、今後の政策的課題になると思われる。ちなみに、国税に関する処分についての審査請求事件の調査及び審理は、国税不服審判所長の指定する担当審判官及び参加審判官によってなされる（国税通則法九四条）。

もう一つの代表的な分野は、生活保護の分野であろう。生活保護分野の不服申立てに係る法の構造はやや複雑であるので、確認しておこう。

生活保護法六四条は、同法一九条四項の規定により市町村長が保護の決定及び実施に関する事務の全部又は一部をその管理に属する行政庁に委任した場合における当該事務に関する処分並びに五五条の四第二項の規定により市町村長が就労自立給付金の支給に関する事務の全部又は一部をその管理に属する行政庁に委任した場合における当該事務に関する処分についての審査請求は、都道府県知事に対してするものとしている。また、同法六六条は、再審査請求について定めている。しかし、これらの規定は、同法八四条の五に基づく別表第三によって保護の決定又は実施等の事務は法定受託事務とされていること、したがって、地方自治法二五五条の二の規定を前提にしている定めである。また、生活保護法八四条の二が地方自治法の指定都市及び中核市においては、都道府県知事の処理することとされている事務のうち政令で定めるものを処理するとされている。生活保護法施行令一〇条の二を媒介にして、地方自治法施行令一七四条の二九第一項及び一七四条の四九の五第一項を見ると、審査請求に対する裁決は大都市等特例から除外されている。その結果、生活保護法の規定による市町村の機関の処分については、すべて都道府県知事に対する審査請求制度が採用され、さらに厚生労働大臣に対する再審査請求の途が開かれていることを意味する。したがって、審査請求のみに限るならば、すべて、都道府県知事に対する審査請求ということになる。

(3)　審理員の指名

審理員は、審査庁に属する職員のうちから指名される（法九条一項）。法は、審理員の積極的資格要件は何ら定めていない(7)。法曹資格を有する者であることも、一定の研修を受けた者であることも要求していない。公正な審理を行なうには、適正な手続に関する理念と実施能力を備えていなければならないが、そのような者が指名されるか否かは、挙げて審査庁の裁量に委ねられているのである。消極要件の中に、「審査請求に係る処分若しくは当該処分に係る再調査の請求についての決定に関与した者又は審査請求に係る不作為に係る処分に関与し、若しくは関与することとなる者」（九条二項一号）が含まれていることが注目される程度である。この消極要件は、原処分関与者等を審理員に指名できないとすることによって、審理の公正性を確保しようとするものである(8)。しかし、処分庁が審査庁とされている場合を考えると、同じ審査庁の傘の下にある審理員に対して真に公正な審理を期待することは困難であろう(9)。原処分関与者等の場合に予想される先入観や面子による不公正な審理を排除できるにすぎない。結局、審理の公正性を確保するために万全なものとはいえない。

法九条二項一号の原処分関与者等の意味について、「審査請求に係る処分をするかどうかについての審査又は判断に関する事務を実質的に行った者、あるいは当該事務を直接又は間接的に指揮監督した者」をいい、「当該処分の根拠法令について一般的な解釈を示した者等は該当しない」(10)という見解がある。このような区分けが必要であるにしても、原処分関与者等は審理員に指名できないということは法の定める規範である。単なる行政内部法ではない。したがって、審理と審理員報告書の提出がなされ、それに基づく裁決がなされた場合に、当該審理員が原処分関与者等であることが判明したときは、当該裁決は、理論上は違法なものといえよう。

しかし、裁決庁がそのことに気づいたとしても、裁決が争訟裁断行為である以上、行政法理論に従うならば、不可変更力により取り消すことができないことになる。また、裁決は、法七条一項一二号にいう「この法律に基づく処分」に該当するので、審査請求人その他裁決の取消しを求めるにつき法律上の利益を有する者であっても、当該裁決の取消しを求める審査請求をすることはできない。結局、裁決取消しの訴えを提起し、判決による取消しを待つほかはない。審査請求人の場合、簡易迅速な救済手続を選んだにもかかわらず、訴訟を提起するかどうかの選択に迷うであろう。その場合に、裁決が取り消されても再度の審査請求の裁決が認容裁決になるという保証はない。普通は、時間のかかる裁決取消しの訴えを提起するよりは、原処分取消しの訴えを選択するであろう。結果として、原処分関与者等が審理したという違法を是正する機会がない可能性が高いように思われる。

以上の分析から、審理員は、審理を実際に担当する者の「見える化」を図る点に意味があるが、それ以上のことは不確実ということになる。こうした仕組みについて、公正性の確保のための法的縛りとして不十分であると批判することはできる。しかし、運用によって、相当程度適正な審理を期することができないわけではない。たとえば、先に述べた都道府県の生活保護に関する審査請求に係る審理員についていえば、適正な手続を踏む素養を備え、かつ生活保護行政にも相当程度知識を有する人材を非常勤職員として採用し、専ら審理員の職に従事させることも、「審査庁に属する職員」であることに変わりはないのであるから可能と思われる(11)。都道府県知事の場合には、多数の行政処分権限をもち、かつ、多数の審査請求についての審査庁たる立場に置かれているので、生活保護行政のようにある程度の件数の予想される分野に関しては、非常勤職員の活用を図ることも考えられる。

審理員に対して、審査請求対象の行政処分又は不作為の属する行政分野についてどの程度の知識経験を求めるかについては、行政不服審査会等の位置づけ、ないし役割分担とも絡んで、慎重に検討する必要があるが、立案関係者は、審理員の方にこそ専門性を期待したものと推測される。分担管理主義に基づく国の場合に比べて、総合行政主体である地方公共団体にあっては、長が多数の法令・条例との関係において審査庁の立場に置かれているので、多様な行政分野の審査請求に対応できる審理員を常勤職員の中から確保することは困難が予想され(12)、非常勤職員の活用場面が多くなると推測される(13)。ただし、条例に基づく処分について条例に特別の定めがある場合には、審理員の指名を要しないとされている（九条一項ただし書）。地方公共団体における審理員の確保の困難さに配慮した規定と思われるが、包括的に定めることは許されず、個別処分ないし個別領域ごとに「特別の定め」を置くことを要し、かつ、「特別の定め」を置くだけの合理的理由を説明する努力義務を負っていると解すべきである。

もう一つの重要な点は、審理員は、審理員意見書を作成しなければならないので、その作成能力のあることは、制度に内在している要件といわなければならない。

(4)　審理員意見書の作成

審理手続に関する検討は本稿の対象外である。審理手続は、もっぱら審理の主宰者たる審理員の責任において進められ、審査庁の指揮監督を受けることはないというべきである。

そして、審理員は、審理手続を終結したときは、遅滞なく、審査庁がすべき裁決に関する意見書を作成し、事件記録とともに審査庁に提出しなければならない（四二条）。

審理員意見書は、審査庁の裁決の基礎となるものである。後述の行政不服審査会等への諮問手続があるとはいえ、通常は、審理員意見書が、事実上の裁決書作成方針の「原案」の機能を果たすことになり、ほとんどの場合に審査庁の判断を左右するといっても過言ではない。

では、審査庁が処分庁である場合を想定して、審理員が審理員意見書を作成するに当たり、原処分関与者等の協力を求めることができるのであろうか。

まず、審理員意見書は、審理員が作成すべきものであるので、作成責任自体は、あくまで審理員にある。代決に類するような方式で原処分関与者等に委ねることはできないと解すべきである。しかし、前述のように、審理員は、原処分関与者等であってはならないので、当該審査請求に係る原処分の適否について十分な知識・経験を有しているとは限らない。そして、審理員が、何らの知識ももたない単なるロボットでは、意味のある審理を進めることはできないし、適切な審理員意見書を作成することも容易ではない。そこで、審理員は、原処分の適否を判断できるように努力する必要があるが、最も有力な情報を得ることができるのは、やはり原処分担当職員からの情報である。しかし、審理員が深く理解しようとするならば、原処分担当職員との接触を図ることが有益である一方、濃い接触は公正な意見書の作成を妨げることになりやすいという問題がある。特に、審理員意見書の骨子案や原案を原処分担当職員に書いてもらうような場合は、原処分を相当とする意見書に導く方向に働いてしまうであろう。審理員が原処分担当職員から学ぶことは必要であるが、審理員意見書は、あくまでも原処分担当職員の判断に左右されていると見られないようにすることが重要である。この点の自己規律が徹底できるかどうかが、審理員制度の評価を大きく左右するであろう。

なお、審理員の下に、審理員の補助職員を配置することは許されると解される(14)。しかし、補助職員は、補助的な業務で裁量判断を伴わない事務のみを行なうことができるとする見解が有力である。[15] それは、審理員と補助職員とは、通常の行政庁と補助機関との関係と異なるという理解に基づいている。すなわち、審理員の職権は「独立して行使されるべきである」という考え方の基に、「口頭意見陳述の主宰、審理員意見書案の作成等、事件の判断に関わる事務については、審理員が行うべきであり、補助職員に担わせることは認められない」というのである。[16] このことは、法九条四項の反対解釈によって導かれる。すなわち、法九条一項の合議制機関の場合には、法三一条一項の規定による審査請求人若しくは参加人の意見の陳述を聴かせ、三五条一項の規定による検証をさせ、三六条の規定による審理関係人に対する質問をさせ、又は三七条一項若しくは二項の規定による意見の聴取を行なわせること（いずれも法九条三項による読替え）を認めていることから、合議制機関以外の場合には、このような審理手続を補助職員に行なわせることはできないとする解釈が導かれる。前記の「口頭意見陳述の主宰」が許されないことは、この法九条四項の反対解釈により明らかである。

しかしながら、「審理員意見書案の作成」の場面における審理員と補助職員とのやり取りに関しては微妙なところがある。たとえば、審査庁に属する職員として文書課長の職にある者が審理員に指名されているときに、文書課長が審理の内容に関して文書課の課員と「意見を交わすことも許されない」とする解釈をとらなければならないとするならば、逆に文書課長は、同じ課に属している課員との関係において、通常の業務に関して上司の立場にありながら、審査請求案件に関しては接触を制限されて孤独で不安な状態に陥ることも少なくないと推測される。もちろん、審理員たる職員にも個人差があり、強い独立心を備えた者もあろうが、そのような人材を見出し得るとは限らないことも率直に認めなければならないであろう。部下からの案に目を通してチェックする稟議方式に慣れ親しんだ審理員たる職員に、審理員意見書の準備をすべて自身のみで行なうことを求めるならば、適正な審理員意見書が作成されず、結果的に審理員制度が十分に機能しないおそれのある場合も考えられるからである。審理員意見書の作成に当たり、原処分担当職員からの分離が確保されている補助職員の協力を得ることは許されるべきであろう。

これに対して、審理員の独立性の確保のために、補助職員と内容の判断にわたる意見交換をすることも許されないようにすべきであるというのであれば、何らかの対応が必要とされると思われる。独任で事件を扱う裁判官が存在することに鑑みると、審理員にも同様に独立性を求めることができると考えられそうであるが、通常の行政事務を担当してきた審査庁に属する職員を指名する方式のままで、審理員の完全な独立性を実現することは、きわめて困難であるといわなければならない。結果的に、建前と実態との乖離が生ずるであろう。

そこで、さしあたり運用上の対応と立法的対応とを検討してみよう。

運用上の対応としては、審理員を非常勤職員として採用する方法がある。地方公共団体の場合については先に述べたが、府省の場合にも、このような方法が排除される必要はない。

立法的対応として、二つの方法が考えられる。

一つは、府省や地方公共団体の単位を超えた人材のプール方式である。国にあっては、特別な訓練を積んだ職員を、どこかの府省にプールしておくことが考えられる。地方公共団体も、そのようなプール機関に審理員となる職員の派遣を求める方式の活用が考えられる。しかし、どのような形態で職員をプールするかに関しては検討を要する。審査請求の申立件数、及び、その内容に応じて、弾力的な人員配置が必要になることを考慮するならば、常勤職員と非常勤職員との組合せを考えることになろう。これは、行政不服審査会委員の場合と似ているように見えるが、行政不服審査会にあっては、一つの諮問案件に常勤委員と非常勤委員とにより構成される部会が審査するのに対して、審理員は独任である点が異なる。

もう一つは、審理員を必要としない合議制の独立行政不服審査機関方式の採用である。しかも、重要なことは、独立行政不服審査機関の補助職員についても、原処分系統の職務から完全に分離されていることが必要になる。

これら二つの方法の行き着くところは、筆者が研究してきた総合的行政不服審査機関の設置になるように思われる。審理員制度を導入し、その独立性を追求しようとすることは、それなりに評価されるが、実際には、基本的に、審理担当者の「見える化」にとどまり、独立性の観点からは、中途半端に終わる可能性が高いように推測される。

(5)　審査庁の方針と審理員

審理員は、審査庁に所属する職員である。したがって、一般的には、審査庁は、審理員を監督する立場にある。審理の一般的な細目的手続を、審査庁が定めておくことは問題ないし、望ましいことである。審理員は、そのようにして定められた手続に従う義務を負っている。

手続を超えて、訓令・通達等により当該処分自体に関する審査庁の方針があらかじめ示されている場合においても、審理員が当該方針に拘束されるのか否かが問題になる。[18] 処分庁が審査庁である場合のほか、上級行政庁が審査庁である場合も、同様に問題となろう。原処分が当該方針に依拠しているか否かを審査して、それ以上に法令等への適合性についての審理を真摯に行なわない（審査請求人の審査請求の理由につき真摯に受け止めて審理しようとしない）とするならば、審理員制度は、審理担当者の所在を示したにすぎず、私人の権利・利益の救済にはそれほど大きく貢献することはないともいえる。

この点については、ある解説書は、次のような微妙な説明をしている。

「行政組織法上、訓令や通達はその機関の職員を拘束するものと一般に解されており、審査庁の職員である審理員は、審理にあたっては、一義的には、訓令や通達として示された内部基準を踏まえて判断する。しかしながら、審理員は、審査請求に対する最終的な判断を行うものではなく、また、こうした内部基準は、当該機関の外部の者を拘束するものではないことからすれば、実際の事案によっては、原処分の根拠法令の趣旨に立ち返り、内部基準と異なる法令解釈により裁決を行うべき旨の意見書を提出することも可能である。[19]」

この説明において重要な部分は、「審理員は、審査請求に対する最終的な判断を行うものではなく」と述べている理由の箇所及び「内部基準と異なる法令解釈により裁決を行うべき旨の意見書を提出することも可能である」と述べる結論の箇所である。建前論としては、このとおりであろう。[20] しかし、具体の不服審査案件を別にして、日常の行政事務の処理に関して指揮監督を受けている職員が、審理員の立場にたったときに、審査庁の発出している訓令・通達を離れた審理員意見書を提出するには、相当な勇気を要すると思われる。審理員個人の信念に反して訓令・通達に依拠して意見書を作成している場合でも、その旨を書面に書くことは通常あり得ないと思われる。つまり、審理員意見書が審理員の内心の意思に基づく意見と異なって審査庁の訓令・通達に追随しているとしても、そのことは通常は隠されていることが多いのである。よくいえば、「個人的意見を差し控えている」ことになる。逆に、訓令・通達の合理性を審理員が独自に分析することによって、積極的に述べる意見書は、むしろ理想的な審理員の意見書といえる。[21]

これに関連して、審理員意見書と審査庁の判断とが異なる場合のあることは法が明示的に予想するところであるが（五〇条一項四号）、独任の審査庁は、一般に通常業務で多忙を極めているのであるから、実際には、審理員意見書に従ってよいかどうかを判断するのは、審査庁の補助機関たる職員であることが多いと思われる。そうであるとするならば、審理員による正式の審理に加えて、審査庁の補助機関たる別の職員による実質的な書面審理がなされるといっても過言ではない。とりわけ独立性の強い非常勤職員たる審理員の意見書を受け取った審査庁は、常勤の補助機関たる職員に対し、記録に照らして審理員意見書をよく検討するよう指示する場面が生ずると予想される。さらに、行政不服審査会等による調査が加わると、実質的に「三重構造」が形成されることになる。はたして、これほどまでの構造を組み立てることがよいのか、広い意味の行政コストの観点からも、もう一度原点に戻って考えなければならないようにも思われる。

(3)　職員の性格にもよるであろうが、窓口で「間違いがあると思うので見直してもらえないか」と頼まれた場合（単純な見直しの要請）に比べて、正式な不服申立ての場合には、余計に防御的意識が働くことが多いものと推測される。
(4)　合議制機関の委員の任命について、法令が複数の分野から選任することを要件として定めている場合に、特定の分野から選任された委員に偏った合議体の部会を設けることは許されないというべきである。
(5)　ただし、地方税のうち最も不服の多い固定資産の評価に関しては固定資産評価審査委員会への審査の申出によることとされているので（地方税法四三二条）、審理員による審理を要しない。また、国税の確定手続に連動する税に関しては、地方税固有の不服申立ての場面は、限られる。
(6)　下山憲治「行政不服審査法及びその関係法律整備法と行政手続法の改正について」自治総研四三六号八四頁、一〇三頁（平成二七年）。
(7)　阿部泰隆「改正行政不服審査法の解説（三）」自治研究九一巻五号三頁（平成二七年）は、「審理手続に習熟していることが不可欠で、審理員の能力担保という積極的な規定が必要である」としている（五頁）。
(8)　南博方教授は、早い時点において、審理事務担当者と執行事務担当者とを事務分掌面において厳に分離しなければならないとし、審理を担当する「審理官」を常置し（又は事件発生つど複数の者を審理官に指定し）、処分に関与した者に対しては、少なくとも回避の申出を認めるべきである、と主張した（同「行政不服審査の改善に向けて」一橋論叢九四巻五号五九一頁（昭和六一年）六〇五頁（同『紛争の行政解決手法』（有斐閣、平成五年）九五頁所収、一一一頁）。
(9)　阿部泰隆・前掲注（7）は、「審査請求人から言えば、仲間内から選ばれることに変わりはない」とし、「審理員は大臣の指示を受けることもなく自らの名において独立して審理手続を行うと言われるが、身分の保障はなく、組織を守るというインセンティブはあっても、救済を図るというインセンティブはない」としている（四頁）。
(10)　ＩＡＭ＝行政管理研究センター編『逐条解説　行政不服審査法』（ぎょうせい、平成二八年）八〇頁。
(11)　大橋真由美「行政不服審査法改正と行政不服審査における審理体制のあり方―審理員・行政不服審査会―」法律時報八六巻五号九四頁（平成二六年）も、「外部人材を非常勤の審理員として、登用することは、制度上可能である」としている（九五頁）（同『行政における紛争処理の新動向』前掲注（1）六九頁所収、七二頁）。以下、同論文は、前掲注（1）の著書により引用する。
(12)　この点は、多くの論者が指摘するところである。たとえば、松村亨「改正行政不服審査法に対する地方自治体からの評価」自治研究九一巻一号一三頁、一七頁（平成二七年）を参照。とりわけ、小規模市町村が個別行政ごとに適任の審理員を用意することには困難がある。

(13) ただし、松村亨・前掲注（12）は、幅広く行政関係法令に精通した弁護士を確保することの困難性を指摘し、「弁護士会が個々の弁護士の適性あるいは知識・能力を踏まえて推薦する等の制度を創設することを期待したい」と述べている（一九頁）。なお、松村亨・前掲論文は、「原処分の担当部局以外の職員が中立的立場から不当性の審理を行うことは非常に難しい」（一八頁）と指摘するが、それは、違法といえない以上原処分の担当部局の判断を尊重したいという職員の心理によるものであって、非常勤職員たる審理員の場合にもあてはまるとはいえないように思われる。

(14) 大橋真由美・前掲注（1）は、「実際の運用においては、審理員の手続主宰を補助する職員が必要となる」はずであるとして、その位置づけが検討課題となると述べている（七二〜七三頁）。

(15) 洞澤秀雄「地方自治体における行政不服審査」法律時報八六巻五号一〇〇頁、一〇二頁（平成二六年）、宇賀克也『解説行政不服審査法関連三法』（弘文堂、平成二七年）四七頁。そこにおいて、具体的な事務として、公表情報の収集、整理、審査請求人に対する日時連絡等が例示されている。

(16) 宇賀克也・前掲注（15）四七頁。これに対して、松村亨・前掲注（12）は、「実際の審理員意見書については、審理員のみがとりまとめを行うのではなく、この補助組織の職員が原案等を作成することが予想される」と述べている（二〇頁）。この運用次第によっては、「見える化」を図ったことの趣旨が損われるおそれがあることに留意する必要があろう。

(17) 宇賀克也・前掲注（15）は、「公正さへの審理関係人の信頼を確保することも重要であるので、原処分に関与した者は補助職員とすることを避ける運用をすべきであろう」と述べている（四七頁）。

(18) 大橋真由美・前掲注（1）は、「行政不服審査制度の見直し方針について」（総務省、二〇一三年六月）が、「最終的には内部基準等に拘束される」と述べていたことを受けて、「審理員が内部基準に拘束されることは所与の条件とされているように見受けられる」と述べている（七五頁）。

(19) 橋本博之ほか『新しい行政不服審査制度』（弘文堂、平成二六年）六五頁。宇賀克也・前掲注（15）九四頁も、ほぼ同趣旨を述べている。さらに、立案に関与した大野卓氏は、「審理員が、公正に審理した結果、内部基準と異なる法令解釈により裁決を行うよう意見を述べることは当然に可能ですし、改正法が期待するところと言っても過言ではないと思います」と発言している（鼎談「行政不服審査法全部改正の意義と課題」行政法研究七号一頁、二八頁（平成二六年）。

(20) 国税不服審判所長が国税庁長官の発した通達に示されている法令の解釈と異なる解釈により裁決をするときの手続については、

国税通則法九九条に特別の定めがある。

(21)　大江裕幸「審理員制度」ジュリスト四二〇号一八頁（平成二七年）は、「実際に審理員が明文の規定なしに通達等の内部基準で示された法令解釈とは異なる法令解釈によるべきとする意見書を作成できるか、若干の疑問が残るところである」（二二頁）と述べている。

三　行政不服審査会等の合議制機関への諮問と答申

(1)　行政不服審査会への諮問

審理員意見書の提出を受けた審査庁が裁決を出す前にとるべき手続として、所定の例外的場合を除いて、行政不服審査会等への諮問を義務づけられている（四三条一項）。この手続は、審理員制度と並んで、新法の特色の一つである。

法四三条一項は、行政不服審査会等への諮問を要しない場合として、八号にわたり定めている。そのうち、ここにおいては、第一号、第二号及び第五号に注目しておきたい。

第一号は、審査請求に係る処分、すなわち原処分をしようとするときに他の法律又は政令（条例に基づく処分については、条例）に法九条一項各号に掲げる機関若しくは地方公共団体の議会又はこれらの機関に類するものとして政令で定めるもの（＝審議会等）の議を経るべき旨又は経ることができる旨の定めがあり、かつ、当該議を経て当該処分がされた場合である。原処分の手続に着目するものである。都道府県において公安委員会関係の事件が多いところ、公安委員会の処分は公安委員会の議を経てなされるので、諮問の対象から除かれることになる。

第二号は、裁決をしようとするときに他の法律又は政令（条例に基づく処分については、条例）に法九条一項各号に掲げる機関若しくは地方公共団体の議会又はこれらの機関に類するものとして政令で定めるものの議を経るべき旨又は経ることができる旨の定めがあり、かつ、当該議を経て裁決をしようとする場合である。裁決の仕組みに着目するものである。地方公共団体には、建築審査会、開発審査会、国民健康保険審査会、後期高齢者医療審査会、介護保険審査会など、合議制の不服審査機関があり、これらに対する審査請求が大きな割合を占めていることから、実際に、法八一条の規定に基づく合議制の機関に諮問しなければならない事件数は、相当限られると思われる。結果的に、諮問を要する最も事件数の多い分野は、地方税法関係及び生活保護関係であると推測される。

第五号は、「審査請求が、行政不服審査会等によって、国民の権利利益及び行政の運営に対する影響の程度その他当該事件の性質を勘案して、諮問を要しないものと認められたものである場合」である。この判断を行なうのは、文理上、行政不服審査会等自身である。行政不服審査会等の判断に従い諮問を欠いた場合に、この要件を充足していたかどうかは、たとえ行政不服審査会等の判断に従ったにすぎないとしても、裁決の違法性の有無として、裁決取消しの訴えにおいて争うことができると解される。行政不服審査会等が、類型的に諮問を要しない場合を「要領」等により定めていても(22)、法律との関係において違法の評価を受ける内容が定められることのあり得ることまで否定されるものではない。しかしながら、第五号は、行政不服審査会等の広い裁量を認めていると解さざるを得ない。「諮問を要しない」とはいえないことが明白であった場合にのみ違法となるというべきである。

諮問は、審理員意見書及び事件記録の写しを添えてしなければならない（四三条二項）。また、諮問をした審査庁は、審理関係人(23)（処分庁等が審査庁である場合にあっては、審査請求人及び参加人）に対し、当該諮問をした旨を通知するとともに、審理員意見書の写しを送付しなければならない（四三条三項）。

審理員意見書の写しを受け取った審査請求人が、意見書の内容に鑑み、審査請求を取り下げることを選択することもあるであろう。

(2) 行政不服審査会の構成

行政不服審査会に関しては、法五章一節に詳細な規定が置かれている。行政不服審査会は、総務省に置かれる（六七条）。委員九人をもって組織され、非常勤を原則とするが、そのうち三人以内は、常勤とすることができる（六八条）。このようなスタイルの定め方は、情報公開・個人情報保護審査会に倣ったものである。総務省に設置する実質的理由について、宇賀克也教授によれば、①行政不服審査会は、新法に基づく審査請求事件についての一般的諮問機関であるので、新法を所管する総務省に設置することが適切であること、②府省横断的な行政運営の管理は、内閣の所掌事務とも位置づけうるが、中央省庁等改革基本法別表第2備考において、総務省が内閣及び内閣総理大臣を補佐し、支援する体制を強化する役割を担うものとして設置することとされていること、の二点が挙げられるという。(24) また、総務省設置法上の位置づけに関して、同教授によれば、総務省の所掌事務に「行政機関の運営に関する企画及び立案並びに調整に関すること」（同法四条一一号）が含まれ、「行政不服審査会が、各府省の機関が行った処分または不作為についての不服審査を行うこと」は、「行政機関の運営」に該当し、「各府省の審査庁に対する答申を行うこと」により、政府全体における統一性の確保に寄与しているので「行政機関の運営に関する……調整」に当たるという。(25) 総務省設置法上の位置づけに関しては、やや苦しいところがあるようにも感じられるが、要は、決めの問題であろう。(26)

委員を九人としたのは、審査請求についての調査審議は、審査会が指名する者三人をもって構成される合議体で行なうこと（法七二条一項）に対応して、三部会を設けることを想定したものである。(27) この部会がどのように位置づけられるかは、運用によって決まってくるであろう。(ア)単純に効率的な審査を目的として、案件を順に各部会に割り振っていく方法と、(イ)専門分野に対応した委員構成の部会を設けて、各諮問事件を審査するのに最も適切な部会に割り振る方法、の二つが考えられる。情報公開・個人情報保護審査会は、(ア)の方法で運用されているように見える。それは、行政機関情報公開法及び行政機関個人情報保護法の適用という意味において、共通の法律の適用を扱っていることによっている。行政不服審査会の場合、たしかに行政不服審査法が存在するが、それは手続にすぎず、実体的審査は、個別の無数の法令との関係において行なわなければならないのであるから、情報公開・個人情報保護審査会とは大きな違いがある。行政不服審査会には、次に述べる専門委員を置くことができるとされているのは、(ア)の方式による運用が想定されているともいえる。

行政不服審査会の委員に関しては、審理員とは異なり、委員の積極要件が定められている。「審査会の権限に属する事項に関し公正な判断をすることができ、かつ、法律又は行政に関して優れた識見を有する者」のうちから、両議院の同意を得て、総務大臣が任命することとされている（六九条一項）。このような定め方は、特に不自然ではないが、阿部泰隆教授が、「専門家の偏りを是正するために、審査会委員に、裁判員並に素人参加を認めるべきであった」と述べていること[28]が注目される。専門家目線が、国民一般の感覚からみて非常識な結論に導く虞がないとはいえないことに鑑みると、重要な問題提起といえる。仲間の委員が説明しても「通常人」たる別の委員に理解できないような行政処分ないしその根拠法規は、そもそも存在すべきではないという議論も予想される。

この点は、行政不服審査会にどのような役割を期待するかにかかっている[29]。審査請求に関して、審理員と同様に最初から調査することを期待するとするならば、裁判における控訴審の裁判所の審理のようになるであろう。それに対して、審理員の主宰した審理が公正に行われたといえるか（その中には、審査請求に対する明白な審理不尽がないかの問題を含む）を審査することに行政不服審査会の調査の重点があるとするならば、必ずしも委員に専門的知識が求められるわけではない[30]。しかし、次に述べる専門委員制度があることは、そのように割り切れないことを意味している。審理員の審理の公正性のチェックと専門的な調査という最も根本的な点について、法の考え方が明確になっていない点が、最大の問題点である。

諮問機関たる行政不服審査会の調査審議の瑕疵が法律問題となるのは、それが裁決固有の瑕疵といえるかどうかの場面である。諮問機関であるが故に、諮問機関の「調査審議の密度」についての瑕疵があったとしても、諮問を受けたにもかかわらず調査審議の実体が全くなかったような例外的な場合を除き、裁決取消しの訴えに関する判決で、そのことの故に裁決が違法とされることはないであろう。(31) そうすると、行政不服審査会の調査審議の密度は、ほとんど裁判によるコントロールの働かない領域となりそうである。

(3)　**専門委員**

以上述べてきたように、行政不服審査会は、情報公開・個人情報保護審査会に倣った仕組みではあるが、専門委員を置くことができる点（七一条一項）において、組織上、大きく異なっている。専門委員は、学識経験のある者のうちから、総務大臣が任命する（七一条二項）。しかし、審査会委員の任期が三年であるのと異なり、専門委員は、「その者の任命に係る当該専門の事項に関する調査が終了したときは、解任される」ものとされている（七一条三項）。この条項から窺えるのは、専門委員は、特定の事項に関し調査することを任務として任命されるということである。

典型的には、個別諮問事件に係る専門事項の調査が想定される。(32) 国に属する審査庁が審査する審査請求事件は、多岐にわたることから、審査会委員のみでは判断に困難を伴うような事件もあり得るので、個別の審査請求事件に対処するために、専門委員の調査を求めることが想定される。このような個別の審査請求事件に対処するために専門委員を任命する場合には、スムーズな任命を期待しなければならない。そのためには、それぞれの行政分野に強い「学識経験のある者」を把握しておく必要がある。内部的には、専門委員候補者の「名簿」を用意しておくことも必要であろう。

専門委員のリクルートの際に問題になるのは、どのようなルートによってリクルートするかという点である。審査請求事件ごとに任命する専門委員の場合に、処分庁は、当該事件に係る事項について専門知識を有する者を把握していることが多いのであるが、処分庁を通じてリクルートするならば、処分庁と一体のグループに属している者が任命されやすく、結果的に原処分を相当とするような判断を導きやすい調査結果を示す虞がある。処分庁が審査庁である場合は、なおさらである。リクルートの仕方によっては、行政不服審査会の公正・公平な判断を妨げる虞があることに注意しなければならない。

(4)　地方公共団体における諮問機関

地方公共団体にあっては、執行機関の附属機関として、行政不服審査会の権限に相当する権限を行使する機関を置くこととされている。法八一条一項は、「この法律の規定によりその権限に属させられた事項を処理するための機関」と位置づけている。また、法八一条二項は、附属機関方式によらずに、「当該地方公共団体における不服申立ての状況等に鑑み同項の機関を置くことが不適当又は困難であるときは、条例で定めるところにより、事件ごとに、執行機関の附属機関として、この法律の規定によりその権限に属させられた事項を処理するための機関を置くこととすることができる」として、事件ごとに附属機関を設置する方式も認めている。

法八一条一項又は二項の機関（以下、「地方公共団体における諮問機関」という）については、地方自治法を活用するならば、多様な方法が考えられる。その代表的なものは、附属機関の共同設置（同法二五二条の七）である。共同設置が可能なことは、法八一条四項が、「第一項又は第二項の機関の組織及び運営に関し必要な事項は、当該機関を置く地方公共団体の条例（地方自治法第二百五十二条の七第一項の規定により共同設置する機関にあっては、同項の規約）で定める」とされている点にも示されている。どの範囲の地方公共団体が共同設置に加わるかについては、今後の動きを見守る必要があるが、思い切って、ある県と当該県内の全市町村とが共同設置することも考えられる。個々の地方公共団体の制定する条例に基づく処分（それに係る不作為を含む）について、県単位の共同設置の附属機関に諮問することに抵抗感があり得るが、理論的に問題があるわけではない。このような広い範囲の共同設置方式の場合には、常勤の委員を配置することも可能になる。ただし、共同設置機関の費用をどのように負担するかについては、検討の余地がある。国民健康保険審査会とか介護保険審査会にあっては、審査会設置を都道府県の事務としているので、審査請求事件がいずれの市町村（保険者）に係るものであるかを問題にする必要はないが、地方公共団体における諮問機関は、本来は、個別地方公共団体に設置すべき機関であるから、共同設置に係る費用は、当然に共同設置に加わる地方公共団体が共同して負担する必要があるので、重要な検討課題となるといわなければならない。広域連合として設置されている地方税滞納整理機構などを参考に検討されることになろう。

法八一条四項は、同条一項から三項までに定めるもののほか、地方公共団体における諮問機関の「組織及び運営に関し必要な事項は、当該機関を置く地方公共団体の条例（……）で定める」と規定している。行政不服審査会に関して法が定めているところに倣えば、委員の数及び常勤・非常勤の定め（法六八条相当）、委員の任命についての議会の同意（法六九条一項相当）、委員の任期（法六九条四項相当）、委員の罷免（六九条七項相当）、委員の守秘義務（法六九条八項相当）、会長に関する定め（法七〇条相当）、専門委員（法七一条相当）、事務局（法七三条相当）などが考えられる。

条例を定めるにあたって注意すべき点を、二点だけ挙げておきたい。

第一に、地方公共団体の行政に通じている者として、当該地方公共団体職員のＯＢが思い浮かぶのであるが、ＯＢを諮問機関の委員に任命することの可否が問題になる。監査委員に関しては、いわゆるＯＢ制限規定が地方自治法に置かれている（同法一九六条二項）。これに倣って、条例にＯＢ制限規定を設けることも考えられる。委員の全員がＯＢであっては困るが、筆者には、少数のＯＢが委員となっていることは、むしろ事務局の干渉を抑制することも可能にするものとして、積極評価できる面もあるように思われる。(33)

第二に、専門的事項に対する対処の仕方が問題になる。常設の諮問機関を設置している場合であっても、必要に応じて臨時委員を加える旨を条例に定めることは可能と思われる。そのような条例の下において専門的知識を備える者を委員として補充して、専門的事項に対処することが考えられる。専門事項を調査する国の行政不服審査会の専門委員のような役割を果たす者が重要なことは地方公共団体においても変わるものではないが、諮問機関自体が事件ごとにアドホックに設置される場合においては、諮問機関が設置されてから諮問機関の意向を踏まえて専門委員を任命するのでは遅すぎるので[34]、専門事項に関し学識経験のある者自体を諮問機関の委員に加えて任命することも考えられる。委員の任命方式との関係において、専門委員を要しないということも考えられる。いずれにしても、専門的事項について知識経験を有する者の情報収集を日ごろからしておくことが必要となる。

(5)　行政不服審査会等の権限と審査の手続

法は、「行政不服審査会」と法八一条一項又は二項による地方公共団体の機関とを併せて「行政不服審査会等」と総称して、行政不服審査会等に対し、審査庁が審理員意見書の提出を受けた場合において審査庁から諮問を受けること（四三条一項）、審査庁に答申すること（四四条）、の権限[35]を付与している。

法は、行政不服審査会に関する調査審議の手続を定めたうえ（五章一節二款）、その規定を地方公共団体に置かれる機関に準用している（八一条三項）。詳細に述べることは、本稿にとって必要とは思われないが、審理員の審理手続と重なり合う点があることに注目しておきたい。また、微妙に異なる点もある。

まず、審査会は、必要があると認める場合には、審査請求に係る事件に関し、審査関係人にその主張を記載した書面（＝主張書面）又は資料の提出を求めること、適当と認める者にその知っている事実の陳述又は鑑定を求めることその他必要な調査をすることができる（七四条）。この調査権は、審理員の有する物件の提出要求（三三条）、陳述及び鑑定の要求（三四条）と、ほぼ重なり合っているが、審理員が有する検証の権限（三五条）、審理関係人に対する質問の権限（三六条）は、審査会の調査権限としては明示されていない。しかし、「その他必要な調査」として検証や審査関係人に対し質問を行なうこともできると解すべきであろう。審査会に対して審査関係人が口頭で意見を述べる機会（七五条一項本文）は、審理員に対する審査請求人又は参加人のそれ（三一条一項本文）に対応しているが、「この限りでない」とする例外場面について、審理員に対する口頭意見陳述の機会に関しては、「当該申立人の所在その他の事情により当該意見を述べる機会を与えることが困難であると認められる場合」とされている（三一条一項ただし書）のに対して、審査会に対する口頭意見陳述の機会に関しては、「審査会が、その必要がないと認める場合」（七五条一項ただし書）とされている。提出資料の閲覧等（七八条）は、ほぼ審理員による審理における提出書類等の閲覧等（三八条）に対応する手続内容となっている。

以上の仕組みから、審理員の主宰する審査請求の審理と行政不服審査会による調査手続には、相当程度の重複が見られることがわかる。もっとも、行政不服審査会が、法四三条一項五号を根拠に「国民の権利利益及び行政運営に対する影響の程度その他当該事件の性質を勘案して、諮問を要しないものと」認めることによって、行政不服審査会に対する諮問が極端に絞られてしまうのであれば、重複を問題にする必要はないと批判されるかも知れない。しかし、この号の規定は、なるほど行政不服審査会の裁量を認めるものではあるが、諮問を要しないとするには、それなりの説得力ある説明がつかなければならないと思われる。もし、原則として諮問がなされるとするならば、審理員による審理との重複について、制度的な見直しが必要になることもあり得よう。

(22)　IAM＝行政管理研究センター編・前掲注（10）は、行政不服審査会等の判断方法として、個々の審査請求事件ごとに判断するほか、運用の積重ねを踏まえ、一定の審査請求事件について類型的に諮問を要しない旨を定めることも考えられるとしている（二四二頁）。

(23)「審理関係人」とは、審査請求人、参加人及び処分庁等の総称である（二八条）。また、「処分庁等」とは、処分庁又は不作為庁をいう（四条一号）。
(24) 宇賀克也・前掲注（15）一三九頁。
(25) 宇賀克也・前掲注（15）一三九頁。
(26) 平成二七年法律第六六号により、情報公開・個人情報保護審査会も、平成二八年四月一日より、従前の内閣府から総務省に移管された。
(27) この立法方法は、完全に情報公開・個人情報保護審査会設置法に倣ったものである。同法は、委員一五人で（三条一項）、審査会の指名する委員三人をもって構成する合議体で調査審議することとしている（六条一項）。
(28) 阿部泰隆・前掲注（7）二一一頁。地方公共団体に設置される合議制機関の委員について住民を加えることとする場合に関して、松村亨・前掲注（12）は、専門家と住民との役割分担を明確にする必要があり、「法令解釈と審査手続については法律の専門家が客観的に法的な判断を行う必要があると考える」と述べている（一二三頁）。なお、阿部泰隆教授は、法律の専門家である裁判官経験者の登用についても、「行政に不利な判断をすると、行政委員会への再就職の可能性はないとの暗黙の雰囲気が作られるであろう」とし、「裁判所でも、先輩の判断を覆しにくくなる」と危惧を表明している（阿部泰隆『行政法再入門　下』（信山社、平成二七年）一九五頁）。
(29) 櫻井敬子『行政救済法のエッセンス〈第一次改訂版〉』（学陽書房、平成二七年）四五頁は、「すべての法律について精通している『専門家』などいるはずもなく、結局、表面的な審査しか期待できないのではないかということが危惧されます」と述べている。
(30) 第一四回行政法研究フォーラムにおける質疑応答において、大野卓氏は、「第三者機関としての行政不服審査会等は、あくまでも審理員が専門性を持って審理をするということを前提として、その手続の適正性とか、あるいは専門家がつくった審理員意見書の内容について、法や行政の専門家として変なことはないかというのをチェックするというものですので、個別の行政分野について、全て専門性を確保するというものではありません」と発言した（自治研究九一巻一号四二頁（平成二七年））。
(31) 調査審議の密度に関して「不当」があるとしても、裁決に対する不服申立ての途はないので（法七条一項一二号）、結局、法的に是正される場面はないことになる。
(32) 専門委員は、審査請求事件ごとに任命される者のほか、具体の審査請求事件を超えて審査会が必要と認める特定事項の調査のために任命されることもあり得るというべきである。

(33) 専門委員に関して、職員OBが任命された場合に、諮問機関の委員を誘導する役割を果たすならば公正性の問題があることに注意が必要なことを警告する見解がある（榊原秀訓「審査組織（審査会）」福家俊朗＝本多滝夫編『行政不服審査制度の改革』（日本評論社、平成二〇年）一三七頁、一四九頁）。この警告は、諮問機関の委員にも当てはまるが、筆者が合議制不服審査機関や収用委員会の委員を務めた経験からするならば、むしろ、会議において、OB委員が「おかしいではないか」と発言して問題を提起し、かつ、委員相互の意見交換を通じて各委員が自信をもって最終判断に臨むことができる場面がしばしばであったと記憶している。もちろん、当該委員が直接又は間接に関与した処分については、除斥又は忌避を認めるべきである。

(34) 行政不服審査会の場合には、任命権者は総務大臣であるが、専門事項の調査を要することについて予め審査会の意向が示されることが前提になっているものと思われる。地方公共団体の専門委員の任命権者は、長である（地方自治法一七四条二項）。

(35) 法四三条一項及び四四条一項は、審査庁を主語とする条文で審査庁の権限を定めるものであるが、それに対応して、同時に行政不服審査会等の権限を定めているともいえる。

四　今後の行政不服審査機関のあり方

(1) アメリカの州における集中パネル方式に学ぶ

以上の項目において述べたように、新行政不服審査法は、審理員並びに行政不服審査会及び地方公共団体の同様の役割を果たす合議制機関（以下、「行政不服審査会等」という）を設けている点が、旧行政不服審査法と大きく異なる特色となっている。この仕組みを評価するのに、アメリカの州における「行政庁（agency）」[36]と「行政法判事（administrative law judge）」[37]との関係をめぐる制度の展開が、役立つように思われる。もちろん、日本の仕組みとアメリカ法の仕組みとを単純に対比することは慎まなければならない。日本法は、行政処分概念により抗告訴訟と連動する不服審査である。しかしながら、アメリカ法が、行政法判事を置くことによって、適切な裁断（adjudication）を可能にしようとする点においては共通しており、後述するように、日本における制度設計に当たっても参考になる点が大いにあると思われる。

アメリカの行政法判事の制度は、連邦と州との間に違いがあるほか、さらに州ごとに多様であるので、単純にまとめて議論することは難しい。まず、行政法判事は、行政庁が第一次的行政決定（日本流の原処分）をする際に関与することもあるし、行政庁の第一次的決定に対する私人の不服の処理に関する判断行為に関与することもある。本稿は、新行政不服審査法を検討するものであるから、後者の側面に着目していることはいうまでもない。以下、最低限必要な範囲で紹介したい(38)。

行政法判事と行政庁との関係について、大まかに、次の三つの類型があるようである。

第一は、行政法判事が行政庁の補助機関のような立場で事実を認定し判断するものである。行政庁のスタッフ・アプローチとか内部モデル（internal model）と呼ばれる(39)。行政法判事は、行政庁の下にあって意見を述べるが、行政庁は、行政法判事の意見を受け容れることも拒絶することもできる。日本の新行政不服審査法において、審理員と行政不服審査会等とのいずれをもって行政法判事に近いものと見るかは難しいところがある。少なくとも、審査請求の審理の主宰者としての審理員は、審査庁を補助する立場にあり、審査庁が審理員意見書を受け容れるとは限らないのであるから、前記のスタッフ・アプローチないし内部モデルに親和的である。これに対して、行政不服審査会は、審査庁の内部にあるわけではない。地方公共団体の合議制の機関も、たとえ「附属機関」であるといっても、審査庁のスタッフの位置づけではない。

第二の類型は、セントラルパネルアプローチ（central panel approach）である。これは、行政庁と行政法判事との分離がなされている仕組みである。裁断が、当該行政庁の外で運営され統制される仕組みである。セントラルパネルは、独立であって、行政法判事が当該行政庁にとって望ましい決定をすることを強いられると感じさせるものではない。おそらく、新行政不服審査法の下において、行政不服審査会等は、セントラルパネルアプローチに相当する位置づけになるものと思われる。国の行政不服審査会は、各省庁の大臣から切断されているので、この類型に当てはまることは明らかである。地方公共団体の合議制の機関は、独任制の審査庁としては地方公共団体の長が審査庁となる場合が圧倒的であることを考えると、「中央」と呼ぶことは適切でないように見えるし、附属機関として、その委員が地方公共団体の長により任命されることを考えると独立性も行政不服審査会とは異なるといえないこともない。「自らを任命した者の意向を無視することは困難である」という感覚が働かないとは言い切れない。このような点に留意する必要があるが、地方公共団体の長は、個別の法律や条例に新行政不服審査法を適用することによって審査庁の立場に置かれているのであって、「一本の審査庁」ではなく、個々の「法律・条例ごとの審査庁」が集合した結果の「審査庁の束」にすぎないともいえる。したがって、独立性について相当な留保を付さなければならないが、地方公共団体の合議制機関も、セントラルパネルであると述べても誤りではないであろう。

第三の類型は、「行政裁判所（administrative court）」モデルで、外部モデル（external model）とも呼ばれる。このモデルにあっては、行政法判事の判断が最終的なものとなる。行政庁が、行政法判事の決定を審査することはできないのである。

セントラルパネル方式が採用されたのは、行政法判事を行政庁から切り離すことによって、行政法判事の判断が、内部モデルに比べて、より公平・公正なものになることを期待するからである。第三類型も、その点においては共通であるが、行政法判事の判断が最終的なものとなることから、種々の問題があるとされる。ルイジアナ州(40)を例にとった場合の最大の問題は、行政庁は、行政法判事の裁断について不服があっても、行政庁が司法審査を求めることができないことにある。一九九九年の法改正により、「いかなる行政庁若しくはその職員又は行政庁若しくはその職員の代わりに行動するその他の者は、本章に従い出された決定の司法審査を受ける資格がないものとする」との定めが二箇所に置かれた(41)。そして、行政法判事の最終的決定（日本流にいう裁決）について司法審査を求める権利に関する規定においても、審査を求めることのできる“persons”から「行政庁」を除外して定義した。このような行政庁の訴訟提起を閉ざす規範を設ける政策目的は、司法の場において行政庁の規制を受ける私人が行政庁（それは州の無制限の財政的支援を受けることができる）と対抗しなければならないような地位に置くべきではないことにあるという。日本流にいえば、司法審査を認めると、行政庁は、その属する行政主体の十分な支援を受けることができるのに対して、私人は、きわめて弱い立場に置かれるので、そのような対等でない場面において司法審査を認めるべきではないというのである。このような裁決の最終性（finalty）を認める仕組みの合憲性について訴訟において争われたが、州最高裁判所は、違憲ではないとした(42)。

日本において、原処分庁が裁決を争うことができないという行政不服審査の基本を維持したまま第三者的行政不服審査機関を設ける場合には、まさに前記の行政裁判所型になるといえる。この点は、第三者的行政不服審査機関を拡大するか否かの政策判断に大きく影響するといわなければならない(43)。

(2)　日本における行政不服審査機関固有のあり方

新法は、新たに特別の行政不服審査機関の設置を求めるものではない。既存の行政不服審査機関を「審査庁」としつつ、審理員による審理と行政不服審査会等への諮問手続によって、公正な審理を行なおうとしているといえる。国にあっては、法自体が行政不服審査会の委員の定数を定めるなど固まった内容となっている。審理員に関しても、分担管理主義の下で、各府省は、それなりの人材を確保できるであろう。地方公共団体にあっては、合議制の機関が審査庁となっている比較的事件数の多い分野に関しては、審理員による審理を要せず、また行政不服審査会に相当する合議制の機関への諮問も要しない。結果的には、生活保護関係及び地方税関係（固定資産の評価を除く）を別とするならば、比較的少ない事件数の案件に対応するために、審理員の確保に追われてきたといってもよい。

ところで、今後の不服審査制度の方向性について私見を述べたい。

まず、審理員の仕組みをどの程度評価するかによるが(44)、場合によって、①審理員による審理、②行政不服審査会等による調査、③審査庁に属する補助機関たる職員による実質的審査の三段階があり得る（もちろん③の審査を行なうか否かは審査庁の姿勢次第である）。③を除いても二段階である。それだけのコストをかけることがよいのか、また、そのコストに見合った改善といえるのかという根本的疑問がある。不服申立人サイドから見た場合にも、迅速な救済を得られない可能性がある。

行政不服審査機関について、コストも考慮した合理化は、やがて避けられないと思われる。

まず、現行の合議制不服審査機関についても、近似する分野のものは、クラスター化（集約化）を図ることが検討されてよい。審査請求を異例のこととする受け止め方をする地方公共団体にとっては、検討に値しないとされるかもしれないが、ある程度の審査請求事件があることを想定した場合に、審査請求の審理について日頃から訓練をし、迅速に対応できる体制を組むことが望まれる。そこで、たとえば、建築審査会と開発審査会との集約化、国民健康保険審査会、後期高齢者医療審査会及び介護保険審査会の集約化が考えられる。国に関しても、社会保険審査会と労働保険審査会との集約化は考えられる。

次に、地方税に関する審査請求の審査機関の再構築である。固定資産の評価に関する扱いを別にして、地方税の賦課処分等に関する審査請求に関しては、当面は、都道府県単位の合議制の不服審査機関を設置することが検討されるべきである。原処分庁からの第三者性を備える合議制機関による公正な審理を目指すことにしてはどうであろうか(45)。市町村税に関して都道府県に属する行政不服審査機関を設けることとしても、税の場合には、減免や徴収の猶予の場面を除いて「不当性」の有無の審査を要する場面が少ないこともあり、筆者は、「裁定的関与」としての抵抗を感じないが、不服審査の費用負担等を考えるならば、市町村による共同設置形態又は都道府県と市町村とによる共同設置形態とするのが無難であろうか。

国に関して、行政不服審査会は、各府省を包括して調査に当たる諮問機関であって、情報公開・個人情報保護審査会に範をとったものである。後者は、行政機関情報公開法及び行政機関個人情報保護法の適用をめぐる不服に関する事件を扱うのであって、個別の府省所管法律を扱うわけではないから、総合的な諮問機関を設置することの意義が十分に認められる。委員にも、これらの法律の解釈運用に関する専門性を期待することができる。また、請求文書の見分という独得の手続もある。これに対して、行政不服審査会は、一般の審査請求について諮問に応ずる府省統一の諮問機関である。どのような事案が行政不服審査会に諮問されるかもわからない状況にある。したがって、個別には専門委員の活用も必要とされるのである。こうしたコストをかける行政不服審査会を諮問機関にとどめることは、いかにも「もったいない」といわざるを得ない。要するに、審査庁があって、その下に審理員が置かれ、かつ、行政不服審査会が用意されるというのは、コストのかけすぎとしか思われない[46]。

さらに、コストと並んで、迅速な救済を図るという行政不服審査の理念に必ずしも適合的でないという指摘[47]にも耳を傾けるべきであろう。

審理員の独立性を保障する仕組みによる審理員制度の充実と引替えに行政不服審査会を廃止するか[48]、審理員及び行政不服審査会の双方を廃止して、第三者的な審査・裁決機関すなわち、総合的不服審査機関を設けるかの、いずれかの方向を模索すべきであろう[49]。国に関して後者のような制度を構築することが憲法違反とはいえないと思われる。いわゆる分担管理原則は、法律が採用した原則であって、憲法原則ではないからである[50]。

(3)　行政手続の聴聞実施機関との関係

目下、日本は、行政処分に関して、事前の行政手続の整備と事後の行政不服審査の整備をともに推進しようとしているといえる。それは、国民の権利利益の保護の観点からするならば望ましいことである。行政手続と事後の救済手続たる行政不服審査とを一連の手続と捉えるという考え方は、行政手続法の整備に向けた初期の動きのなかで、行政手続法草案の中において、聴聞・弁明手続の整備と事後救済手続についても併せて規定する具体案として唱えられていた(51)。小早川光郎教授は、「処分不服審査の司法化ともいうべき方向がそれ自体として望ましいことはいうまでもないにしても、それが事前手続と取消訴訟との中間の段階に位置する手続であることを考えると、処分不服審査手続をどの程度まで司法化するのがもっとも合理的であるかは、微妙な問題である」とし、将来一般行政手続法が制定された場合に、その適用のある処分に関しては、処分不服審査手続は、「もはや行政庁による簡易な再考手続としての意味しか持たないことになるという事態も、予想されえないではない」と述べていた(52)。そして、行政手続法制定後も、行政手続と不服審査手続とを一連の行政過程として捉えるべきであるとする主張が見られる(53)。

このような主張は、手続としての議論であるが、今後も検討していく必要があると思われる。現行法において原処分に先立って聴聞を実施する機関は、原則として処分庁に属し処分庁の手足のように行動するのであるが、一連の過程として捉える発想に立つ場合に、第三者的機関による充実した事前の聴聞制度を採用して、事後の不服審査については廃止ないし簡略化することをどう考えるべきであろうか。事前における審査こそ慎重に行なう必要のある特定の行政分野において、そのような制度を採用することはよいとしても、すべての分野に採用することについては慎重でありたい。

(36)　“administrative agency”の語は、「行政機関」と訳すべきかも知れないが、日本法に引き寄せて「行政庁」と訳した方が理解しやすいと思われるので、多少の無理があることを承知で、このように訳しておきたい。
(37)　宇賀克也教授は、行政法審判官（本稿が行政法判事と訳している administrative law judge）について、詳しい研究成果を公表している（「アメリカの行政手続とその主宰者」同『行政手続・情報公開』（弘文堂、平成一一年）九〇頁（原論文は、行政救済における審理主宰者に関する調査研究委員会『行政救済における審理主宰者に関する調査研究報告書』（平成一一年）、同『アメリカ行政法〔第2版〕』（弘文堂、平成一二年）一二一頁以下）。

(38) 以下の叙述は、April Rolen-Ogden, "When Administrative Law Judges Rule the World: Wooley v. State Farm-Does a Denial of Agency Initiated Judicial Review of ALJ Final Orders Violate the Constitutional Doctrine of Separation of Powers?", 66 La. L. Rev. 885 (2006) によっている。筆者も、概説を試みたことがある（碓井光明「総合的行政不服審判所の構想」塩野宏先生古稀記念『行政法の発展と変革　下巻』（有斐閣、平成一三年）一頁、一八頁以下（第一部第二章））。

(39) 宇賀克也『行政手続・情報公開』前掲注（37）は、「行政手続法上は、行政法審判官の決定は、行政機関の長の覆審的審査に服する」ことになっていると述べている（一四一頁）。

(40) 同州の詳しい仕組みに関しては、Ann Wise, "Louisiana's Division of Administrative Law: An Independent Administrative Hearings Tribunal", 68 La. L. Rev. 1169 (2008) を参照。

(41) 49: 992 (B) (3): 49: 964 (A) of 1999 La. Acts No. 1332.

(42) Wooley v. State Farm Ins. Co., 893 So. 2d 746 (La. 2005). April Rolen-Ogden, supra note (38) 895ff. が同事件について検討している。

(43) この問題について、筆者は、第三者的不服審査機関の裁決に対して原処分庁が機関訴訟を提起する法政策の構想を発表した。碓井光明「裁決に対して原処分庁の提起する機関訴訟制度の構想」明治大学法科大学院論集一七号一頁（平成二八年）（本書第二部第四章）。塩野宏教授は、分担管理主義との関係において、行政部内に横断的、総合的な裁決権を有する不服審査機関を設置することは、違憲の問題を生じないとしつつ、「その際、主務大臣への出訴権の付与などの措置をとることも考えられる」と述べている（塩野宏『行政法Ⅲ〔第四版〕行政組織法』（有斐閣、平成二四年）六五〜六六頁）。

(44) 大江裕幸・前掲注（21）は、審理員意見書の裁決に与える影響が極めて大きいこと、手続全体における審理員制度の占める比重が最も大きいと理解できることを根拠に、「新法の成否は、審理員制度がいかに機能するかにかかっていると言っても過言ではない」と述べている（二二頁）。

(45) 固定資産の評価に関する不服の審査は、行政不服審査法に基づくものではなく、地方税法による特別の不服審査である。一般の地方税の賦課に関する審査請求の審査と同様に、都道府県を単位とする審査委員会の設置が検討されてよい。その場合には、地方税法四二三条三項の委員の要件を改正する必要があることはいうまでもない。
(46)　大橋真由美・前掲注（1）は、それまでの批判論の第一のポイントとして、不服審査手続の重装備が、国民への過剰な負担、行政組織の肥大化につながる、とまとめている（七六〜七七頁）。
(47)　塩野宏『行政法Ⅱ［第五版補訂版］行政救済法』（有斐閣、平成二五年）四〇頁。
(48)　橋本博之教授は、第一六九回国会に提出された法案に含まれていた審理員と行政不服審査会に関して、ヒアリングにおいて、「法案の予定する審理員が、本当に裁判官類似の第三者性を持って紛争当事者の間に立って適切な争点整理をし、審理員自らが行政組織のラインから独立して裁決の原案を起案するのであれば、申立てを非認容とする場合であっても行政不服審査会等による二重のチェックが手続的に不要なケースがあるのではないでしょうか」と述べた（同「行政不服審査法案について」慶應法学一五・一六合併号二一頁、三四頁（平成二二年）。
(49)　榊原秀訓・前掲注（33）一五一頁は、イギリスの研究を踏まえて、「公正性・独立性、効率性、専門性の確保・強化のためには、イギリスの改革に近い統一的（総合的）審判所を含めて、理想とするモデルを明らかにし、それに向けてのさらなる改革が必要であると考えられる」と述べている。総合的行政不服審査機関の設置についての問題点として、久保茂樹教授は、分担管理原則との関係、行政責任の確保、専門性や簡易迅速性の喪失を挙げている（同「行政不服審査」磯部力ほか編『行政法の新構想Ⅲ』（有斐閣、平成二〇年）一六一頁、一七七頁。ただし、久保教授自身が、これらを理由に消極説を展開しているわけではない。
(50)　塩野宏・前掲注（43）六五〜六六頁、榊原秀訓・前掲注（33）「審査組織（審査会）」一四六頁。また、大野卓氏も、国において一元的に裁決を行なう「行政不服審査委員会」のようなものを設けることについて、分担管理の「仕組みを覆すだけの十分な理由があれば、分担管理原則を破ることも不可能ではない」と発言している（前掲注（19）三四頁）。
(51)　橋本公亘『行政手続法草案』（有斐閣、昭和四九年）二一七頁。
(52)　小早川光郎「行政争訟制度の課題」ジュリスト八七五号二六頁、二九〜三〇頁（昭和六二年）。
(53)　常岡孝好「行政手続法改正案の検討」ジュリスト一三七一号一八頁、三三頁以下（平成二一年）（同論文は、私人の権利利益の保護救済という機能を共通にもち、密接な関係にある事前手続と事後手続とを切断する「行政争訟」概念は、有害であり、忌避すべきであると論じている（三九頁））、山田洋「事前手続と事後手続」磯部力ほか編『行政法の新構想Ⅱ』（有斐閣、平成二〇年）二一九頁（事前手続において充分な手続保障がなされるとすれば、事後手続の意味は著しく低下するとする（二三三頁））、久保茂樹・前掲注（49）一六一頁（事前聴聞は、「処分案に対する事前争訟」であり、不服審査との差異は相対的なものと考えられるとしている（一六九頁））、三浦大介「行政手続と行政争訟手続」現代行政法講座編集委員会編『現代行政法講座Ⅱ　行政手続と行政救済』二五頁（平成二七年）（処分形成過程手続において利害関係人等からの参加を広く認めて、それを不服申立適格に連動させることを提案している（四五頁以下））。

第四章　裁決に対して原処分庁の提起する機関訴訟制度の構想

一　はじめに

筆者は、これまでオーストラリアの総合的行政不服審判所制度[1]の研究からスタートして、原処分庁から独立した行政不服審査機関、それも複数の行政分野を包括する不服審査機関を有する不服審査制度を模索してきた。[2]そうした中で、日本の行政不服審査制度に目を転じた場合に気になることの一つは、審査請求に対する裁決に不服をもつ原処分庁[3]は、当該裁決について不服があっても、原処分庁と裁決庁との間の訴訟は、行政事件訴訟法との関係において、機関訴訟に該当すると解されているために（これは、筆者の推測であるが）、法律に特別の定めがない限り、訴訟を提起できないということである。(4) もちろん、後述のように、機関訴訟と解すること自体が誤りであるという解釈論も提起されている。しかし、後述する最判昭和四九・五・三〇（民集二八巻四号五九四頁）に従う限り、原処分庁が自己の判断が正しく、裁決こそが誤っていると考えても、立法措置を講じない限りは、司法判断を受けることができない状況にあるように思われる。

一例を挙げよう。建築基準法は、建築審査会に対する審査請求の途を開いている。審査請求先の建築審査会は、次のように定められている（九四条一項）。

・処分庁又は不作為庁が特定行政庁、建築主事若しくは建築監視員又は都道府県知事である場合にあっては、当該市町村又は都道府県の建築審査会

・処分庁又は不作為庁が指定確認検査機関である場合にあっては、当該処分又は不作為に係る建築物又は工作物について確認する権限を有する建築主事が置かれた市町村又は都道府県の建築審査会

・処分庁又は不作為庁が指定構造計算適合性判定機関である場合にあっては、当該指定構造計算適合性判定機関にその構造計算適合性判定を行わせた都道府県知事が統括する都道府県の建築審査会

建築審査会は、委員五人以上をもって組織される委員会であって（建築基準法七九条）、前記のいずれの処分庁又は不作為庁との関係においても上級行政庁たる地位にあるわけではない。建築審査会が審査請求人の審査請求を認容した場合には、処分庁又は不作為庁が訴訟を提起することは認められないのである。指定確認検査機関がなした建築確認が違法であるとして建築審査会により取り消された場合を考えると、原処分庁たる当該指定確認検査機関は、違法な建築確認をするような機関であるというレッテルを貼られても、それ以上に争う途はないのである。ただし、建築確認は二重効果的行政処分であるから、隣人が建築確認を不服として審査請求をして認容裁決が出されたような場合には、建築確認を受けた者が原告となって裁決取消しの訴えを提起することにより、結果的に、原処

分をした建築主事又は指定確認検査機関の判断に違法はないとする司法判断を得られることがある。しかし、それは、あくまでも建築確認を受けた者の提起する裁決取消しの訴えを媒介にして、反射的にもたらされることであって、原処分庁が主導した結果ではない。

平成二八年の新行政不服審査法の施行に併せて施行される平成二六年法律第六九号による建築基準法の改正で、従来の審査請求前置主義（改正前の九六条）が廃止されることとの関係において、次のような場面が生ずる。すなわち、建築審査会に審査請求できる処分について不服を有する者が、審査請求を経ないで取消訴訟を提起した場合には、当然のことながら建築主事の処分については被告の地方公共団体に属する建築主事が原処分庁として「裁判上の一切の行為をする権限」を有している（行訴法一一条六項）。また、指定確認検査機関は、被告として、原処分の適法性を主張して争うことができる。その結果、原処分庁は、自己の処分の適法・違法について司法判断を受ける機会が付与されている。しかも、訴訟制度に乗っている以上、一審判決に不服があるときは、被告は、控訴することもできるのである。これに対して、建築審査会に審査請求できる処分につき不服を有する私人が建築審査会に対する審査請求を選択して、その審査請求を認容する裁決が出された場合には、先に述べたように、第三者（たとえば、裁決により建築確認を取り消された建築主）による訴訟提起がない限り、司法判断を受ける機会がないのである。

筆者は、かつて公表した論文において、建築審査会のような独立性をもつ不服審査機関を「独立審査機関」と呼びつつ、原処分庁が裁決を争うことができない仕組みは、「微妙な法律問題等に関して、独立審査機関が審査請求認容の裁決を下すのに慎重にならざるを得ないという萎縮効果も生んでいると推測される」として、次のように述べた。

「裁決に対して、行政庁が原告となって訴訟を提起する方法も政策の一つの選択肢となりうるが、そのような訴訟を抗告訴訟中心の行政事件訴訟のなかに位置づけることが可能なのか、その採用にはいくつかのハードルがある。私人が処分取消し又は裁決取消しの訴えを提起する場合は抗告訴訟であるが、行政庁が裁決取消しの訴えを起こす場合は一種の機関訴訟とならざるを得ないであろう。実質的に処分庁等と私人との間の争いであるから、処分庁等が私人を被告として訴えることができる新たな訴訟形態も考えられるが、私人は、もともと簡易迅速な行政不服審査を期待したのみで、訴訟まで覚悟していたわけではないという場合に、処分庁等の判断により私人が訴訟に巻き込まれることに釈然としないものがある。

こうした問題の存在を考えると、情報公開・個人情報保護審査会のように独立機関を諮問機関と位置づけて、最後は通常の行政系統の行政庁が、その責任において審査請求の裁決を下すという立法政策にも、相当な合理性が認められるといえよう(5)」。

この文章は、独立行政不服審査機関の拡充に伴う問題点を検討したものであって、独立行政不服審査機関の裁決に対する原処分庁の訴訟提起を正面から検討しようとしたものではない。しかし、この論文執筆時には、もしも、原処分庁による訴訟提起の機会が認められるならば、独立行政不服審査機関の拡充に伴う問題の一つが解消されるという気持を込めていたのである(6)。その後、平成二六年に新行政不服審査法が制定されて、平成二八年四月より施行されることになった。同法は、国には行政不服審査会を（六七条以下）、地方公共団体には行政不服審査会と同様の役割を担う附属機関を（八一条）、それぞれ設置することとしたが、これらの機関は、あくまでも審査庁の諮問を受けて答申する諮問機関にとどまり、独立行政不服審査機関を採用したものではない。独立行政不服審査機関の設置により公正・公平な不服審査を実現したいという願望は、部分的に満たされたのであるが、諮問機関である以上、それは、道半ばである。

このような行政不服審査法の全部改正はともかくとして、審査庁が原処分庁の上級行政庁でない場合において、原処分庁が裁決を争えない状態のままでよいのかについては、依然として検討すべきものと考えている。

そのような折に、沖縄県辺野古において沖縄県知事が前知事の行った埋立承認を取り消したのに対して、国の機関である沖縄防衛局長が国土交通大臣に審査請求をして、審査請求人の申立てに基づいて国土交通大臣が執行停止決定をした事件において、この問題の所在が改めて顕在化したといえる。沖縄県は、平成二七年一二月二五日、国を相手に前記執行停止決定の取消しを求める訴訟を提起し、同時に、執行停止の申立てもした。執行停止は、行政事件訴訟法三条三項にいう「裁決の取消しの訴え」の「審査請求」に対する行政庁の「決定」に該当するという理解に基づく出訴であろう。沖縄県が原告であるので、本稿のテーマとする原処分庁である知事の提起する訴訟とは異なるものである。しかし、後述する判例に照らすならば、沖縄県が同執行停止決定を争うことは、裁判所により、不適法とされる可能性が高いといわなければならない。

もっとも、そもそも承認取消しの行政処分性を認めることはできないと思われる。公有水面埋立法が都道府県知事に公有水面埋立てに関する免許を付与する権限を与えつつ（二条）、国が埋立てをしようとするときは都道府県知事の「承認」を受けなければならない（四二条一項）としているのは、国という特別の立場に配慮したものであるから、その場合の「国」は私人とはいえず、「承認」は行政処分ではない[7]。したがって、知事の「不承認」とか「承認取消し」も、国との関係において行政処分とはいえないというべきである。したがって、これらを行政上の不服申立てによって争うことはできないと解される（新旧の行政不服審査法一条一項）。沖縄防衛局長が「承認取消し」を不服として国土交通大臣に行った審査請求は、不適法なものである。このように不適法な審査請求事件において審査庁が執行停止をしても、法的には執行停止の効力を生じないと解される[8]。

国（正確には沖縄防衛局長）が審査請求という不適法な行動に出て、国土交通大臣がこれに応じたところから、土台のないところに建築物の建築（訴訟）をしようとする事態を招いているのである。最も自然な国の争い方は、国が、「承認取消し」の効力がないことを理由に「国が埋立てをできる地位を有することの確認」を求める訴訟を提起することであると思われる。

（1）碓井光明「オーストラリアの総合的行政不服審判所に関する一考察—租税不服審査制度の変遷の中で」雄川一郎先生献呈論集『行政法の諸問題　中』（有斐閣、平成二年）八七頁。

（2）碓井光明「総合的行政不服審判所の構想」塩野宏先生古稀記念『行政法の発展と変革　下巻』（有斐閣、平成一三年）一頁、同「独立行政不服審査機関についての考察」藤田宙靖博士東北大学退職記念『行政法の思考様式』（青林書院、平成二〇年）三一五頁、同「行政審判所の統合をめぐる一考察—カナダオンタリオ州における集約化（clustering）政策を素材として」高橋和之先生古稀記念『現代立憲主義の諸相　上』（有斐閣、平成二五年）一八三頁。

（3）本稿において原則として「原処分庁」の語を用いることとする。ただし、行政不服審査法が「処分庁」の用語を用いている結果、「処分庁又は不作為庁」のように法律の条文において慣用されている場面などにおいては、本稿も「処分庁」の語を用いることとしたい。

（4）碓井光明「独立行政不服審査機関についての考察」前掲注（2）三六二頁。もっとも、後述する最判昭和四九・五・三〇（民集二八巻四号五九四頁）は、明示的に「機関訴訟」と述べているわけではない。

（5）碓井光明「独立行政不服審査機関についての考察」前掲注（2）三六二～三六三頁。

（6）久保茂樹「行政不服審査」磯部力ほか編『行政法の新構想Ⅲ』（有斐閣、平成二〇年）一六一頁、一七七頁は、第三者機関をして裁決機関とすることの問題点として、「その判断が行政機関としてのファイナルな判断になるため、行政責任の確保が困難になる」という批判があるとしている。

（7）しかし、周辺住民等にとって、国に対する「承認」を、私人に対する「免許」と区別することに合理性を見出すことはできないから、周辺住民等との関係においては行政処分と認めるべきであると思われる。阿部泰隆教授の提唱された相対的行政処分（同『行政訴訟改革論』（有斐閣、平成五年）八七頁以下、初出は、「相対的行政処分概念の提唱（1）～（3・完）」判例評論二八三号二頁、二八四号二頁、二八五号二頁（昭和五七年））の議論が当てはまる場面であろう。

(8) 沖縄県は、これとは別に、地方自治法による「関与」としての争いをしている。これについては、補記を参照されたい。

二　裁決庁の裁決を原処分庁が争えない理由

原処分庁が原告となって裁決を争うことを認めようとするときに、どのような訴訟形態が考えられるのであろうか。原処分庁が、裁決によって自己の判断が覆えされたときにおける当該争いの実質は、原処分庁と審査庁との間の争いではなく、自己に有利な裁決を得た私人(通常の場合)と原処分庁との間の争いであるといってよい。この実質に着目するならば、私人と原処分庁との間の訴訟を考えることも考えられる。しかし、原処分庁が原告となる訴訟は、抗告訴訟と考えることはできない。また、原処分庁の行なった行為は行政処分なのであるから、同様の訴訟をもって行政事件訴訟法四条の「公法上の法律関係に関する訴訟」(実質的当事者訴訟)と構成することも困難である。そこで、二つの訴訟形態が考えられる。形式的当事者訴訟と機関訴訟である。しかし、このような場面において、原処分庁はもとより、原処分を行なった行政庁の属する国又は公共団体をもって形式的当事者訴訟における「当事者間の法律関係を確認し又は形成する」裁決に関する訴訟(行訴法四条)と位置づけることは困難である。

原処分庁が原告となって裁決を争うことをストレートに認めようとするならば、その訴訟は、機関訴訟とされる可能性が高い。しかし、現行法においては、審査請求を認容した裁決を原処分庁が不服として提起する訴訟は、不適法であるとされよう。その形式的理由は、行政事件訴訟法四二条により、「法律に定める場合において、法律に定める者に限り、提起することができる」ところ、そのような法律の定めがないことに求められる。

機関訴訟に当たることについて、小早川光郎教授は、次のように述べている。

「ある行政庁が一定の処分（原処分）をし、それに対する関係者の不服申立てについて他の行政機関が審査庁として裁決をするという場合の、原処分庁と審査庁との関係は、基本的には、共通の行政目的のために行政組織内部で役割を分担する関係にとどまるものであって、審査庁が裁決で原処分を取り消しまたは変更し、原処分庁がそれに不服であるときでも、それは、原則として機関争訟であって法律上の争訟にはあたらない。このことは、不服審査の裁決が、理論的な意味では、〝処分〟ないし〝行政処分〟に該当し、また、行政法上の制度的な意味においても〝処分又は裁決〟としてそれ自体は取消訴訟等の対象たりうるものとされているからといって、何ら変わるものではない(9)」。

さらに、小早川教授は、後述の最判昭和四九・五・三〇（民集二八巻四号五九四頁）に学説が投げかけた問題提起を意識して、次のように続けている。

「ただ、ここでも、たとえばある地方公共団体に属する行政庁が当該地方公共団体の財産ないし事業に関係する一定の処分（原処分）をした後に、関係者の不服申立てにもとづき、審査庁である他の地方公共団体または国の機関がたとえば市町村行政庁の処分について都道府県の審査機関が、都道府県行政庁の処分について国の審査機関が取消しまたは変更の裁決をし、原処分庁の属する地方公共団体がそれによって財産上ないし事業上の不利益を受ける場合に、これを法律上の争訟として司法による保護を及ぼすべきではないかということが問題となりうる。しかし、関係法令の趣旨が、行政組織の一体性や行政案件処理の迅速性・効率性等の観点から、原処分庁の属する公的主体（上の例では地方公共団体）の法人としての利益について司法による保護を与えないとするものであるならば、裁決自体は取消訴訟等の対象たりえないものではないにしても、その公的主体はそれについて司法による保護を受ける資格がなく、すなわち訴えの利益がないことになる(10)」

要するに、原処分庁のみならず、原処分庁の属する行政主体の提起する訴訟も、訴えの利益を欠き不適法であるというのである。

以下、機関訴訟として扱うことの実質的合理性の有無を検討してみたい。

第一の理由として、上級行政庁が不服審査機関として不服を審査して認容裁決を出す場面においては、原処分庁は上級行政庁に従わなければならない関係（監督関係）にあるので、原処分庁が裁決を不服として訴訟提起することを認める必要性はないことが挙げられる。行政組織法の論理により、行政訴訟の必要性がないとされるのである。確かに、そのような場面が多いことは事実である。しかし、これは、あくまでも上級行政庁が審査庁となって下された認容裁決について妥当する論理であって、独立の第三者機関が認容裁決を下した場合の裁決にまで当てはまるものではない。第三者的不服審査機関に、処分庁を監督する権限があるわけではないからである。したがって、監督関係による説明は、第三者機関が不服審査機関となっている場合には妥当しないと考えられる。

第二の理由として、原処分庁が訴訟により審査庁の裁決を争うことを認めるならば、「国民の権利利益の救済を図ること」（新行審法一条一項）を目的とする行政不服審査法の趣旨に反するという見解が予想される。この点は、ある意味において根本的な理由といえるかもしれない。しかしながら、行政不服審査法の目的が、訴訟の許否を左右すると考えるのは飛躍といわざるを得ない。行政事件訴訟法も、少なくとも抗告訴訟にあっては国民の権利利益の救済を目的としていると考えられるが、訴訟段階において原処分庁が「処分行政庁」として争うことを否定しているわけではない。たしかに、抗告訴訟の一審においては、原処分庁は被告に係る「裁判上の一切の行為をする権限を有する立場」（行訴法一一条六項）又は被告そのものの立場に置かれている。[11]しかし、一審で敗訴した被告が上訴して、再度、司法審査を経て、最終的な決着を付けることが認められているからといって、国民の権利利益の救済を図るという目的が阻害されていると主張する者はいないであろう。行政不服審査と行政事件訴訟とを連続線上に見た場合に、原処分庁が訴訟により審査庁の裁決を争える制度としたとしても、それは行政不服審査制度の根幹を揺るがす制度とはいえないと思われる。

原処分庁が裁決を争うことができるか否かに関係する最高裁判所の判決として、最判昭和四九・五・三〇（民集二八巻四号五九四頁）を挙げなければならない。国民健康保険の保険者である被上告人の大阪市が訴外Aから被保険者証の交付を請求されたのに対し、住所要件を欠くことを理由にこれを拒否したため、Aが被告・上告人の大阪府国民健康保険審査会に審査請求をしたところ、同審査会が前記拒否処分を取り消してAを被上告人市の被保険者とする旨の認容裁決をしたので、これを不服とする被上告人市が上告人審査会を被告として同裁決の取消しを求めた訴訟の上告審判決である。判決は、次のように述べて、同訴訟は不適法なものであるとした。

「現行法上、国民健康保険事業は市町村又は国民健康保険組合を保険者とするいわゆる保険方式によつて運営されているとはいえ、その事業主体としての保険者の地位を通常の私保険における保険者の地位と同視して、事業経営による経済的利益を目的とするもの、あるいはそのような経済的関係について固有の利害を有するものとみるのは相当でなく、もつぱら、法の命ずるところにより、国の事務である国民健康保険事業の実施という行政作用を担当する行政主体としての地位に立つものと認めるのが、制度の趣旨に合致するというべきである。

また、審査会は、保険者のした保険給付等に関する処分に対する不服申立を審査するために、都道府県知事の附属機関として各都道府県に設置されるもので（法九二条、地方自治法一三八条の四第三項、同法別表第七の一参照）、形式上は保険者たる市町村とは別個の行政主体に属し、その構成も被保険者、保険者及び公益の三者の代表より成る合議制の機関である（法九三条一項）。法が保険者の処分についてこのような審査会を審査機関としたのは、保険者の保険給付等に関する処分の適正を確保する目的をもつて、行政監督的見地から瑕疵ある処分を是正するため、国民健康保険事業の実施という国の行政活動の一環として審査手続を設けることとし、その審査を右事業の運営について指導監督の立場にある都道府県に委ねるとともに、その審査の目的をいつそう適切公正に達成するため、都道府県に右のような特殊な構成をもつ第三者的機関を設置して審査に当たらせることとしたものであつて、審査会自体が保険者に対し一般的な指揮命令権を有しないからといつて、その審査手続が通常の行政的監督作用たる行政不服審査としての性質を失い、あたかも本来の行政作用の系列を離れた独立の機関が保険者とその処分の相手方との間の法律関係に関する争いを裁断するいわゆる行政審判のごとき性質をもつものとはとうてい解されないのである。法が審査会における審査手続について行政不服審査法をそのまま適用することとしている（法一〇二条）のも、右の趣旨に出たものと考えられる。

以上のような国民健康保険事業の運営に関する法の建前と審査会による審査の性質から考えれば、保険者のした保険給付等に関する処分の審査に関するかぎり、審査会と保険者とは、一般的な上級行政庁とその指揮監督に服する下級行政庁の場合と同様の関係に立ち、右処分の適否については審査会の裁決に優越的効力が認められ、保険者はこれによつて拘束されるべきことが制度上予定されているものとみるべきであつて、その裁決により保険者の事業主体としての権利義務に影響が及ぶことを理由として保険者が右裁決を争うことは、法の認めていないところであるといわざるをえない。このように解しても、保険者の前記のような特別な地位にかんがみるならば、保険者の裁判を受ける権利を侵害したことにならないことはいうまでもなく、もしこれに反して、審査会の裁決に対する保険者からの出訴を認めるときは、審査会なる第三者機関を設けて処分の相手方の権利救済をより十分ならしめようとしたことが、かえつて通常の行政不服審査の場合よりも権利救済を遅延させる結果をもたらし、制度の目的が没却されることになりかねないのである。以上の理由により、国民健康保険の保険者は、保険給付等に関する保険者の処分について審査会のした裁決につき、その取消訴訟を提起する適格を有しないものと解するのが相当である」。

この判決の核心は、「審査会自体が保険者に対し一般的な指揮命令権を有しないからといつて、その審査手続が通常の行政的監督作用たる行政不服審査としての性質を失い、あたかも本来の行政作用の系列を離れた独立の機関が保険者とその処分の相手方との間の法律関係に関する争いを裁断するいわゆる行政審判のごとき性質をもつものとはとうてい解されない」こと、したがって、「保険者のした保険給付等に関する処分の審査に関するかぎり、審査会と保険者とは、一般的な上級行政庁とその指揮監督に服する下級行政庁の場合と同様の関係に立ち、右処分の適否については審査会の裁決に優越的効力が認められ、保険者はこれによつて拘束されるべきことが制度上予定されているものとみるべきで」あるという部分にあるといえる。

以上から、判決は、審査会の裁決権の行使に行政監督的性質を見出している点において、第一の理由により訴訟を不適法としたものと解される。その際に、「本来の行政作用の系列を離れた独立の機関が保険者とその処分の相手方との間の法律関係に関する争いを裁断するいわゆる行政審判のごとき性質をもつものとはとうてい解されない」と述べていることが注目される。行政審判の性質をもつ場合には、処分庁と相手方との間の法律関係をめぐる争いに関する裁断行為（審決）であって、審決をなす審判庁は、処分庁及びその相手方に対して等距離の関係にあるので、処分庁も、処分の相手方と同様に審決の取消しを求めることができると見ているのであろう。処分庁を指揮監督する立場の場合と公平な審判者の立場とを区別しているのである。この判決の事例に立ち入ることは、本稿の目的ではないが、判決は、いとも緩やかに指揮監督関係を肯定しているように思われる。むしろ、第三者的不服審査機関は、原則として公平な審判者の地位にあると見たうえで、その例外に当たるような事情にあるかどうかを検討するという姿勢の方が自然であるといえよう。（※　この点で注目されるのは、昭和三七年法律第一四〇号による改正前の地方税法四三四条である。同法は、固定資産評価審査委員会の審査の決定について不服のある市町村長は、審査の請求をした者と同様に、道府県知事に訴願することができるとし（一項）、かつ、「訴願の裁決に不服がある者」は、裁判所に出訴することができる（七項）としていた。この「裁決に不服がある者」には、市町村長も含まれると解するのが自然であろう。）

最近、要介護認定処分に対する審査請求を認容した介護保険審査会の裁決について、市が原告となって取消しを求める訴訟が登場した。和歌山地判平成二四・五・一五（判例集未登載）は、次のように述べて、不適法な訴えであるとした。

「(1) 抗告訴訟は、行政主体による公権力の行使に対する国民の権利を保護するために設けられた主観訴訟である。

本件訴訟は、介護保険事業の保険者である市町村が、要介護認定処分に対する審査請求を認容した介護保険審査会の裁決が違法であるとして、その取消しを求めた抗告訴訟であり、行政主体である市町村が、自己の法令の解釈ないし適用に関する判断の貫徹を目的とするものであって、被保険者である住民の権利の保護を目的とするものではない。

したがって、本件訴訟は、抗告訴訟の上記性質に反するものである。

(2) また、介護保険審査会の裁決は、関係行政庁である保険者の市町村を拘束する（行政不服審査法四三条一項）。

したがって、原告が本件裁決を訴訟により争うことは、同条項に反するものである。

(3) さらに、介護保険審査会が設置され、要介護認定処分の取消しの訴えについて審査請求前置が要求されている趣旨は、訴訟によらずに、行政の第三者機関（介護保険法一八四条ないし一九〇条）による処分の是正を可能とし、もって、被保険者の簡易迅速な権利救済を図ることにある。

したがって、原告が、本件裁決を訴訟により争うことは、上記趣旨に反するものである。

(4)　以上によれば、処分行政庁である原告が、裁決行政庁による本件裁決の取消しの訴えを提起することは、不適法というべきであり、本件裁決の取消しの訴えにつき、原告に原告適格があるとは認められない」。

この判決は、本件訴訟は、行政主体である市町村が、自己の法令の解釈ないし適用に関する判断の貫徹を目的とする訴訟であって行政主体による公権力の行使に対する国民の権利を保護するという抗告訴訟の目的に合致しないとして不適法としたものである。

最判昭和四九・五・三〇及び和歌山地判平成二四・五・一五における原告が、原処分庁の立場によっているのか、行政主体の立場であったのかは明確ではない。国民健康保険法は、保険者として市町村と国民健康保険組合とを並列して定めているので、市町村国保の場合に、同法における「処分」をなす「行政庁」が、市町村長であるのか市町村であるのか判然としない。後者であるとするならば、原処分庁と行政主体が一致していることになる。介護保険の場合も同様である。

最判昭和四九・五・三〇の一審・大阪地判昭和四〇・一〇・三〇（行集一六巻一〇号一七七一頁）は、保険者は、権利義務の主体たる地位と処分者たる行政庁の面（性格）を有するとし、前者の面から出訴資格を有するとした。上告審判決は、保険者である市をもって行政主体（※　原論文の誤りを訂正した。）と見ているように見えるが、断定はできない。また、旭川市国民健康保険料事件に関して、最大判平成一八・三・一（民集六〇巻二号五八七頁）に至るまで、旭川市を処分庁とする取消訴訟として扱っている。さらに、前記の和歌山地判平成二四・五・一五は、明らかに「処分行政庁である原告」と述べているものの、行政主体との混同も見られる。

このような判例に対して、学界には、行政主体たる地方公共団体の立場を分析して、主観訴訟の途を開こうとする動きがある。原処分庁には訴訟を提起するだけの法的利益を認めるのが困難であるのに対して、原処分庁の属する行政主体の場合には法的利益を見出せる可能性があることによるものであろう。「原処分庁」に着目する訴訟形態を模索する本稿にとっても、行政主体が原告となる訴訟の肯定によってすべてが解決されるのであれば、それで足りるともいえるので、そのような学説の動きも概観しておきたい。

（9）小早川光郎『行政法講義下Ⅲ』（弘文堂、平成一九年）二七八頁。

（10）小早川光郎・前掲書二七八〜二七九頁。この文章の末尾で、最判昭和四九・五・三〇を挙げている。

（11）行政事件訴訟法が取消訴訟の被告（一一条）（三八条一項による準用によって抗告訴訟全体の被告）について、処分をした行政庁が国又は公共団体に属するか否かにより行政主体被告と行政庁被告とに分けているので、この箇所がわかりにくい叙述となっている。

三　従来の行政法学における議論の状況

1　裁定的関与の側面からの議論

本稿において問題視している原処分庁が裁決を争える状況にないことの問題は、主として、国の地方公共団体に対する「裁定的関与」（都道府県の市町村に対する裁定的関与を含む）の孕む問題として議論されてきたように思われる。「裁定的関与」の議論を意識的に取り上げたのは、塩野宏教授の論文「地方公共団体の法的地位論覚書き[12]」であった。塩野教授は、「国家関与と権利救済」という小見出しの中で、「地方公共団体の処分に対する私人による行政上の不服申立てに国の機関が裁定することによって関与する場合」を「裁定的関与」と称し、それが地方自治の観点から疑問の多い制度であることを別にして、前述の最判昭和四九・五・三〇の論理に従うとしても、裁定的関与一般について、地方公共団体の出訴権が否定されることにはならないと述べて[13]、地方公共団体の出訴権の観点からの理論的分析を進めた[14]。そして、この最高裁判決の結論を支持するのであれば、「保険事業主体としての市町村は、経済的な独立的法主体の実体を有しない、或いは、裁定的関与の結果如何によっても、経済的実損は大きくないという見方以外にはないように思われる」としている[15]。最高裁判決の論理に従う場合の議論ではあるが、逆に、少なくとも、経済的な独立的法主体の実体を有する場合あるいは裁定的関与による経済的実損が大きい場合には、地方公共団体の出訴資格が認められるという趣旨を含意しているように見える。

地方公共団体の出訴権に関しては、機関委任事務が存在した時点の関哲夫教授の見解を見ておきたい。関教授は、自治体には、二つの性格、すなわち、「一般市民と同格の立場における財産の管理主体」と「公権力を行使する行政主体」とがあるとする。さらに、行政主体として自治体の行なう作用を二分して、「国の行政作用の一部を担当し、国の行政関与の監督の下におかれる作用」と「憲法が保障する自治行政権の行使として、裁判所の司法審査は別として、国の行政機関の関与を受けず、自主的に判断し、執行できる作用」とを分けて論じている[16]。そして、本稿との関係において興味深い見解が示されている。

すなわち、国の行政的監督の下におかれる作用に関しては、「国の行政機関による司法的統制の手段として、国の第三者的審査庁に対する不服申立制度を法律で設けること」は、「立法政策上の妥当性はともかくとして、違憲ということはできない」とし、「国の第三者的審査庁の裁決に対し、自治体又はその機関は更に不服申立て又は訴訟を提起して争うことはできない」と述べた[17]。機関委任事務における同様であるとしたのである。国による行政的監督を容認する以上は、自治体又はその機関が司法の判断を仰ぐことはできないというのである。他方、前記の自治体が「自主的に判断し、執行できる作用」に係る国の第三者的審査庁を設置する法律に関しては、「第三者的審査庁の審査権が合目的性の問題に及ばず、合法性の問題に止まるものであり、かつ、その裁決について自治体の行政庁の不服申立権ないし出訴権を容認する解釈をとることによってのみ、合憲と評価することができよう」と述べた[18]。これらの二つの作用を区分することが容易ではないという問題があるにせよ、一つの視点を提供したことは疑いない。この関教授の見解に従えば、最判昭和四九・五・三〇は、具体の事案の理解が適切であるか否かはともかく[19]、理論面においては正当であるということになる。そして、二つの作用の振分けが立法府の裁量に委ねられているとするならば、関教授のいう自治体又はその機関の不服申立権を必須とする作用の広狭も左右されてしまうであろう。

以上の議論にも触発されて、行政法学において、地方公共団体の出訴資格という角度からの研究が積み重ねられている[20]。筆者も関心のあるテーマではある。しかし、「行政主体たる地方公共団体の出訴」と「機関たる原処分庁の出訴」とは、相互に重なり合う場面もあるが（たとえば、地方公共団体施行の土地区画整理事業に係る処分についての審査請求につき、土地区画整理法一二七条、一二八条）、そのような場面は例外である。後者に着目する本稿との関係においては、地方公共団体ないし行政主体の出訴資格の問題は、別の角度からの検討課題であるともいえる。そこで、この論議を参考にはするものの、この問題に詳しく立ち入ることはしない。

2　機関訴訟の側面からの議論

裁定的関与に関しては、国による自治権の侵害に対する訴訟を肯定したいという発想が強いのであるが、実は、機関訴訟の意味の理解とも深く関わるところがある。

機関訴訟は、行訴法六条において「国又は公共団体の機関相互間における権限の存否又はその行使に関する紛争についての訴訟」と定義されている。これを分解したときに、「国の機関相互間における権限の存否又はその行使に関する紛争についての訴訟」、「公共団体の機関相互間における権限の存否又はその行使に関する紛争についての訴訟」に分けられるのであって、「国の機関と公共団体の機関との相互間における権限の存否又はその行使に関する紛争についての訴訟」は含まれないと解する余地がある。ましてや、行政主体相互間の紛争は含まれないと見るのが、文言の意味に合致するであろう。要するに、機関訴訟とは、同一の行政主体内における機関相互間の紛争であると解するものである。これを「真正機関訴訟」と呼んでおこう。この見解によれば、最判昭和四九・五・三〇の事案は、「行政主体たる市」と「府に属する機関たる府国民健康保険審査会」との間の紛争であるから機関訴訟ではないと解する余地がある。また、同様に、地方自治法二五五条の二第一項一号に基づく法定受託事務に係る都道府県の執行機関の処分に関する審査請求に係る裁決についての道府県の執行機関と主務大臣との間の紛争も機関訴訟と位置づけられるものではないと解する余地がある。最判昭和四九・五・三〇が機関訴訟であることを明示せずに不適法としたのは、真正機関訴訟と見ているのではなく、上級行政庁の下級行政庁に対する指揮監督関係における裁決と述べることにより、いわば不真正の機関訴訟と見ていると解することもできる。そして、関哲夫教授の見解も、指揮監督関係に着目する限りにおいては、同様の土俵に立っているのかもしれない。

筆者は、理論上は、機関訴訟は、同一の行政主体に属する機関相互間の紛争に関する訴訟、すなわち「真正機関訴訟」に限定すべきであると考えてきた。阿部泰隆教授が、このことを強調している(21)。曽和俊文教授が、比較的早い段階で、次のように論じたことが想起される。

「行政機関ないし行政主体を原告とする訴訟が法律の授権がない限り認められないとされる場合の理由はさまざまであって、それらをすべて行訴法上の機関訴訟の定義に解消してしまうことには賛成できない。それゆえ、行訴法の解釈としては、機関訴訟をより限定的に考えるべきではないかと思われる。すなわち、行訴法は、一定範囲の紛争が憲法上司法審査の対象になじまない場合があるとの理解の下に、さしあたり、そうした場合のうち同一行政主体内の機関相互の権限争議についてこれを機関訴訟と名づけ、法定外機関訴訟を否定したものと解すべきであり、また、こう解釈することが行訴法の文言にも忠実な解釈といえるであろう。そして、右の定義に含まれない行政内部の紛争に対する司法審査の可否は、機関訴訟といった包括的概念によってではなく、前述した憲法上の諸考慮を踏まえて、具体的事情に即した現行行政訴訟制度の解釈論として検討されるべきであろう(22)」。

筆者は、基本的に、この曽和教授の認識に賛成したい。ただし、問題は、真正機関訴訟から除かれた訴訟であって、かつ、訴訟の提起を認めなければならないものについて、行政事件訴訟法上の抗告訴訟に当てはまらないときに、当事者訴訟に該当するのであればよいが、それも難しく、かつ、民事訴訟にもなじまないときにどうすべきかという問題が残されることに留意しなければならないであろう。要するに、「法定外行政訴訟」が許容されるかという問題なのである。

ところが、反対に、山本隆司教授は、機関訴訟は、同一の行政主体内における機関相互間の紛争と限定して解されるものでなく、別法人の機関相互、さらに別法人相互の紛争も含まれることを強調している。行政事件訴訟法六条は、「私人を少なくとも一方の当事者とする、権利利益または『資格』」にかかわる紛争と対比されるのであって、別法人の機関相互間の訴訟も「機関訴訟」として一括りにしているのは、行政事件訴訟法四二条と結びついて、「法律に定める場合において、法律に定める者に限り、提起することができる」とする点に意味があり、「機関訴訟」の類型に属する訴訟が共通の性質を有し、他の訴訟類型と異質であることを強調することは避けるべきであるとしている(23)。もっとも、この考え方において、「別法人相互の紛争」も含むといっても、純粋に地方公共団体が財産上の利益を守る立場から提起する損害賠償請求訴訟などまで機関訴訟とするわけではないであろう。公営ギャンブルの衰退の傾向の中で、たとえば、競輪事業からの撤退をめぐり、地方公共団体が、他の地方公共団体を相手に損害賠償請求訴訟を提起する事例が散見されるが(24)、そのような訴訟まで機関訴訟とするものとは思われない。したがって、どのような基準で機関訴訟を区分するかという問題は残されるのである。

山本隆司教授の議論と関係するのが、藤田宙靖教授の「内部行為」論である。昭和四九年最高裁判決の述べた国民健康保険審査会と保険者との関係をもって、「上級行政庁とその指揮監督に服する下級行政庁の場合と同様の関係」と述べたのを補足するならば、「行政主体の公権力行使に対する他の行政主体からの監督行為であるから、私人に対する公権力の行使の場合と違って、外部行為であると言えず、従って、上級行政庁と下級行政庁との関係と同様の関係と考えるべきである」としている。[25]私人と同様の立場に置かれているかどうかによって判断するという姿勢である。

社会保障法学からは、社会保険の保険者に着目した議論も進展している。しかし、詳しく文献をフォローするゆとりはないため、加藤智章教授の見解の紹介にとどめたい。加藤教授は、「審査会裁決に対する取消訴訟という手段を認めないことは、国保事業に求められる財政規律の存在を没却する」とし、この意味で「経済的な独立的行政主体」でなければならないとしている。[26]

3　裁定的関与に対する抗告訴訟の可能性

塩野教授のいう裁定的関与のうち地方公共団体の自治権との関係において特に問題とされていたのは、地方公共団体の事務に関する不服申立前置主義が結果的に裁定的関与の前置主義になっていたことである。平成一一年法律第八七号「地方分権の推進を図るための関係法律の整備等に関する法律」による改正前の地方自治法二五六条が、「法律に特別の定めがあるものを除くほか、普通地方公共団体の事務に係る処分の取消しの訴えは、当該処分につき当該普通地方公共団体の機関以外の行政庁（労働委員会を除く。）に審査請求、審決の申請その他の不服申立てをすることができる場合には、その不服申立てに対する決定を経た後でなければ、提起することができない」と定めていたところ、地方公共団体の事務に係る処分について大臣に対する審査請求を定める場面が多かったからである。この不服申立前置主義を最初に強く批判したのが阿部泰隆教授であった[27]。阿部教授は、事例の検討も含めて詳細な分析を踏まえて、二五六条の存在そのものを批判した。

人見剛教授は、以上のような諸教授の研究成果を踏まえて、それらをまとめると、国家の裁定的関与の統制のために、「①審査機関を自治大臣等ではなく、独立した第三者機関とすること、②審査機関の審査を合法性の統制に限定し、自治体の裁量判断の当否に踏み込まないようにすること、③審査機関の裁決に対して自治体側からの不服申立てないし出訴の途を開くこと」の諸点となるとしている。人見教授は、さらに、自治体の出訴の仕組みは、裁決取消訴訟であり、裁決により利益を得ている不服申立人は、被告側への訴訟参加（行訴法二二条）、さらに参加の機会がないまま判決により裁決が取り消された場合の再審の訴え（行訴法三四条）の途が開かれているとしている[28]。このような叙述から、人見教授は、自治体が抗告訴訟としての裁決取消訴訟を提起できると見ているものと思われる。

(12)　塩野宏「地方公共団体の法的地位論覚書き」社会科学研究三三巻三号一〇九頁（昭和五六年）。同論文は、塩野宏『国と地方公共団体』（有斐閣、平成二年）一頁以下に収録されている。以下においては、同論文集により引用する。
(13)　塩野宏『国と地方公共団体』三八頁。
(14)　塩野宏『行政法Ⅲ［第四版］行政組織法』（有斐閣、平成二四年）二四六頁以下をも参照。
(15)　塩野宏『国と地方公共団体』三八頁。
(16)　関哲夫『自治体争訟法』（学陽書房、平成元年）八〜九頁。
(17)　関哲夫・前掲注（16）九頁。
(18)　関哲夫・前掲注（16）九〜一〇頁。
(19)　関教授は、国民健康保険の保険者としての市町村の立場に関する判断は微妙であるとしつつ、「法律が都道府県国民健康保険審査会という第三者的審査庁を設けたことから、直ちに市町村の保険者たる地位が国の行政作用を担当する行政主体にあたると判断するのでは、論理が逆であろう」と述べている（前掲書一〇頁）。

(20) 本稿で紹介している論稿のほか、曽和俊文「地方公共団体の訴訟」杉村敏正編『行政救済法2』（有斐閣、平成元年）三一〇頁、村上裕章「行政主体間の争訟と司法権」同『行政訴訟の基礎理論』（有斐閣、平成一九年）五二頁（初出は、公法研究六三号二一九頁（平成一三年））などを参照。

(21) 阿部泰隆『行政法解釈学Ⅱ』（有斐閣、平成二一年）三二八〜三二九頁、及びそこに掲げられている同教授の論文を参照。

(22) 曽和俊文・前掲注(20)三〇〇頁。曽和教授のいう機関訴訟は、西上治「機関争訟の『法律上の争訟』性」行政法研究六号二五頁（平成二六年）四七頁以下の述べる「行訴法上の機関争訟」である。西上論文は、また、これを「典型的機関争訟」と呼んでいる（五二頁）。

(23) 高橋滋ほか編『条解行政事件訴訟法第4版』（弘文堂、平成二六年）二〇一〜二〇二頁（執筆＝山本隆司）。この考え方は、西上治・前掲注(22)の挙げる「非典型的機関争訟」（五二頁）を「行訴法上の機関争訟」に含めるものであって、「理論上の機関争訟」（同論文四六頁以下）と「行訴法上の機関争訟」とが、ほぼ一致するとする見解であるといってよい。

(24) 鎌倉市の平塚競輪場における事業からの撤退について平塚市の提起した補償金支払請求訴訟について、横浜地判平成二二・五・一四判時二〇八三号一〇五頁は、請求を認容した。川崎市は、神奈川県競輪組合が川崎競輪場における競輪事業から撤退したことにより損害を被ったとして、平成二七年一二月二五日、神奈川県、横浜市、横須賀市を相手に損害賠償請求訴訟を提起した。同じく、小田原市は、同組合が小田原競輪場における競輪事業から撤退したことにより損害を被ったとして、平成二八年一月二九日、前記の県市を相手に損害賠償請求訴訟を提起した。これらの訴訟が提起される背景に関しては、碓井光明「地方公共団体の競輪事業撤退をめぐる紛争」明治大学法科大学院論集七号五〇七頁（平成二一年）、五三五頁以下を参照。

(25) 藤田宙靖「行政主体相互間の法関係について覚え書き」成田頼明先生古稀記念『政策実現と行政法』（有斐閣、平成一〇年）八三頁、九六頁（同『行政法の基礎理論 下巻』（有斐閣、平成一七年）五八頁所収七二頁）。

(26) 加藤智章『社会保険核論』（旬報社、平成二八年）一六一頁。

(27) 阿部泰隆「自治事務と不服審査前置制度（地方自治法二五六条）」同『行政救済の実効性』（弘文堂、昭和六〇年）一〇八頁以下所収（初出は、自治研究五四巻三号二九頁（昭和五三年））。

(28) 人見剛「地方自治体の自治事務に関する国家の裁定的関与の法的統制」同『分権改革と自治体法理』（敬文堂、平成一七年）二七三頁、二七八頁、二九三頁（初出は、東京都立大学法学会雑誌三六巻二号五九頁（平成七年））。

四　形式的機関訴訟の構想

前述の人見教授の見解にあっては、何ら立法措置を要することなしに、原処分庁の属する地方公共団体が裁決取消訴訟を提起できることになる。このような方向を目指す研究も見守りたいし、少なくともブレーキをかけてはならないと考えている。しかし、理論上の可能性を認めるとしても、実際に訴訟が提起された場合には、前記の最判昭和四九・五・三〇の存在を考えると、適法とされる見込みは極めて薄いと思われる。そこで、筆者は、実践的には、むしろ立法措置により問題の解決を図る方がすっきりすると考えるものである。

その方法として、原処分庁が原告となって裁決を争う訴訟を構想したい。もっとも、「原処分庁の属する行政主体」の提起する訴訟を立法措置により明確に位置づけるのも一つの方法である。このいずれを選ぶかについては、検討を要するところである。

たとえば、県に属する建築主事の処分が県の建築審査会の裁決により違法として取り消された場合を考えてみよう。行政主体を原告とすれば、県が原告となって県建築審査会の裁決を争うことになる。これに対して、原処分庁を原告とすれば、県の建築主事が原告となって県建築審査会の裁決を争うことになる。

このいずれの仕組みを選ぶかは、新たな訴訟を許容する範囲の問題とも関係している。もし原処分庁と審査庁とが同一の行政主体に属する場合には、新たな訴訟制度の対象にしないというのであれば、自動的に建築主事の属する県は、県建築審査会の裁決を争うことができないことになる。もっとも、指定確認検査機関は県に属するわけではないので、その場合にも行政主体原告を貫くのがよいかという問題は残される。筆者としては、原処分庁と審査庁とが同一の行政主体に属する場合であっても、訴訟の途を開くべきであると考えている。それは、「まちづくりのあり方に関する県の利益」を否定することができないと思われるので、建築審査会の裁決が法令又は条例の解釈適用を間違っていると考える県は、その誤りを裁判により是正してもらう利益があると考えるからである。その場合に、行政主体である県を原告とするときには、地方自治法の原則に従えば、訴訟の提起に議会の議決を要することになる（同法九六条一項一二号）。

そのことの政策的評価は別にして、県が原告となって県の建築審査会の裁決を争うのは、やはり不自然であり、建築主事が原告となるのが自然である。特定行政庁が原処分を行なった場合には、特定行政庁が裁決を争う訴訟の原告となるのが自然である。このような訴訟において、原処分庁は、単なる面子のために訴訟を提起するのではなく、行政の適正な執行による地方公共団体の利益、そして住民の利益を代弁する立場にあることを忘れてはならない。このような構成にするときは、真正機関訴訟をも含む訴訟の途が開かれることになる。かくて、原処分庁が原告となり、審査・裁決庁を被告とする訴訟制度を構築することとすべきである。

ところで、このような訴訟を構想する際に、必ずしも、すでに用意されている行政事件訴訟の類型にこだわる必要がないことはいうまでもない。地方自治法の関与訴訟の性質に関しては、議論があり、機関訴訟であるとする学説[29]、立法技術上機関訴訟として整理されたとする学説[30]のほか、行政事件訴訟法上の機関訴訟ではなく特別の訴訟であるとする有力な学説が存在する[31]。行政事件訴訟法以外の法律、たとえば行政不服審査法において、一般法として、かつ、ほぼ完結的に、原処分庁が裁決を争う訴訟を定める方式を採用するときには、機関訴訟と構成するか特別の訴訟と構成するかは、手続規定の適用や準用の問題を別にすれば、それほど問題ではない。

「機関訴訟」と呼ぶことについては、機関訴訟に関する行政事件訴訟法の規定はわずかであることを考えると、わざわざ機関訴訟の類型に入れることの実益が認められないとする批判もあろう。原処分庁と裁決庁との争いには、両者の関係に応じて、真正機関訴訟に該当する訴訟もあるが、地方公共団体に属する原処分庁と国に属する裁決庁との間の紛争のように、真正機関訴訟に該当しない訴訟も考えられる。前述したように、現行法においても原処分庁ないしその属する行政主体の出訴が認められるとする学説[32]が存在することも考えた場合に、前述の区別を無視して機関訴訟と呼ぶことには抵抗があるかもしれない。

しかし、純粋な理論上の問題とは別に、技術的に、もし現行の訴訟類型で扱える可能性があるならば、それを追求するのも一つの方向である。原処分庁と裁決庁との間の争いであるという形式に着目するならば、技術的理由で機関訴訟として法律に定めることにも合理性があると思われる。かくて、形式的には裁決をめぐる原処分庁と審査・裁決庁との争いではあるものの、争いの実質は審査請求人と原処分庁との争いの延長上にあるという点にも着目するならば、この訴訟をもって「形式的機関訴訟」と称してもよいであろう。

ところで、この訴訟と裁判所法三条の「法律上の争訟」との関係について触れておきたい。

一般に機関訴訟は、「法律上の争訟」に該当しないが故に法律の定めがある場合に限られているのであるが、筆者の提案する訴訟は、いわば「審査請求人の仕掛けた攻撃を原処分庁が撃退するための訴訟」であるから、本来的には「法律上の争訟」性を有しているといってよい。そのことを示すために「準法律上の争訟」と呼んでもよいであろう。現行の行政事件訴訟法が、実質的当事者訴訟以外に原処分庁の属する行政主体が原告となる訴訟を特に定めていないのは、原処分庁は、本来、行政処分権限を有しているので、訴訟によらなくても当該行政処分権限の発動によって目的を達することができるという事情によっていると思われる。これに対して、審査請求人が仕掛けた争いについては、審査請求の認容裁決に対し原処分庁が原告となる訴訟を認めることこそが「準法律上の争訟」に係る訴訟制度整備のあり方であるといってもよい。もっとも、憲法上の「裁判を受ける権利」は、「国民」に認められるものであるから、行政権を行使する行政主体が国民と同様に「裁判を受ける権利」を主張することはできないと考えられる。行政主体について「裁判を受ける権利」が否定されるとすれば、ましてや行政庁については認められないであろう。その限りにおいて、たとえ行政権に関係する争いで「準法律上の争訟」の性質を有するものについて、原処分庁が原告となる訴訟を認めないとしても、そのことの故に直ちに違憲の評価を受けるものではない(33)。しかし、逆に、「裁判を受ける権利」が否定されるからといって、「準法律上の争訟」の性質の存在すること自体まで否定されることを意味するのではない(34)。

次に機関訴訟を構想する場合に、現に存在している訴訟方法を活用できるものについては、なるべくそれを活用するようにするというのも一つの考え方である。

具体的には、地方公共団体の機関の原処分について、大臣又は都道府県知事が審査庁として審査し裁決を下す裁定的関与としての裁決に関して、裁決を不服とする地方公共団体の機関は、地方自治法上の関与訴訟を活用できるように法改正をすべきであるという考え方もあろう(35)。そのための立法方法として、地方自治法二四五条三号において「関与」から除外している「審査請求その他の不服申立てに対する裁決、決定その他の行為」を削除することが考えられる。筆者も、関与訴訟により争う途を開くこと自体には反対しない。しかしながら、関与訴訟の排他性を認めることについては疑問をもっている。すでに不服申立手続を経ているにもかかわらず、国地方係争処理委員会の審査を経由することを義務づけることは、通常の場合には、屋上屋を重ねる仕組みであるといわなければならない。たしかに、地方公共団体が、「地方公共団体の自主性及び自立性を尊重する観点から不当である」として係争処理委員会の審査を希望する場合には、同委員会の審査を経ることに意味があるが、果たして私人が不服申立てした事案に関して、このような場面があり得るかは疑問がある。ほとんど皆無に近いとするならば、そのような極めて例外的場面のメリットは無視してよいと思われる。

かくて関与訴訟の排他性を認めない前提をとるならば、関与訴訟の対象を広げつつ、同時に、新たに設ける原処分庁が裁決を争う訴訟の活用も認めることになる。もちろん、この訴訟制度を設けることは、裁定的関与に当たらない裁決を争える点において、実際上の意味が大きいことはいうまでもない。他方、上級行政庁が審査・裁決庁である場合にまで原処分庁の出訴を認めるべきではない。行政組織法の論理として、原処分庁は、上級行政庁の指揮監督権に服する原則の下にあるので、上級行政庁のなす裁決に関しても服するのが当然である。

なお、理論上、抗告訴訟が可能とされる場面もあることを考慮して、この新たな訴訟制度は、抗告訴訟の可能な事案について抗告訴訟の扉を閉じるものではないことも確認しておきたい(36)。

新たな機関訴訟を構築するに当たって主要な検討事項は、次のとおりである。

第一に、新たな機関訴訟において、裁決の取消しを求める訴えとすべきか、裁決の無効確認の訴えと構成するかが問題となる。やはり、裁決取消しの訴えとして構成するのが自然であろう。

第二に、原処分庁と第三者的不服審査機関とが同一の行政主体に属する場合においても原処分庁の出訴を認めるべきであるというのが筆者の主張であるが、一定の場合の例外を考える必要があるか否かが問題となる。原処分庁は「一応の判断権」を行使するものの、それは、一応の判断権行使であって、微妙な事案に関しては不服申立てを受けて、専門家からなる第三者的不服審査機関の最終的判断に委ねる制度を採用していると見られる場合には例外を認めるべきであるという議論の可能性がある。原処分庁の判断が暫定的なものである以上、そのような第三者的不服審査機関の裁決は、形式的機関訴訟の対象外とすることが考えられるからである。しかし、そのような不服審査機関が現存するかどうか、目下のところ筆者にはほとんど確認できない。したがって、それぞれの不服審査制度の趣旨を子細に検討したうえで、そのようなものが見出されるときは、除外すべきであろう。要するに、上級行政庁以外の行政機関が審査庁となる場合における審査請求認容裁決を網羅的に形式的機関訴訟の対象とすることを原則にしたうえで(37)、そのなかに含まれる個別の紛争場面を吟味したうえで、例外的に形式的機関訴訟の対象外とすることを認めるべきであろう(38)。

指定確認検査機関のような民間機関が原処分庁となっている場合も除外すべきではない。違法な処分をしたことによる世間の評価の低下を回復するためにも、裁決取消しの訴えを認める実益がある。

第三に、審査請求に関し認容裁決を受けた審査請求人は、この訴訟の結果によっては重大な不利益を受けるのであるから、民事訴訟法上の補助参加又は特別の訴訟参加（取消訴訟の第三者の訴訟参加制度の準用を含む）制度を設けて、訴訟参加を認める必要がある。

第四に、原処分庁には、判決を求めるだけの利益がなければならないとすべきかどうかという問題がある。形式的ではあれ機関訴訟とする以上、「原処分庁自体の固有の利益」を要するとする必要はない。その意味において、正しい法の実現を目指す公益的訴訟であってもかまわないようにも思われる。しかし、すでに述べたように、原処分庁の体現している行政主体ないしその構成員の利益の存在を必要とするいえよう。それは、「軽度の利益」といってよい。

第五に、いかなる法律に定めるかが問題になる。一般的な制度として定めるのであれば、不服審査自体ではないという意味において、やや異質なものを取り込むことになるものの、行政不服審査法に定めることも考えられる。もう一つの方法は、個別法律に分散して定める方法がある。現行の機関訴訟は、行政事件訴訟法に定めていないという意味で、個別法律分散方式であるので、決して不自然なものではない。第三者的独立不服審査機関は、個別法に定められているのであるから、それらの個別法において定めることとし、大臣又は都道府県知事のなす裁決（裁定的関与としての裁決）については、地方自治法に定めることも考えられる。

個別法の詳しい定め方にも言及しておきたい。たとえば、都市計画法五〇条に第五項を追加して、「第一項前段の規定による審査請求を認容する開発審査会の裁決に対して不服を有する処分庁は、当該開発審査会を被告として当該裁決の取消しを求める訴えを当該処分庁の所在地を管轄する地方裁判所に提起することができる。」のような定めを置くことが考えられる。また、大臣又は都道府県知事のなす裁決については、たとえば、法定受託事務に係る審査請求に関する地方自治法二五五条の二第一項の規定を受けて、「同条第一項の規定に基づく審査請求を認容する裁決に不服を有する処分庁は、当該裁決庁を被告として当該裁決の取消しを求める訴えを当該処分庁の所在地を管轄する地方裁判所に提起することができる。」のように定めることが考えられる。

第六に、前記の論点と関係して、この形式的機関訴訟と行政事件訴訟法との関係をどのように位置づけるかが問題となる。おそらく法定外行政訴訟であるから、行政事件訴訟法にかかわりなく特別の訴訟として位置づけるのが最も明快であろう。その上で、若干の規定の準用を必要とするのであれば、そのことを定めることで足りるように思われる。

(29) 藤田宙靖『行政組織法』(有斐閣、平成一七年)五二頁。

(30) 塩野宏・前掲注(14)二五二～二五三頁。同書二五二頁は、地方自治法の関与訴訟に関して、立法技術上、機関訴訟として整理していると述べている。大浜啓吉『行政裁判法(行政法講義Ⅱ)』(岩波書店、平成二三年)三三〇頁が、行訴法四三条が準用されていること(筆者注＝正確には行訴法四三条の適用を前提にした規定(地方自治法二五一条の五第八項及び第九項)の存在)を根拠に機関訴訟であると述べているのも、同趣旨であろう。

(31) 阿部泰隆・前掲注(21)は、「行政主体間の権限行使の争いであり、法律関係が生じ、具体的な法的紛争である以上は、『法律上の争訟』と理解すべき」であって、特別の制限をおいた訴訟であり(八五頁)、行政事件訴訟法の訴訟類型に当てはまらない特別の訴訟であるとしている(三二九頁)。小早川光郎「司法型の政府間調整」松下圭一ほか編『岩波講座　自治体の構想2　制度』(岩波書店、平成一四年)五七頁、六七～六八頁は、自治体の自治権に関しては、憲法は、裁判所による保護を「憲法自体で保障するのではなく、地方自治の本旨に即しつつ裁判所の介入をいかなる程度と態様ににおいて制度化すべきかの決定を法律に委ねている(憲法九二条)と解するのが妥当であろう」という認識に基づいて、改正地方自治法は、「必要かつ適切と考えられる程度と態様において、特別の関与不服訴訟の制度を法定しようとしたものと位置づけられる」と述べている。

(32)　たとえば、塩野宏「地方公共団体の出訴資格」兼子仁＝阿部泰隆『自治体の出訴権と住基ネット』（信山社、平成二一年）一一七頁以下（同『行政法概念の諸相』（有斐閣、平成二三年）三六一頁以下所収）、同『行政法Ⅲ［第4版］行政組織法』前掲注(14)二五二頁。

(33)　ただし、裁定的関与としての裁決に関しては、地方自治の保障による自治権の侵害であるという理由による違憲の疑いが生じる可能性を否定できない。また、行政権といっても、財産権の主体としての立場にある場合には、憲法上、国民一般と同様の裁判的保護を受けるという議論も予想される。

(34)　「準法律上の争訟」と解する立場から、筆者は、形式的機関訴訟を定めることに憲法上の障害はないと考えている。しかし、論者によっては、このような訴訟を司法権に委ねることはできないと主張するかもしれない。この点については、憲法学の状況を踏まえなければならないので、宿題として残しておきたい。

(35)　学説には、裁定的関与は廃止すべきであるが、仮に残すとしても第三者的な裁定制度に改め裁決に対する地方公共団体の出訴を認めるべきであるとするものがある（たとえば、村上裕章・前掲注(20)六七頁）。この主張における原告は「地方公共団体」であって、地方自治法二五一条の五第一項が「地方公共団体の長その他の執行機関」と定めて、機関を原告としているのと異なることに留意したい。

(36)　大浜啓吉・前掲注(30)三三〇頁は、関与訴訟をもって機関訴訟であるとしつつ、地方自治法二五一条の五とは別に、地方公共団体が国を相手に抗告訴訟（関与の無効確認訴訟、差止訴訟等）も可能であり、執行停止の申立ても認められることになる、と述べている。これに先立ち、白藤博行「国と地方公共団体との間の紛争処理の仕組み」公法研究六二号二〇〇頁（平成一二年）が、機関訴訟としての関与訴訟の創設は、「国と地方公共団体との関係を、再び『行政内部関係』へと押し戻すかのような制度化が実施されたように見える」（二〇七頁）としつつ、「このような客観訴訟の存在をもって、本来の取消訴訟の可能性が排除されるいわれはない」（二一〇九頁）と述べていた。さらに、人見剛＝須藤陽子編『ホーンブック地方自治法［第3版］』（北樹出版、平成二七年）は、関与訴訟に関して、従来から抗告訴訟として争えたとする説によれば、関与訴訟は、「係争処理手続を経て高等裁判所に訴えるという簡易迅速な手続を用意したものに過ぎず、従来から認められていたはずの抗告訴訟の可能性に影響を及ぼすものではないと解釈する余地が生ずる」（一九〇〜一九一頁）と述べている（執筆担当＝垣見隆禎）。

(37)　たとえば、建築主事のした建築確認拒否処分を建築審査会が取り消す裁決をした場合において、建築主事が同裁決を不服として争うことを認めるべきであろう。

(38)　たとえば、固定資産税の課税対象となる固定資産の評価に関して、第一次的には、固定資産評価員の評価調書を受理して市町村長が価格を決定するものの（地方税法四一〇条一項）、それを不服とする者が登場した場合には、固定資産評価審査委員会への審査の申出により同委員会の慎重な判断を求めることとしたのであって（同法四三二条以下）、このような制度において、価格を決定した市町村長に審査委員会の審査決定に対する訴訟の提起を認めることは想定外であるという議論が登場する可能性がある。

五　おわりに

（※　本稿を執筆する最大の動機は、国に各省の所管事項を包括する総合的な行政不服審査機関を設置した場合に、現行法において各省大臣が裁決を争う途がないことを解決したいというものであった。実は、塩野宏教授は、つとに総合的行政審査制度は直ちに違憲を生じるものではないとし、その際に、「主務大臣への出訴権の付与などの措置をとることも考えられる」と述べている。(*)）

以上、裁決を不服とする原処分庁は、形式的機関訴訟により裁決を争うことができるよう制度を設けるべきことを述べてみた。しかし、原処分庁が裁決に不服であっても、慎重に判断して、裁決のような法解釈もあり得るというような場合には、自らの判断で、当該訴訟を提起することなく裁決を受け容れることが多いとも思われる。本稿は、原処分庁が、いたずらに争うことを推奨しようとするものではない。おそらく、本稿の提唱する裁決取消しの訴えが実際に提起されるのは、例外的であろう。

ところで、本稿を終えようとする際に最も悩んでいるのは、審査請求人がもっぱら簡易な救済手続として審査請求を選択したにもかかわらず、原処分庁が認容裁決の取消しを求める訴えを提起した場合には、審査請求人は、たとえ参加人としてであっても、訴訟の行方に不安を抱き続けなければならないことである。また、審査庁（裁決庁）は、自身の「固有の利益」がないにかかわらず、認容裁決を出したことによって、審査請求人の保有する証拠まで収集して訴訟の場に提出する立場に置かれることについても不自然さを感じざるを得ない。このような「座りの悪さ」に鑑みると、本稿において提唱する「形式的機関訴訟」においては、裁判所は、訴訟要件の充足の有無に係る事実の認定は別として、「法の解釈」に限定して審査することとし、内容にわたる事実認定を行なわないという選択も検討すべきであるように思われる。英米法系の諸国でいう「法律問題（question of law）」に限定して裁判所の審査対象とすることが一つの途のようにも思われる。誤った法解釈が認容裁決を通じて通用してしまい、裁判所による是正がなされないことに現行制度の最大の問題があると考える立場からは、検討に値する課題であるといわなければならない。この訴訟は、原処分庁の「裁判を受ける権利」に基づく訴訟ではないことに鑑みると、法律問題に限り司法権の属する裁判所の判断を受けることとしても、憲法上の問題は生じないと思われる。(39)

最後に、本稿は、機関訴訟自体の研究を目的とするものではない。近年は、機関訴訟に関する優れた研究が登場して、これまでの研究についてのレビューもなされているが、(40)それらについて立ち入るゆとりはない。将来、それらを踏まえた検討の結果によっては、本論文の趣旨を撤回せざるを得ない事態が生ずることも危惧される。その意味において、本論文は、現時点における暫定的構想にすぎない。

（＊）　塩野宏・前掲注（14）六五～六六頁。

（39）　日本において、憲法解釈上、「司法権の行使は、当然に係争事件に関する事実の認定を含むものであるから、その事実の認定をまったく裁判所の権能の外におくことは、裁判所の有する司法権を制限することになると解される」とする見解（宮沢俊義著・芦部信喜補訂『全訂日本国憲法』（日本評論社、昭和五三年）五九九頁）が通説と目され、他方、事実認定を司法の必須の要素ではないとする見解（小嶋和司『憲法概説』（良書普及会、昭和六二年）四八五頁）は、少数説である。この点については、別稿（※　本書序章）において検討することを予定しているが、この議論は、行政審判制度との関係において重要な論点であるものの（たとえば、参照、高橋和之『立憲主義と日本国憲法 第3版』（有斐閣、平成二五年）五九四～五九五頁）、本稿のような形式的機関訴訟の場面にまで及ぶものではないと解される。

(40)　西上治・前掲注(22)、及び、そこに掲げられている文献を参照。外国法の研究をメインとする本格的論文として、門脇雄貴「国家法人と機関人格―機関訴訟論再構築のための覚書―（1）～（3・完）」首都大学東京法学会雑誌四八巻二号二六九頁、四九巻一号二三三頁、五〇巻一号一四一頁（平成一九年～平成二一年）、西上治「機関争訟の『法律上の争訟』性問題の探求（1）～（6・完）」国家学会雑誌一二八巻一・二号一頁、三・四号一頁、五・六号六五頁、七・八号六四頁、九・一〇号一二二頁、一一・一二号一三一頁（平成二七年）を挙げておく。

【補　記】

沖縄県は、国土交通大臣の執行停止決定をもって地方自治法上の「関与」（二四五条）と見て、国地方係争処理委員会に審査の申出をした。これに対し、係争処理委員会は、平成二七年一二月二七日付けで、「審査の申出を却下する」旨を通知した。地方自治法二四五条三号括弧書きは、「審査請求、異議申立てその他の不服申立てに対する裁決、決定その他の行為」を「関与」から除外しているので、執行停止決定も、国地方係争処理委員会の審査対象としての「国の関与」に該当しない趣旨であるとしている。ただし、係争処理委員会は、審査請求の対象にならないのに審査請求がなされて、それに対する執行停止決定がなされている場合に、審査請求が可能であるとした審査庁の判断が一見明白に不合理である場合には、係争処理委員会が審理することは排除されていないとしつつ、具体の事案に関する国土交通大臣の主張・判断（公有水面埋立法における「承認」は、国に対して埋立事業をなし得る地位を与えるものであり、その点において一般私人に対する「免許」と変わりがなく、国は一般私人と同様の立場で承認を受けるものといえ「固有の資格」において受けるものとはいえない）は、確立された判例又は行政解釈に明らかに反しているといった事情は認められないことなどから、国土交通大臣の判断が一見明白に不合理であるとまでいうことはできないと述べている（国地方係争処理員会の平成二七・一二・二八付通知）。これに対して、沖縄県知事は、平成二八年二月一日、福岡高裁那覇支部に地方自治法二五一条の五に基づき関与訴訟を提起した。

＊　本稿をほぼ完成した段階の平成二八年一月三一日、明治大学公法研究会において、報告の機会を与えられ、出席会員より有益なコメント及び情報を得ることができた。感謝の意を表したい。

第五章　固定資産評価の不服審査制度に関する考察

一　はじめに

固定資産税に関して、固定資産の評価が重要な作業であることは言うまでもない。このところ、「評価の適正化」に伴う評価替え等に直面して、固定資産の評価に関する固定資産評価審査委員会への審査の申出が急増し、また、固定資産評価審査委員会の審査決定をめぐる注目すべき裁判例が相次いで登場している。

こうした状況において、固定資産の評価のあり方という実体面とならんで、固定資産評価に関する不服審査制度のあり方も、重要な検討課題として浮かび上がってくるように思われる。折しも、平成一一年には、固定資産評価審査委員会に関し、昭和二五年の現行地方税法が始まって以来の大改正がなされ、平成一二年から施行されることになった。本稿は、この改正も視野に入れながら、日本の現在の固定資産評価審査委員会の審査決定及び審査決定の取消訴訟という方式の不服審査制度に、いかなる問題があるかを考察することにしたい。

二　固定資産評価審査委員会の位置づけ

1　固定資産評価審査委員会の由来

固定資産評価審査委員会は、昭和二五年の固定資産税の創設にあわせて設けられることになった。同税の創設に大きく影響を与えたシャウプ勧告には、なぜか固定資産評価審査委員会に関する勧告を見出すことができない。しかも、筆者の回りにある文献を見る限り、その後の解説においても、固定資産評価審査委員会とシャウプ勧告との関係については、ほとんど触れられていないようである。(1)

そこで、同委員会は、二つの流れの中で理解することが可能である。

一つは、戦前の租税等に関する各種の「調査委員会」の流れの延長上に位置づけるものである。たとえば、「所得調査委員会」は、所得税の賦課に先だって税務署長の判断について、所得調査委員が参与するための機関であった。そして、委員は、所定の手続により選挙された。固定資産税と関係の深い地租に関しても、土地賃貸価格改訂法（昭和一一年法律第三六号）は、改訂賃貸価格は、各地目毎に、昭和一一年四月一日において土地の情況が類似する区域内において標準となるべき土地の賃貸価格（＝標準賃貸価格）によるとしつつ（二条一項）、その区域及び標準賃貸価格は、「賃貸価格調査委員会」の議に付して政府が定めるものとしていた（五条）。同委員会は、各税務署所轄内に置かれ（七条）、その区域内の各市町村において地租納税義務者により選挙された調査委員により構成されていた（八条一項）。

戦後に至っても、昭和二三年法律第一〇七号による改正時の土地台帳法一三条は、各地目ごとに土地の状況が類似する区域と、その区域内において標準となるべき賃貸価格は、「土地賃貸価格調査委員会」に諮問して、政府がこれを定めるものとしていた。しかし、第一回の一般の賃貸価格の改定（同改正後の法附則一一条により昭和二六年一月一日と予定されていた）前に制度が改正されたため、実際には機能しなかったようである。

そして、昭和二五年の地方税法（以下「法」という）が、「固定資産評価審査委員会の委員は、当該市町村の住民で市町村税の納税義務がある者のうちから、当該市町村の議会の同意を得て、市町村長が選任する」と定めたのも、選挙手続によらない点、事後的審査の場面の関与である点において、かつての調査委員会と異なるものの、納税者の参与する手続である点において共通するとみることが可能である。自治省固定資産税課の編集になる書物も、「固定資産の価格等に関する住民の不服は、その問題の最も近い周辺にある当該市町村の住民のなかからえらばれた人によって審査決定せしめることをもって適当であるとの趣旨」によるものと説明してきた(2)。

山田二郎教授も、「市町村の住民で市町村税の納税者であることを委員選任の要件としていることは、他に例の少ないことであり、単に第三者性（中立性）を持たせているということではなく、納税者の代表として課税台帳の登録事項を見直しさせようというのが立法意図ではなかったかと推測することができる」とされ(3)、「納税者の代表を評価額の確定に参加させる」「住民参加の画期的な制度」と位置づけておられる(4)。

もう一つの見方は、戦後地方行政において採用された行政委員会として位置づけるものである。固定資産評価審査委員会は、市町村長から独立して職務を遂行し、同委員会の決定に対しては、市町村長も訴願又は裁判所への出訴が認められたのであるから（昭和三七年法律第一四〇号による改正前の地方税法四三四条一項）、実質に着目する限り強力な行政委員会であった(5)。

このいずれの理解が正当であるかは、なお検討を要するが、両方の趣旨の混在によって、無理なく制度化が実現したのかもしれない。しかし、言葉の問題であるかもしれないが、固定資産評価審査委員会委員をもって、住民や納税者の「代表」とみることは、その選任手続からみて困難である。従って、制度の建前として見る限り、行政委員会方式の一環としてみるのが正当であろう。

ところで、固定資産評価審査委員会の性格に関する、この二つの見方の違いは、同委員会の審査のあり方について、微妙に異なる方向に導くことが予想される（正確には、「予想された」と言うべきである）。

第一に、納税者の参与手続であると位置づけるならば、委員に対して必ずしも専門的な評価能力を要求することは必要でない。むしろ、素人であっても構わないのであって、主として、評価の「均衡」ないし「権衡」について、常識的な判断を下すことを期待すべきであるということになろう。その場合には、審査の手続についても、それほど厳格なものを要求するには及ばないという見方も可能である。

第二に、これに対して、行政委員会の発想によれば、可能ならば、専門的知識を有する者が委員となって、適正な手続により、手続を厳格に遵守して不服を審査し、決定をすべきであるということになる。

このような二つの対立軸で固定資産評価審査委員会を把握しようとする発想は、早い時点で石島弘教授が示されたものである(6)。同教授は、第一の考え方について、固定資産税の課税標準となる価格は、時価で評価しなければならず、資産相互間における評価の均衡及び負担の均衡も「時価による均衡」でなければならないとされ、「適法性の原則が強く支配する税法の要件事実認定」においては、妥当でないとされる。しかし、審理との関係においては、

「専門知識を有しない委員会が、果たして、司法手続における口頭弁論に準ずる口頭審理方式のもとで、具体的な主張や証拠を当事者の自己選択と自己決定にゆだねつつ審理の進行を指揮し、自由に心証を形成して適切な審査決定をなしうる能力を有しているかは疑問である」とされ、委員会の機能は、職権により評価に関する資料を収集・開示し、評価根拠の検討の機会を保障し、納税者に攻撃防禦方法を講じさせることにあると主張される。

石島教授のこの指摘は、きわめて重要であるが、もしも、固定資産評価審査委員会が、最終的に「時価」を判断せざるをえないとするならば、常識的には専門知識を有する委員から構成されていなければならないはずである。同教授の見解は、委員自身は専門知識を有していなくとも、職権により評価機関に資料を開示させ、納税者の攻撃防禦を尽くさせるならば、委員会が時価を判断できるという認識に基づくものなのであろうか。審理手続のありようによって、時価を判断できるとしても、それは、自らが実額判断をするというよりも、市町村長の登録価格を相当として維持するか、又は、不合理であるとして差し戻すことになるように思われる。

前述の対立軸による把握は、もちろん典型的制度を想定したものであって、制度化において、両者を織りまぜることも、もちろん可能である。しかし、この対立軸が重要な視点であることに変わりはない。

おそらく、法律の条文からして、後者の建前によらざるをえないが、市町村の関係者の行動面においては、まず、前者の発想でスタートしたものであり、前者の発想は、現在においても根強く存在していると推測される。そして、そのような行動は、必ず、「法の建前」の前に是正を迫られることになるのである。すなわち、素人住民の参与手続と専門的行政委員会の建前との矛盾、あるいはその調整の必要性は、さまざまな次元で問題として顕在化することになる。

2　審査の決定

(1)　差戻し型と実額判断型

固定資産評価審査委員会の決定には、審査の申出を不適法とする決定、不服に理由がないとする棄却の決定、さらに不服に理由があるとする決定が当然ありうる。そして、固定資産の価格の決定に関する不服について理由があるとする場合に、評価の仕方を手続的に審査して、再度の決定をさせる。すなわち差し戻す意味で取り消す方法と、審査の決定において、委員会が評価額自体を確定的に示して、一部を取り消す方法とがありうる。一応、前者を「差戻し型」、後者を「実額判断型」と呼んでおこう。法において、いったい、いずれの方法が想定されているのであろうか。

少なくとも、昭和三七年法律第一四〇号による改正後の法四三四条第一項が、「固定資産税の納税者は、固定資産評価審査委員会の決定に不服があるときは、その取消しの訴えを提起することができる」と定め、かつ、同条第二項が「第四百三十二条第一項の規定により固定資産評価審査委員会に審査を申し出ることができる事項について不服がある固定資産税の納税者は、同項及び前項の規定によることによつてのみ争うことができる」と規定して、明確に「裁決主義」を採用したことによって、委員会が、審査決定において、市町村長に価格の決定のやり直しを求めることなく、評価額の実額判断を示すことができることは疑いない。さらに、委員会が常に実額判断を示さなければならない趣旨であるかどうかは、別個の問題として残される。

(2)　固定資産評価員との関係

この問題を考察するに当たり、固定資産評価員が、どのように位置づけられているかが問題である。

まず、シャウプ勧告は、「各都市は常置の不動産評価人団を募集し、訓練すること」を提案した。(7) 同勧告は複数の評価人を置くことを提案していたと見られるが、制度化にあたって、「固定資産評価員」とされ、かつ、それは一名であると解釈され、(8)勧告との乖離を生じた。しかし、当時の地方財政委員会は、固定資産評価員を「市町村長、助役、収入役等に準じ、特別職的職員として取り扱うものである」とし、常勤の職員とするとともに、「給与額は、助役及び収入役との均衡を考慮して適宜定めること」としていた。(9)要するに、勧告は、固定資産評価員を、信頼でき、かつ相当高い地位のものと見ていたことがわかる。(10)このような固定資産評価員であれば、固定資産評価審査委員会の判断により、固定資産評価員に評価のやり直しを求めることに意味があったと思われる。その場合には、固定資産評価審査委員会が専門技術的な評価作業をすることは必要ではなく、むしろ、世間的常識による判断に基づく差戻しの役割が期待されていたのかもしれない。ところが、その後の運用は、固定資産評価員を通常の行政又は税務行政の系列のなかに埋没させてしまい、(11)その結果、固定資産評価員に評価のやり直しを求める実質的根拠が大きく失われることになったと思われる。逆に、委員会による実額判断の必要性が高まったといえよう。

また、シャウプ勧告の趣旨からすれば、評価の任務を課税行政から分離独立させ、それにより、税収確保又は税負担軽減の要請が、評価の場面に混入しないことを担保する可能性もあったと思われる。しかし、結果的に、固定資産評価員の任命において、その課税部門からの独立性の確保が不十分な運用がなされ、「税負担の程度の決定」問題が、評価作業のなかに隠れてしまう危険性を生じさせ、「不透明な評価」の印象を人々に与えてしまったことにも注目する必要がある。

(3)　運用実態との関係

さて、固定資産評価審査委員会に話題を戻して、委員会が、その建前通りの実体を有することなく、事務当局に判断を任せきっているような状態であるならば、責任をもって実額判断をなすことは困難である。そして、取消訴訟における裁決主義の下において、そのような委員会が、取消訴訟の被告（※　平成一六年の行政事件訴訟法の改正後は、被告は市町村であって、固定資産評価審査委員会が当該市町村を代表することとされた（法四三四条の二）。）となるべき真の当事者能力を有しているのか否かについて疑問が投げかけられよう。[12] 実態を知ることができないが、ごく最近までは、多くの市町村において、固定資産評価審査委員会は、そこに審査申出がなされること又は訴訟が係属することがほとんどないことを暗黙の前提にして、名誉職的意識で、その委員の任命がなされてきたものと思われる。しかも、こうした意識の下に、委員会の事務を評価部門又は課税部門の職員が兼務している限り、委員会が、固定資産課税台帳に登録された価格を違法として実額判断を下すことは、実際には、ほとんどありえないこととなる。[13]

（1）　山田二郎教授は、シャウプ勧告が、不服審査機関としての市民委員会を好ましくないとしていること（『シャウプ使節団日本税制報告書』（復元版）（日本税理士会連合会、昭和五四年）二六五頁）と、固定資産評価審査委員会制度の採用とが、整合的でないことを示唆されている（同「固定資産評価審査委員会の審査手続」石島弘ほか『固定資産税の現状と納税者の視点』（六法出版社、昭和六三年）九九頁、一〇一頁（注1））。シャウプ勧告の「市民委員会」は、主として国税の不服審査を念頭においていると思われるが、思想的には、固定資産の評価に関する不服審査にも妥当する考え方であるかもしれない。
　シャウプ勧告の影響と見るものとして、石川一郎『地方税法―理論と実務―』（帝国地方行政学会、昭和四七年）三六一頁があるが、それを引き継ぐ福島深編『地方税法―その理論と実際―』（ぎょうせい、昭和五二年）には、なぜかそのような記述がない。また、石島弘教授は、シャウプ勧告の底流に納税意識の高揚、政府支出への関心喚起の思想があって、課税標準の確定手続に納税者の同輩を関与させることによって恣意的課税を防止しようとする意図が、委員の納税義務者要件に反映されたものと見ておられる（同「固定資産評価審査委員会の機能と審理方式」税法学四〇〇号九七頁、一〇〇頁（昭和五九年））。

　アメリカの制度にならったものと説明する文献として、原田淳志ほか『地方税』（ぎょうせい、平成一一年）三一八頁。実際、アメリカの制度は、多くの場合、日本の固定資産評価審査委員会制度とほとんど同じであるという指摘がなされてきた（石島弘・前掲論文一〇一頁）。
（2）　自治省固定資産税課編『固定資産税逐条解説』（地方財務協会）昭和五二年版八二二頁、昭和六一年版四三二頁。また、石川一郎『精講固定資産税』（中央経済社、昭和三二年）一九六頁は、「固定資産評価員による固定資産の評価と相俟って、固定資産税

の民主的な運営を通じて評価の適正と均衡を図るために設けられる機関である」としている。
（3）　山田二郎「固定資産評価審査委員会の機能とその審理手続」貞家最高裁判事退官記念論文集『民事法と裁判　下』（民事法情報センター、平成七年）二四八頁、二五二頁。
（4）　山田二郎「固定資産税取消訴訟の課題と弁護士」自由と正義四七巻一二号六五頁、六八頁（平成八年）。山田教授は、早い時点において、「住民代表者の立場で固定資産の評価をチェックさせようとする」ものと論じておられた（山田・前掲注（1）一〇〇頁）。
（5）　碓井光明『地方税の法理論と実際』（弘文堂、昭和六一年）一九二頁。山田教授も、市町村の課税行政から独立した第三者機関たる行政委員会であることを肯定される（前掲注（1）九九頁）。これに対して、木村弘之亮「税の不服はどうすればよいか」ジュリスト総合特集『日本の税金』（昭和五九年）二三〇頁は、当初の委員会は、その審査が「訴願前置の（選択的）第一審」であるから、必ずしも独立の行政委員会という性格を示していなかったものと見て、委員会の審査決定に対して直ちに出訴できるようになって、初めて独立の行政委員会の性格が鮮明になったとされる。しかし、訴願の対象とされていたことが、「決定」をする委員会の性質を左右するとは必ずしも言えないように思われる。
（6）　石島・前掲注（1）一〇一頁、一〇五頁。
（7）　『シャウプ使節団日本税制報告書』（復元版）前掲注（1）一三八頁。
（8）　昭和二五・七・三一地財委官第一六六号。その理由は、評価の統一、均衡の確保、適正均衡に求められてきた（河西俊一『固定資産税の解説』（中央経済社、昭和三〇年）一四四頁等）。現在においても、その解釈が通用している（自治省固定資産税課編『固定資産税逐条解説』（地方財務協会、昭和六一年）三八七頁）。しかし、私は、評価の統一性を論拠にすることは説得的でなく（事実上調整すれば済むことであり、調整が難航する場合は、市町村長が指示すれば解決すると考えられる。少なくとも、土地と家屋について、それぞれ別の者を評価員に選任しても、評価の統一を害するおそれはまったくない）、評価の対象となる課税客体が多数にのぼり、しかも短期間に評価しなければならないことを考慮に入れるならば、必要に応じて複数の評価員を設置することも許されると解釈したい（碓井光明『地方税条例』（学陽書房、昭和五四年）一五〇頁）。
（9）　昭和二五・一一・七地財委税第一五二号。
（10）　シャウプ勧告に関する当時の地方自治庁事務官の解説において、次のように述べられていた。
「勧告に所謂評価人団は、当然複数が予想されるが、その職責が重大困難なものであり、利害関係者から多くの誘惑強圧等が加えられる可能性に照らし、相当に評価に関する学識経験をそなえ、且人格高潔の士を必要とすべく、資格要件をかなり高度（その度合が問題である。）のものとし、市町村長の任命については、議会の議決を要するフルタイムの職員（従って広汎な兼職禁止規定を必要とするであろう。）とすることが考えられる。」

さらに、必要がある場合には、評価人は他の市町村の職員と兼ねることができるようにすることによって、市町村の評価事務から生ずる地方ボスや縁故者等の直接の抵抗の緩和、各市町村の評価事務の繁閑に応じた固定資産評価員の配置を可能にすることを、私見として提案していた（以上、地方財務協会編『シャウプ使節団日本税制報告書　地方税制改正解説』（地方財務協会、昭和二四年）五八頁（執筆＝吉瀬宏）。

なお、「常置の不動産評価人団」の英文は、“a permanent body of real estate assessors”である。assessor は、アメリカにおいて、評価の責任を負う重要な職であって、最近の調査によれば、選挙により選任する州が二二州、「選挙もしくは任命」による州が一四州にのぼっているという。資産評価システム研究センター『地方税関係資料集―評価事務の共同化編―』（平成一一年）二四四頁。

(11)　平成一〇年一〇月時点の調査によれば、評価担当課長（三五・三％）、助役（三四・七％）で、この両者で七〇％を占めている。このほか、評価担当局（部）長（六・五％）、収入役（六・四％）も含まれている。資産評価システム研究センター・前掲注(10)二四頁。市長が兼ねていた例も判決によって知られている（浦和地判平成六・四・二五判例自治一三〇号二六頁）。

(12)　塚田功「固定資産税評価審査委員会の現状と改革」税務弘報四四巻九号一四八頁、一五八頁（平成八年）は、評価に関する資料が委員会自体にないこと、訴訟に的確に対応できる人手も能力も備わっていないことを理由に、行政訴訟の被告を市町村長にすべきである、とする立法論を展開している。

(13)　山田・前掲注(1)一〇一頁。なお、木村・前掲注(5)は、職員の実地調査（下調べ）が委員の実地調査権を侵食していると指摘している。さらに、運用上の「再調査」のフィルター効果が、審査申出件数を少なくさせていると指摘している。現状はどうなのであろうか。

三　固定資産評価審査委員会制度の改正

昭和二五年にスタートした固定資産評価審査委員会の制度は、それほど大きな改正を受けることなく経過したが、近年になって重要な改正がなされている。平成九年法律第九号による改正と、平成一一年法律第一五号による改正である。後者は、特に大きな改正であり、すでに述べたように、平成一二年から施行される。

1　平成九年改正

(1)　委員選任要件の緩和

平成九年の改正の最も注目すべき点は、委員の要件に関する改正である。それまでは、「当該市町村の住民で市町村税の納税義務がある者のうちから」選任することとされていたが、これを、「当該市町村の住民」、「市町村税の納税義務がある者」、それら以外で「固定資産の評価について学識経験を有するもの」を、それぞれ独立の被選任資格として掲げ、これらの何れかの要件を満たすことで足りるとし（四二三条三項）、学識経験者の委員の数は、定数の三分の一を超えることができないという制限が付された（同条四項）。

このような要件を緩和する改正の趣旨については、「人口の少ない町村部を中心として委員としての適格者を選任することが困難な状況を勘案し、より幅広い角度から人材を求めることができるよう」にしたものであるとされている(14)。

この改正について、前述のような山田二郎教授の立場からすれば、住民参加手続の後退として批判されることになる。しかしながら、住民要件、納税者要件を満たしつつ、不服審査の能力を備えた人材を得ることは容易なことではない。むしろ、学識経験者を独立の選任資格に加え、かつ、それを三分の一以内とすることによって、[15] 学識経験者と、住民要件・納税者要件を満たす者とのチームワークによる「複眼的審査」を可能にするものとして歓迎されるべきである。もっとも、学識経験者をまったく含めないことも許容される点において、制度の趣旨としては中途半端なものになる可能性も含んでいた。「幅広い角度から人材を求める」ことに内在する曖昧さである。

(2) **条例による委員定数の増加**

昭和二五年法は、固定資産評価審査委員会は、三人の委員をもって組織されるとしていたのみで、その例外を認めなかった。ところが、翌昭和二六年法律第九五号による改正によって、早くも、処理すべき事務が多いと認める市は、市の条例の定めるところによって、委員の定数を一五人までに増加し、及び、委員三人をもって組織する部会に分ち、その部会に委員会の職務を行わせることができることとした（改正後の四二三条八項）。この規定が、長らく存続してきたが、平成九年改正により、増加できる限度を三〇人に改めた。これは、いわゆる「七割評価」に伴う審査申し出の増大に対応するための改正であった。

(3) **共同設置の場合の委員の任期**

二以上の市町村が、地方自治法二五二条の七第一項の規定により、固定資産評価審査委員会を共同設置する場合に、設置後最初の委員の任期を、委員の各三分の一ごとに、一年、二年、三年とすることとして、疑義を生じないように明確化を図った（四二四条の二）。

この規定自体については、何ら論評を要しないが、そもそも、共同設置の場合に、構成市町村との関係において、住民要件、納税者要件をどのように考えるかという問題があるように思われる。構成する一の市町村との関係において、これらの要件を満たすならば、他の構成市町村との関係においても、同じ資格を有する旨の扱いをしてよいのかどうかである。地方自治法は、選任手続については、相当詳細な規定を用意しているものの（二五二条の九第一項〜三項)、委員の資格要件については調整規定を置いていないように思われる[16]。そこで、A、B及びCの三市が、固定資産評価審査委員会(定数三名)を共同設置しようとする場合に、A市の住民(又は納税者)一名、同じくB市、C市の住民(又は納税者)を各一名選任するときに、平成一一年改正前の法四二三条の住民要件、納税者要件を満たしていると言えるかどうかが問題である[17]。特別の規定なしに、満たしているという解釈をどのように導きうるのか、私は疑問に思っている。しかしながら、この問題は、平成一一年改正が、学識経験者の割合制限を削除したことによって、解消されることになった(同時に四二四条の二も削除)。

2　平成一一年改正

平成一一年には、相当根本的な改正がなされた[18]。

(1)　委員会構成要件の緩和

まず、委員会の構成要件に関して、学識経験を有する者についての割合の限度制度を廃止した。これにより、住民要件、納税者要件、学識経験要件のいずれかを満たすことで足り、全員が学識要件を満たす者であっても構わないこととされた。この改正理由は、案件の迅速処理のためには、専門的知識を有する、より客観的・中立的な立場の人を確保する必要があること、人口の少ない町村部を中心として委員適格者を確保しやすくする必要があること、に配慮したもののようである[19]。この改正について、自治省関係者は、従来の委員会の趣旨は失われるものではないとしている[20]。

法による住民要件、納税者要件を有する者を委員に含めることを義務づける制度が廃止された点に着目するならば、この改正は、まさに根本的な改正であり、住民参加要件を廃止するものとして、批判されるべきであるという考え方もありうる[21]。しかしながら、それぞれの市町村が自主的に住民・納税者を選任する可能性が残っていること、従って従来のような選任方法を禁止したものではないこと、に着目するならば、必ずしも従来の趣旨を完全に変えるものとは言えない。ことに、地方分権推進の動きのなかで、「市町村の自主性」を尊重する立法方法も、それなりに評価されるべきであると考える。

(2)　**審査申出事項を固定資産の価格に限定**

次に、最も大きな改正は、審査申出事項を「固定資産の価格」に限定したことである（改正後の法四三二条一項）。従来は、「固定資産課税台帳に登録された事項」のうち土地登記簿又は建物登記簿に登記された事項を除くものが、広く審査申出事項とされていたので、固定資産評価審査委員会への審査の申出をしなかったために、不服を提起する機会を逸する例や、審査申出事項に該当するか否か、あるいは争訟方式の分離排他性の対象になるか、が明確とはいえない場面も存在したので[22]、この改正による明確化は大いに歓迎される[23]。しかも、その名称のとおり、評価に関する不服のみを審査する制度とすることによって、委員会の負担過重を緩和することにもなる。この改正によって審査申出事項から除外された事項は、固定資産税の賦課処分についての争訟の方法が存在するのであるから、権利救済の観点からは特に問題とするところはないといえよう[24]。

(3)　**審査申出期間の改正**

これまでは、審査申出期間は、固定資産課税台帳の縦覧期間の初日からその末日後一〇日までの間とされていたため、納税通知書を受けてから評価額に気づき不服を有するに至った者は、救済の機会を与えられないという問題があった。今回の改正は、納税通知書の交付を受けた日後三〇日まで、審査申出ができることとして、これまでよりも救済の機会を広げるものである。固定資産課税台帳を縦覧する所有者が僅かで、納税通知書を受け取ってから、初めて過大な評価がなされているという不服を持つに至ることが多いことに鑑みたものである。（※　その後、平成一四年の法改正により固定資産課税台帳に価格等を登録した旨の公示制度の創設等及び行政不服審査法上の不服申立期間との整合性を図る必要性に鑑み、価格等を登録をした旨の公示の日から納税通知書の交付を受けた日後六〇日までとされ（平成一五年度分より適用）、さらに、新行政不服審査法の施行に合わせて、納税通知書の交付を受けた日後三月を経過する日までとされた。）

(14) 吉添圭介「改正地方税法」税理四〇巻七号『平成九年度改正税法詳解特集号』三二〇頁、三四五頁（平成九年）。

(15) この要件の存在によって、従来の委員会の趣旨を根本的に変更するものではないと解される（吉添・前掲注（14）三四六頁）。

(16) この点は、監査委員の共同設置に関する問題点として指摘したところである。碓井光明「地方公共団体の監査事務の共同処理等」自治研究七一巻五号三頁（平成七年）。長野士郎『逐条地方自治法［第一二次改訂版］』（学陽書房、平成七年）九九四頁の叙述は、地方自治法一九六条一項において「議員のうちから選任する監査委員」という場合の「議員」とは、いずれの地方公共団体の議員であっても構わないという前提に立っているように見える。しかし、これは、「議員」の意味の常識的な解釈に反するものである。

(17) 塚田功『改訂版　固定資産税の審査申出とその対応のすべて』（ぎょうせい、平成九年）五〇頁以下は、「共同設置する市町村の数と委員の定数」を論じているものの、この点については特に検討せず、かえって、「定数の枠内で、各市町村の持ち回りで選任することが、一般的には円満な方法といえよう」と述べている（五二頁）。しかし、同・前掲注（12）一五八頁は、組合方式等の場合に選任要件の制約があることに言及していた。

吉添圭介「固定資産評価審査委員会の共同設置について」税五二巻八号七三頁、七五頁（平成九年）は、平成九年改正に当たり、関係市町村のいずれかであればよいという規定を入れて明確化することが検討されたが、選挙管理委員会の共同設置について、関係団体の選挙権を有していれば足りると解されているため、特別の規定を設けなかったと説明している。自治省所管の他の法律に関する解釈方法に従ったということであろう。

(18) この改正の背景や考え方を知るうえで、「地方税における資産課税のあり方に関する調査研究委員会」（以下、「あり方委員会」という）（委員長：金子宏東京大学名誉教授）の、『地方税における資産課税のあり方に関する調査研究報告書』（自治総合センター、平成一一年）が有益である。

(19)　菅原真紀子「改正地方税法（固定資産税・都市計画税関係）」税理四二巻七号『平成一一年度改正税法詳解特集号』四二三頁、四三三頁（平成一一年）、資産評価システム研究センター編『詳解固定資産評価審査委員会制度』（ぎょうせい、平成一一年）一六頁、あり方委員会・前掲注（18）三六頁。
(20)　菅原・前掲注（19）四三三頁、資産評価システム研究センター編・前掲注（19）三四頁。
(21)　この点は、ある研究会の報告において、山田二郎教授が強調された。
(22)　碓井・前掲注（5）一八三頁以下。山田二郎教授は、評価額を早期に確定させることに意義があるとして、審査事項は、評価額とこれに関連する事項に狭く限定すべきであるとされ、早期の立法的解決を主張された（前掲注（3）二五四頁）。さらに、固定資産評価審査委員会の構成と手続、関係者への不測の損害の発生の防止等に鑑み、「固定資産の評価ならびにそれに関連した事項」に限り審査申出事項となると解する見解として、金子宏『租税法［第七版］』（弘文堂、平成一一年）三九八頁がある。これは、同書第二版（昭和六三年）以来の見解である。
(23)　金子宏「固定資産税の改革―手続の整備と透明化に向けて」税研八四号二〇頁、二四頁（平成一一年）。あり方委員会・前掲注（18）三四頁は、委員会は本来価格について審査することを目的とし、委員も評価に関する精通者が選任されるのが通例であること、納税義務者や課税標準額の特例の適用についての不服は他の税目においても共通に存在すること、価格以外の事項に関する不服を賦課処分に対する不服申立てにより争えるとする例があること、を挙げている。
(24)　菅原・前掲注（19）四三〇頁、資産評価システム研究センター編・前掲注（19）一二頁、地方税別冊『改正地方税制詳解（平成一一年）』（地方財務協会、平成一一年）二三四頁。

四　審理手続の改正

改正前の法は、審査の申出を受けた場合には、「必要と認める調査、口頭審理その他事実審査」を行なうとし（四三三条一項）、審査申出人の申請があったときは、「特別の事情がある場合を除き、口頭審理の手続によらなければならない」としていた（同条二項）。

これに対して、改正法は、まず、不服の審理は書面によるという原則を示し、その例外として、「審査を申し出た者の求めがあった場合には、固定資産評価審査委員会は、当該審査を申し出た者に口頭で意見を述べる機会を与えなければならない」とし（二項）、「市町村長に対し、当該申出に係る主張に理由があることを明らかにするために必要な事項について、相当の期間を定めて、書面で回答するよう、書面で照会をする」権利を、審査申出人に認めている（五項）。

改正法によれば、審査申出人の求めがあった場合に、「口頭で意見を述べる機会」を付与しなければならないが、公開による口頭審理は、委員会が、審査のために必要がある場合に職権で行なうことができるものとされ、審査申出人の申出如何にかかわらない制度になっている。口頭審理の場合は、審査申出人及び市町村長の出席を求めて行い、かつ、固定資産評価員その他の関係者の出席及び証言を求めることもできる（六項、七項）。

以上の改正により、「口頭で意見を述べる機会」と口頭審理とが区別され、審査申出人の口頭審理請求権が存在しなくなったことが最大の変更といえよう。この点に批判的な見方があるようである。[25]公開の口頭審理によることが最も適正な審理を期待できるという考え方は、それなりに理解することができる。しかしながら、迅速処理の要請をどれだけ重視するか、また、固定資産評価審査委員会と裁判所との役割分担をいかに考えるかという、制度を組み立てる際の根本問題であるともいえよう。

まず、訴訟段階についてみると、通常は、判決までに長い期間を要する。また、訴訟の専門家による効率的な審理という考え方から、口頭主義といいつつも、準備書面に見られるように、書面がきわめて重視されている。

他方、これまでの固定資産評価審査委員会は、建て前としては、対審構造ではなく、その限りにおいて、通常の不服審査と同じであるが、実際には、口頭審理が対審的に運用され、[26]しかも、何が争点になるか、相手方がどのような主張・立証をするかが事前に明確にされることもなく、当日になって、法律専門家ではない「所有者」が必ずしも整理されていない意見を繰り返し述べる場面も多かったようである。その結果、ときには迅速処理の趣旨に反する場面もあったと推測される。この点からするならば、改正法のように、市町村長と審査申出人の双方の出席を求める「口頭審理」[27]は、職権により、例外的にのみ認めることにも理由がないわけではない。

口頭審理をもっぱら委員会の裁量とする改正は、不服審査手続として「後退」の印象を否めないが、後述するように、今回の法改正は、委員会が、職権により積極的に口頭審理を活用することを否定するものではない。たとえば、個別市町村の委員会が、「口頭で意見を述べる機会」の付与の申請があった場合に、原則として口頭審理を実施する旨の内規を設けたとしても、それは、裁量権の範囲内のことで、違法となるものではないことに注意する必要がある。その意味において、法が「口頭審理例外主義」を強制しているものではないことを確認しなければならない。

さらに、口頭審理を実施するかどうかに関する委員会の裁量権も、決して無制限ではないという考え方が示されていることに注意する必要がある。すなわち、「口頭審理を開き、当事者に対質の機会を与えることが固定資産評価審査委員会の手続を設けた趣旨から求められるところであると認められるような特段の事由がある場合には、口頭審理が開かれるべきものである[28]」というのである。私は、租税法の解釈に関し、租税実体法、ことに課税要件法と租税手続法とを区別して、後者においては、当事者の公平等を考慮した「法の発見」が許される旨を指摘したことがある[29]。固定資産評価審査委員会の審査に関する規範は、租税争訟法の領域に属する規範であるが、解釈方法としては、租税手続法に近い領域として、積極的な「法の発見」が許されてよいと考える。

(25)　山田二郎教授は、ある研究会における報告において、この改正を強く批判された。

(26) 菅原・前掲注(19)四三〇頁は、地方税法上は、改正前の口頭審理に評価側の同席は求められていないが、多くの市町村において口頭審理の際には、直接に評価側との対質の機会を与える運用を行なっているようであるとしている。あり方委員会・前掲注(18)も、同趣旨。これに対して、北野弘久「固定資産評価審査委員会での審理手続のあり方」税理二九巻一二号一五三頁(昭和六一年)は、改正前の口頭審理について、「口頭主義、公開主義、双方審尋主義等を基調とする、いわば民事訴訟手続における口頭弁論方式に傾斜した準司法的手続構造をもつものでなければならない」と述べておられた。
(27) 改正法の「口頭審理」の意味は、従来のそれと異なることが指摘されている。菅原・前掲注(19)四三一頁(注1)。
(28) 資産評価システム研究センター編・前掲注(19)四五頁。
(29) 碓井光明「課税要件法と租税手続法との交錯」租税法研究一一号『租税法の基礎理論』(昭和五八年)一四頁、一五頁。

五　判例に見る固定資産評価審査委員会

固定資産評価審査委員会の審査や決定に関する重要な判例が形成されてきた。以下において、代表的な判例を取りあげて検討したい。なお、本稿は、必ずしも解釈論を目的とするものではないので、以下の議論の過程において示される私の解釈論は、暫定的なものである。

1　最高裁平成二年一月一八日判決(大和郡山市事件)

口頭審理における手続を扱った代表的判例は、大和郡山市固定資産評価審査委員会に関する最判平成二・一・一八日(民集四四巻一号二五三頁)である。同判決は、従来の口頭審理について、次のような一般論を述べた。

「口頭審理の制度は、固定資産の評価額の適否につき審査申出人に主張、証拠の提出の機会を与え、委員会の判断の基礎及びその過程の客観性と公正を図ろうとする趣旨に出るものであると解される。そうであってみれば、口頭審理の手続は、右制度の趣旨に添うものでなければならないが、それはあくまでも簡易、迅速に納税者の権利救済を図ることを目的とする行政救済手続の一環をなすものであって、民事訴訟におけるような厳格な意味での口頭審理の方式が要請されていないことはいうまでもない。」

次に、宅地の登録価格に関する不服の場合について、宅地の評価が法三八八条以下の規定及び固定資産評価基準の定めるところにより、専門技術的な方法・手順で行なわれること、納税者は、不服事由を具体的に特定するために必要な、評価の手順、方法、根拠等をほとんど知ることができないのが通常であること、を指摘したうえ、次のように述べている。

「宅地の登録価格について審査の申出があった場合には、口頭審理制度の趣旨及び公平の見地から、委員会は、自ら又は市町村長を通じて、審査申出人が不服事由を特定して主張するために必要と認められる合理的な範囲で評価の手順、方法、根拠等を知らせる措置を講ずることが要請されているものと解される。しかし、委員会は、審査申出人において他の納税者の宅地の評価額と対比して評価が公平であるかどうかを検討することができるように、他の状況類似地域における宅地の評価額等を了知できるような措置を講ずることまでは要請されていないものというべきである。……特定の宅地の評価が公平の原則に反するものであるかどうかは、当該宅地の評価が固定資産評価基準に従って適正に行われているかどうか、当該宅地の評価に当たり比準した標準宅地と基準宅地との間で評価に不均衡がないかどうかを審査しその限度で判断されれば足りるものというべきであり、そうである以上、審査申出人が状況類似地域における他の宅地の評価額等を了知できるような措置を講ずべき手続上の要請は存しないと考えられるのである。」

さらに、この判決は、「委員会が口頭審理外で行った調査の結果や収集した資料を判断の基礎として採用し、審査の申出を棄却する場合でも、右調査の結果等を口頭審理に上程するなどの手続を経ることは要しないものと解すべきである」という重要な判断も示している(30)。口頭審理手続がとられている場合であっても、職権による収集資料を独自に用いることを肯定する判断である。

この最高裁判決の適否はひとまずおくとして、平成一一年の法改正後の審理において、どのような扱いになるのかが気になるところである。

まず、改正後の「口頭審理」は、審査申出人及び市町村長の出席を求めて公開でなされる。実態としては、従来多くの市町村で実施されてきた方式であるが、法自体が審査申出人及び市町村長の同席を求めているのであるから、より行政審判タイプないし民事訴訟タイプに近くなっていることは否定できない。そして、納税者が、評価の手続、方法、根拠等をほとんど知ることができない点は、法改正の前後で変わるものではないから、審査申出人の主張に必要な合理的範囲で、これらを知らせる措置を講ずべきである。

重要な点は、法の全体構造からみて、口頭審理手続は、審査の過程の「一部」であっても構わないことである。審査開始後に、口頭による意見陳述の機会の付与、職権により資料提出要求などをしたうえ、中途において口頭審理を実施し、さらに、その後に口頭による意見陳述の機会の付与、職権による資料収集などを行なって、審査を終了することもできる。したがって、口頭審理の場が、より行政審判タイプないし民事訴訟タイプであるといっても、それが審査全体のなかで、ごく一部の審査手続であるに過ぎない運用がなされるとするならば、行政審判タイプ民事訴訟タイプと呼ぶ実際上の意味は、ほとんどないであろう。

かくて、法による拘束は弱いものであるが、それで尽きるものと断定すべきではない。地方分権推進の動きのなかで、固定資産評価審査委員会に関する法の規定についても、新たな視点から見ることが必要であると考える。すなわち、改正後の法四三六条の条例又は固定資産評価審査委員会規程を活用することによって、個別の市町村、あるいは、その固定資産評価審査委員会の判断において、審査の主要場面を口頭審理方式によるというような自己拘束をなすことは可能と解される(31)。

次に、審査申出人からの書面による照会について、法が市町村長の回答義務を規定していないことを、前記最高裁判決の「合理的な範囲で評価の手順、方法、根拠等を知らせる措置を講ずることが要請される」という部分との関係において、どのように理解すればよいであろうか。

第一の解釈は、今回の法改正により、そのような措置を講ずる必要のないことを、裏から明確にしたというものである。立法関与者は、そのようなことを述べていないが、そのような理解による立法であるという主張は十分に予想される。

第二の解釈は、判例により示された考え方は、固定資産評価審査委員会の審査制度の本質から導かれたものであって、審査制度の本質自体に変動がない以上、法改正後も変わるべきではないというものである。

いずれの解釈も可能であるが、私は、第二の解釈に同調したい。したがって、回答義務規定の不存在は、評価手順、方法、根拠等を知らせる措置を不要とすることを意味するものではない。

2　札幌高裁昭和六〇年三月二七日判決（旭川市事件）

平成二年最高裁判決の前に登場した多くの裁判例のなかで、同判決の原審判決（大阪高判昭和六一・六・二六民集四四巻一号二九九頁）と並んで注目された、札幌高判昭和六〇・三・二七（行裁例集三六巻三号四一三頁）のみを取りあげておきたい。同判決は、審査申出人に対し、不服事由を明らかにし、かつ不服事由となった評価に関する反論の主張・立証をするために合理的に必要な範囲で、評価の根拠や計算方法等価格決定の理由を了知させる措置をとるべきであるとした。この一般論に関する限り、最高裁判決と大きく異なるものではないが、「審査申出人が自己の所有する土地の評価額が適正かつ公平なものであるか否かを対比検討するために合理的に必要な範囲の当該土地周辺の宅地の評価額や路線価」も、審査申出人に明らかにすべきであると述べた点が大きく異なる。そして、具体の事案に関しては、口頭審理において、市長に抽象的な説明をさせたのみで、当該土地の具体的な評価方法や計算根拠を明らかにする措置を何らとらず、職権により提出を受けていた当該土地の評価に関する詳細な資料を示すなどの了知措置もとらなかったことは、口頭審理手続の重大な瑕疵であるとして、審査決定を取り消した。

最高裁判決が、固定資産評価基準を用いて、基準地の価格、標準地の価格、当該土地の価格と、当該土地に至る系列（縦系列）のたどり方を明らかにすれば足りる（したがって、他の系列の状況類似地区の標準地の価格を明らかにすることは必要ではない）としたのに対して、この判決は、同一系列の末端ではあるが、「周辺宅地の評価額や路線価」を明らかにすべきであるとした。

所有者が単に評価額が高いという不服を述べている場合は、最高裁のように、当該土地の評価にいたる縦系列の過程を示すことで足りるであろう。所有者が、他の土地の評価に比べて高い評価水準にあるという不服に対してどのように対応するかが問題である。一つの回答は、委員会は、周辺土地との間に評価の均衡が保たれているかどうかを審査する立場にないとして否定するものである[32]。今後、七割評価、あるいは一〇割評価が定着するならば、必要性が薄れるかもしれないが、かつての低い評価水準の時代で、かつ標準地の数も少なかった場合には、近隣土地との比較が最も重要な不服を根拠づける手段であった。今後も、極端に均衡を欠く評価は、それ自体で違法とされる余地もあるので、合理的に必要な範囲で、他の状況類似地区の標準地の価格や、当該土地の周辺の土地の価格（もちろん、単位面積当たりの価格）といった「横の比較しうる資料」を示す必要があると考える（最高裁判決の原審判決はこのような考え方であった）。繰り返しになるが、このような資料を示さなければならないということと、どの程度の不均衡がある場合に評価が違法とされるか、という問題とは、一応別次元のことである。

3　仙台高裁平成九年一〇月二九日判決（郡山市事件）

山田二郎教授が原告の代理人となられて関与された、郡山市固定資産評価審査委員会の事件の控訴審の判決が出された。仙台高判平成九・一〇・二九（判例時報一六五六号六二頁・判例タイムズ九八四号一四三頁）である。前記の最高裁判決を踏まえつつ、具体的事件の審理不尽の有無を扱った重要な裁判例である。原告・控訴人四名の各人別の審理手続が争われており、事実関係は微妙に異なっている。

Aについては、平成三年度の土地の評価が前基準年度の評価に比較して高額すぎるので見直しを求めるという理由で審査の申出がなされ、市長から、自治省告示の定める基準に従って選定した標準宅地に比準して算出した過程を算式を交えながら明示した答弁書が提出され、延長された期限を経過してもAが弁ばくを行なわなかったので、委員会は、評価の方法、手順、根拠等に関する資料、すなわち、審査対象事項にかかる資料を市長から提出を求めて調べることなく、審理を終結して決定をしたという認定をした。そして、答弁書の記載だけでは、標準宅地の選定及びその価格の決定に関する説明が十分ではなく、Aに対する了知措置義務を尽くしたとはいえず、答弁書に対する弁ばく書を提出しないからといって、審査申出人が答弁書記載の主張及び事実を認めて争わないものとみなすことはできず、四三三条一項の定めるところに従い、必要な調査その他の事実審査を行なったうえで決定をすべきであるとし、次のように判示した。

「答弁書の記載と審査決定書の記載とを対照すると、被控訴人の決定は市長が提出した答弁書の記載をそのまま是認したものであることが容易に見て取れるが、第三者機関である被控訴人が標準宅地の選定とその評定及び当該宅地の個別要因（街路条件、環境条件、接近条件、行政的条件、画地条件等）を比較検討し、当該宅地の評価額を認定・算出するには、具体的資料に基づく審理が不可欠であるのに、被控訴人がこのような具体的資料を徴することなく審理を終結し、審査決定をしたことは、控訴人Aが、審査の申出において前記認定の程度の不服事由しか述べておらず、市長の答弁書によりその主張が示された後になっても、弁ばくをしなかったとの事情を考慮しても、法四三三条一項の趣旨に反し、審理不尽の違法があるというべきである。」

B、C及びDにかかる審査決定についても、ほぼ同趣旨の判断をしたうえ、次のように述べた。

「たしかに、固定資産評価審査委員会が審理の方法・範囲を審査申出人側の争訟態度に対応させて設定することはできるのはいうまでもないことであり、その不服の内容に応じ、事実審査の内容にも自ずから濃淡が生ずるのは当然であるが、行政庁のした処分の根拠となる資料を全く取り調べることもなく、いわば行政庁の処分を鵜呑みにするような審査・判断をすることは、独立の第三者機関である固定資産評価審査委員会に行政救済手続を委ねた法の趣旨を没却するものであって、この違法は決して軽微なものとはいえず、本件決定はいずれも取消しを免れないものというべきである。」

この判決は、まず何よりも、手続的瑕疵を理由とする審査決定の取消し、従って、判決の趣旨に従って審査決定のやり直しを義務づける趣旨の判断をしていることが注目される。これは、前記最高裁判決の原審・大阪高裁昭和六一年六月二六日判決のとった考え方である。最高裁も、同判決を破棄し差し戻すに当たって、「本件決定に取消原因となるその余の違法が存するかどうかについて更に審理をさせる必要がある」と述べて、こうした方法自体は否定していないことが窺われる。評価の金額的違法のみならず、手続的瑕疵を理由に審査決定を取り消す判決を下すこともできるという考え方には賛成できる。紛争の最終的決着が著しく遅延する虞があるが、やむを得ないであろう。

次に、この判決の核心は、「処分の根拠となる資料を全く取り調べることもなく、いわば行政庁の処分を鵜呑みにするような審査・判断」がなされたと見た点にある。このような審査・判断と認定できるかどうかが、まさにポイントである。これを委員会の審査義務の角度から見た場合に、次のような点が注意されるべきである。

第一に、市町村長による評価の手順が委員会に示された場合に、「特に不合理な点は認められない」という単純な形式の委員会判断では、違法な審査決定とされる可能性が高いということであろう。委員会がそれ以上に立ち入るとするならば、標準地の設定が合理的であること、標準地と当該土地との間の比準の方法が適正であること、などを判断する程度になろうが、内心の判断ではなく、これを審査決定書の理由に残る形で処理するには、細心の注意と経験の積み重ねが必要となろう。評価方法の合理性の有無を判断するという手続的審査方法は、理論上は簡単であるが、審査決定書の記載のみからは、裁判官の心証次第で、裁判所により「鵜呑み」と判断されてしまう危険性がある。

第二に、そうであるとするならば、委員会は、自らの責任において「評価のやり直し」を行なう方法によって実額審査をして、実額判断により所有者の不服に答えることが、最も無難であるということになろう。この場合は、「審査」といいつつも、「再評価」の実体を有するのである。もちろん、その金額の適否が訴訟段階で争われることは同様である。もっとも、実額審査といっても、それは、あくまでも審査申出に対する審査であるから、審査申出人の不服をぬきにした審査であってはならない。

固定資産評価審査委員会に対して、法が上記のいずれの役割を期待しているのかが、そもそも明らかでないように思われる。かつての、住民要件、納税者要件の下における委員会は、むしろ住民・納税者としての健全な常識から、固定資産評価員の評価方法が合理的か否かを審査するという趣旨のものであったのかもしれない。その場合には、委員自身が細部にわたる評価の実際に通じている必要はない。本件においても、委員会は、第一の方法をとったが、それは、ある意味において、前記最高裁判決に示されていた方法であった。第一の方法は、理論上は正当であるが、ややもすれば「鵜呑み」に陥ったり、「鵜呑み」にしたものと見られてしまうという問題を潜在的に有していることを忘れてはならない。

これに対して、第二の実額審査を行なうには、単なる常識では足りず、評価に関する深い知識を（場合によっては経験をも）必要とする。審査申出人が、鑑定評価額等を提出して評価額を争う場合には、どうしても第二の方法の審査によらざるを得ないであろう。第一の方法を志向するか、第二の方向を志向するかは、固定資産評価審査委員会のあり方を左右する重要論点である。

以上の観点から見た場合に、第一の審査方法を前提にしたうえで、かつ、所有者が固定資産の価格自体を訴訟段階において争うこと、すなわち裁判所の実額判断を求めうる仕組みを想定して、訴訟についての「裁決主義」を採用することは、適切な制度設計とはいえないように思われる。なぜならば、審査委員会は、評価額の実額判断の責任を負っていないのに、訴訟上において、評価額に関する不服の訴訟の被告とならなければならないからである。（※　平成一六年の行政事件訴訟法の改正後は、被告は市町村であるが、審査委員会は、裁判上の一切の行為をする権限を有する。）むしろ、評価について責任を負いうる市町村長を被告として原処分の取消しを求める制度とするのが筋である。(33)

にもかかわらず、「裁決主義」が採用されているのはなぜであろうか。

一つの理解は、前記の第二の実額審査が予定されているとするものである。

もう一つの理解は、固定資産課税台帳への登録は、行政の内部的な行為であって、明確な「原処分」とはいえないので、外部に明確となる審査決定を「原処分」と位置づけて訴訟の対象にしたというものである。すなわち、裁決主義といっても、行政事件訴訟における本来の裁決主義とは異なり、実質的には原処分取消しの訴えにほかならない、という見方である。しかし、登録行為自体は内部行為であるとしても、縦覧により外部に表示されることによって処分性が付与されるという理解が可能である。(34)

いずれにせよ、「裁決主義」を採用するには、それに相応しい組織としなければならない。

4　東京高裁平成一〇年九月三〇日判決（越谷市事件）

東京高判平成一〇・九・三〇（判例タイムズ九九二号二九五頁）は、審査決定手続において、原処分庁（市長）の補助機関たる市税務部長、同次長兼主税課長、資産税課長等の職員の退席を求めることをせず、固定資産税の賦課徴収を担当する主税課長、固定資産評価員である資産税課長及び固定資産評価補助員たる職員の同席する場で、審査請求についての合議をしたうえ、棄却を決定し、書記の朗読した決定書の原案を承認したこと、決定書の送達前に、委員三名は、税務部長、同次長兼主税課長及び資産税課長と合議していることを認定し、次のように述べた。

「本件審査決定手続は、委員会の制度が、簡易、迅速に納税者の権利救済を図ることを目的とする行政救済手続であり、民事訴訟、行政事件訴訟における程の厳格な独立性、中立性を要請されるものではないことを考慮しても、いささか一方の当事者にすぎない原処分庁に偏したとみられる審査決定手続であって、委員会の独立性、中立性に著しく反するものとの評価を免れず、法四二三条、四二五条一項の規定の趣旨に反する違法な手続であるといわざるを得ない。」

（※　越谷市事件の上告審・最判平成一四・七・九（判例地方自治二三四号二二頁）は、固定資産評価審査委員会の審査手続の瑕疵について、次のような判断方法を示し、審査委員会の棄却決定を取り消さなければならないほどの瑕疵ということはできないとした。

「同委員会における審査手続は、決定の内容の適正だけでなく、利害関係人の利益保護をも目的としていることにかんがみれば、同委員会の審査手続が、明文の規定に反した場合に限らず、第三者機関である委員会の中立、公正を損なったものといわざるを得ない場合には、手続上の蝦疵があるということができる。他方、手続的な瑕疵が処分の取消事由となるかどうかは、手続規定の趣旨、目的や瑕疵の程度、内容を勘案し、当該瑕疵が、処分の内容のいかんを問わず、処分を違法として取り消さなければならないほどのものであるか否かを個別的に判断して決すべきである。」）

これまで、固定資産評価審査委員会は独立の事務局をもたず、しかも、委員が必ずしも専門的判断をなしえないために、評価担当者の協力を求めざるを得ない市町村もあったと思われる。それは、住民・納税者の代表として評価をチェックするという役割であれば、とくに問題とすべきではない。しかし、対立する当事者の主張・立証を経て、評価額について自身の公正・中立な判断を下す機関という位置づけになると、この判決のような結論となろう。自治省は、平成八年四月、固定資産評価審査委員会の中立性と納税者の信頼の確保を根拠にして、「固定資産評価審査委員会の事務局は、原則として固定資産税の評価・賦課を担当する課以外の課等において行うよう、また、町村にあっては少なくとも固定資産税の課税担当者が、固定資産評価審査委員会の事務を行う者を兼ねることのないよう努め」ることを求めた。[35]いつ、どれだけ審査申出があるか不確実な状態で、独自の事務局を設けることは、行政改革に逆行すると批判される虞もあることに鑑み、事務局体制については、市町村が工夫する必要がある。[36]

(30)　差戻し後の大阪高判平成三・二・二二は、請求を棄却し、最高裁判平成四・二・一八判例自治一〇三号二九頁も、上告を棄却した。
(31)　金子・前掲注（23）を参照。改正法の下においても口頭審理の意義が存続することについて、金子・前掲注（23）及び石島弘・（判例評釈）判例時報一六七三号一八一頁（判例評論四八五号一九頁）（平成一一年）。
(32)　時価評価主義の下において、均衡が保たれているか否かの審査を不要とする見解として、石島・前掲注（1）がある。反対に、均衡を重視する見解として、北野・前掲注（26）がある。評価基準による評価との関係について、後掲注（39）を参照。
(33)　塚田・前掲注（12）を参照。
(34)　碓井・前掲注（5）二一一頁及び同書二二〇頁注（3）の文献を参照。
(35)　平成八年四月一一日自治省税務局固定資産税課長内かん。同趣旨は、旧依命通達五一に盛り込まれ、新通達（平成一一・四・一「地方税法及び同法施行に関する取扱（市町村税関係）」）の第三章四〇に引き継がれている。
なお、固定資産評価審査委員会の独立性・中立性を強調するならば、審査決定取消訴訟において、委員会が審査決定の適法性を主張・立証しようとするにあたり、評価事務担当者が委員会を支援することも、問題視される余地がある。国税の課税処分について原処分主義が採用されている状態において、国税不服審判所が原処分庁に協力することに疑問を提起される南博方教授の見解が参考になる。同『紛争の行政解決手法』（有斐閣、平成五年）九三頁（原論文は、「原処分主義への若干の疑問」法曹時報三七巻三号五八五頁（昭和六〇年））。

(36)　河内長野市（大阪府）は、選挙管理委員会、監査委員、農業委員会、公平委員会、固定資産評価審査委員会の事務局を統合した「行政委員会総合事務局」を、市長部局から独立して設置しているという（塚田・前掲注(17)三四頁）。東京都は、従来は、主税局資産税部評価審査室が「東京都固定資産評価審査委員会に関すること」を処理してきたが、現在は、主税局税制部評価審査室が所管している。同じ主税局内ではあるが、税制部に移管したわけである。

六　審査決定の裁判所における審査及び判決の方法

これまでにも折に触れて述べてきたが、固定資産評価審査委員会の審査決定の取消しを求める訴訟が提起された場合に、裁判所として、どのように審査し判決を下すべきかが問題になる。

1　価格に関する不服で一部取消しを求める訴えの場合

第一に、固定資産の価格自体が争われ、原告が、「金○○円を超える部分の取消しを求める」という判決を求めている場合は、裁判所は、その争いに決着をつけるために、具体額を認定して、請求に理由があるか否かを審査し、理由がある場合には、評価額のうちの「一部を取り消す」という、実額判断型の判決を下すことになる。山田二郎教授は、請求の趣旨から、審査手続上の瑕疵を理由とする審査手続のやり直しを求める形態の「従来型」と、評価額の全部又は一部の取消しを求める「改善型」とに区別される。(37) したがって、改善型の訴えについては、実額判断がなされることになる。最近になって、実額判断型が、しばしば見られるようになってきた。その典型例が、有名な東京地判平成八・九・一一（行集四七巻九号七七一頁）である。(38)（※　後述するように、最判平成一七・七・一一（民集五九巻六号一一九七頁）は、実額判断を肯定した。）

2　価格に関する不服で単に審査決定の取消しを求める訴えの場合

第二に、同じく固定資産の価格が争われているが、原告が、単に、「審査決定を取り消す」ことを求めている場合の扱いが問題になる。訴訟においては、何といっても、原告の請求に対応した判決を下さなければならないので、裁判所としては、審査決定の全部を取り消すべきか否かの審査をし、いずれかの判決を下すべきであるという考え方があろう。

この点に関係する重要な裁判例として、東京地判平成八・九・三〇（判例タイムズ九五七号一八七頁）を挙げることができる。同判決は、次のように述べて、審査決定の全部を取り消している。

「固定資産評価審査委員会の決定が違法である場合、その違法が賦課期日における適正な時価を上回る価格を算定した点にのみ存するようなときには、右超過部分のみを取り消すことが可能であり、また、かく解することが紛争の早期解決という点でも便宜である。しかしながら、本件決定のように、その違法が評価基準不適合に基づく公平原則違反の点にあり、かつ、右違反が単に補正率の適用の誤りや標準山林の評価の違法等の個別的事由に止まらず、状況類似地区の区分、標準山林の選定の違法など、評価基準による評定過程の根幹に及ぶときは、判断資料が限られざるを得ない裁判所が改めて評価基準に従った評定を行うことは不可能ないし著しく困難であるから、具体的に決定中の違法事由を指摘した上で、その取消判決の拘束力（行政事件訴訟法三三条一項）に従い、固定資産評価審査委員会に再度審査のやり直しを求める方が紛争解決方法としてより合理的であると考えられる。」

この判決は、「判断資料が限られざるを得ない」ことを簡単に肯定している。どの程度の場合に審査のやり直しを求めるか、という問題が残されるが、このような場面の存在自体は肯定してよい。

神戸地判平成九・二・二四（判例自治一六四号六三頁）は、固定資産評価基準による現況地目の誤りなどを理由に、登録価格が適正な時価を超える過大なものであるとし、審査決定の全部を取り消した。

しかし、前記東京地裁判決も指摘するように、可能な場合には、「金○○円を超える部分を取り消す」という形式の実額判断型の判決をなすことも許されると解される。(39) なお、大阪地判平成九・五・一四（判例タイムズ九六〇号一〇六頁）は、賦課期日における時価を、「一四八〇万余円を下回ることはない」と自ら認定し、審査決定が是認した市長の決定額一四〇八万余円は、前記金額を上回るものではないとして、請求を棄却した。

（※　その後、実額判断は許されないとする下級審判決が登場した。東京地判平成一四・三・七（判例時報一八一一号六三頁）である。同判決は、次のように述べた。

「原告らの主位的請求は、被告のした審査決定の一部（客観的時価を上回る部分についての異議申立てを棄却した部分）の取消しを求めるものであるが、取消訴訟の対象である固定資産評価審査委員会の審査決定は、固定資産課税台帳に登録された価格についての審査申出人の不服申立てに対する同委員会の応答としてされるものであり、また同決定において判断された価格は、基準年度の賦課期日における当該固定資産の登録価格が適正な時価と合致しているか否かという一個の評価的事実であるから、当該決定の適否はこの一個の事実の適否にかかるのであり、一部分のみが誤りで他の部分が正しいなどということは、事柄の性質上、観念し難いのである。このような観点からすると、あえて一部の取消しを求める原告らの主位的請求は、常識的に理解する限り、当該決定が適正な時価と判断した価格は誤りであることを明らかにし、裁判所が自ら正しいと考える価格への是正を命じるべきであるということと等しいものである。これは、言い換えると、当該決定を全部取り消した上、登録価格を裁判所が自ら正しいと考える価格に是正するよう命ずることを求めていることになるが、そのように行政機関に対して作為を命じることは、行政事件訴訟法が取消訴訟については想定していないところである。

したがって、原告らの主位的請求は、結局のところ、純粋の取消訴訟ではなく、取消訴訟と無名抗告訴訟の一種である義務付け訴訟とを不可分一体のものとして結合させたものというべきである。そうであるとすると、そのような訴えは、無名抗告訴訟の適否と同様、少なくとも被告の第一次判断権を留保させる必要がないと考えられる場合に限って許されるべきであるところ、裁判所が当該不動産の適正な時価を一義的に決し得る場合には、もはや固定資産評価審査委員会の第一次的判断権を尊重する必要はないものの、それが一義約には決し得ず、ある一定額を超えないものと判断し得るにとどまる場合や、本件のように改めて標準宅地を選定させたり、その評価をやり直させる必要がある場合には、なお、固定資産評価審査委員会に独自の判断を行使させる必要があるから、訴え全体が不適法なものと考えられる（もっとも、第一審裁判所がそのように考えるとしても、原告らは、裁判所において当該不動産の価格を一義的に決し得ると考えて訴えを提起した以上、第一審裁判所の判決に対して、控訴の利益を有することはいうまでもない。）。

なお、原告らの主位的請求は、以上のような趣旨のものではなく、単に、当該不動産の価格に関する裁判所の判断を主文に記載することにより、その部分にも判決の効力を生じさせようとする趣旨のものと理解できないでもないが、行政処分の取消判決の効力は、その理由中の判断にも生ずるのであるから、あえてこれを主文中に記載する必要はなく、そのような請求は、無益なものを求めるものとして不適法というほかない。

そうすると、原告らの主位的請求は、無名抗告訴訟としての要件を充たさないものか、又は、主文に記載する必要のない無益な記載を求めるものといわざるを得ず、いずれにしても不適法なものというべきである。」

て、同趣旨を述べる裁判例として、東京地判平成一三・二・二〇（判例集未登載）があった）。

このような下級審判決はあったものの、最判平成一五・六・二六（民集五七巻六号七二三頁）が実額判断による判決をした後、最判平成一七・七・一一（民集五九巻六号一一九七頁）が、この問題に決着をつけたといってよい。この事件の一審・東京地判平成一三・九・二五（民集五九巻六号一二〇七頁）は、次のように述べて、全額取消しをすべきであるとした。ここにいう「被告」は、固定資産評価審査委員会である。

「被告は、固定資産台帳に登録された価格に関する不服を審査決定するために、当該固定資産の時価を評価することがあるが、ここにおいて判断された価格は、基準年度に係る賦課期日における当該固定資産の適正な時価という一個の評価的事実であるから、法は、この価格を可分なものであるとして、その一部に関する部分のみが取消訴訟において争われ、残部が別途に確定するという事態は予定していないというべきである。もし仮に同委員会の決定が、その前提として判断された当該不動産の価格を基準として可分なものとみれば、弁論主義の帰結として、その一部のみの取消しを訴求することが認められることとなるが、このような場合、請求が認容された場合には、同委員会は審査申出に対して応答すべき義務の履行として改めて当該部分についての決定を行うべきとされており（行政事件訴訟法三三条二項）、その結果、新たな決定と訴訟の対象とならなかった決定の残部の両方が存在し、これらの間の論理的な整合も期し難い結果を招来することとなり、また、第二年度・第三年度の課税標準を定めるについて、法三四九条二項一号に定める『特別の事情』が存在するか否かを判断する場合、いずれの決定部分に係る事情を基礎とすべきかなどの点において、実際上も解決困難な不都合な事態を生じることが考えられる。」

これに対して、上告審・最判平成一七・七・一一は、次のように述べて、実額判断により部分取消しを認めるものとした。

「審査決定の取消訴訟においては固定資産評価審査委員会の認定した価格の適否が問題となるところ、裁判所が、審理の結果、基準年度に係る賦課期日における当該土地の適正な時価等を認定した場合には、当該審査決定が金額的にどの限度で違法となるかを特定することができるのである。そして、上記の場合には、当該審査決定の全部を取り消すのではなく、当該審査決定のうち裁判所が認定した適正な時価等を超える部分に限りこれを取り消すこととしても何ら不都合はなく、むしろ、このような審査決定の一部を取り消す判決をする方が、当該土地の価格をめぐる紛争を早期に解決することができるものである。

そうであるとすれば、土地課税台帳等に登録された基準年度の土地の価格についての審査決定の取消訴訟において、裁判所が、審理の結果、基準年度に係る賦課期日における当該土地の適正な時価等を認定し、固定資産評価審査委員会の認定した価格がその適正な時価等を上回っていることを理由として、審査決定を取り消す場合には、納税者が、審査決定の全部の取消しを求めているか、その一部の取消しを求めているかにかかわらず、当該審査決定のうちその適正な時価等を超える部分に限りこれを取り消せば足りるものというべきである。」

この最高裁判決によって実額判断方式が明示的に認められたことになる。ただし、「適正な時価等」を認定した場合と述べているので、この判決の射程範囲は、その前提がある場合に限られよう。その後は、多数の実額判断判決（たとえば、最判平成一九・一・一九（判例時報一四二八号二頁）、大阪地判平成二一・六・二四（判例タイムズ一三四五号一四九頁）、東京地判平成二三・一二・二〇（判例時報二一四八号九頁）など）が出されている。）

3　手続的瑕疵を理由とする取消請求の場合

第三に、審査決定に手続的瑕疵があることを理由とする取消請求、すなわち、山田二郎教授のいわれる従来型の請求に関しては、手続的瑕疵の存否を審査し、手続的瑕疵を認定できるときには、取り消すのが普通の方法である。大和郡山市事件最高裁判決の原審判決（大阪高判昭和六一・六・二六）をはじめ、すでに取りあげた旭川市事件、郡山市事件、越谷市事件の各判決などは、いずれも、このような処理をしたものである。

もっとも、手続的瑕疵を認定できる場合であっても、裁判所が評価額自体も認定できる場合に、どのような判決を下すべきかが問題になる（越谷市事件の判決は、第二年度の賦課期日の翌日から第三年度の賦課期日までの間に三筆の土地の合筆がなされたが、利用状況につき何らの変化もなかったことを理由に、第三年度の価格は、第二年度の三筆の土地の価格の合計額とすべきであるとして、具体の金額を認定しながら、一部取消しをすることなく、審査決定を全体として取り消している）。

この場合に、原告が手続的瑕疵と固定資産の価格との双方を争っているときに、固定資産の価格について、審査決定に誤りがないという場合に、手続的瑕疵の有無にかかわらず請求を棄却できるかという問題と、原告が、もっぱら手続的瑕疵を争っているときに、被告・審査委員会が、価格について判断の誤りがないことを抗弁事由として提出できるかという問題がある。

手続を重視する立場からは、いずれも否定すべきであるという議論が考えられる。しかし、固定資産評価審査委員会の審査決定を取り消したとしても、固定資産評価審査委員会に審査の申出がなされている状態に戻るにすぎないから、市町村長の価格決定の基礎が失われるわけではなく、したがって、固定資産税の賦課決定自体が、当然に違法になるというわけではない。たとえば、青色申告者に対する更正処分が理由の付記の不備があるとして裁判所により取り消された場合に、更正処分の除斥期間（国税通則法七〇条一項）を徒過しているときには、もはや税務署長が更正処分をなし得ないのと異なり、固定資産評価審査委員会による審査決定のやり直しには、期間制限がない。しかも、固定資産の評価には裁量の余地はない。したがって、審査決定の取消しによる所有者の実益は、ほとんど考えられない。そうであるとするならば、原告が固定資産の価格に関する主張・立証を尽くしている場合には、最初から実額判断に基づく請求棄却判決を肯定するのが合理的であるように思われる[40]。

しかし、原告がもっぱら手続的瑕疵のみを主張し、価格に関する誤りのない旨の被告・審査委員会の抗弁に対して反論していないときは、裁判所としては、その手続的瑕疵の有無のみを審査し、判決を下すべきであろう。最終的な決着が遅延することになるが、その不利益は、主として原告・所有者の側に生ずるものである。その限りにおいて、原告・所有者は手続的瑕疵のみを争う方法を選択できることを意味する。(41)

これに若干関係のある裁判例として、和歌山地判平成三・七・三一（判例時報一四三一号一一八頁）を挙げることができる。原告は、固定資産評価基準によることの違憲性、評価基準の違法性、評価額決定手続の違法性、審査手続の違法性を主張して、具体的な評価額の主張をすることなく、審査決定の取消しを求めた。審査手続の違法性に関する判断において、判決は、標準宅地とまったく別個の土地の鑑定価格（一平方メートル当たり二七万円）を開示したとしても、その隣地について鑑定されている価格が三三万円であり、それを前記標準宅地の土地の価格とするつもりであったこと、評価替えに当たり評価上昇率を五〇％までにとどめる市の扱いは、いずれの金額でも同じであること、を指摘して、次のように述べた。

「被告において審査申出人に知らせるべき事項は、不服事由を特定して主張するために必要な範囲のものに限られると解すべきところ、本件においては、標準宅地の価格に関する開示の誤りは本件土地の評価に影響がないのであるから、このことを捉えて、原告らにおいて不服事由を特定して主張するために必要と認められる事項の開示を怠ったとまでいうことはできず、したがってこれを本件決定の取消事由ということはできないと解される。」

この判決は、土地の評価に実体的に影響しないならば、「不服事由を特定して主張するために必要と認められる事項」に該当しないと見ているのである。土地の評価に実体的に影響するか否かを問題にしている点において、手続的瑕疵と固定資産の価格に関する判断の誤りとの関係の問題に関連しているといえる。

この判決については、上昇率を五〇％までにとどめる扱いとの関係において、常にそのようにいえるかどうかについては疑問がある。たとえば、逆に、標準宅地の価格が二七万円であるのに、誤って三三万円と開示したような場合には、自己の土地が比較的低く評価されていると信じ込んで、十分な主張・立証ができなくなる場合もある。したがって、実体の評価に影響しないことを安易に論拠とすべきものではないといえよう。しかし、開示に軽微な誤りがあっても、それだけのことで常に審査決定をやり直すことは不合理である。判決のいう「不服事由を特定して主張するために必要と認められる事項」という基準は、最高裁平成二年判決を引き継ぐものであるが、その基準の適用の仕方が問題となりうることを示すものである。

(37)　山田・前掲注（4）六九頁。

(38)　同判決については多くの評釈が発表されている。私のものは、判例時報一六一五号一八二頁（判例評論四六六号二〇頁）（平成九年）。同判決は、東京高判平成一〇・五・二七判例時報一六五七号三一頁によって是認されている（事情判決の主張も斥けている）。同様の裁判例として、東京地判平成一〇・一・二一判例自治一七八号三二頁、東京地判平成一〇・三・一九判例自治一七九号二二頁がある。東京地裁において、このような判断方法が定着しつつあるといえよう。

(39)　固定資産評価基準による現況地目の適用を誤ったこと等の違法のある審査決定を単純に取り消した例として、神戸地判平成九・二・二四判例時報一六三九号四〇頁がある。

なお、本稿のテーマとは離れるが、固定資産評価基準等に従った評価額と客観的な時価とが乖離する事態が生じている場合に、どのように判断するかが問題になる。本文で扱った東京地判平成八・九・三〇は、評価基準による評価額が客観的な時価を超えないときは、その評定をもって違法ということはできないとしつつ、評価基準によらずに評定された登録価格は、客観的な時価を下回ることが明らかであるとしても、評価基準による評定価格の方が上回るものと認められない限り、評価の公平の観点から違法になるとしている。

他方、大阪地判平成九・五・一四判例タイムズ九六〇号一〇六頁は、あくまでも賦課期日の時価を問題にすべきであるとして、次のように判示した。

「被告・原告のいずれにおいても、登録価格の適否については、評価基準や自治省の通達による実際の登録価格決定に当たってされた評価方法とは別に、賦課期日の時価を算定するための他の評価方法も主張・立証することができ、裁判所は、審理の結果、より適切合理的な最良の評価方法による価格評価を採用して賦課期日における時価を認定し、これと登録価格を比較して登録価格が上回る場合には、審査決定のその部分を取消すべきことになる。」

そして具体の事案については、価格調査基準日の設定が地方税法の趣旨を逸脱した違法な評価方法であるとしつつ、賦課期日における客観的時価は審査決定額を下回ることはないとして、審査決定を適法とした。

（※　この問題については、最判平成一五・六・二六民集五七巻六号七二三頁、最判平成一五・七・一八判例時報一八三九号九六頁及び最判平成二一・六・五判例タイムズ一三一七号一〇〇頁を踏まえて、最判平成二五・七・一二民集六七巻六号一二五五頁が、土地の基準年度に係る賦課期日における登録価格の決定が違法になるのは、①当該土地に適用される評価基準の定める評価方法に従って決定される価格を上回るとき（前掲最判平成一五・六・二六）、あるいは、②これを上回るものではないが、その評価方法が適正な時価を算定する方法として一般的な合理性を有するものではなく、又はその評価方法によっては適正な時価を適切に算定することができない特別の事情が存する場合であって、同期日における当該土地の客観的な交換価値としての適正な時価を上回るとき（前掲最判平成一五・七・一八及び前掲最判平成二一・六・五）である、とした。この結果、今後、「特別の事情」の有無が争点となる事件が増えると予想される。）

(40)　これに対して、行政法分野で定着している考え方を前提にするならば、「公正な手続を享受しうる手続上の法的利益が侵害されたものとして、判断内容の変更可能性に関係なく決定自体違法として取消事由になる」とする石島弘教授の見解（和歌山地判平成三・七・三一に関する評釈・判例時報一四四九号一七二頁（判例評論四一一号一〇頁）（平成五年））が、通用しているのかもしれない。手続の遵守を担保するために取り消すべきであるという主張も予想される。租税法においても、原処分が内容的に違法でないとしても、原処分又は裁決に理由付記の違法がある場合は、その原処分又は裁決は取り消されるべきであるという見解が有力である（金子・前掲注（22）六八一頁）。

(41)　碓井・前掲注（5）二一六頁。

七　若干のまとめ

この論文において、私は、固定資産評価審査委員会の審査、同委員会の委員構成及び審査決定に関する裁判所の審査方法等を中心に、固定資産評価に関する不服審査制度を検討してきた。以下において、若干のまとめをしておきたい。

第一に、固定資産評価審査委員会の審査制度の意義を明確にして、必要に応じた体制の整備を図ることが必要である。

本論文を貫く問題意識として、固定資産評価審査委員会の審査に関する基本的な位置づけが不明確であることを強く指摘したい。繰り返し述べたように、評価の責任はあくまで固定資産評価員及び市町村長にあって、委員会は、常識的な目で、不合理な評価をチェックし、自ら実額判断をするものではないとみるならば、委員の構成も、必ずしも評価実務に精通した人である必要はない。これに対して、委員会自らが、実額の評価のやり直しをする場合には、単なる世間常識では足りず、委員も、ある意味において、固定資産評価員以上に評価実務に通じていなければならない。

この問題への明確な解答がないまま、本格的制度改正なしに約半世紀が経過したが、平成一一年改正によって、実額の評価を行ない得る委員会制度への傾斜を強めたように思われる。おそらく、この制度改正の趣旨が市町村に浸透するには、相当な歳月を要すると予想される。実額判断を可能とする委員会となって、はじめて、裁判所による手続的瑕疵を理由とする審査決定の取消判決を、委員会が、まともに受けとめられることになる。

もしも、委員会が自ら実額判断を行なうという前提で考えるならば、その事務局体制の強化も避けることができない。東京高判平成一〇・九・三〇（判例タイムズ九九二号二九五頁）は、直接には、課税・評価担当部門との関係における委員会の独立性・中立性の観点から、警鐘を鳴らしたものであるが、今後は、その面における独立性・中立性と同時に、それを可能にするような事務局員の相当程度の専門能力も要求されるであろう。

限りある財源のなかで、委員会の独立性・中立性と、委員及び事務局員の専門性の両方を満たすには、複数の市町村による、「固定資産評価審査委員会の共同設置」が有力な解決策となろう。(42) 幸いにも、平成一一年度の改正において、住民・納税者の委員が任意的なものに改正されたので、共同設置の障害がなくなったことはすでに述べた。その場合には、構成市町村の住民・納税者が含まれる可能性が低くなり、山田教授の批判を受けることになるが、当該共同設置の市町村の何れかの市町村との関係において住民・納税者であるならば、当該区域の事情に通じているものと見ることができるので、住民・納税者の視点を入れることは可能である。

第二に、固定資産の評価額に対する裁判所の審査体制をどうするかも問題である。

現在は、通常の行政事件として、一審は、地方裁判所の管轄とされている。はたして、全国の地方裁判所が、固定資産の評価額の適否を適切に判断できるか、判断できるとしても膨大なエネルギーを要しないか、といった問題がある。昭和二四年（一九四九年）のシャウプ勧告から五〇年が経過したが、シャウプ勧告のなかで、まったく採用されるに至らなかった一つの項目は、「租税事件に対する専門的な裁判所の審議」である。同勧告は、租税事件の専門的な処理体制の必要性を説いて、東京高等裁判所の租税部に民事租税事件の専属管轄を創設する方法、各高等裁判所に租税部を設ける方法をも提示した後、最も有望なものとして、各高等裁判所の管轄区域ごとに、「民事租税裁判所（the Civil Tax Court）」を設置し、管轄区域内を巡回し、その判決に対する控訴は東京高等裁判所の租税部へという構想を提案した。(43) 二一世紀を迎える今こそ、所得税、法人税等の事件と並んで、固定資産評価も含めた租税事件の裁判制度のあり方を検討する絶好の機会であると思われる。（※　平成一六年の行政事件訴訟法の改正により、国又は独立行政法人若しくは別表の法人を被告とする取消訴訟については、特定管轄裁判所への出訴が認められ、国税に関しては行政主体たる国の普通裁判籍の所在地を管轄する東京地裁への出訴も可能とされて、専門性を高める方向性が期待できるが、地方公共団体を被告とする取消訴訟にあっては、特定管轄裁判所制度もなく、専門性を高める方向に進んでいるとはいえない。）

(42)　私は、かつて、道府県を単位にした裁決機関の設置（その場合、一箇所に限られるわけではない）や、一定規模以上の市は独自に設置し、その他の市町村は、道府県に設置する委員会に委ねる方式を提案したことがある（碓井・前掲注（5）二一二頁、二二一頁（注6））。

(43)　『シャウプ使節団日本税制報告書』（復元版）前掲注（1）二六八頁以下。

第六章　固定資産評価に係る不服審査の共同処理

一　固定資産評価審査委員会制度の抱える問題

基準年度に係る賦課期日に所在する土地又は家屋に対して課する基準年度の固定資産税の課税標準は、基準年度に係る賦課期日における価格であり（地方税法三四九条一項）、評価も当該土地又は家屋の基準年度の価格によることとされている（四〇九条一項）。特別な調整規定がなければ、基準年度に関しては、当該基準年度の賦課期日における価格として評価された価格が課税標準とされるのである。かくて、固定資産の評価は、課税標準の認定の基礎となる行為である。したがって、固定資産の評価は、固定資産税の税負担に大きな意味をもっている。しかも、固定資産の評価、とりわけ土地及び家屋の評価は、事務量がきわめて大きいという特色をもっている。

このような土地又は家屋の評価の重要性に鑑みれば、評価のシステムとともに、いったん決定された評価額についての不服審査の仕組みも重要である。現行法は、固定資産課税台帳に登録された価格に関する不服を審査するために、市町村ごとに固定資産評価審査委員会を設置することとしている（四二三条一項）。不服の処理の観点から見た場合に、固定資産課税台帳の登録価格について不服のある者は、固定資産評価審査委員会に審査の申出をすることができる（四三二条一項）と同時に、同委員会への審査の申出及びその審査決定の取消しの訴えによってのみ争うことができるとされている（四三四条二項）。一種の裁決主義が採用されている。固定資産税の賦課についての不服申立てにおいては、委員会への審査申出のできる事項についての不服を固定資産税賦課についての不服の理由とすることができないことも定めて（四三二条三項）、登録価格に関する不服の処理の分離を徹底している(2)。

このように固定資産課税台帳の登録価格に関する不服を持ち出す手続の第一歩が固定資産評価審査委員会への審査の申出とされている法状況において、同委員会が十分な救済機能を発揮しているといえるかについては、慎重な検討を要する。実情を把握していない筆者の目から見ても、固定資産評価審査委員会制度は、次のような問題を抱えているように思われる。

第一に、各市町村が固定資産評価審査委員会を構成する委員として適任者を選任できるかという問題である。現在選任されている委員が適任者でないと断定する趣旨で述べているのではない。市町村合併により、従来と比べて適任者を迎えることが、若干は容易になったといえるかもしれない。しかし、固定資産の評価に関する不服審査の実効性を高め、かつ、納税者の信頼を得るには、より一層、不服審査に関する能力を備えた人の確保に努めるべきである(3)。

第二に、委員の適任者に関係して、委員会を支える事務局の体制にも目配りする必要がある。委員会の審理が当事者主義でなく職権主義で行なう現行方式を前提にして、委員が審査申出事案について評価の適否を判断しようとする場合には、どうしても事務局の応援体制が必要とされる。このような事務局体制が、全国の市町村で整えられているといえるかについては、大いに疑問がある。とりわけ、登録価格の決定の前提たる評価作業の補助をした職員の協力なしには委員会事務が円滑に遂行できないとするならば、中立性の観点において、問題はより深刻である。周知のように、平成八年四月一一日に発せられた各道府県総務部長等宛自治省税務局固定資産税課長内かんは、次のように述べた。

「最近、固定資産評価審査委員会の審査体制について、より一層中立性を求める声が強まっていること等を踏まえ、固定資産評価審査委員会に対する納税者の信頼をさらに確保するため、固定資産評価審査委員会の事務局は、原則として固定資産税の評価・賦課を担当する課以外の課等において行うよう、また、町村にあっては少なくとも固定資産税の課税担当者が、固定資産評価審査委員会の事務を行う者を兼ねることのないよう努めていただきたいと考えております。(4)」

さらに、平成一八年四月一日の都道府県知事宛の総務事務次官通知も、「固定資産評価審査委員会は、課税要件の早期安定を期すとともに、審査の中立性を担保する趣旨から設置されていることを踏まえ、固定資産評価審査委員会の事務局は、原則として固定資産税の評価・賦課を担当する課以外の課等において行うよう、その組織運営にあたっても審査の中立性の確保に十分留意すること」と述べている。

以上の内かん及び通知の趣旨が徹底されているかどうかについては検証が必要である。(5)たとえ、評価事務担当者(固定資産評価員及び固定資産評価補助員)と委員会事務局職員との間において表面的に担当業務の分離が図られている場合であっても、裏で、密接な協力関係にあるならば、大差ないといえよう。評価作業に携わった職員は、何とかして評価に誤りがない方に誘導したいという欲求に駆られるものである。固定資産評価審査委員会が、そのような評価事務担当職員あるいは評価事務担当職員の意を受けた委員会事務局職員に抗して適正な判断をするには、委員会を構成する委員には相当な能力を求められ、かつ十分な審査の時間が必要とされるであろう。

前記のような問題の所在を踏まえた場合に、固定資産評価に係る不服の共同処理について検討をする意味が十分にあると思われる。

（1）法四三二条一項は、「固定資産税課税台帳に登録された価格……について不服がある」という表現を用いているが、行政不服審査法的に再構成するならば、固定資産課税台帳に登録された価格について不服があるとして、「価格の決定」に対して不服申立てをすることができるという趣旨であろう。

（2）筆者は、固定資産評価に係る不服審査制度に関する解釈論的検討を行なったことがある。碓井光明「固定資産評価の不服審査制度に関する考察」山田二郎先生古稀記念論文集『税法の課題と超克』（信山社、平成一二年）三八九頁。

（3）財団法人・自治総合センターに設置された地方税における資産課税のあり方に関する調査研究委員会の「地方税における資産課税のあり方に関する調査研究報告書」（平成八年一一月）は、委員について、固定資産の評価等に関して相当の知識経験を有するとともに、住民一般から信頼が寄せられるような信望のある人物が必要であると述べている（三九頁）。

（4）平成八年内かんは、財団法人・資産評価システム研究センター編『詳解　固定資産評価審査委員会制度二〇〇〇年度版』（ぎょうせい、平成一二年）八〇頁に採録されている。平成八年内かんの直後に公表された前記「地方税における資産課税のあり方に関する調査研究報告書」は、審査体制の一層の中立性を確保し、納税者の信頼を確保するためには、課税部局とは独立した事務局をもつことが望ましいとし、「近隣の市町村が共同して委員会を設置することができれば、中立性、公平性を担保しつつ、より専門性を持った事務局運営が行えることとなる」と述べている（三九頁）。

（5）財団法人・資産評価システム研究センターの調査によれば、平成二一年九月一日現在で、事務局を評価・賦課担当者が担当している団体が二〇・二％を占めているという。

二　固定資産評価審査委員会の共同設置

(1)　地方自治法による機関の共同設置の法的可能性

現行法は、市町村が固定資産課税台帳の登録価格に関する不服を審査する機関として固定資産評価審査委員会を設置すべきものとしている。前記のように適任の委員を確保する可能性を高めること等に鑑みるならば、市町村よりも広域の単位で委員会を設置する方式の採用が検討されてよいように思われる。

そこで、第一に考えられるのは、現行地方自治法の機関の共同設置方式（地方自治法二五二条の七以下）を活用することである。

地方税法上は、委員について、定数は三人以上で条例で定めるものとされ（四二三条二項）、「当該市町村の住民、市町村税の納税義務がある者又は固定資産の評価について学識経験を有する者」のうちから当該市町村の議会の同意を得て市町村長が選任することとされている（四二三条三項）。当該市町村の議会の同意を得て市町村長が選任する仕組みが、機関の共同設置の場合に、どのように扱われるかについて、固定資産評価審査委員会の場合に合わせた表現に直して述べるならば、①規約で定める市町村の長が当該市町村の議会の同意を得て選任すること、②関係市町村の長が協議により定めた共通の候補者について、それぞれの関係市町村の長が当該市町村の議会の同意を得た上、規約で定める市町村の長が選任すること、のいずれかを規約で定めることとされる（地方自治法二五二条の九第二項）。したがって、選任手続については、地方自治法による対応策が用意されていることになる。

委員要件についてはどうであろうか。共同設置の構成団体である甲町の住民は、他の構成団体である乙町の住民とはいえないし、甲町の町税納税義務者で、かつ乙町の町税納税義務者である者は稀有である。平成九年改正前は、

「当該市町村の住民で市町村税の納税義務のある者のうちから」選任することとされていた。平成九年改正により、「当該市町村の住民若しくは市町村税の納税義務がある者又は当該市町村の住民若しくは市町村の納税義務がある者以外の者で固定資産の評価について学識経験を有するもの」のうちから選任することとされた。同時に、「学識経験を有する者のうちから選任される固定資産評価審査委員会の委員の数は、定数の三分の一を超えることができない」という条項（平成一一年改正前の四二三条四項）が置かれた。そして、共同設置が可能なことを前提にした委員の任期に関する規定（同四二四条の二）も置かれた。自治省関係者は、「当該」の文言にもかかわらず、選挙管理委員会の共同設置の場合に関係団体の選挙権を有していればよいという解釈が通用していたことに鑑み、関係市町村のいずれかの住民若しくは納税義務者であれば足りるとする解釈をとっていたので[6]、前記の共同設置の可能なことを前提とする条文も整合的であると考えられていたのである。しかし、筆者は、そのような解釈に疑問を抱いていた[7]。

筆者にあっては、平成一一年改正によって、前記の三分の一要件が廃止されたので、初めて全委員が「固定資産税の評価について学識経験を有する者」であっても差し支えないこととされたものと解釈している。要するに、学識経験を有する者のみを選任することにするならば、委員要件は、決定的障害にはならないということになる。この改正の趣旨については、審査申出件数の増加を見込んで、次のような説明がなされた。

「審査委員会においては、より多くの案件をより迅速に処理することが必要になるため、委員についても専門的知識を有したより客観・中立的な立場の人を確保する必要がある。

しかし一方、審査委員会への審査申出の増加等が予想され、人口の少ない町村部を中心として委員としての適格者を選任することがより困難になると考えられる。そのため、より幅広い角度から人材を求めることができるよう、委員の選任の要件を緩和することとし、住民要件又は納税義務者要件を満たす者の割合に係る要件が撤廃された。

この改正は、法律において一律に委員の構成割合に制限を課すことなく、市町村の実情に応じて委員を選任することができるようにするものである。改正後においても、住民要件、納税義務者要件、学識経験者要件のいずれかを満たす者でなければ委員になることはできず、従来の委員会の趣旨は失われるものではない。」(8)

現行法において、筆者の解釈方法も含めて、共同設置に関する法的障害はない(9)。しかし、以下に述べる方式も含めて、広域化ないし共同化は、個別市町村の住民要件、納税義務者要件を犠牲にするものであるという見方も可能である。住民要件や市町村税納税義務者要件は、住民たる立場又は納税義務者たる立場から恣意的な評価を正して公平な評価を実現するために重視しなければならないという見方も可能である。したがって、住民要件、市町村税納税義務者要件を完全に無視する政策を採用してよいかについては、議論の余地があるものと思われる(10)。しかし、土地について見ると、かつてに比べて広域的な市場において価格が形成されるようになっているとするならば、「当該」市町村の住民又は納税義務者に着目する必要性は薄れてきたという見方も可能である。

(2)　広域連合の活用による共同化への動き

以上のように固定資産評価審査委員会の共同設置が法的に可能なことは疑いない。では、地方公共団体は、どのような動きを見せているのであろうか。十分な把握ができていないが、一部において共同化を実現しつつも、多くは検討段階のようである。そして、滞納整理等の共同化の動きのなかで(11)、どちらかといえば、広域連合（地方自治法二八四条三項、二九一条の二以下）の形態を志向しているように見受けられる。

たとえば、「京都府税務共同化推進委員会」(12)は、「不服審査の課題は、公正の確保、専門性の向上、作業の効率化、固定資産案件の市町村と府との連携であり、共同化の要点は、固定資産評価審査委員会の共同設置及び不服審査を支援する事務局の一元化（府内一本化）である」としている(13)。同委員会は、「まとめ」の文書において、「不服審査等の共同化」の見出しの下に、「不服審査については、共同組織の枠内で、公正な審査と、府民の声に迅速かつ十分に説明責任を果たせる、専門的で効率的な審査体制を整備する」としている。[14] そして、三つの処分類型に応じて、共同化の工夫が必要であるとし、①課税決定等に係る市町村長・知事あての不服申立てについては、共同組織の専門部署で集中的に支援することが審査の中立性、専門性の確保に資することとなること、②課税台帳価格に係る固定資産評価審査委員会への不服申立てについては、同委員会の共同設置が可能であることから、統一的な委員会を設置すること、③差押え等の滞納処分に係る不服申立てについては、共同組織（広域連合）の長が名宛人となるものであり[15]共同組織の専門部署で集中的に処理すること、を述べ、「共同組織の専門部署で集中的に処理・支援することにより、名宛人の違いにかかわらず実質的な不服審査の共同化を図る」としている。[16] このような積極的提言にもかかわらず、設立された「京都地方税機構」という広域連合は、固定資産評価審査委員会の審査事務を行なっているわけではない。

また、北海道の「広域的な連携を活用した地域づくり促進検討会（税務ワーキンググループ）検討結果報告書」[17]は、「不服申立に対する審査体制の充実」の見出しの下に、「固定資産評価審査委員会への審査の申出等は、処理件数自体が少なく、業務量は多くないが、不服申立を受けた場合、専門的な判断が求められ、市町村において対応に苦慮すると考えられるため、共同して委員会を設置し専門性を有する有識者により効率的かつ迅速に対応できる体制を構築する意義は大きいと考えられる」と述べている。[18]

興味深いことに、電算システムの統合（連携）を要しない共同化の場合に、「賦課・決定等に対する市町村長や知事への不服申し立てについては、審査の中立性や専門性の観点から、共同設置する固定資産評価審査委員会において一括して処理を行う」こと、「課税台帳価格に対する固定資産評価審査委員会宛の不服申し立てについては、共同組織の下に設置する審査委員会により審査を行う」ことを掲げている。[19] そして、将来展望としては、広域連合による共同処理組織が効果的な組織形態であるとし、[20] 固定資産評価審査委員会についていえば、本部において審査事務を行なうのであるが、調整は支部で行ない、市町村が実地調査に参画するという方式を提示している。[21]さらに、費用負担に関して、滞納整理等の全体の費用負担については、均等割、処理件数割、徴収実績割の負担が考えられるとしつつ、「固定資産税の課税や滞納処分などに対し不服申立てが提起された場合の評価審査委員会の費用は、構成団体に均等に負担を求めることは適切ではないことから、当該不服申立てを受けた団体が経費を負担することが妥当である」[22]としている。

以上のような動きにもかかわらず、固定資産評価審査委員会について広域連合を活用している例は極めて少ない。[23]鳥取中部ふるさと広域連合が平成一〇年にスタートし、同広域連合規約が、「固定資産評価審査に関する事務」（四条六号）を掲げているのが、数少ない実例であろうか。同規約一七条は、広域連合に固定資産評価審査委員会を置くと定め（一七条一項）、委員の定数は一二人以内（同条二項）、委員は、関係市町の住民、市町村税の納税義務がある者又は固定資産の評価についての学識経験を有する者のうちから、広域連合長が、広域連合の議会の同意を得て選任すること（同条三項）などを定めている。費用負担を定める別表によれば、「固定資産評価審査費」は、審査に要する経費は審査申出受理件数による負担割合とし、委員会の一般的経費は管理費の負担割合によるとされている。「管理費」とは、議会費及び総務費であって、人口割（最近の国勢調査人口による負担割合）二〇％、実績割（前年度の全事務の負担金総額による負担割合）八〇％とされている。手続面の特色として、関係市町を経由して審査の申出をすることもできる点である（同広域連合固定資産評価審査委員会条例七条一項）。

（6）　吉添圭介「固定資産評価審査委員会の共同設置について」税五二巻八号七三頁、七五頁（平成九年）。

（7）　碓井・前掲注（2）四〇〇頁。旧自治省も、「『市町村税の納税義務がある』とは、当該市町村に対して納税義務を負うということであって、単に、他の市町村に納税義務を負うものは含まれない」としてきた（自治省固定資産税課編『固定資産税逐条解説』（地方財務協会、昭和五二年）八二三頁）。共同設置した場合にも、納税義務の帰属する市町村に変動を生じていないことに注意する必要がある。

（8）財団法人・資産評価システム研究センター編・前掲注（4）四八頁。

（9）固定資産税務研究会編『固定資産税逐条解説』（地方財務協会、平成二二年）五〇二頁。（※　宮崎県西都市ほか六町村は、平成二七年度より固定資産評価審査委員会を共同設置している。）

（10）山田二郎教授は、平成九年改正前の法状態において、「納税者の代表として課税台帳の登録事項を見直しさせようというのが立法意図ではなかったかと推測することができる」と述べていた（同「固定資産評価審査委員会の機能とその審理手続」貞家最高裁判事退官記念論集『民事法と裁判　下』（民事法情報センター、平成七年）二四八頁、二五二頁（同『租税法の解釈と展開(2)』（信山社、平成一九年）一〇七頁所収一一一頁））。固定資産税務研究会編・前掲注（9）は、二つの代表制について、当該市町村の住民は当該市町村における固定資産税の状況等に精通していること、納税者の側に立った不服審査が可能であること、とする理解を示している（五〇三頁）。

（11）第二九次地方制度調査会の「今後の基礎自治体及び監査・議会制度のあり方に関する答申」（平成二一年六月）は、小規模な市町村において、広域連携による共同処理が市町村合併等と並んで重要な選択肢となる旨を述べた。また、総務省に設置された研究会の報告書「地方公共団体の事務の共同処理の改革に関する研究会報告書」（平成二二年一月）も公表されている。

（12）占部裕典教授を含む学識経験者等四名、京都府市長会行財政部会長、京都府町村会財政部会長及び京都府副知事により構成されている。

（13）「京都府税務共同化推進委員会（第七回）概要」（平成一九・九・一一）による。長野県も、広域連合「長野県地方税滞納整理機構」が固定資産評価審査委員会の設置運営も共同化することを検討する姿勢を示した（平成二二年一月の地方税共同化検討委員会「地方税共同化に関する検討結果報告」）。

（14）京都府税務共同化推進委員会「京都府税務共同化推進委員会まとめ」（平成一九年一二月）四頁。京都府の二五市町村・府の年間不服審査申立件数の合計は、近年は、六〇件～七〇件で推移し、その七～八割は、固定資産評価審査委員会への不服申立てが占めているという（同四頁）。

（15）これは、共同組織（広域連合）が滞納処分をすることを前提にしていることによっている。

（16）以上、京都府税務共同化推進員会・前掲注（14）四頁。

(17)　この検討会の構成員は、北海道総合政策部地域主権局参事、市長会参事及び町村会政務部長などである。
(18)　「広域的な連携を活用した地域づくり促進検討会（税務ワーキンググループ）検討結果報告書」（平成二三年九月、公表は一〇月）二〇頁。
(19)　前掲注（18）二一頁。
(20)　前掲注（18）二九頁。
(21)　前掲注（18）三一頁。
(22)　前掲注（18）三二頁。
(23)　京都地方税機構及び長野県地方税滞納整理機構は、各広域連合規約に固定審査評価審査の事務を掲げていない。平成一六年二月まで、広島県高田郡六町の「安芸たかた広域連合」固定資産評価審査委員会があったが、同年三月の合併により安芸高田市となったため、この広域連合は解散された。

三　将来展望

以上、固定資産評価審査委員会の共同化に関して、主として、制度的には機関の共同設置について、また、地方公共団体の動きについては、広域連合について述べてきた。広域連合については、道府県内の一定の区域単位に設ける方法(24)、道府県単位で設ける方法がある。もちろん、地方自治法の枠を意識しないとすれば、全国をブロックに分けてブロック単位で設ける方法、国単位で設置する方法なども考えられる。

筆者は、広域による地方税不服審査機関の共同化については、すでに昭和五九年発表の論文において提案したことがある。そこでは、「巡回して審査し、裁断するというような制度」もあり得ることを指摘した(25)。また、国税の不服審査と合体させた「租税審判所」を構想してもよいと考えている(26)。さしあたり、共同化された地方税不服審査機関[27]は、地方税に関する専門的な不服審査を個別の地方公共団体から離れて行なう機関である。固定資産評価の共同化も検討されているが[28]、評価作業と不服審査とは、やはり別次元のこととして検討すべきであると思われる。共同化の単位も、必ずしも評価の場合[29]と同列に論ずることはできないであろう。評価に際しては、やはり、ある程度「現場への接近度」が必要であると思われるからである。不服審査の共同化を実現しようとするならば、残念ながら住民代表とか納税義務者代表の委員構成の視点は後退せざるを得ない。

もっとも、そのような共同化が現実に進むかどうかは定かではない。固定資産評価審査委員会について、共同化の提言等にもかかわらず、滞納整理の共同化に比べて著しく遅れを見せているのは、同委員会の委員に選任されることは名誉なことであり、将来の叙勲対象者になり得ることなども慮ってのことなのかもしれない。また、地価の下落等により、審査申出案件の増加が見込まれなくなったことも影響しているかもしれない。したがって、敢えて無理をすることはないにせよ、共同化への関心を持ち続けることは、やはり重要なことといわなければならない。

共同化を進めるに当たって、不服審査機関の審査委員の確保の問題と別に、審査委員を支える事務局体制についても検討する必要がある。事務局の職員が単純な事務に従事するのであれば市町村からのローテーション的な出向者であってもかまわないであろうが、委員の補助的な業務を背負い込まなければならないとするならば、二つのことに注意する必要がある。一つは、評価について相当程度の専門知識をもつ職員であることが望ましいといえよう。審査委員との役割分担や連携を考えて仕組みを設計する必要がある。もう一つは、構成市町村の職員の出向は、公正性、中立性を妨げるものとして可能な限り排除することである。

以上に述べた積極論に対して、固定資産評価に係る不服の特殊性からする問題も提起しておく必要がある。それは、「効率性」の問題である。「地方税における資産課税のあり方に関する調査研究報告書」は、「審査申出は基準年度に集中することから、複数市町村において共同設置することとなれば行政運営の効率化に資することとなる」

と述べており、(30) 地方公共団体における各検討過程においても、「効率性」が語られている。しかしながら、不服の件数が基準年度に集中することが問題を生ずるとも考えられる。審査委員に関しては、年度により非常勤の委員を調節することが可能であろうが、事務局員について年度による流動的定員配置には困難があるようにも思われる。その点を危惧する論者からは、共同化された不服審査機関に一定数の優秀なる事務局員を常時配置することは、職員の有効活用の観点からは好ましくないと指摘されるかもしれない。この点を克服する仕組みも考えなければなるまい。

(24)　長野県の「地方税共同化に関する検討結果報告」（前掲注（13）は「一定のエリア（例えば一〇広域単位）ごとに共同設置する」ことを提案している（二三頁）。

(25)　碓井光明「地方税関係争訟の法理（七・完）」自治研究六〇巻四号七九頁、八八頁（昭和五九年）（同『地方税の法理論と実際』（弘文堂、昭和六一年）二六六頁）。

(26)　碓井・前掲論文八八頁（前掲書二六六頁）、碓井光明『要説　地方税のしくみと法』（学陽書房、平成一三年）二八三頁。

(27)　占部裕典教授も、「地方税版不服審判所」の存在が望ましいとされている。同「地方税における税業務の共同化に向けての課題」税五九巻一一号四頁、二四頁（平成一九年）（同『地方公共団体と自主課税権』（慈学社、平成二三年）所収三五四頁、三七〇頁）。

(28)　財団法人・資産評価システム研究センター「固定資産税制度に関する調査研究〜資産評価のアウトソーシング（民間委託、共同化）を活用した今後の資産評価事務のあり方について〜」（平成一九年三月）三一頁は、固定資産評価の共同化の意義・効果として、効率性の向上、専門性の確保、均衡化・適正化の確保を挙げている。なお、財団法人・資産評価システム研究センター資料閲覧「第一〇回（平成一八年度）固定資産評価研究大会報告書　固定資産評価の実施体制のあり方について〜説明責任と効率化との狭間で〜」をも参照。京都府税務共同化推進委員会・前記注（14）四頁及び長野県の「地方税共同化に関する検討結果報告」（前掲注（13））二三頁は、家屋評価の共同化を提案している。

(29)　財団法人・資産評価システム研究センター・前掲注（28）四二頁は、評価事務の共同化の単位について、「全国、都道府県、複数市町村といった単位が考えられるが、現行の評価事務の県と市町村との事実上の役割分担や徴収事務の一部事務組合の構成を鑑みれば、都道府県単位が最も現実的かつ適当である」としている。

(30)　前掲注（3）に掲げた調査研究報告書三九頁。

〔著者略歴〕

碓 井 光 明（うすい みつあき）

昭和 21 年 長野県に生まれる
昭和 44 年 横浜国立大学経済学部卒業
昭和 49 年 東京大学大学院法学政治学研究科博士課程修了（法学博士）
同年 横浜国立大学経済学部助教授
昭和 63 年 横浜国立大学経済学部教授
平成 3 年 東京大学大学院法学政治学研究科・法学部教授
平成 20 年 明治大学大学院法務研究科（法科大学院）教授
東京大学名誉教授

行政不服審査機関の研究

2016 年 8 月 10 日 初版第 1 刷発行

著 者 碓 井 光 明
発行者 江 草 貞 治
発行所 株式会社 有 斐 閣
郵便番号101-0051
東京都千代田区神田神保町 2-17
電話(03) 3264-1314〔編集〕
(03) 3265-6811〔営業〕
http://www.yuhikaku.co.jp/

制作・株式会社有斐閣学術センター
印刷・大日本法令印刷株式会社／製本・大口製本印刷株式会社

ISBN 978-4-641-22700-2